内部控制与风险管理

主　编　王凌智　张颖萍
副主编　杨萍萍　吴　琼

天津大学出版社
TIANJIN UNIVERSITY PRESS

图书在版编目（CIP）数据

内部控制与风险管理 / 王凌智, 张颖萍主编 ; 杨萍萍, 吴琼副主编. -- 天津 : 天津大学出版社, 2023.10（2025.8重印）

ISBN 978-7-5618-7602-2

Ⅰ. ①内… Ⅱ. ①王… ②张… ③杨… ④吴… Ⅲ. ①企业内部管理－风险管理 Ⅳ. ①F272.35

中国国家版本馆CIP数据核字（2023）第175558号

出版发行 天津大学出版社
地　　址 天津市卫津路92号天津大学内（邮编：300072）
电　　话 发行部：022-27403647
网　　址 www.tjupress.com.cn
印　　刷 廊坊市海涛印刷有限公司
经　　销 全国各地新华书店
开　　本 787mm×1092mm 1/16
印　　张 18.75
字　　数 468千
版　　次 2023年10月第1版
印　　次 2025年8月第2次
定　　价 59.00元

前　　言

当今世界正经历百年未有之大变局，只要是变化，就意味着不确定性，即存在着一定的风险。对于企业来讲，风险必将影响以经营为中心的各项指标的实现，比如经营风险、财务风险、汇率风险等，为将这些风险降低至可接受的水平，就要实施控制。

2008 年 6 月财政部、中国证监会、审计署、银监会、保监会联合印发了《企业内部控制基本规范》；2010 年 4 月财政部等五部委联合印发了《企业内部控制应用指引》《企业内部控制评价指引》《企业内部控制审计指引》，为规范企业内部控制与风险管理工作提供了有力的基本依据。为了促进企业建立、实施、评价内部控制和评估各种风险，规范注册会计师内部控制审计，我们依据上述规范、文件和相关的案例编写了《内部控制与风险管理》。本书具有以下特点。

第一，理论与实践紧密结合。

内部控制与风险管理理论是在企业内部控制的实践中逐步发展起来的。本书在介绍内部控制与风险管理方法、程序的同时，突出了内部控制实务，每章都有“引导案例”，使读者对本章知识进行系统的理解和把握；对章节中涉及的重要以及难以理解的知识点，通过具体案例加以阐释，使读者对相关知识理解得更加透彻；每章末的“复习思考题”，不仅便于师生互动，而且有利于培养学生解决内部控制与风险管理实际问题的能力。

第二，与时俱进反映新规。

本书密切关注国务院国资委颁发的相关新规定、内部控制与风险管理的新发展，介绍了美国反虚假财务报告委员会下属发起人委员会（COSO）新发布的相关文件、新版风险管理国际标准的原则和框架等。

第三，编写体例较为新颖。

本书设置了“学习目标”“引导案例”“复习思考题”“思政园地”版块，便于学生掌握理论知识，加深对理论知识的理解。

第四，全面融入课程思政。

本书按照教育部《高等学校课程思政建设指导纲要》、国家教材委员会《习近平新时代中国特色社会主义思想进课程教材指南》等文件的要求，通过内部控制与风险管理案例展现等形式融入课程思政基本要求，实现知识传授、能力培养与价值塑造的有机融合。

《内部控制与风险管理》课程是高等院校会计学、财务管理学、审计学等专业的必修课程。本书由辽宁财贸学院王凌智、张颖萍任主编，杨萍萍、吴琼任副主编。全书共九章，具体分工如下：第一章、第二章、第五章由王凌智编写，第三章、第六章由吴琼编写，

第四章、第八章由杨萍萍编写，第七章、第九章由张颖萍编写。在编写本书过程中参考了大量优秀的专业文献，在此，我们一并对相关作者表示诚挚的谢意。

本书的内容体系全面反映了企业内部控制与风险管理理论和实务的最新发展，可作为培养应用型人才的高等学校相关专业的教材，也可作为财会工作者学习内部控制与风险管理知识的参考用书。

尽管我们做了很多努力，但本书仍可能存在一些不足，对于书中的疏漏和不足，真诚地希望读者批评和指正。

本书是2022年度辽宁省普通高等教育本科教学改革研究项目"'内部控制'课程思政建设研究与实践"最终成果(辽教通〔2022〕166号)。

编者

2023年5月

目　　录

第一章　内部控制的发展 …… 1
第一节　内部控制的产生与发展 …… 2
第二节　我国企业内部控制的发展 …… 12
第三节　我国企业内部控制规范体系 …… 19
第四节　内部控制与风险管理的关系 …… 24
第二章　内部控制基本理论 …… 28
第一节　内部控制的概念及特征 …… 29
第二节　内部控制目标 …… 31
第三节　内部控制的原则 …… 35
第四节　内部控制的要素 …… 40
第五节　内部控制的局限性 …… 47
第三章　内部控制环境 …… 53
第一节　组织架构 …… 54
第二节　发展战略 …… 61
第三节　人力资源 …… 69
第四节　社会责任 …… 73
第五节　企业文化 …… 77
第四章　风险评估 …… 83
第一节　风险的概念、特征和分类 …… 83
第二节　目标设定 …… 89
第三节　风险识别 …… 94
第四节　风险分析 …… 104
第五节　风险应对 …… 114
第五章　内部控制的基本方法 …… 123
第一节　控制活动概述 …… 124
第二节　不相容职务分离控制 …… 126
第三节　授权审批控制 …… 131
第四节　会计系统控制 …… 136
第五节　财产保护控制 …… 144
第六节　预算控制 …… 148
第七节　运营分析控制 …… 167

第八节　绩效考评控制………………………………………………………………… 172
第九节　合同控制……………………………………………………………………… 181
第六章　信息与沟通 ……………………………………………………………… 190
第一节　信息与沟通概述…………………………………………………………… 191
第二节　财务报告内部控制………………………………………………………… 194
第三节　管理报告内部控制………………………………………………………… 202
第四节　信息系统内部控制………………………………………………………… 210
第七章　内部监督 ………………………………………………………………… 218
第一节　内部监督概述……………………………………………………………… 220
第二节　内部监督机构及职责……………………………………………………… 221
第三节　内部监督程序……………………………………………………………… 227
第四节　内部监督方法……………………………………………………………… 231
第八章　内部控制评价 …………………………………………………………… 237
第一节　内部控制评价概述………………………………………………………… 239
第二节　内部控制缺陷认定………………………………………………………… 244
第三节　内部控制评价方法………………………………………………………… 252
第四节　内部控制评价报告………………………………………………………… 254
第九章　内部控制审计 …………………………………………………………… 263
第一节　内部控制审计概述………………………………………………………… 264
第二节　内部控制审计程序………………………………………………………… 268
第三节　内部控制审计报告………………………………………………………… 284
参考文献 …………………………………………………………………………… 291

第一章　内部控制的发展

学习目标

- ◆ 了解内部控制的产生与发展
- ◆ 了解我国企业内部控制的发展情况
- ◆ 掌握我国企业内部控制规范框架体系
- ◆ 掌握内部控制与风险管理的关系

引导案例

小会计何以贪污挪用公款两个亿？

卞某是国家自然科学基金委员会综合计划局计划财务处出纳和财务局经费管理处会计。1995年8月，吴某（该委员会财务局经费管理处副处长）、卞某为谋取私利，赚取借款利息，由吴某偷盖公章、开支票，卞某办理具体手续，擅自将公款1 000万元挪出，以委托存款的方式贷给广州某国际贸易有限公司。3年后的4月，该公司才将借款归还，并先后支付利息294.5万元，这些利息由吴某交卞某隐匿，除吴某分得1万元外，余下的钱均被卞某用于购买房屋等。

经北京市海淀区检察机关查实，犯罪嫌疑人卞某在担任该基金委员会财务局经费管理处会计近8年期间，利用掌管国家基础科学研究专项资金的下拨权的职务便利，分别采取谎称支票作废、偷盖印鉴、削减拨款金额、伪造银行进账单和信汇凭证、编造银行对账单等手段贪污公款1 262.37万元，单独或伙同他人挪用公款20 993.3万元。

卞某最后一次拨出一笔项目款2 090万元时，私自将其中的1 713.6万元挪到某公司账户内。这笔款尚未来得及修改银行对账单就被基金委员会发现，并及时从该公司追回。当天上午，基金委员会向北京市海淀区检察院报案。

当腐败的外壳被一层层剥开后，一长串沉重的问号留在办案人员的脑海中。卞某一个小会计，为何能在8年中频繁贪污、挪用公款而不被发现呢？是该基金委员会财务机构岗位设置、财务制度管理不规范和基金审批与监管环节中的漏洞给了卞某可乘之机。按照国家相关财务制度规定，财务的出纳岗位和会计岗位应该分设，主管部门应对财务部门及其工作人员实行有效管理与监督。遗憾的是，办案组在侦查过程中发现，该基金委员会出纳和会计不相容岗位没有分离，财务部门账务极其不规范，在卞某担任会计期间，主管部门没有很好地查过财务账，也没有进行内部审计。负责侦办卞某案的检察院认为，尽管此案属于卞某的个人犯罪行为，但该基金委员会也负有严重的失察责任。

（资料来源：翁子易. 小会计何以玩转两个亿：卞某贪污挪用公款案调查 [EB/OL]. [2013-10-15]. http://blog.sina.com.cn.）

从该案例可以看出内部控制的重要性。那么什么是内部控制与风险管理？内部控制在企业的生存和发展中具有什么样的作用？在阐述内部控制与风险管理的基本理论和方法之前，我们首先来了解内部控制的产生与发展，我国企业内部控制的发展情况，内部控制的目标、要素和基本原则以及内部控制的局限性。

第一节　内部控制的产生与发展

一、内部牵制阶段

内部牵制是一种古老的管理思想，其源头可以追溯到人类社会的形成之初。自从有了人类的群体活动和组织之后，就产生了对组织的成员及其活动进行控制的需要。从现有的历史记录和考古证据来看，内部控制的发轫最早可以追溯到公元前 3 600 年至公元前 3 200 年的苏美尔文明。古罗马对会计账簿实行双人记账制；我国西周王朝为了加强财政收支而实行较为成熟的内部牵制制度，包括分权控制方法、九府出纳制度和交互考核制度等。但是在古代，社会生产处于手工劳动阶段，技术水平低，交通、通信不便，人与人之间社会联系的成本高、效率低，经济组织和社会活动一般以家庭为基本单位，规模小、结构简单，因此，那时的管理基本上属于传统经验管理。虽然管理思想源远流长，但没有形成管理理论，更不可能提出内部控制的概念。

中世纪资本主义生产关系开始萌芽，复式记账法的出现推动了管理和内部控制的发展，以账目间的相互核对为主要内容、实施职能分离的内部牵制得到广泛的应用。20 世纪初期，随着公司制企业尤其是股份公司的不断发展，内部控制逐步在企业管理中得到深化和共识。为了保护资产安全和完整、防范错误和舞弊行为，企业开始采取以业务授权、职责分工、双重记录和定期核对等为主要手段的内部牵制措施，建立了内部牵制制度，形成了内部控制的雏形。

工业革命以后，机器劳动取代手工劳动使社会生产力得到飞跃式的发展，工厂作为一种新的组织形式得到普遍设立，组织规模不断扩大，组织内部结构日趋复杂。组织运作所需要的连续性、规范性、精确性使得管理难度陡然增大，管理成本上升，大量工厂因经营不善破产倒闭使传统经验管理遇到挑战。改进管理、降低组织活动的成本成为当务之急。工厂组织在管理上的这种状况在美国铁路企业出现之后得到了改变。铁路企业的组织管理创新成为后来制造业企业组织管理创新的基础。企业管理理论的进一步发展和完善促使涉及组织结构、职责分配、业务程序、内部审计等多方面的控制体系形成。但是，内部控制并未作为系统性的概念被提出。

1912 年，蒙哥马利在《审计——理论与实践》中指出，内部牵制是指一个人不能完全支配账户，另一个人也不能独立地控制账户的制度。也就是说，一名员工与另一名员工必须是相互牵制、相互稽核的。

《柯氏会计辞典》认为，内部牵制是指“提供有效的组织和经营，并防止错误和其他非法业务发生的业务流程设计。其主要特点是以任何个人或部门不能单独控制任何一项或一部分业务权力的方式进行组织上的责任分工，每项业务通过正常发挥其他个人或部门的功能进行交叉检查或交叉控制。设计有效的内部牵制以便使各项业务能完整正确地经过规定的处理程序，而在这规定的处理程序中，内部牵制机能永远是一个不可缺少的组成部分”。

牵制是指职能和职能之间必要的相互补充、相互约束，不能由一个职能完全支配一项业务活动而没有交叉检查和约束。牵制思想随处可见，如重要的场所上两把锁、保险柜的密码分为两段、业务按不同权限授权给不同岗位等。

在这一阶段内部牵制可分为以下四类。

（1）实物牵制。实物牵制即由两个及两个以上人员共同掌管必要的实物工具，共同完成规定程序的牵制，如把保险柜的钥匙交给两个或两个以上的工作人员保管，不同时使用这两把或两把以上的钥匙，它就无法被打开。

（2）机械牵制。机械牵制即只有按照正确的程序操作机械，才能完成一定过程的操作，常采用的是程序牵制。如不按正确程序操作就无法打开保险柜的门。程序牵制的关键是实行以内部牵制为核心的不相容职务分离原则。

（3）体制牵制。体制牵制即为防止错误和舞弊，对于每一项经济业务的处理，都要求有两人或两人以上共同分工负责，以相互牵制、互相制约的机制。如采用双重控制预防错误和舞弊的发生。

（4）簿记牵制。簿记牵制即原始凭证与记账凭证、账簿与凭证、总账与明细账、账簿与报表之间核对的牵制，从某种意义上来说，这属于程序牵制的一个方面。如定期将明细分类账与总分类账进行核对。

从中可以看出，作为现代内部控制雏形的内部牵制制度，最基本的目的是查错防弊，以钱、账、物等会计事项为主要控制对象，其主要形式是通过人员之间职能的牵制实现对财产物资和货币资金的控制。内部牵制是基于企业经营管理的需要，在当时生产规模较小和管理理论尚处于原始状态的情况下，在不断总结以往的经验、实践的基础上逐渐形成的。从内部牵制形成的假设条件看，两个或两个以上的人或部门无意识地犯同样的错误比一个人或部门犯错误的机会要小；两个或两个以上的人或部门有意识地合伙舞弊的可能性大大低于一个人或部门舞弊的可能性。因此，虽然内部牵制是内部控制制度形成的最初始阶段，但是实践证明了其核心思想的有效性。

二、内部控制系统阶段：制度二分法

20 世纪 40 年代，随着经济规模的扩大及降低外部审计成本的需要，审计人员逐渐抛弃了详细审计技术。同时，随着企业规模的扩大，企业业务复杂程度加大，要求形成完善的控制技术以及时发现会计中的舞弊行为。而分支机构的出现，也要求建立内部控制制度来确保各分支机构会计程序的统一性和运用会计程序的一致性。在这一阶段，建立健全内部控制系统开始上升为法律要求。为适应注册会计师评价被审计单位内部控制的需要，一些国家开始将内部控制划分为内部会计控制和内部管理控制。

1934 年美国《证券交易法》对内部会计控制系统的定义是:交易依据管理部门的一般和特殊授权进行;交易的记录必须满足按照一般公认会计原则或其他适当标准编制财务报表和落实资产责任的需要;接触资产必须经过一般和特殊授权;按适当的时间间隔,将资产的账面记录与实物资产进行对比,并对差异采取适当的补救措施,提供合理保证。

1936 年美国会计师协会(AIA)《独立注册会计师对财务报表的审查》首次提出审计师在制定审计程序时,应当审查企业的内部牵制和控制,并给出了内部牵制和控制的定义,即为了保护公司现金和其他资产的安全、检查账簿记录的准确性,在公司内部采用的各种手段和方法。

1949 年美国会计师协会审计程序委员会《内部控制——协调制度的要素及其对管理部门和独立公共会计师的重要性》首次给出了内部控制的定义,即"内部控制包括组织机构的设计和企业内部采取的所有协调方法和措施,这些方法和措施旨在保护企业财产,检查会计信息的准确性和可靠性,提高经营效率,促进既定管理政策的贯彻执行"。这是民间审计组织第一次正式公布内部控制的定义,强调内部控制系统不局限于与会计和财务部门相关的控制方面,还包括预算控制、成本控制、定期报告、统计分析和内部审计等。

1953 年,美国注册会计师协会(AICPA)审计准则委员会在《审计程序说明第 19 号》中修正了对内部控制的定义,并将内部控制按照其特点分为会计控制和管理控制两部分,这就是今天我们所熟知的内部控制制度二分法。会计控制包括授权与批准制度,记账、编制财务报表、财物保管等职务的分离,财产的实物控制和内部审计控制等,旨在保护企业资产、检查会计数据的准确性和可靠性。管理控制包括统计分析、经营分析和质量控制等,旨在提高经营效率,促使有关人员遵守既定的管理方针。这种划分是为了规范内部控制检查和评价的范围,缩小注册会计师的责任范围。

1972 年, AICPA 审计准则委员会发布《审计准则公告第 1 号——审计准则和程序汇编》,重新阐述了内部会计控制和内部管理控制的定义,对会计控制和管理控制的目标和内涵也做了明确的规定。由此,内部控制进入"制度二分法"或"二要素"阶段。这一阶段的内部控制被正式纳入制度体系,同时管理控制成为内部控制的一个重要组成部分,对会计控制和管理控制的目标和内涵进行了明确的规定。

(1)会计控制。会计控制由组织计划以及与保护资产和保证财务资料可靠性有关的程序和记录构成。会计控制旨在保证以下内容:①经济业务的执行符合管理部门的一般授权或特殊授权的要求;②经济业务的记录必须有利于按照一般公认会计原则或其他有关标准编制财务报表,并落实资产责任;③只有在得到管理部门批准的情况下,才能接触资产;④按照适当的间隔期限,将资产的账面记录与实物资产进行比对,一旦发现差异,应采取相应的补救措施。

(2)管理控制。管理控制包括但不限于组织计划以及与管理部门授权办理经济业务的决策过程有关的程序及记录。这种授权活动是管理部门的职责,它直接与管理部门执行该组织的经营目标有关,是对经济业务进行会计控制的起点。

三、内部控制结构阶段：结构三要素

随着市场、资本的全球化以及信息技术的高速发展，公司跨国经营的情形非常普遍，跨国公司在国外会遇到与国内截然不同的政治、经济、文化，跨国经营、国际税务以及外汇交易等使得公司业务更加复杂，因此，需要健全内部控制制度以便于跨国管理。而良好的内部控制制度不仅能够使企业合理配置资源、提高生产率，而且能够防范和发现企业大多数的内外部欺诈事件。系统管理理论认为，世界上任何事物都是由要素构成的系统，由于要素之间存在复杂的非线性关系，系统必然具有要素所不具有的新特性，因此，应立足于整体来认识要素之间的关系。系统管理理论将企业组织当作一个由子系统组成的有机系统进行管理，注重各子系统间的协调及与环境的互动关系。在现代公司制度和系统管理理论下，前期的内部控制制度已经不能满足需要，关于内部控制的研究逐步深化。

20 世纪 60 年代以后，为了减轻实务中注册会计师审计时评价内部控制的责任，审计界把内部控制的定义限制在一个较小的范围内，从表面上看减轻了审计师的责任和工作量，实际上却增加了审计风险。鉴于审计风险的增加以及对内部控制的研究由一般向具体的深化，1988 年 AICPA 颁发的《审计准则公告第 55 号——财务报表审计中对内部控制的考虑》（以下简称《审计准则公告第 55 号》）正式提出内部控制结构的概念，不再区分会计控制和管理控制，而是确立了一种控制结构。《审计准则公告第 55 号》认为，内部控制结构包括为合理保证企业特定目标的实现而建立的各种政策和程序。内部控制结构包括以下三个要素。

（1）控制环境。控制环境是指对建立特定政策、提高或降低程序效率产生影响的各种因素。主要包括管理者的思想和经营作风；企业组织结构；董事会及其所属委员会特别是审计委员会发挥的职能；确定职权和责任的方法；管理者监控和检查工作时所用的控制方法，包括经营计划、预算、预测、利润计划、责任会计和内部审计；人事工作方针及其执行，影响企业业务的各种外部关系。

（2）会计系统。会计系统规定各项经济业务的鉴定、分析、归类、登记和编报的方法，明确各项资产和负债的经营管理责任。健全的会计系统应实现下列目标：识别和记录一切合法的经济业务；对各项经济业务及工时进行适当分类，作为编制财务报表的依据；将各项经济业务按适当的货币价值计价，列入财务报表；确定经济业务发生的日期，以便按照会计期间进行记录；在财务报表中恰当地表述经济业务并对有关内容进行揭示。

（3）控制程序。控制程序是指管理部门所制定的用以保证达到一定目的的方针和程序。主要包括：经济业务和经济活动的批准；明确人员的职责分工，防止有关人员对正常业务隐藏错弊。职责分工具体包括：指派不同人员分别承担批准业务、记录业务和保管财产的职责；凭证和账单的设置和使用，应当保证业务和活动得到正确的记录；财产及其记录的接触和使用要有保护措施；对记录的业务及其计价要进行复核。

内部控制结构阶段正式将控制环境纳入内部控制的范畴。第一，人们在管理实践中逐渐认识到，不应该将控制环境看作内部控制的外部因素，而应该将其作为内部控制的一个组成部分来考虑，尤其是董事会、管理层及其他员工对内部控制的态度和行为，是充分有效的

内部控制体系得以建立和运行的基础和有力保障。第二,不再区分会计控制和管理控制,而是统一以要素来表述。这是因为人们发现会计控制和管理控制在实践中是不可分割、相互关联的。

内部控制结构阶段的内部控制将会计控制和管理控制融为一体,从“制度二分法”阶段步入“结构三要素”阶段,是内部控制与风险管理发展史上的一次重要转变。

四、内部控制整合框架阶段:五要素

20 世纪 70 年代,美国联邦政府开始关注内部控制问题。1977 年,美国国会通过《反海外贿赂法》(FCPA),明确规定企业应当建立内部会计控制。在《反海外贿赂法》的影响下,企业将内部控制提升至法律层面,监管机构和职业团体也开始就内部控制展开研究。

1985 年,AICPA、美国会计学会(AAA)、美国财务经理人协会(FEI)、美国国际内部审计师协会(IIA)和美国全国会计师协会(NAA)等会计职业团体发起成立全美反舞弊财务报告委员会,并于 1987 年发布研究报告,呼吁所有公众公司的董事会和管理层、独立公共会计师以及职业团体、学术界、美国证券交易委员会(SEC)和其他监管机构、相关立法机构共同致力于探讨财务报告中的舞弊产生的原因,并寻求解决之道。在反欺诈财务报告全国委员会的倡议下,成立了研究内部控制问题的反虚假财务报告委员会下属发起人委员会(Committee of Sponsoring Organizations of the Treadway Commission,COSO)。

1992 年 9 月,COSO 发布了著名的《内部控制——整合框架》,并于 1994 年进行了修订,成为内部控制领域最权威的文献之一,是内部控制发展历程中的一座里程碑。该报告对内部控制下了一个较为权威的定义,即“内部控制是由主体的董事会、管理层和其他员工实施的,旨在为经营的效率和有效性、财务报告的可靠性、遵循适用的法律法规等目标的实现提供合理保证的过程”。

1996 年,AICPA 发布了《审计准则公告第 78 号》,该公告全面接受了《内部控制——整合框架》的内容,并于 1997 年 1 月起取代 1988 年发布的《审计准则公告第 55 号》。

2013 年 5 月 13 日,COSO 发布了原内控框架的更新版,这是自 1992 年该框架发布以来的首次修改,原内控框架在 2014 年 12 月 15 日废止。由于《内部控制——整体框架(2013)》继承了原框架中内部控制的定义,对内控要素、目标、有效性的评价标准也基本上沿用了原框架的观点,因此通常被看作《内部控制——整体框架(1992)》的升级版,但与前作相比仍有一些重要变化。

(1)更倾向于原则导向,将支撑五个要素的基本概念提炼成 17 条基本原则,在此基础上提炼出 82 个代表相关原则的主要特征和重要关注点,为管理层设计和执行内部控制、评价其有效性提供具体指引,由此形成了一套以“要素—原则—关注点”为结构主线的内部控制框架体系。每一项原则不仅代表与内部控制五要素相关联的基本概念,而且代表与每个内部控制要素相关的基本评价维度,使内部控制建设具有操作性、内部控制评价更有据可依。

(2)明确了目标设定在内部控制中的作用,并深入地讨论了公司治理的作用。企业的内部控制只有上升到战略层次和公司治理层次,才能构建真正有效的控制体系。

(3)反映了商业和经营环境的变化,尤其关注科技的相关性。企业内部控制是一个根据商业和经营环境变化而动态完善的过程，在信息技术背景下更强调对风险的动态评估和应对。

（4）扩大了报告目标类型，更加关注非财务目标。《内部控制——整体框架（2013）》充分考虑到利益相关者信息需求，扩充了经营和报告目标，将内部财务报告、内部非财务报告、外部财务报告以及外部非财务报告纳入考虑范围，扩展对运营、合规和非财务报告目标的关注，给相关领域提供更全面的指引。

（5）加大了对反舞弊预期的考虑。任何企业都要通过完善的内部控制体系构建反舞弊机制。

COSO 报告认为，内部控制是一个受机构的董事会、管理部门和其他人员影响，旨在为取得营运效果与效率，确保财务报告的可靠性，遵循适用的法律法规等目标提供合理保证的过程。它认为内部控制整合框架主要由控制环境、风险评估、控制活动、信息与沟通、监督五个相互关联的要素构成，这些要素从管理部门运营的业务中衍生出来，并被整合在管理过程当中，如图 1-1 所示。

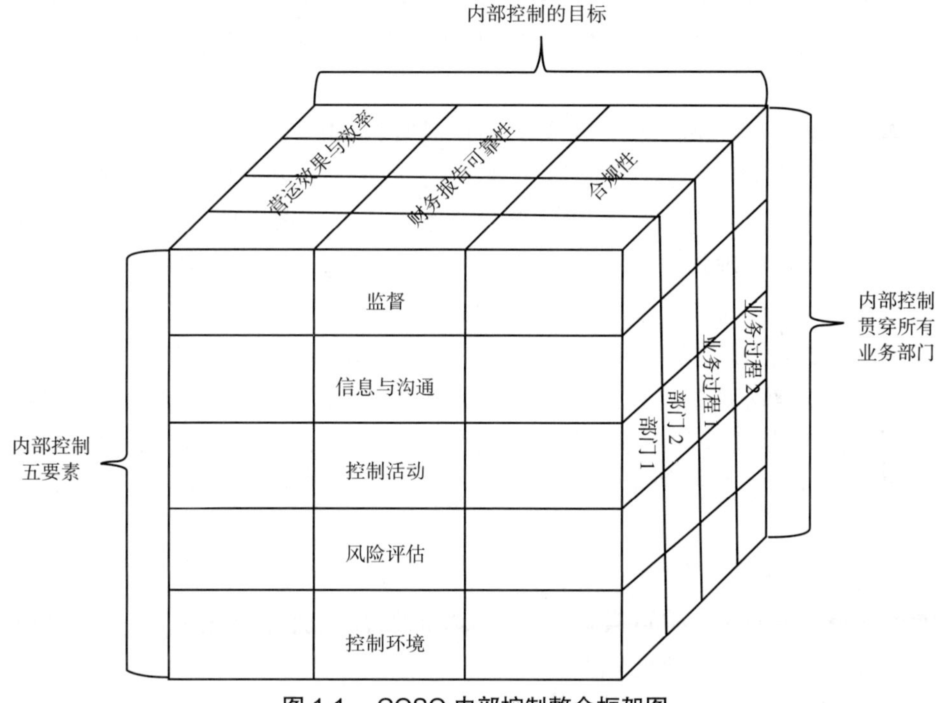

图 1-1　COSO 内部控制整合框架图

（一）控制环境

控制环境构成一个企业（公司）的氛围，是内部控制其他要素的基础，包括员工的诚实性和职业道德观念、员工的胜任能力、董事会或审计委员会提供的关注和指导、管理哲学和经营方式、组织机构、授予权利和责任的方式、人力资源政策和实施。

控制环境对构建企业业务活动的方式、目标制定以及风险评估会产生深远的影响。它还影响控制活动、信息与沟通系统以及监督活动。这反映在内部控制的设计以及内部控制的日常运营中。控制环境要素涉及的基本原则如下:①组织对正直和道德价值观做出承诺。②董事会独立于管理层,并对内部控制的推进和成效进行监督。③管理层在委员会的监督下,围绕其目标建立健全组织架构、汇报关系以及合理的授权和责任机制。④组织对吸引、发展和保留认同组织目标的人才做出承诺。⑤组织本着实现其目标的宗旨,让员工各自担负起内部控制的相关责任。

(二)风险评估

风险评估是管理层识别并采取相应行动来管理对营运、财务报告、遵循性目标有影响的内部或外部风险,包括识别、分析风险。所有企业,无论规模、结构、性质或所属行业,在内部的所有层面都面临风险。风险影响每个企业生存的能力,影响企业在所属行业内的竞争力,影响企业的实力和公众形象,影响企业产品、服务和员工的整体质量。实践中没有把发生风险的概率降为零的方法,因此,管理层必须决定准备谨慎地承担多大的风险,并努力使风险维持在这一水平。风险评估要素涉及的基本原则如下:①组织就识别、评估与其目标相关的风险,做出清晰的目标设定。②组织对影响其目标实现的风险进行全范围的识别和分析,并以此为基础来决定如何管理风险。③组织在评估影响其目标实现的风险时,考虑潜在的舞弊行为。④组织应识别和评估可能对内部控制转正体系造成较大影响的改变。

(三)控制活动

控制活动是确保管理层指令得到贯彻执行、对所确认的风险采取必要的措施,以保证单位目标得以实现的政策和程序。控制活动通常包括政策要素和程序要素。政策要素描述应该做什么,政策往往通过口头传达;程序要素描述应该怎样做。政策要素是程序要素的基础。控制活动是企业实现其经营目标所采用的流程的一部分,它直接融入管理流程中。

控制活动存在于公司各个层次和各个职能部门,一般包括:批准、授权、核实、调节、经营活动分析、资产安全性以及职责分工等方面。控制活动的形式一般体现为:业绩评价、信息处理、实物控制、职责分离等。控制活动要素涉及的基本原则如下:①组织选择并开展控制活动,将风险对其目标实现的影响降到可接受的水平;②针对(信息)技术,组织选择并开展一般控制活动以支持其目标的实现;③组织通过合理的政策和确保其得以贯彻执行的程序来开展控制活动。

(四)信息与沟通

信息与沟通是指有关信息以某种形式在某个时期被识别、获得和沟通,以促使员工采取一定的措施或行动来履行自己的职责。

它连接了内部控制体系整体框架的其他要素,是有效实施内部控制的保障,直接影响着企业内部控制的贯彻执行、企业经营目标及整体战略目标的实现。信息与沟通要素涉及的基本原则如下:①组织获取或生成信息,并使用相关的、优质的信息来支持内部控制发挥作用;②组织在其内部沟通传递包括内部控制的目标和责任在内的必要信息以支持内部控制发挥作用;③组织与外部相关方就影响内部控制发挥作用的事宜进行沟通。

(五)监督

监督是一个评估企业内部控制系统在一定时期内运行质量的过程,企业可以通过持续的监督活动、独立的评估，或两者并用来实现这个过程。监督要素涉及的基本原则如下：①组织选择、推动并实施持续和/或独立的评估以确认内部控制的要素是存在且正常运转的。②组织及时地评价内部控制的缺陷，并视情况与负责采取纠正措施的高级管理层、董事会进行沟通。

COSO 报告的内部控制整体框架提出了许多新的有价值的观点，对原有的内部控制理论进行了深层次的变革。

(1)明确对内部控制的责任。在内部控制发展史上，COSO 报告首次明确阐述了内部控制制定与实施的责任问题。该报告认为，不仅是管理者、内部审计人员或董事会，组织中的每个人都对内部控制负有责任。确立这种组织思想有利于企业的所有员工团结一致、主动地维护及改善企业的内部控制，而不是与管理层相互对立、被动地进行内部控制。

(2)强调内部控制应该与企业的经营过程相结合。COSO 报告认为，经营过程是指通过规划、执行及监督等基本的管理过程对企业加以管理。这个过程由组织的某一个单位或部门进行，或由若干单位或部门共同进行。内部控制是企业经营过程的一部分，应与经营过程结合在一起，而不是凌驾于企业的基本活动之上。它使经营达到预期的效果，并监督企业经营过程持续进行。需要注意的是，内部控制只是管理的一种工具，并不能取代管理。

(3)强调内部控制是一个动态过程。内部控制是对企业的整个经营管理活动进行监督与控制的过程，企业的经营活动永不停止，企业的内部控制也不会停止。企业内部控制不只是一项制度或一个规定，企业经营管理环境的变化必然要求企业内部控制趋于完善。内部控制是一个发现问题、解决问题，发现新问题、解决新问题的循环往复的过程。

(4)强调人的重要性。COSO 报告特别强调，内部控制受企业的董事会、管理层及其他员工的影响，并通过企业全体人员的实际行动来实现。内部控制的目标是由人制定的，设置内部控制的运行机制；反过来，内部控制能够影响人的行动。

COSO 报告是内部控制理论研究的历史性突破，首次提出内部控制体系概念，将内部控制由原来的平面结构发展为立体框架，代表了当时国际上内部控制研究方面的最高水平。

五、风险管理整合框架阶段

自 COSO 发布《内部控制——整合框架》以来，内部控制框架已经被世界上许多企业采用，但理论界和实务界也纷纷对该框架提出改进建议，认为其对风险强调不够，使得内部控制无法与企业风险管理相结合。2001 年，COSO 委托普华永道开发一个方便管理层评价和改进他们所在组织的企业风险管理的简便易行的框架。在开发期间，2001 年 12 月，美国最大的能源公司之一安然公司突然申请破产保护，此后上市公司和证券市场丑闻不断。2002 年 7 月，美国总统布什签署了《2002 年公众公司会计改革和投资者保护法案》，又称《SOX 法案》。该法案对美国 1933 年《证券法》、1934 年《证券交易法》做了修订，是一部涉及会计职业监管、公司治理、证券市场监管等方面改革的重要法律，强调了公司内部控制的重要性，从管理者、内部审计及外部审计等几个层面对公司内部控制做了具体规定，并设置了问责机制和相应的惩罚措施。

2004 年 9 月，COSO 在借鉴以往有关内部控制研究报告的基本精神的基础上，结合《萨班斯法案》在财务报告方面的具体要求，发表了《企业风险管理——整合框架》(ERM 框架)。该框架指出：“全面风险管理是一个过程，它由一个主体的董事会、管理层和其他人员实施，应用于战略制定并贯穿于企业之中，旨在识别可能会影响主体的潜在事项，管理风险以使其在该主体的风险容量之内，并为主体目标的实现提供合理保证。”从中可以看出，该框架最明显的变化是将内部控制上升至全面风险管理的高度来看待。COSO 提出了战略目标、经营目标、报告目标和合规目标四类目标，并指出风险管理包括八个相互关联的构成要素，即内部环境、目标设定、事项识别、风险评估、风险对策、控制活动、信息与沟通以及监控。根据 COSO 的这份研究报告，内部控制的目标、要素与组织层级之间形成了一个相互作用、紧密相联的统一体系；同时，对内部控制要素的进一步细分和充实，使内部控制与风险管理日益融合，进而拓展了内部控制。

和《内部控制——整合框架》相比，ERM 框架的创新之处体现在以下方面。

(1)从目标上看，ERM 框架涵盖了内部控制整合框架中的战略目标、经营目标、报告目标和合规目标，同时还扩大了报告的范畴。ERM 框架指出，企业风险管理应贯穿战略目标的制定、分解和执行过程，从而为战略目标的实现提供合理保证。报告范围的扩大表现在内部控制框架中的财务报告目标只与公开披露的财务报表的可靠性相关，而 ERM 框架中的财务报告范围则有很大的扩展，覆盖了企业编制的所有报告。

(2)从内容上看，ERM 框架除了包括内部控制整合框架中的五个要素外，还增加了目标制定、风险识别和风险对策三个管理要素。目标制定、风险识别、风险评估与风险对策四个要素环环相扣，共同构成了“风险管理”的完整过程。还对原有要素也进行了深化，将“控制环境”改为“内部环境”。

(3)从概念上看，ERM 框架提出了两个新概念：风险偏好和风险容忍度。风险偏好是指企业在实现其目标的过程中对于风险的态度。企业的风险偏好与企业的战略目标直接相关，企业在制定战略时，应考虑将该战略的既定收益与企业的管理者风险偏好结合起来。风险容忍度是企业在风险偏好的基础上设定的在目标实现过程中对差异的可接受程度和可容忍限度。

(4)从观念上看，ERM 框架提出了一个新的观念：风险组合观念。企业风险管理要求企业管理者以风险组合的观念看待风险，对相关的风险进行识别并采取措施使企业所承担的风险在风险偏好的范围内。对企业的每个单位而言，其风险可能在该单位的风险容忍度范围内，但从企业总体来看，总风险可能超过企业总体的风险偏好范围。因此，应从企业整体的角度评估风险。需要说明的是，ERM 框架虽然晚于《内部控制——整合框架》产生，但它并不是要完全替代《内部控制——整合框架》。在企业管理实践中，内部控制是基础，风险管理只是建立在内部控制基础之上的、具有更高层次和更有综合意义的控制活动。

2004 版框架发布之后的十几年间，风险的种类和复杂性发生了重大变化，新的风险层出不穷，基于风险导向的管理理念逐渐兴起，并渗透到企业管理的各个方面。为了适应这些变化，COSO 在 2014 年启动了风险管理框架的修订工作，并委托普华永道会计师事务所具体实施。这项计划旨在在日益复杂的商业环境中提高 ERM 的相关性，反映风险管理理论和实践的新发展，以便组织从风险管理中获得价值的提升。2017 年 9 月，COSO 正式发布了一份名为《企业风险管理——与战略和业绩的整合》的报告文件（简称新 ERM 框架）。

与 2004 年版的 ERM 框架相比，新 ERM 框架主要有以下变化。

（1）优化了风险相关的概念。新 ERM 框架重新界定了风险偏好和风险容忍度的概念，风险偏好大致保留了原来的定义，即主体在追求战略和经营目标的过程中愿意承受的风险程度。而对风险容忍度不再理解为风险偏好的细化或具体化，而是用绩效的语言来表述。通过重新定义风险容忍度，可以更加明确地表示在给定的绩效目标下应该承担多少风险，组织可以清晰地看出当前绩效下的可接受风险的界限。这些界限可以让组织评估绩效的变化是否在可接受的范围之内。新 ERM 框架对企业风险管理的定义为：组织在创造、保持和实现价值的过程中，结合战略制定和执行，赖以进行风险管理的文化、能力和实践。

（2）重新定位风险侧重点。新 ERM 框架中强调了将企业风险管理融入企业的所有业务流程中去。从战略目标的设定到经营目标的形成，再到执行过程中完成绩效的情况，企业风险管理工作不是额外的和独立的工作。企业风险管理的角色是要参与组织运营，管理绩效完成过程中的风险，并最终实现组织对价值的追求。

（3）采用要素原则模式。新 ERM 框架摒弃了 2004 年版的立体八要素框架，将风险管理框架中的要素和原则融入企业战略、绩效和价值提升过程、实践和能力，把原来的八个要素整合为治理和文化、战略和目标设定、绩效、审查和修订以及信息、沟通和报告五个要素。在五个要素下提炼出了 20 条原则，增强了整个框架的逻辑性。

（4）强调风险价值的关系。新的风险定义提升了对战略及绩效的讨论，更新后的框架强调企业风险管理创造、保持和实现价值的角色。企业风险管理不再侧重于防止对企业价值的侵蚀事件和将风险降低到可接受的水平。相反它被视为不可或缺的战略设定和抓住机遇来创造和保持价值的一部分。不再简单地专注于降低风险的目标，企业风险管理成为一个动态的、管理整个主体价值链的一部分。

（5）增强风险绩效协同性。新 ERM 框架探索了企业风险管理工作如何识别和评估影响绩效实现的风险；通过设定可接受的绩效波动范围，新 ERM 框架表述了绩效的变化，由此导致了经营目标下的风险概况的变化；新 ERM 框架还强调了风险评估和风险报告不是用来生成一堆潜在风险清单，而是关注这些风险如何影响战略和商业目标的实现。

（6）将风险纳入决策流程。所有主体核心价值链上的每一个阶段都会面临着大量的决策，因为所有的主体都追求创造、保持和实现价值，这些决策通常都是围绕着战略目标选择、经营和绩效目标设定以及资源分配进行的。整合融入企业全生命周期各个环节的企业风险管理工作支持了这种具有风险意识的各种决策。新 ERM 框架按步骤分析了如何将组织的风险概况信息用于提升整体决策水平。这些信息包括风险类型和严重程度，以及其如何影响经营环境，理解识别和评估风险的基础假设，主体的风险文化和风险偏好等。

（7）说明了与内部控制的关系。COSO 表示企业风险管理框架不是要取代 2013 年发布的 COSO 内部控制框架，两个框架各不相同但互相补充，虽然两个框架都采用了“要素 + 原则”式的结构，但内容却大相径庭。为了避免冗余，一些典型的内部控制内容在本框架中并未列示,尤其是控制活动。而在内部控制框架中介绍过的一部分内容,如关于治理的内容,在本框架中被进一步发展和完善了。

【案例 1-1】

花旗集团遭美国监管机构罚款 4 亿美元:风险管理存缺陷

据路透中文网报道,美国监管机构称,花旗集团同意支付 4 亿美元罚款并制定一套全面整治计划,以矫正监管机构发现的"几项存在已久的缺陷"和业务失误。

美国联邦储备委员会(以下简称"美联储")和通货监理局表示,该银行需要有"全面的矫正行动",且必须整顿整个公司的风险管理、数据管理和内部控制。

据悉,美联储指出,花旗集团未能充分解决其在 2013 年和 2015 年发现的与风险管理和控制有关的问题。通货监理局在其同意决定中称,"几年来,该行未能执行和维护与其规模、复杂性及风险结构相称的企业风险管理与合规管理制度、内部控制或数据管理制度"。

花旗集团的问题之一是其系统的基础架构存在缺陷,该系统旨在识别风险并保护客户数据。例如,花旗集团的许多业务都在各自独立的系统上运行,这些系统均具有跟踪客户和交易的功能。同一家银行内部有数百个系统,不同部门在开展业务时可能对同一个客户有不同的识别码。监管机构一直担心,这种大杂烩体系是花旗集团在 20 世纪 90 年代一系列交易的结果,这可能使该银行遭受潜在的破坏性失误的影响。比如,花旗集团曾向化妆品公司露华浓公司的债权人意外支付了 9 亿美元,这一引人注目的错误引起了监管机构的怀疑。

花旗集团在声明稿中表示,对于未达到监管预期感到失望,并且已经在制定"重大整治计划"。另据美国《纽约时报》报道,花旗银行正处于重大转型之中,其首席执行官迈克尔·科巴特将于明年年初卸任,由花旗集团总裁简·弗雷泽接任。花旗银行必须进行改进,以满足两个监管机构的要求,包括明确其高管的职责,并在其薪酬与其有效管理银行之间建立更牢固的联系。

此外,花旗集团表示,计划今年在风险管理和内部控制方面投资超过 10 亿美元,并已聘请首席行政官集中管理该计划,以确保其完成。

(资料来源:花旗遭美监管机构罚款 4 亿美元:风险管理存缺陷,中新经纬网, 2020-10-08)

第二节 我国企业内部控制的发展

2008 年 5 月 22 日,财政部、证监会、审计署、银监会、保监会联合发布《企业内部控制基本规范》。2010 年 4 月 15 日,财政部等五部委又联合发布了《企业内部控制应用指引第 1 号——组织架构》等 18 项应用指引、《企业内部控制评价指引》和《企业内部控制审计指引》。内部控制基本规范和配套指引的发布,标志着我国内部控制规范体系的形成,是我国内部控制制度发展的里程碑。

在改革开放的 40 余年中,我国的企业内部控制法规建设经历了不同的阶段。

一、起步阶段：改革开放初期至 1997 年，从会计、审计、金融业务起步

改革开放初期，我国经历了内部控制的缺失。在以“放权让利”为重点的改革中，企业经营自主性空前提高。改革释放出巨大的生产力，使政府和企业将注意力集中在调动职工积极性和促进企业利润的增长上，管理层没有形成企业内部控制意识，无暇制定内部控制制度。

我国对内部控制规定的起步始于 1985 年 1 月颁布的《中华人民共和国会计法》，其中规定：“会计机构内部应当建立稽核制度。出纳人员不得兼管稽核、会计档案保管和收入、费用、债权债务账目的登记工作。”这是我国首次在法律文件上对内部控制提出明确要求。

随着改革的深入和我国经济的迅猛发展，企业会计工作已经脱离了计划经济时代的模式。为适应企业会计工作的需要，加强会计基础工作，建立规范的会计工作秩序，1996 年 6 月，财政部颁发了《会计基础工作规范》，对会计基础工作的管理、会计机构和会计人员、会计人员职业道德、会计核算、会计监督、单位内部会计管理制度建设等问题做出了全面规范。其中对会计监督的要求，可以算作我国企业早期的内部控制规定。

1996 年 12 月，中国注册会计师协会发布了第二批《中国注册会计师独立审计准则》，其中《独立审计具体准则第 8 号——错误与舞弊》要求被审计单位建立健全内部控制，《独立审计具体准则第 9 号——内部控制与审计风险》对内部控制的定义和内容都做了具体规定，并要求注册会计师从制度基础审计的角度审查企业的内部控制，进行企业内部控制评价。《独立审计实务公告第 2 号——管理建议书》中指出：“注册会计师对审计过程中发现的内部控制重大缺陷应当告知被审计单位管理层，必要时，可出具管理建议书。”《中国注册会计师独立审计准则》中有关内部控制的描述和要求，既是注册会计师执业基准的一部分，又是对企业内部控制工作的推动，这种间接的推动力，提高了我国企业对内部控制的关注程度，促进了我国企业内部控制制度的初步建设。1997 年 5 月，中国人民银行颁布了《加强金融机构内部控制的指导原则》，这是我国第一部专门针对内部控制的部门规章，其中要求金融机构建立健全有效的内部控制运行机制。金融机构的内部控制指导原则先于非金融内部控制要求出台，向金融机构发出了这样的信号：我国对金融机构内部控制的要求要高于对非金融企业的要求。该指导原则对于金融机构内部控制的建设意义重大，为我国金融机构的内部控制制度建设和发展奠定了基础。

二、探索阶段：1997—2004 年，各部门按照业务系统制定部门规章

1997 年 6 月，亚洲金融危机爆发，泰国、菲律宾、马来西亚、印度尼西亚、韩国等国家和我国香港地区金融业陆续遭受重创，欧美各国的股市和汇市也产生大幅波动，直至 1999 年，金融危机波及的国家和地区才逐渐摆脱困境。在亚洲金融危机的背景下，我国借鉴亚洲各国在金融危机中的经验教训，积极推进企业管理制度改革和会计监督制度建设。

（一）财政部起草修改会计法律、全国人大常委会通过

1999 年 10 月修订的《会计法》第二十七条明确提出：“各单位应当建立、健全本单位内部会计监督制度，单位内部会计监督制度应当符合下列要求：①记账人员与经济业务事项和会计事项的审批人员、经办人员、财物保管人员的职责权限应当明确，并相互分离、相互制

约;②重大对外投资、资产处置、资金调度和其他重要经济业务事项的决策和执行的相互监督、相互制约程序应当明确;③财产清查的范围、期限和组织程序应当明确;④对会计资料定期进行内部审计的办法和程序应当明确。"《会计法》将会计监督纳入其中,在我国内部控制制度建设历程中是一个重大的突破。

2001 年 6 月,财政部发布了《内部会计控制规范——基本规范(试行)》《内部会计控制规范——货币资金(试行)》。2002 年 12 月,财政部在发布了《内部会计控制规范——采购与付款(试行)》和《内部会计控制规范——销售与收款(试行)》之后相继发布《内部会计控制规范——担保(征求意见稿)》《内部会计控制规范——成本费用(征求意见稿)》。2003 年 10 月,财政部发布了《内部会计控制规范——工程项目(试行)》。这些规定明确了单位建立和完善内部会计控制体系的基本框架和要求,以及货币资金、销售与收款和工程项目等业务内部控制的要求。内部会计控制的一系列试行规范虽然以会计控制规范的形式出台,但是其所涉及的内容已不仅仅局限在会计领域,还是对采购、生产、销售、投资等诸多方面内部控制的规范,它们为后来我国内部控制规范体系的形成奠定了基础。

2002 年 2 月,中国注册会计师协会发布了《内部控制审核指导意见》,该意见对内部控制审核进行了界定,并明确了被审核单位和注册会计师的责任,提出了内部控制审核业务的工作要求。

(二)中国证监会出台有关政策

1999 年 6 月,证监会发布的《关于上市公司做好各项资产减值准备等有关事项的通知》指出:上市公司应建立健全有关提取坏账准备、短期投资跌价准备、存货跌价准备和长期投资减值准备等各项资产减值准备和损失处理的内部控制制度。公司应本着审慎经营、有效防范化解资产损失风险的原则责成相关部门拟定(或修订)内部控制制度……监事会对内部控制制度制定和执行情况进行监督……证券监管部门将对上市公司内部控制制度的建立、健全和执行情况,以及董事会和监事会履行相关职责情况进行重点检查。该通知对资产减值的内部控制提出了要求,在一定程度上起到了防范企业资产损失风险的作用。

2000 年 4 月,证监会发布了《关于加强期货经纪公司内部控制的指导原则》,该原则对期货经纪公司内部控制的目标和原则、具体要求以及监督等方面做出了指导,以清除期货经纪公司内部控制的薄弱环节。

2000 年 11 月,中国证监会发布了《公开发行证券的公司信息披露编报规则》,其中《公开发行证券的公司信息披露编报规则第 7 号——商业银行年度报告内容与格式特别规定》和《公开发行证券的公司信息披露编报规则第 8 号——证券公司年度报告内容与格式特别规定》,要求公开发行证券的商业银行、保险公司、证券公司建立健全内部控制制度,并在招股说明书正文中说明内部控制制度的完整性、合理性和有效性,同时,要求注册会计师对被审计者的内部控制制度及风险管理的"三性"进行评价和报告。2001 年,证监会发布了《公开发行证券的公司信息披露内容与格式准则第 2 号——年度报告的内容与格式》,要求监事会对上市公司是否建立完善的内部控制制度发表独立意见,若监事会认为内部控制制度完善,则可免于披露。自此,内部控制成为企业信息披露的一部分。尽管在这一系列规则中,并未强制要求上市公司在所有情况下披露内部控制信息,但内部控制信息在企业信息披露中的地位已不仅是会计监督和会计控制的信息,而是成为一类专门的披露信息。

2001 年 1 月,证监会发布了《证券公司内部控制指引》,要求所有的证券公司建立和完善内部控制机制和内部控制制度。该指引是对《加强金融机构内部控制的指导原则》的补充,对证券公司建立健全内部控制制度有着重大意义。

2002 年 12 月,证监会发布了《证券投资基金管理公司内部控制指导意见》。该意见对证券投资基金管理公司建立科学合理、控制严密、运行高效的内部控制体系,制定完善的内部控制制度提供了指导,保证了证券投资基金管理公司诚信、合法、有效的经营,保障了大多数基金持有人的利益。

2003 年,证监会发布了《关于加强证券公司营业部内部控制若干措施的意见》,并修订了《证券公司内部控制指引》,对我国证券公司内部控制制度做了进一步的规范。

(三)中国审计署出台部门规章

2001 年 1 月审计署发布修订的《中华人民共和国国家审计基本准则》第二十二条规定:"审计组实施审计时,应当深入调查了解被审计单位的情况,对其内部控制制度进行测试,以进一步确定审计重点和审计方法。必要时,可以按照规定及时修改审计方案。"新的审计基本准则要求注册会计师从制度基础审计的角度审查企业的内部控制,对企业内部控制评价发展和内部控制制度进行测试。

(四)中国人民银行出台部门规章

2002 年 9 月,中国人民银行发布了《商业银行内部控制指引》,其中对商业银行内部控制的各方面做出了规定,将《加强金融机构内部控制的指导原则》中的内部控制原则加以简化,提出"商业银行内部控制应该贯彻全面、审慎、有效、独立的原则"。该指引替代了《加强金融机构内部控制的指导原则》,成为商业银行制定内部控制制度的基础。

(五)中国银监会出台管理办法

2004 年 12 月,银监会发布《商业银行内部控制评价试行办法》,以指导商业银行的内部控制评价,其中第八条提出:商业银行内部控制评价应从充分性、合规性、有效性和适宜性四个方面来进行。该办法是对《商业银行内部控制指引》的补充,使我国商业银行内部控制制度体系更加完整。

三、建设阶段:2004—2008 年,由各部门按业务系统制定部门规章到财政部牵头制定统一的规范体系,亦即由分散到集中统一

(一)成立研究内部控制规范体系的组织机构

2004 年底和 2005 年 6 月,国务院就强化我国企业内部控制问题做出重要批示,要求"由财政部牵头,联合有关部委,积极研究制定一套完整公认的企业内部控制指引"。

在 SOX 法案的推动下,我国的内部控制制度建设的步伐明显加快,相关的法规和文告密集出台,并且逐渐形成内部控制制度的组织配套和保障机制。

2006 年 7 月,受国务院委托,财政部牵头,由财政部、国资委、证监会、审计署、银监会和保监会联合发起成立了企业内部控制标准委员会,秘书处设在财政部会计司,旨在研究制定

“具有统一性、公认性和科学性的企业内部控制规范体系”。在监管部门、大中型企业、行业组织和科研院所等机构领导和专家的积极参与和大力支持下，我国企业内部控制标准体系的机制保障和组织配套形成了。

（二）中国证监会出台政策

2005年10月，国务院批转了证监会发布的《关于提高上市公司质量的意见》，要求上市公司对内部控制制度的完整性、合理性及其实施的有效性进行定期检查和评估，同时要通过外部审计对公司的内部控制制度以及公司的自我评估报告进行核实评价，并披露相关信息。

2006年5月，证监会发布的《首次公开发行股票并上市管理办法》规定：“发行人的内部控制在所有重大方面是有效的，并由注册会计师出具了无保留结论的内部控制鉴证报告。”

2006年6月，证监会出台了《证券公司融资融券业务试点内部控制指引》，对融资融券业务管理、各类费率的公示、担保物和平仓、技术系统、客户资产安全、监控和信息档案等方面的内部控制进行了指导。

（三）中国保监会出台管理办法

2006年1月，保监会发布了《寿险公司内部控制评价办法（试行）》，并在附件中提供了《寿险公司内部控制评估表——法人机构》和《寿险公司内部控制评估表——分支机构》。在此评价办法中，对寿险公司的内部控制评价做了详尽的要求，并对内部控制缺陷做了定义。

（四）中国财政部出台有关审计准则

2006年2月，财政部发布的《中国注册会计师审计准则第1211号——了解被审计单位及其环境并评估重大错报风险》中，对内部控制的内涵和要素做了详细的说明。

（五）国务院国资委出台有关政策

2006年6月，国务院国资委发布《中央企业全面风险管理指引》，为中央企业开展全面风险管理工作的目标、原则、流程、组织体系、风险评估、风险管理策略、风险管理解决方案、监督与改进，以及风险管理文化和风险管理信息系统等方面提供了指引，并对企业对此指引的实施提出了明确要求。

（六）证券交易所出台管理办法

2006年6月，上海证券交易所发布了《上海证券交易所上市公司内部控制指引》，2006年9月，深圳证券交易所发布了《深圳证券交易所上市公司内部控制指引》，这两个“指引”对上市公司内部控制的框架、专项风险内部控制、内部控制工作的检查监督、信息披露等多项内容进行了界定，对上市公司保证企业内部控制制度的完整性、合理性和有效性进行了规定。

2008年5月，财政部等五部委联合发布了《企业内部控制基本规范》，要求2009年7月1日起在上市公司范围内施行，并且鼓励非上市的大中型企业也照此执行。《企业内部控制基本规范》要求：“执行本规范的上市公司，应当对本公司内部控制的有效性进行自我评价，披露年度自我评价报告，并可聘请具有证券、期货业务资格的会计师事务所对内部控制的有效性进行审计。”《企业内部控制基本规范》既借鉴了国外相关内部控制制度的经验，又紧密结合了我国的实际情况，具有我国自身的特色，标志着我国内部控制制度的建设实现了由财政部牵头联合有关部委制定颁发，即统一、公认和科学。

四、体系化阶段：2008—2010 年，继续由财政部联合有关部门制定部门规章

2010 年 4 月 15 日，财政部等五部委出台了《企业内部控制应用指引第 1 号——组织架构》等 18 项应用指引、《企业内部控制评价指引》和《企业内部控制审计指引》，要求 2011 年 1 月 1 日起在境内外同时上市的公司中实行，自 2012 年 1 月 1 日起，在上海证券交易所、深圳证券交易所主板上市的公司中施行，并择机在中小板和创业板上市的公司中施行，同时也鼓励非上市大中型企业提前执行。18 项应用指引不仅包括了有关业务活动控制的实务指南，而且增加了对内部环境，风险评估、信息沟通、内部监督等控制要素的操作性指引，涵盖了企业的组织架构、发展战略、人力资源、社会责任、企业文化等方面的内部控制，规范了企业的资金活动、采购业务、资产管理、销售业务、工程项目、担保业务、业务外包、合同管理等具体业务中内部控制的应用，还指导了企业进行财务报告、内部信息传递和信息系统等方面的内部控制行为。《企业内部控制评价指引》对企业内部控制评价的内容与程序、内部控制缺陷的认定和内部控制评价报告都进行了清晰的阐述，为企业内部控制评价提供了详尽的依据。《企业内部控制审计指引》对注册会计师执行企业内部控制审计业务进行了规范，并给出了内部控制审计报告的参考格式，使我国注册会计师在对企业内部控制进行审计时有章可循。《企业内部控制应用指引》《企业内部控制评价指引》和《企业内部控制审计指引》的发布标志着我国的内部控制规范体系已基本建成。

五、健全完善阶段：2010 年至今，财政部颁发《小企业内部控制规范（试行）》，有关部门在《企业内部控制基本规范》指导下结合实际情况健全完善业务系统的内部控制办法

（一）财政部颁发《小企业内部控制规范（试行）》

为引导和推动小企业加强内部控制建设，提升经营管理水平和风险防范能力，促进小企业健康可持续发展，财政部于 2017 年 6 月制定并颁布了《小企业内部控制规范（试行）》。在内部控制建立与实施方面，《小企业内部控制规范（试行）》主要明确了小企业内部控制建立与实施工作的总体要求，风险评估的对象、方法、内容、方式、频率，特别说明了小企业常见的风险类别、常用的风险应对策略，明确了小企业建立内部控制的重点领域、常见的内部控制措施、内部控制实施的基本要求、内部控制与现有企业管理体系的关系、内外部信息沟通方式、人员培训和控制措施的更新优化等内容。在内部控制监督方面，《小企业内部控制规范（试行）》主要明确了小企业内部控制的监督机制，包括实施监督的方式、监督人员要求、日常监督的重点、内部控制存在的问题及整改、定期评价频率、内部控制报告、监督与评价结果的使用等内容。

（二）国务院国资委出台相关文件

为贯彻落实党的十九届四中全会关于大力加强国资国企制度建设的新部署新要求，国务院国资委出台相关政策文件明确对中央企业内部控制的新要求：① 2018 年 11 月 2 日，《中央企业合规管理指引（试行）》提出中央企业合规管理以有效防控合规风险为目的，以企业和员工经营管理行为为对象，开展包括制度制定、风险识别、合规审查、风险应对、责任追究、考核评价、合规培训等有组织、有计划的管理活动。② 2019 年 11 月 14 日,《关于加强中央企业内部控制体系建设与监督工作的实施意见》从国资国企监管的角度,以内部控制建设和监督为抓手,将推动中央企业内部控制制度建立完善和保障内部控制制度有效执行作为国资国企践行推动国家治理能力体系和治理能力现代化的一个重要手段。③ 2020 年 10 月 12 日,《关于深化中央企业内部审计监督工作的实施意见》提出要深入贯彻落实党中央、国务院关于加快建立健全国有企业、国有资本审计监督体系和制度的工作部署,围绕形成以管控资本为主的国有资产监管体制,推动中央企业建立符合中国特色现代企业制度要求的内部审计领导和管理体制机制。④ 2021 年 3 月 23 日,《关于加强中央企业资金内部控制管理有关事项的通知》进一步要求建立健全资金内控管理体制机制,切实加强资金内控制度建设,持续强化资金内控关键环节监管,加快推进资金内控信息化建设,有效开展境外资金风险管控,认真做好资金内控体系监督评价工作。⑤ 2021 年 3 月 26 日,《关于加强地方国有企业债务风险管控工作的指导意见》为贯彻落实国务院金融稳定发展委员会工作要求,指导地方国资委进一步加强国有企业债务风险管控工作,有效防范化解企业重大债务风险,坚决守住不引发区域性、系统性金融风险的底线,提出指导意见。⑥ 2022 年 2 月 18 日,国务院国有资产管理委员会印发了《关于中央企业加快建设世界一流财务管理体系的指导意见》,指出要加强内部控制和风险管理。一是在"着力推动四个变革"中指出:推动财务管理组织变革——优化管控模式;推动财务管理机制变革——加强风控规则硬约束;推动财务管理功能手段变革——防控风险。二是在"重点强化五项职能"中指出:强化核算报告,实现合规精准;强化资金管理,实现安全高效;强化成本管控,实现精益科学。三是在"持续完善五大体系"中指出:完善纵横贯通的全面预算管理体系;完善全面有效的合规风控体系;完善智能前瞻的财务数智体系;完善系统科学的财务管理能力评价体系;完善面向未来的财务人才队伍建设体系。

(三)中国证监会出台有关上市公司文件

2021 年 4 月 8 日,财政部、证监会发布《关于深交所主板与中小板合并后原中小板上市公司实施企业内部控制规范体系的通知》,要求深交所主板与中小板合并后,原中小板上市公司应全面实施企业内部控制规范体系。原中小板上市公司应当于 2022 年 1 月 1 日起全面实施企业内部控制规范体系,并在披露 2022 年公司年报的同时,披露公司内部控制评价报告以及财务报告内部控制审计报告。

为贯彻落实《国务院关于进一步提高上市公司质量的意见》(国发〔2020〕14 号)、《国务院办公厅关于进一步规范财务审计秩序促进注册会计师行业健康发展的意见》(国办发〔2021〕30 号)等有关要求,加强对上市公司实施企业内部控制规范的管理、指导和监督,规范会计师事务所内部控制审计行为,提升上市公司财务报告内部控制有效性和会计信息质量,强化资本市场领域财会监督力度,2022 年 3 月 22 号,财政部和证监会出台了《财政部证监会关于进一步提升上市公司财务报告内部控制有效性的通知》(财会〔2022〕8 号)。该通知提出应充分认识加强财务报告内部控制的重要意义;明确提升上市公司财务报告内部控制有效性的重点领域,加强资金资产活动、成本费用、投资活动、关联交易和财务报表等相关舞弊和错报的风险防控；明确责任并加强组织实施，上市公司作为第一责任人，要确保财务报告内部控制有效实施，会计师事务所要发挥审计监督作用，重点审计财务报告内部控制有效性，政府监管部门形成合力，强化对上市公司和会计师事务所的监管。

第三节　我国企业内部控制规范体系

2008 年 5 月 22 日，财政部会同证监会、审计署、银监会、保监会出台《企业内部控制基本规范》。2010 年 4 月 15 日，财政部会同证监会、审计署、银监会、保监会又发布了《企业内部控制应用指引第 1 号——组织架构》等 18 项应用指引，《企业内部控制评价指引》和《企业内部控制审计指引》。内部控制基本规范及配套指引的发布，标志着我国内部控制规范体系的基本形成，是我国内部控制制度建设发展的里程碑。

我国企业内部控制规范框架体系如图 1-2 所示，其中，企业内部控制基本规范是内部控制体系的最高层次，起统驭作用。《企业内部控制应用指引》是对企业按照内部控制原则和内部控制五要素建立健全本企业内部控制所提供的指引，在配套指引乃至整个内部控制规范体系中占据主体地位；《企业内部控制评价指引》是为企业管理层对本企业内部控制有效性进行自我评价提供的指引；《企业内部控制审计指引》是会计师事务所执行内部控制审计业务的执业准则。三者之间既相互独立，又相互联系，形成一个有机整体。

一、《企业内部控制基本规范》

《企业内部控制基本规范》是内部控制体系的最高层次，起统驭作用。它描述了建立与实施内部控制体系必须建立的框架结构，规定了内部控制的定义、目标、原则、要素等，是制定应用指引、评价指引、审计指引和企业内部控制制度的基本依据。

《企业内部控制基本规范》共 7 章 50 条，分为总则、内部环境、风险评估、控制活动、信息与沟通、内部监督和附则。

《企业内部控制基本规范》主要明确了内部控制的目标、原则和要素。内部控制目标规定了五个方面，即合理保证企业经营管理合法合规、资产安全、财务报告及相关信息真实完整，提高经营效率和效果，促进企业实现发展战略。《企业内部控制基本规范》第四条规定了企业建立与实施内部控制的五项原则：一是全面性原则，二是重要性原则，三是制衡性原则，四是适应性原则，五是成本效益原则。《企业内部控制基本规范》第五条规定了内部控制的五要素，即内部环境、风险评估、控制活动、信息与沟通和内部监督。

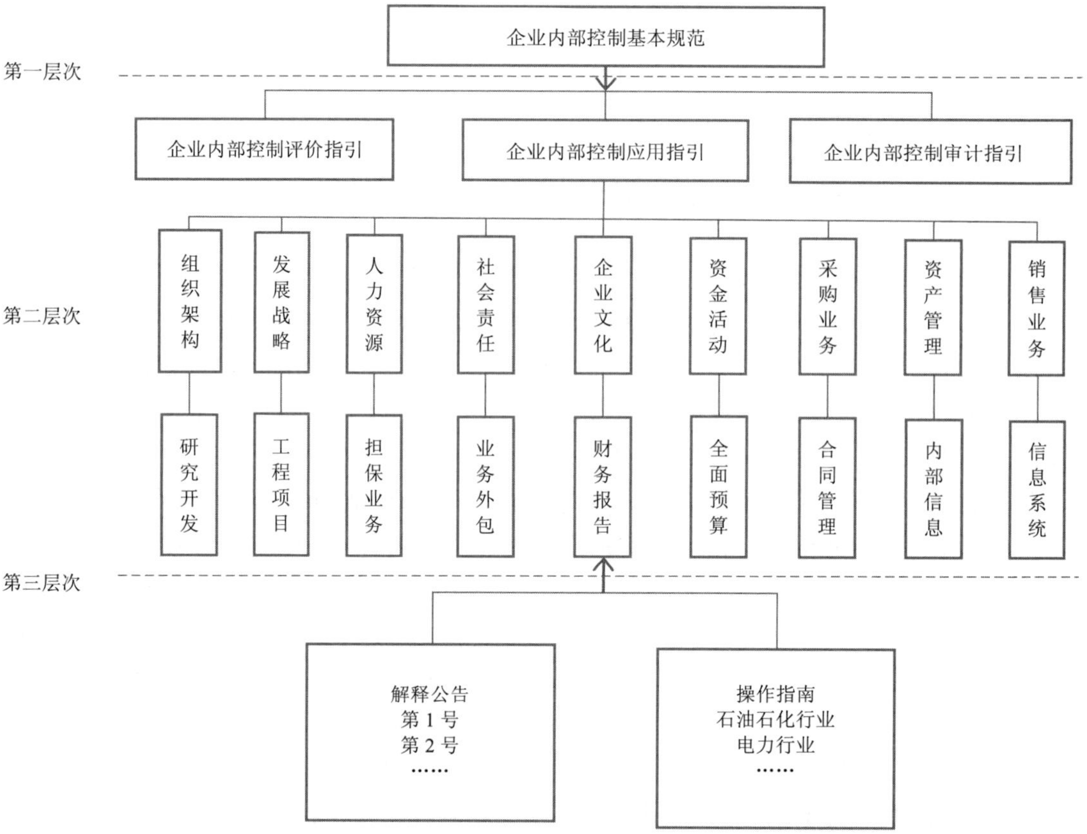

图 1-2 我国企业内部控制规范体系

【案例 1-2】

公司内控存重大缺陷，*ST 秋林被上交所纪律处分

上海证券交易所(以下简称“上交所”)在日常信息披露监管中发现，哈尔滨秋林集团股份有限公司(以下简称“公司”)2018 年年度业绩预告披露不准确且未及时更正，公司董事、监事、高级管理人员无法保证 2018 年年度报告内容的真实、准确、完整，以及公司内部控制存在重大缺陷等违规事项，于是召开纪律处分委员会，形成了纪律处分决定。

根据公司 2018 年内部控制审计报告，公司未能按照《企业内部控制基本规范》和相关规定在所有重大方面保持有效的财务报告内部控制，公司内部控制存在重大缺陷。公司 2018 年度内部控制报告被年审会计师事务所出具否定意见。

(1)公司于 2018 年 7 月成立秋林黄金事业部后，相关黄金板块子公司由董事长直接管理，董事长李某和副董事长李某新对相关子公司的实际业务经营超过公司董事会授权范围，导致相关经营业务的职责分工和制衡机制失效，期末应收款项回收、存货的保管及贷款担保事项出现重大风险，导致公司 2018 年年报为此计提资产减值损失约 37 亿元。

(2)集团对子公司的管控制度未有效执行， 2018 年下半年， 子公司出现签订大量超过正常账期的销售合同、存货保管有重大风险、非正常贷款等异常情况后，集团未对非常规、复杂或特殊交易建立相应的控制机制，且未采取补充或补偿性措施。

（3）公司未对可供出售金融资产等对外投资实施有效的跟踪管理，并由此计提3.38亿元资产减值损失。

（4）在募集资金管理方面未实施有效控制，相关债券募集资金从募集资金专户被转至其他普通账户，并用于为其他公司提供质押担保。目前，公司已向公安机关报案，并向中国银保监会、证监会举报。

公司年度业绩是投资者关注的重大事项，公司理应根据会计准则对当期业绩、减值损失进行客观、谨慎的估计，确保预告业绩的准确性。但公司业绩预告不准确、不审慎，实际业绩与预告业绩相比发生盈亏方向的重大变化，且未及时对业绩预告进行更正，特别是实际业绩出现巨额亏损，导致公司期末净资产为负，公司股票被实施退市风险警示，违规情节严重。公司内部控制存在重大缺陷，内部控制报告被出具否定意见。公司上述行为违反了《上海证券交易所股票上市规则》（以下简称《股票上市规则》）第1.4条、第2.1条、第2.6条、第11.3.3条以及《上海证券交易所上市公司内部控制指引》第三条、第十四条等有关规定，情节严重。

鉴于上述违规事实和情节，经上交所纪律处分委员会审核通过，根据《股票上市规则》第17.2条、第17.3条、第17.4条和《上海证券交易所纪律处分和监管措施实施办法》的有关规定，上交所做出如下纪律处分决定：对哈尔滨秋林集团股份有限公司、时任董事长李亚、时任副董事长李某新予以公开谴责，并公开认定李某、李某新十年内不适合担任上市公司董事、监事和高级管理人员；对时任董事、总经理兼财务总监潘某华，时任董事兼副总裁侯某，时任董事兼董事会秘书隋某平，时任董事兼副总裁曲某荣，时任独立董事陶某、任某、白某壮，时任监事李某、杨某国、梁某，时任副总裁季某波、孙某春予以公开谴责。对于上述纪律处分，上交所将通报中国证监会和黑龙江省人民政府，并记入上市公司诚信档案。

（资料来源：朱凯. 公司内控存重大缺陷，*ST秋林被上交所纪律处分. 证券时报，2020-03-02）

二、企业内部控制配套指引

1.《企业内部控制应用指引》

《企业内部控制应用指引》由三大类组成，即内部环境类应用指引、控制活动类应用指引、控制手段类应用指引。这三类应用指引基本涵盖了企业资金流、实物流、人力流和信息流等各项业务和事项。

（1）内部环境是企业实施内部控制的基础，支配着企业全体员工的内控意识，影响着全体员工实施控制活动和履行控制责任的态度、认识和行为，因此内部环境类指引具有基础性地位，它是构成企业的基本条件，对企业的经营与发展起到不可或缺的决定性作用。内部环境类应用指引包括组织架构、发展战略、人力资源、社会责任和企业文化等指引。

（2）控制活动类应用指引是对各项具体业务活动实施的控制，此类指引包括资金活动、采购业务、资产管理、销售业务、研究与开发、工程项目、担保业务、业务外包、财务报告等指引。

（3）控制手段类应用指引偏重于“工具”性质，往往涉及企业整体业务或管理，此类指引包括全面预算、合同管理、内部信息传递和信息系统等指引。

表 1-1　内部控制五要素与应用指引对应表

<table>
<tr><td colspan="2" rowspan="5">内部环境</td><td>内部控制应用指引第 1 号——组织架构</td><td rowspan="18">风险评估</td></tr>
<tr><td>内部控制应用指引第 2 号——发展战略</td></tr>
<tr><td>内部控制应用指引第 3 号——人力资源</td></tr>
<tr><td>内部控制应用指引第 4 号——社会责任</td></tr>
<tr><td>内部控制应用指引第 5 号——企业文化</td></tr>
<tr><td colspan="2" rowspan="9">控制活动</td><td>内部控制应用指引第 6 号——资金活动</td></tr>
<tr><td>内部控制应用指引第 7 号——采购业务</td></tr>
<tr><td>内部控制应用指引第 8 号——资产管理</td></tr>
<tr><td>内部控制应用指引第 9 号——销售业务</td></tr>
<tr><td>内部控制应用指引第 10 号——研究与开发</td></tr>
<tr><td>内部控制应用指引第 11 号——工程项目</td></tr>
<tr><td>内部控制应用指引第 12 号——担保业务</td></tr>
<tr><td>内部控制应用指引第 13 号——业务外包</td></tr>
<tr><td>内部控制应用指引第 14 号——财务报告</td></tr>
<tr><td rowspan="4">控制手段</td><td rowspan="2">内部监督</td><td>内部控制应用指引第 15 号——全面预算</td></tr>
<tr><td>内部控制应用指引第 16 号——合同管理</td></tr>
<tr><td rowspan="2">信息与沟通</td><td>内部控制应用指引第 17 号——内部信息传递</td></tr>
<tr><td>内部控制应用指引第 18 号——信息系统</td></tr>
</table>

2.《企业内部控制评价指引》

内部控制评价是指企业董事会或类似决策机构对内部控制有效性进行全面评价、形成评价结论、出具评价报告的过程。在企业内部控制实务中，内部控制评价是极为重要的一环，它与日常监督共同构成了对内部控制制度本身的控制。企业内部控制评价指引的主要内容包括实施内部控制评价应遵循的原则、内容、程序、缺陷的认定以及内部控制评价报告。

3.《企业内部控制审计指引》

内部控制审计是指会计师事务所接受委托，对特定基准日企业内部控制设计与运行的有效性进行审计。它是企业内部控制规范体系实施中引入的强制性要求，既有利于促进企业健全内部控制体系，又能增强企业财务报告的可靠性。审计指引的主要内容包括审计责任划分、审计范围、整合审计、计划审计工作、实施审计工作、评价控制缺陷、出具审计报告以及记录审计工作。

三、解释公告

解释公告是就内部控制规范体系实施过程中出现的新情况和新问题予以解答，是内部控制规范体系的重要补充，是政府监管机构对企业内部控制规范体系实施过程的监控和反馈，以形成政策制定者与政策实施者之间的良性互动。2012 年，财政部颁布《企业内部控制规范体系实施中相关问题解释第 1 号》《企业内部控制规范体系实施中相关问题解释第 2 号》，对内部控制规范体系实施中的重要问题予以解释说明。

四、操作指南

操作指南是对不同行业的企业内部控制规范体系的建设方法、控制程序、实施步骤、考核办法等的具体规范，是内部控制规范体系落地于具体行业、具体企业的实际运用指南，同时也是内部控制规范体系的重要组成部分。目前已颁布实施的有《石油石化行业内部控制操作指南》《电力行业内部控制操作指南》。

【案例 1-3】

推动辖区上市公司设立内控合规机构落地实施

上市公司内生约束机制是上市公司规范运作的关键要素。上海证监局积极贯彻落实国务院《关于进一步提高上市公司质量的意见》和上海市《关于推动提高上海上市公司质量的若干措施》，将探索试点上市公司按照公司章程设立内控合规机构作为提高上市公司治理水平的重要举措。通过推动上市公司设立内控合规机构，着力强化上市公司内控理念，将风险管理和合规管理要求嵌入业务流程，为有效防范上市公司违法违规行为夯实基础。

2021 年 5 月 12 日，上海辖区创业板上市公司上海华测导航技术股份有限公司（以下简称“华测导航”）、科创板公司普元信息技术股份有限公司（简称“普元信息”）召开股东大会，审议通过有关修改公司章程的议案，明确公司设立内控合规机构的相关安排，成为上海辖区首批试点落地的创业板、科创板上市公司。

在上海证监局的推动和指导下，华测导航、普元信息两家公司分别结合内部分工和原有合规运作经验，形成了具有一定典型意义的方案。一是明确法律地位。董事会下新设内控合规机构，配备专人负责，明确赋予内控合规机构识别与分析内部环境与合规风险、对各项合规运作及内控管理制度的执行情况进行监督的职责，并通过写入公司章程的方式确立内控合规机构的法律地位。二是强调独立履职。普元信息指定一名高级管理人员负责内控合规部，且该高级管理人员不得兼任与其负责的内控合规部职责相冲突的其他职务，以此提高内控合规机构的独立性。三是加强合规管控。内控合规机构通过信息披露和董监高履职的合规管理、内幕交易的风险防控等重点工作的开展，不断完善与注册制改革环境相匹配的内控与合规体系，及时发现公司内控缺陷与合规风险，早介入、早化解、早总结，推动上市公司持续健康发展。

目前辖区还有部分上市公司已经董事会审议通过关于修改章程设立内控合规机构的议案，拟于近期召开股东大会审议。下一步，上海证监局将持续关注公司内控合规机构的实际运作情况，督促公司不断细化、优化制度方案，积极发挥公司内生约束机制效用，及时总结、推广成熟经验，一司一策鼓励辖区上市公司完善内控合规体系，不断探索“以公司治理促进经营发展，在经营发展中强化公司治理”的有效路径。

（资料来源：上海证监局. 上海局探索推动辖区上市公司设立内控合规机构落地实施，

中国证券监督管理委员会官网,2021-05-17)

第四节 内部控制与风险管理的关系

一、在本质上内部控制与风险管理具有统一性

(1)从内部控制三要素到五要素的增量变化看,即由会计系统、控制活动、控制环境三要素,到内部环境、风险评估、控制活动、信息与沟通、内部监督五要素,增加了风险评估要素。这是为适应市场经济的发展和利益相关者的需求,企业内部控制的内涵和外延不断拓展,已经从会计系统角度发展到企业控制的操作层面。在演进过程中,授权、实物控制、职责分离等控制活动的合理内涵一直被强调和巩固,随后增加了风险的考虑,增加了以治理层、管理层的约束等内容为主的企业整个层面的考虑。可以说,风险管理承袭了内部控制的合理内涵,内部控制也必然体现风险管理理念。

(2)从内部控制五要素和风险管理的八要素(内部环境、目标设定、事件识别、风险评估、风险对策、控制活动、信息与沟通、监控)看,内部控制和风险管理的控制活动是一致的,不同的是风险管理将控制管理提前,侧重于围绕目标设定对风险的识别、评估和应对。如果站在战略层面上,拓展内部控制中的风险评估要素,把内部控制的对象扩展为风险,那么内部控制的设计、运行、检查、评价都基于风险分析,内部控制和风险管理基本上是一回事了。

(3)从手段和方法看,一是内部控制既是风险管理的主要内容,又是风险管理的重要手段,风险管理能够涵盖内部控制的所有内容。在对风险进行管理时,要健全完善内部控制,将风险降低至可接受的水平,但并不能消灭所有的风险。二是风险管理的最终目标与企业目标一致,企业目标不仅是追求利润最大化、价值最大化,而且是构建一个和谐的内控机制,考虑所有利益相关者的利益,这就要改进和提高内部控制的效率和效果,这也是风险管理的价值所在。

(4)从内部控制和风险管理演进路径看,内部控制和风险管理从不同的路径共同进入全面风险管理的新阶段。内部控制的研究者主要来自会计、审计和经济管理等学科领域,风险管理的研究者主要来自金融保险、安全工程、食品工程、项目管理、流行病学等学科领域。他们在不同的领域从不同的角度进入全面风险管理阶段,从而将内部控制和风险管理的研究不断向前推进。

二、在发展上内部控制与风险管理具有衔接性

风险管理是对内部控制的发展,其衔接性体现在从风险的角度理解和实施内部控制。

(1)处理好风险管理和内部控制的平衡关系。风险管理框架下的内部控制站在企业战略层面分析、评估和管理风险,把对企业的监督控制从细节控制提升到公司治理层面。风险管理不仅关注内部控制的建立,更关注内部控制的运行与评价,从企业内外部风险的视角为公司治理层、管理层持续改进内部控制设计和运行提供思路。

(2)实现提前预测和问题发生的平衡。风险管理框架下的内部控制,既包括提前预测和评估各种现存和潜在的风险,从企业整体角度确定相应的内部控制措施来管理风险、取得

控制成效;又包括在问题发生后积极采取修复性和补救性的行为。从中可以看出,在未发生风险负面影响前就采取有效措施,更能够根据风险的性质,减少风险损失,进而降低成本,提高整体管理效率。

三、在制衡上内部控制与风险管理具有协调性

从制衡上看,内部控制和风险管理对公司的运营是一种制衡,既是对人的制衡、对事的制衡,也是对利益的制衡,风险管理和内部控制之间具有协调性。

1. 内部控制核心是合规管理

内部控制的核心:不但要求合规,还要考察是否完善、是否有配套指引、执行过程是否完善。

内部控制的重点:内部控制重视过程,在过程的基础上发展较完善的工具和方法(COSO 框架)。

内部控制的优点:内部控制是抑制操作层面风险的最佳手段。

内部控制的缺点:内部控制对需要站在一定管理高度把握的风险(如战略风险等)无能为力。

2. 风控管理核心是战略管理

风控管理的核心:①把风险管理的职能提升到公司的高级管理层;②设立独立于业务部门的风险管理部门。由于公司内的各类风险相对分散、独立,而设置统一的风险管理部门,就会站在高级管理层的高度管理处置这些风险,做到协调、统一。

【案例 1-4】

渝富集团全面风险管理系统的构建与运用

重庆市渝富资产经营管理集团有限公司(以下简称“渝富集团”),注册资本为100亿元人民币。企业成立的目的是打破银行债务僵局,在服务重庆市经济社会发展大局中逐步形成了国有资本运营公司的基本架构,目标是成为集金融服务、城市运营、资产管理为一体的综合性国有资本运营公司。

在高度强调全面性、兼容性、智能性、便捷性、及时性等要求下,渝富集团所建设的全面风险管理系统通过引入信息技术革新、云计算、大数据、商业智能的模式打造了基于“两平台、三中心、四统一、五主体”的可视化信息系统工具,极大提升了全面风险管理系统的内容与功效,充分展现了业务与财务相融合的领先性目标,推动了业财部门全方位协调,促进价值理念与效益理念植根于集团的各个运营环节,助力集团的可持续健康发展。

渝富集团利用新技术搭建了全面风险管理的三道防线。第一道防线以业务子系统为主,包括集团的投资系统、人力系统、协同办公系统、合同系统等。通过分派“哨兵”的模式将各项指标穿插至各业务子系统,从业务最前端规范业务操作,控制风险发生。各项指标穿插,具有较强的扩展性,具体来说,可以实现项目投资的系统化管理,将投资运营模型纳入信息系统,通过系统对可量化指标进行测算,提高投资决策的效率。同时,针对每个投资项目或投资企业,实现可在系统中录入项目情况,提取、分析所投资企业的基本信息、财务数据和

外派人员情况等功能。人力系统，对人员档案管理、薪资计算与审批、调动、晋升审批等人力资源相关工作进行系统化管理，降低工资、薪酬等个人隐私信息泄露的风险。

第二道防线以风控系统为主要板块，可概括为事前管理、事中管理和事后管理。风控系统主要板块分别为：年度风险管理、专项风险管理、风险报告、风险预警、合同管理、合规管理、法律中介和知识库。年度风险管理由集团风险合规部统筹，各业务部门参与，对集团在新一年度各类业务场景、管理场景中尚存在的风险点进行甄别、评估风险的等级、制定风险的应对措施，具有宏观性、概要性、全面性的特点。专项风险管理以风险库为依据，对具体的投资项目和重大事项的风险进行识别，实时评估风险的等级，制定应对措施。风险预警由六大体系构成，分别为：定义预警规则、设置预警范围、自动抽取业务数据、预警引擎实时分析和预警结果计算、预警通知和预警处置。第二道防线建立了全面的风险管理信息系统，实现了从风险识别、风险评估，到风险应对，最后到监督整改等工作信息系统化，降低了集团风险管理工作人工成本，将集团风险管理工作分配、落实到每个风险主人。同时，与财务系统数据对接，"智慧渝富"项目建立了一个涵盖内部财务、行业、相关外部市场和宏观经济状况等数据的信息系统，并且在系统中设立风险财务预警指标，采用红、黄、绿三种颜色灯提示的方式对下属企业或投资项目进行财务数据的预警监控。

第三道防线全面贯彻协同监督的宗旨，以审计、监察等部门为补充，包括监督任务的收集、监督计划、整改方案和问题整改跟踪。同时，第三道防线利用外部资源对集团的风险管理进行协同监督，加强了风控平台实施的合理性与可操作性。

（资料来源：陈威，邓鑫玫，李攀."大智移云"背景下企业全面风险管理系统构建与运用——以渝富集团为例.财会通讯，2021（2）：128-131）

复习思考题

1. 内部牵制的核心思想是什么？它过时了吗？

2. 论述内部控制"二元论""三元论""五元论"，并理解内部控制由"二元论"发展到"三元论"再到"五元论"的实质是什么？

3.《COSO-ERM 框架》（2004）与《内部控制——整体框架（1992）》相比，新增了哪些要素？

4. 为什么说《COSO-ERM 框架》（2017）不是对《COSO-ERM 框架》（2004）的简单升级，而是重构与变革？

5. 简述内部控制与风险管理的关系。

6. 我国企业内部控制规范体系的框架主要有哪几个层次？请简要描述。

思政园地

遵守规章、坚守规矩

作为防范和抵御风险的屏障，内部控制的目标之一是合规目标。合规内控建设要重视打造合规文化理念，根据外部法律法规确定企业战略目标和组织结构、设计内部制度并保障制度的有效运行。“A股史上最大财务造假案”康美药业等重大事件无一不在昭示树立底线思维、强化合规内控的重要性。经调查，2016年至2018年上半年，康美药业合计虚增营业收入275.15亿元，占同期公告营业收入40%以上，虚增营业利润39.36亿元，占同期公告营业利润的三分之一。为了配合虚增的营业收入，康美药业通过财务不记账、虚假记账，伪造、变造大额定期存单或银行对账单，伪造销售回款的方式虚增货币资金。2016年年报，康美药业虚增货币资金225.49亿元；2017年年报虚增299.44亿元；2018年半年报虚增361.88亿元。

作为上市公司来说，必须遵守内部控制制度、坚持会计准则，这是最基本的底线。规则是做人行事的基本约束，缺乏规则意识、行事不守规则，就很难行稳致远，甚至会倾覆败亡。没有边界的权力和没有限制的自由都不能真正持久。集体活动迟到两分钟，排队要等太久偶尔插个队，道路拥挤在应急车道开一会儿车……这样的事情可能在一些人眼里是小事，但是“千里之堤，溃于蚁穴”，漠视规则、不遵守纪律可能会导致严重后果。见微知著，这些小事体现着一个人的修养水平、一个组织的文化价值观和一个社会的文明程度。在当今社会，遵守和敬畏规则才能有“信”可“立”、赢得社会尊重。规则意识有助于形成和维护社会公序良俗。规则制定者和执行者都推崇规则、敬畏规则，社会才能更有秩序。一个群体应该确立规则权威、严格执行规则，引导所有参与者按规则行事，避免个别成员将注意力放在投机取巧或者心存侥幸上；整个社会应形成倡导合规意识的良好氛围，完善制度体系，强化监督保障，把权力放进制度的笼子里，不断加大违规行为的成本。只有增强规则意识，才能构建文明社会。

第二章　内部控制基本理论

学习目标

- ◆ 理解内部控制的定义
- ◆ 理解内部控制的目标
- ◆ 理解并掌握内部控制的要素定义及作用
- ◆ 理解并掌握内部控制的局限性

引导案例

华为的内部控制

2007 年，内控管理作为 IFS 的子项目，开启了从零起步的变革大门。十年磨一剑，如今，我们的内控意识、内控机制、内控能力已浸入各个业务活动之中，业务在哪儿，内控就在哪儿，形成了以“流程责任和组织责任”为基础的全球内控管理体系。内控推行之初，曾经被视为业务的对立面，内控的目的似乎就是为了阻止业务快速通过。在混沌和迷茫中，我们渐渐找准了自己的定位，提出“内控价值要体现在经营结果改善上”的管理目标，并沿着这个目标把内控工作揉细了、掰碎了，一个一个区域、一个一个组织逐个讲解、逐个沟通、逐个松土，逐个确定本领域、本组织的内控工作目标。有了目标，就要承诺；有了承诺，就要实现；内控管理在经营活动中渐渐地扎了根、发出了芽，一线团队也渐渐接受了内控概念，愿意沿着内控的管理要求展开作业。

M 代表处内控团队推行自动化验收、开票与核销系统，以提升 OTC 流程的作业质量，使得开票时间从 80 分钟缩短至 10 分钟，客户拒票率下降 98%。

L 代表处内控团队同样聚焦 OTC 流程改进，针对业务实际痛点，他们选择的主攻方向是 PO 与客户自动对接，项目实施后，当年减少 3200 万美元的应收账款差异和 1100 万美元的退货损失。这些都是内控机制在“润物细无声”的运行过程中，实实在在带来的经营收益。当庞大机器运转之时，内控既是润滑剂，又是制动器。改善经营优化作业，我们是润滑剂；分权制衡、数据透明，我们是制动器。有效的内控管理，为“积极授权、有效行权”提供了制度性的保障。让听得见炮火的组织，敢于行权、积极行权；让看得见全局的组织，合理授权、有效控制；这才是我们想要的管理和控制机制。内控机制的真正受益者是公司的各级作业组织，权力更多、责任更大、边界更清，每个组织都能在自己的权责边界内活得精彩、活得滋润。

（资料来源：孟晚舟.“却顾所来径，苍苍横翠微”——2017 年新年致辞.《价值为纲》代

序，中信出版社，2017 年）

这是华为 CFO 孟晚舟眼中的华为内部控制，从她的描述中可以看出，华为内部控制从无到有、从存在误区到准确把握的转变。那么究竟什么是内部控制？应该如何掌握内部控制的目标？内部控制的构成要素是什么？内部控制的原则是什么？内部控制是否存在局限性？本章的学习，可以为你解答这些疑问。

第一节　内部控制的概念及特征

一、内部控制的概念

1992 年，美国反虚假财务报告委员会（National Commissions on Fraudulent Financial Reporting）成立了专门的发起人委员会（Committee of Sponsoring Organizations of the Treadway Commission，COSO）。1992 年 9 月，COSO 发布的《内部控制——整合框架》（Internal Control：Integrated Framework）指出：内部控制是由企业董事会、经理层和其他员工实施的，为运营的效率效果、财务报告的可靠性、相关法律法规的遵循性等目标的实现提供合理保证的过程。2013 年 5 月，COSO 发布新版《内部控制——整合框架》将内部控制定义为：一个由主体的董事会、管理层和其他员工实施的，旨在为实现运营、报告和合规目标提供合理保证的过程。我国财政部、证监会等五部委于 2008 年 5 月发布的《企业内部控制基本规范》将内部控制定义为："由企业董事会、监事会、经理层和全体员工实施的，旨在实现控制目标的过程。内部控制的目标是合理保证企业经营管理合法合规、资产安全、财务报告及相关信息真实完整，提高经营效率和效果，促进企业实现发展战略。"

二、内部控制的特征

从上述内部控制的定义，我们可以看出内部控制具有以下特征。

（一）内部控制是全员控制

董事会、监事会、经理层在内部控制的建设和实施中负有重要责任，董事会、监事会、经理层对内部控制有充分的认识和高度的重视，对实现控制目标十分重要。但是，如果只有董事会、监事会、经理层参与到内部控制中去，而员工没有参与进来，内部控制也会没有效果。所以，内部控制是全员控制。

（二）内部控制是全面控制

内部控制覆盖了公司董事会、监事会、管理层、业务单位、职能部门等所有部门。业务单位是指多元化经营的集团下属的各业务单位。例如，华润啤酒、华润电力、华润置地、华润水泥、华润燃气都是华润集团下属的业务单位。职能部门是指销售部门、财务部门、生产部门、研发部门、人力资源部门、信息技术部门等。企业的采购、研发、生产、销售、售后服务、担保、关联交易等所有业务都是内部控制的内容，任何业务都可能出现缺陷，从而影响内部控制目标的实现。

【案例 2-1】

广东榕泰实业股份有限公司内部控制重大缺陷

大华会计师事务所出具的内部控制审计报告指出：广东榕泰实业股份有限公司重要子公司北京森华易腾通信技术有限公司（以下简称“北京森华”）主营业务为互联网综合服务，主要包括互联网数据中心、云计算、CDN业务等，在业务开展过程中，北京森华主要依靠森华云系统、ERP管理信息系统、ISPM系统、CACTI监控系统等对不同业务进行管理，并据此设计一系列内控制度。经对以上业务系统及内部控制制度进行测试，发现存在业务信息存储有效期较短、信息系统备份不足等重大缺陷。

广东榕泰实业股份有限公司董事会关于内部控制审计报告涉及事项的专项说明如下：导致否定意见的事项是广东榕泰实业股份有限公司重要子公司北京森华2019年信息系统控制存在重大缺陷。有效的内部控制能够为财务报告及相关信息的真实完整提供合理保证，而上述重大缺陷使广东榕泰实业股份有限公司内部控制失去这一功能。

（资料来源：http://www.sse.com.cn/disclosure/listedinfo/announcement/[2021-01-07]）

（三）内部控制是实践控制

内部控制制度包括内部控制的政策、流程、目标、要素等各种制度规范，但内部控制也是一个实践的过程。如果有制度而不执行，则只能是纸上谈兵。内部控制是一个动态的实践过程。从实践的时间顺序来看，内部控制包括事前控制、事中控制和事后控制。从实践的内容来看，内部控制包括内部控制制度设计、执行和监督评价。内部控制要在实践中不断完善，只有起点，没有终点，必须坚持不懈地持续改进。

【案例 2-2】

中航油新加坡公司的内部控制制度为何失灵

中航油新加坡公司曾聘请国际“四大会计师事务所”之一的安永会计师事务所为其编制《风险管理手册》，设有专门的七人风险管理委员会及软件监控系统。实施交易员、风险控制委员会、审计部、总裁、董事会层层上报和交叉控制的制度，规定每名交易员损失20万美元时要向风险控制委员会报告和征求意见；当损失达到35万美元时要向总裁报告和征求意见，在得到总裁同意后才能继续交易；任何导致损失50万美元以上的交易将自动平仓。中航油新加坡公司总共有10位交易员，如果严格按照《风险管理手册》执行，损失的最大限额应是500万美元，但中航油新加坡公司却在衍生品交易市场不断失利，最终亏损额高达5.5亿美元，以至于申请破产保护。

（资料来源：刘华. 中航油新加坡公司内部控制案例分析 [J]. 上海市经济管理干部学院学报，2008，6（3）：16-20）

（四）内部控制为目标提供合理保证

内部控制的设计和执行存在固有局限，因此，内部控制仅能为董事会、监事会、经理层和全体员工实现内部控制目标提供合理的保证，而不是绝对保证。有限保证是低水平的保证，是一种消极保证。任何组织的任何内部控制体系都存在局限性，没有人能够对不确定性和风险事件进行绝对准确的预测,追求绝对保证是不切实际的。目标设定不适当、员工串通、管理层凌驾、人员素质低、职业判断失误、成本效益低、外部环境变化莫测等都可能导致内部控制失效。

(五)内部控制是动态控制

内部控制是一个动态的过程,是为实现企业目标而实施控制活动的过程,此过程包括持续的任务和活动,是达到目标的手段。内部控制过程涉及事前、事中和事后,覆盖决策、执行和监督,贯穿内部控制设计、实施和监督等的全过程。

(六)内部控制是风险控制

内部控制的对象是风险,普通员工是内部控制的主体,要对操作风险承担责任。风险是影响目标实现的不确定性,是经济活动在实际结果产生之前可能出现的各种结果及其概率分布的组合。

内部控制不仅是单纯的政策、制度、流程和表单,还是由目标、要素及原则等构成的完整框架,更强调对制度及流程的执行过程和效率效果。内部控制是一项全面的风险管理活动,涉及全员、全方位和全过程,覆盖企业整体层面、业务单元及办理流程、业务或地区分部及子公司等各个层面。因此,内部控制建设绝不等同于制度建设,而是要建立健全有效的内部控制体系。

(七)内部控制促进发展

内部控制已从制约理念提升到可持续发展理念,内部控制的目标不仅仅是预防差错和舞弊,还是由合规目标、报告目标、资产目标、运营目标及战略目标等构成的一个多目标管控体系。预防差错和舞弊是较低层面的控制目标,已经融入其他几类目标之中,没有必要单独提出。

第二节　内部控制目标

内部控制的目标即企业希望通过内部控制的设计和实施取得的成效,主要表现为业绩的提高、财务报告信息质量的提高、违规行为发生率的降低等。确立控制目标并逐层分解目标是控制的开始,内部控制的所有方法、程序和措施无一不是围绕着目标而展开的;如果没有目标,内部控制就会失去方向。

我国《企业内部控制基本规范》规定,内部控制的目标是合理保证企业经营管理合法合规、资产安全、财务报告及相关信息真实完整,提高经营效率和效果,促进企业实现发展战略。上述目标是一个完整的内部控制目标体系不可或缺的组成部分,然而,由于所处的控制层级不同,各个目标在整个目标体系中的地位和作用也存在着差异。

一、合法合规目标

合法合规目标是指内部控制要合理保证企业在国家法律法规允许的范围内开展经营活动,严禁违法经营。企业的终极目标是生存、发展和获利,但是如果企业盲目追求利润,无视国家法律法规,必将为其违法行为付出巨大的代价。一旦被罚重金或者被吊销营业执照,那么其失去的就不仅仅是利润,而是持续经营的基础。因此,合法合规是企业生存和发展的客观前提,是内部控制的基础性目标,是实现其他内控目标的保证。

内部控制作为存在于企业内部的一种制度安排,可以将法律法规的内在要求嵌入内部控制活动和业务流程之中,从最基础的业务活动上就将违法违规的风险降低到最小限度,从而合理保证企业经营管理活动的合法性与合规性。

二、资产安全目标

资产安全目标主要是防止资产损失。保护资产的安全与完整,是企业开展经营活动的基本要求。资产安全目标有两个层次:一是确保资产在使用价值上的完整性,主要是指防止货币资金和实物资产被挪用、转移、侵占、盗窃,防止无形资产被侵权、侵占等;二是确保资产在价值量上的完整性,主要是防止资产被低价出售,损害企业利益。同时要充分提高资产使用率,提升资产管理水平,防止资产价值出现减损。为了保障内部控制、实现资产安全目标,首先必须建立资产的记录、保管和盘点制度,确保记录、保管与盘点岗位的相互分离,并明确职责和权限范围。

内部控制的基本思想在于制衡,因为有了制衡,两个人同时犯同一错误的概率大大减少,从而加大了不法分子实施犯罪计划、进行贪污舞弊行为的难度,进而保护企业的资产不被非法侵蚀或占用,保障企业正常经营活动的顺利开展。为了实现合理保证资产安全的控制目标,企业需要广泛采取职责分离、分权牵制等体现制衡要求的控制措施。

【案例 2-3】

出纳侵占公司巨资用于赌博

2019 年 4 月,江苏省常熟市检察院以涉嫌职务侵占罪对犯罪嫌疑人褚某作出批准逮捕决定。在过去 8 年里,犯罪嫌疑人从公司“掏走”近亿元资金,用于赌博挥霍,这笔资金相当于公司 3 年的利润。

2008 年,褚某进入常熟一家热电公司担任出纳,由于踏实肯干,工作能力强,公司从财务主管到公司领导都十分信任他,渐渐地领导将许多重要工作都交给他。2011 年,褚某所在的财务部门新来了一位财务经理,得知褚某是“得力干将”,更是放心地把与银行对接的相关工作悉数交给他负责。工作越来越得心应手的褚某,业余时间经营起饭店、二手车交易等生意。

褚某的生意越做越大,摇身一变成了当地小有名气的“土豪”,但是对公司出纳的工作,褚某依然干得十分认真,没有丝毫懈怠。此时大家并不知道,老实上进的形象、“土豪”的身份,都是褚某有意为之。实际上,刚进公司工作没多久,觉得生活空虚无聊的褚某就与赌博结下了“不解之缘”,并且越陷越深。中国澳门,越南、缅甸、韩国等地的赌场褚建都是熟门熟路,每次输起来少则几十万元多则上百万元,经常赌得忘乎所以。

2018 年 4 月,褚某变得更加疯狂,仅仅在我国澳门赌博的次数就高达 50 次,有一次输掉近 300 万元。钱像水一样往外流,这对于褚某来说根本无法承受。由于对公司的财务流程了如指掌,又深得领导信任,“聪明”的他开始动起了歪脑筋,而赌徒心理彻底攻陷了他的内心防线。他利用出纳的职务便利，将手伸向了公司账户中的资金。随着第一笔资金成功转到个人银行账户，他就有了源源不断的资本。

为了满足愈加疯狂的赌欲，褚某不断增加转移公司资金的频率和金额，从最初的几万元到几十万元再到上百万元，最大一笔竟达到400万元。自2010年下半年开始，8年间，褚某多次利用职务便利转移公司资金，并通过伪造公司银行账户流水单等财务凭证来抹平财务账目，规避公司财务部门每月一次的专项检查，在不知不觉间侵吞了公司近亿元的资金。

褚某为何能够在长达8年的时间里轻而易举侵吞公司近亿元的资金而不曾败露？原来，褚某平时在公司极尽所能收买人心，以努力工作的形象示人，对财务经理等管理层人员更是殷勤讨好，这使得公司管理层对其充分信任，而且其账目都做得十分"漂亮"，公司简单的例行检查也就难以发现问题。

而褚某刻意制造的虚假"土豪"形象，让他能够更加顺利地掩人耳目。公司所有人都知道褚某在外经营生意，平时他出手阔绰实属正常，也就不会引起过多的怀疑。事实上，沉迷于赌博的褚某根本无心经营生意，不仅没赚到钱，反而亏损了三四百万元，这个窟窿也是用公司的资金填补的。

2018年12月，原本应有近亿元在账的公司银行账户已几乎被褚建掏空，而此时，公司有一笔即将到期的4 000万元贷款需要偿还。褚某发现，再也无法通过做假账逃避公司检查了，眼见事情即将败露，只好仓皇出逃。公司负责人很快发现公司账户上的近亿元资金不翼而飞，联系褚某，发现他已经不知去向。意识到事态严重性，公司立即报案，公安机关迅速立案侦查。历时半个多月的追逃，2019年1月10日，褚某在境外落网。

本案涉案金额大、时间跨度长，且褚某自身具有多份兼职及多项投资，资金流向十分复杂。巨额的资金流失将对企业的发展造成不可逆转的影响。案件的发生也暴露了涉事企业在内部控制上存在重大漏洞。

（资料来源：卢志坚，陈雅. 8年，他从公司"掏走"近亿元 [N]. 检察日报，2019-04-18）

三、报告目标

报告目标是指内部控制要合理保证企业提供真实可靠的财务信息及其他信息。内部控制的重要控制活动之一是对财务报告的控制。财务报告及相关信息反映了企业的经营业绩以及企业的价值增值过程，揭示了企业的过去和现状，并可预测企业的未来发展，是投资者进行投资决策、债权人进行信贷决策、管理者进行管理决策、相关经济主管部门制定政策和履行监管职责的重要依据。此外，财务报表及相关信息的真实披露还可以将企业诚信、负责的形象公之于众，有利于市场地位的稳固与提升以及企业未来价值的增长。要确保财务报告及相关信息的真实完整，一是应按照会计准则如实地核算经济业务、编制财务报告，符合会计信息质量要求；二是应通过内部控制制度的设计，防止提供虚假会计信息。

财务报告内部控制，是加强财会监督、遏制财务造假、提高上市公司会计信息质量的重要基础。2022年3月，财政部与证监会联合发布了《关于进一步提升上市公司财务报告内部控制有效性的通知》，要求切实提升上市公司财务报告内部控制的有效性，充分发挥内部控制在上市公司财务报告中的控制关口前移、提升披露透明度、保护投资者权益等重要作用。

【案例 2-4】

珠海市博元投资股份有限公司关于公司因涉嫌信息披露违法违规案

2014 年 6 月 17 日，广东证监局依法对珠海市博元投资股份有限公司（以下简称“博元投资”）立案调查。经查，博元投资 2011 年 4 月 29 日公告的控股股东华信泰已经履行及代付的股改业绩承诺资金 38 452. 845 万元未真实履行到位。为掩盖这一事实，博元投资在 2011 年至 2014 年期间，多次伪造银行承兑汇票，虚构用股改业绩承诺资金购买银行承兑汇票、票据置换、贴现、支付预付款等重大交易，并披露财务信息严重虚假的定期报告。其中，2011 年年报虚增资产 34 705 万元（占资产总额 69%），虚增负债 1 223.84 万元；2012 年半年报虚增资产 35 500 万元（占资产总额 69%），虚增负债 828.91 万元，虚增营业收入和利润 1 129.9 万元（占利润总额 326%）；2012 年年报虚增资产 36 455.83 万元（占资产总额 62%），虚增负债 876.26 万元，虚增营业收入和利润 1 893.2 万元（占利润总额 90%）；2013 年半年报虚增资产 37 800 万元（占资产总额 59%），虚增负债 1 017.29 万元，虚增营业收入和利润 1 347.25 万元（占利润总额 544%）；2013 年年报虚增资产 37 800 万元（占资产总额 62%），虚增营业收入和利润 2 364.54 万元（占利润总额 258%）；2014 年半年报虚增营业收入和利润 317.4 万元（占利润总额 1 327%）。根据《刑法》及《最高人民检察院公安部关于公安机关管辖的刑事案件立案追诉标准的规定（二）》的有关规定，博元投资上述行为涉嫌违规披露、不披露重要信息罪和伪造、变造金融票证罪。根据《行政执法机关移送涉嫌犯罪案件的规定》（国务院令第 310 号）及有关规定，中国证监会已于 2015 年 3 月 26 日将该案移送公安机关。

（资料来源：http://www.sse.com.cn/discosure/listedinfo/announcement [2021-01-07]）

四、经营目标

提高经营的效率和效果是内部控制要达到的最根本目标。企业存在的根本目的在于获利，而企业能否获利往往直接取决于经营效率和效果的好坏。企业所有的管理理念、制度和方法都应该围绕着提高经营的效率和效果来设计、运行并进行适时的调整，内部控制制度也不例外。内部控制的核心思想是相互制衡，而实现手段则是一系列详尽而复杂的流程，这似乎与提高效率的目标相悖，实则不然。内部控制是科学化的管理方法和业务流程，其本质是对于风险的管理和控制，它可以将对风险的防范落实到每个细节和环节当中，真正地做到防微杜渐，使企业可以在低风险的环境中稳健经营。而忽视内部控制的经营管理，貌似效率很高，实则处于高风险的经营环境中，一旦不利事项发生，轻则对企业产生重创，重则导致企业衰亡。

提高企业的经营效率和效果措施如下。

（1）在组织机构上要精简，权责划分明确，各部门之间、工作环节之间要密切配合、协调一致，充分有效地使用资源，提高经营绩效。

（2）在内控流程上进行优化与调整，避免出现控制点的交叉、冗余和内控盲点，内控流程设计要实现最优并得到严格执行，提高执行效率。

（3）在信息和沟通上建立良好机制，可以使会计信息以及其他方面的重要经济管理信息快速地在企业内部各个管理层次和业务系统之间有效地流动，提高经济决策和反应的效率。

（4）在绩效考核上要建立有效机制，可实行企业对部门考核、部门对员工考核的多级考核机制，并将考核结果落实到奖惩机制中，对部门和员工起到激励和促进的作用，提高工作的效率和效果。

五、战略目标

促进企业实现发展战略是内部控制的最高目标。战略与企业目标相关联，是管理者为实现企业价值最大化的根本目标而针对环境作出的一种反应和选择。战略目标是总括性的长远目标，而经营目标则是战略目标的具体化，内部控制要促进企业实现发展战略，必须立足于经营目标，着力于经营效率和效果的提高。只有这样，才能提高企业核心竞争力，促进发展战略的实现。

要实现这一战略目标要做到以下几点。

第一，应由公司董事会制定总体战略目标，并通过股东代表大会表决通过，战略目标的制定要充分考虑外部环境和内部条件的变化，根据相应的变化进行适时的调整，确保战略目标在风险容忍度之内。第二，应将战略目标按阶段和内容划分为具体的经营目标，确保各项经营活动围绕战略目标开展。第三，应依据既定的目标实施科学合理的资源分配，促使组织、人员、流程相协调，促成战略成功实施。第四，应将目标作为主体从事活动的可计量的基准，围绕目标的实现程度和实现水平实行绩效考核。

内部控制的五个目标相互联系、共同构成了一个完整的内部控制目标体系。战略目标是最高目标；经营目标是战略目标的细化、分解与落实，是战略目标的具体化，是内部控制的核心目标；资产安全目标是实现经营目标的物质前提；报告目标是经营目标的成果体现与反映；合规目标是实现经营目标的有效保证。

第三节　内部控制的原则

要使内部控制目标落地，即内部控制设计和运行有效，就需要在内部控制的建立和实施过程中遵循以下原则。

一、全面性原则

企业内部控制应贯穿决策、执行和监督全过程，涉及事前控制、事中控制和事后控制，覆盖企业及其所属单位的各种业务和事项，包括企业整体层面的控制、业务活动层面的控制、对子公司的控制和对分支机构的控制。内部控制是全员控制，上至董事会，下至普通员工，中间是各阶层的管理者，都是内部控制实施的主体。在业务流程上应渗透到决策、执行、监督、反馈等各个环节；任何决策或操作均应有案可查，避免内部控制出现空白和漏洞。总之，内部控制应该是全程控制、全员控制和全面控制。

二、重要性原则

内部控制应在兼顾全面的基础上突出重点，关注重要业务事项和高风险领域，聚焦“三重一大”事项，针对重要业务与事项、高风险领域和环节采取更为严格的控制措施，确保不存在重大缺陷。根据企业资源有限的客观事实，企业在设计内部控制制度时不应平均使用资源，而应该寻找关键控制点，并对关键控制点投入更多的人力、物力和财力，即要“突出重点，兼顾一般”，着力防范重大风险。重要性原则的应用需要一定的职业判断，企业应根据所处行业环境和经营特点，从业务事项的性质和涉及金额两方面来考虑是否及如何实行重点控制。

当前国企推行的“三重一大”制度正是重要性原则的充分体现。所谓“三重一大”，是指“重大决策、重大项目安排、重要人事任免及大额度资金使用”。《企业内部控制应用指引第1号——组织架构》第五条做出了相应的规定。

重大决策事项主要包括企业贯彻执行党和国家的路线方针政策、法律法规和上级重要决定的重大措施，企业发展战略、破产、改制、兼并重组、资产调整、产权转让、对外投资、利益调配、机构调整等方面的重大决策，企业的党的建设和安全稳定的重大决策，以及其他重大决策事项。

重大项目安排事项是指对企业资产规模、资本结构、盈利能力以及生产装备、技术状况等产生重要影响的项目的设立和安排，其主要包括年度投资计划，融资、担保项目，期权、期货等金融衍生业务，重要设备和技术引进，采购大宗物资和购买服务，重大工程建设项目，以及其他重大项目安排事项。

重要人事任免事项是指企业直接管理的领导人员以及其他经营管理人员的职务调整事项，其主要包括企业中层以上经营管理人员和下属企业、单位领导班子成员的任免、聘用、解除聘用和后备人选的确定，向控股和参股企业委派股东代表，推荐董事会、监事会成员和经理、财务负责人，以及其他重要人事任免事项。

大额度资金使用事项是指超过由企业或者履行国有资产出资人职责的机构所规定的企业领导人员有权调动、使用的资金限额的资金调动和使用，其主要包括年度预算内大额度资金调动和使用，超预算的资金调动和使用，对外大额捐赠、赞助，以及其他大额度资金运作事项。

“三重一大”事项应坚持集体决策原则。任何个人不得单独进行决策或者擅自改变集体决策意见。企业应当健全议事规则，明确“三重一大”事项的决策规则和程序，完善群众参与、专家咨询和集体决策相结合的决策机制。国有企业党委（党组）、董事会、未设董事会的经理班子等决策机构要依据各自的职责、权限和议事规则，集体讨论决定“三重一大”事项，防止个人或少数人专断。要坚持务实高效，保证决策的科学性；充分发扬民主，广泛听取意见，保证决策的民主性；遵守国家法律法规和有关政策，保证决策合法合规。

【案例 2-5】

跨国管理最大的风险就是文化融合

柳传志表示联想收购 IBM PC 业务时主要考虑了三方面的风险：品牌、员工流失和文化冲突。其中，最大的风险是文化冲突。

2009 年，联想一度出现巨额亏损，一个季度亏损了 2.9 亿美元。联想已经站到了悬崖的边上。究其亏损的原因,世界金融危机只是导火索,根本原因在于管理,在于企业文化的融合。例如,原来 IBM 的人在一边,新进来的 DELL 的人在另一边,这变成带有宗派性质的矛盾。柳传志重新出山,再次担任董事局主席之后,亲自构建以中国传统文化为基础的、适合国际化的、兼容并包的新联想企业文化(即 4P 价值):Plan—想清楚再承诺;Prioritize—公司利益至上;Perform—承诺就要兑现;Practice—每一年、每一天我们都在进步。在 2012 年加上了第 5P, Pioneer—敢为天下先。企业新文化构建之初,联想集团在全球各大区开展了"文化日"启动活动,正式推出新文化——"联想之道",并首先在核心领导团队中贯彻新文化,由柳传志和杨元庆亲自授课。全面推出新的企业文化之后,联想高效执行新的战略,不但扭转亏损,还取得了连续十几个季度的增长。

(资料来源:黄伟东.跨国经营遭遇文化冲突怎么破 [J].清华管理评论,2017(9):61-66)

三、制衡性原则

内部控制应在治理结构、机构设置及权责分配、业务流程等方面形成相互制约、相互监督,同时兼顾运营效率的机制。制衡性原则是建立和实施内部控制的核心理念,更多地体现为不相容职务的相互分离和制约。这就要求无论是在企业决策、执行环节还是在监督环节,如果不能做到不相容职务的相互分离与制约,就会造成滥用职权或串通舞弊的后果,导致内部控制的失效,给企业经营发展带来重大隐患。进一步说,企业完成某项工作必须经过互不隶属的两个或两个以上的岗位和环节。

【案例 2-6】

三九噩梦

三九集团一度拥有超过 200 亿元总资产、3 家上市公司和 400 余家子公司,涉足药品、房地产、食品、汽车、旅游等产业。不过时至今日,三九集团已经风光不再。三九集团的前身是深圳南方制药厂,由赵新先于 1985 年创办。1991 年南方制药厂脱离广州第一军医大学,转投解放军原总后勤部,成立三九实业总公司。三九实业总公司在 1992 年和 1994 年分别引进泰国正大集团和美国、中国香港等地的六家股东的投资,注册资本增长至近 15 亿元,三九实业总公司也正式更名为三九集团,一跃成为国内最大的药业集团。1998 年年末,在中央"军企脱钩"的大背景下,三九集团脱离解放军原总后勤部,转而挂靠国家经贸委,并在 2002 年机构改革后最终由国务院国资委管理。

从 2003 年起,三九集团陷入债务危机,多达 21 家债权银行开始集中追讨债务并纷纷起诉。据估计,至 2005 年三九集团深圳本地债权银行贷款已从 98 亿元升至 107 亿元,而遍布全国的三九集团子公司和关联公司的贷款和贷款担保余额约在 60 亿元至 70 亿元之间,两者合计约为 180 亿元。2005 年 4 月 28 日,三九集团将旗下上市公司三九发展卖给了浙江民营企业鼎立建设集团,同一天,三九医药将"三九系"另一家上市公司三九生化卖给了山西一家民营企业振兴集团,标志着"三九系"历史的结束。2005 年 12 月 23 日,赵新先被批准逮捕,引发了三九集团问题的全民关注。

三九集团是如何从市场宠儿、国有企业"明星"变成众矢之的、面临重组的?其原因是多方面的，包括盲目采用承担债务式扩张导致资金链断裂、过度的银行贷款和担保、公司治理不完善等。但内部控制缺失，才是导致三九集团逐渐陷入困境的最重要原因。

自从赵新先创建三九集团以来，他一直集董事长、总裁、监事会主席和党委书记等多种职位于一身，大权独揽，缺乏制衡，无人监督。个人权力的无限膨胀使得三九集团管理层权力制衡机制全然失效。

四、适应性原则

适应性原则的思想来源于“权变”理论，所谓权变，是指权宜应变。权变理论认为，企业要依据环境和内外条件随机应变，灵活地采取相应的、适当的管理方法，不存在一成不变的、普遍适用的“最好的”管理理论和方法，也不存在普遍不适用的“不好的”管理理论和方法。内部控制应与企业经营规模、业务特点、业务范围、竞争状况和风险水平等相适应，并随着企业外部环境的变化、经营业务的调整、管理要求的提高等不断改进和完善。企业应当根据内外部环境的变化，适时地对内部控制加以调整和完善，才能确保企业适应环境的变化。

【案例 2-7】

法国兴业银行的遗憾

2008 年 1 月 24 日，法国兴业银行曝出世界金融史上最大的违规操作丑闻，现年 32 岁的权证市场交易员杰罗姆·凯维埃尔(Jerome Kerviel)以欺诈手段从事期货买卖，其违规头寸高达 500 亿欧元(约合 735 亿美元)，至 1 月 23 日强行平仓止，造成法国兴业银行的直接损失近 49 亿欧元(约合 71 亿美元)。

2000 年，23 岁的凯维埃尔进入法国兴业银行。随后 5 年，他一直在银行内部不同的中台部门工作。所谓“中台部门”就是管理交易员的机构，这个工作机会让他得以深入了解法国兴业银行内部处理和风险控制的程序以及步骤。2005 年，他成为银行风险套利部门的交易员。从此，凯维埃尔像蚂蚁一样，开始构筑他的“期货投机帝国”。

正是因为法国兴业银行具有享誉全球的风险控制系统，凯维埃尔的欺诈性交易在系统中触发了多达 75 次警报，但是大部分预警并没有按风险控制程序得到全面、准确、可信的查证，否则要绕过多达六重风险管理程序的监控几乎是不可能的。

可能也正是因为法国兴业银行具有享誉全球的风险控制系统，所以当出现异常现象时，风险监控部门依然沉浸在过去的辉煌历史中，对超乎寻常的高收益、高额现金流和高额佣金都没有要求凯维埃尔提供详细的交易信息并进行深入分析；对欧洲期货交易所的询问函没有及时了解并回复；甚至在凯维埃尔对监控部门发现的问题作出不一致的解释时，也没有作出任何反应；凯维埃尔的越权回复也得到了监控部门的默认。事后可以看到，无论是哪一次预警还是哪一次异常，只要能及时进行深入了解和分析，都会及早暴露问题，减少风险损失。比如面对最基本的休假制度，凯维埃尔曾一年四次以各种理由拒绝休假。

从本案例可以看出，有效的内部控制制度确实可以发挥其风险预警作用，但倘若内部控制系统已经向企业发出了风险信号，却得不到处理和应对，这样的内部控制制度就形同虚设，根本起不到预警风险、防范与控制风险的作用。法国兴业银行具有享誉全球的风险控制系统，但仍因风险控制不当导致巨额损失，不禁令人扼腕叹息。

五、成本效益原则

内部控制成本通常包括设计成本与运行成本。例如，增加控制流程需要增加设计和运行成本、广泛依赖信息技术控制所需要的设计成本和运行成本、聘请高技能员工需要支付更高的薪酬，等等。内部控制效益是某项控制实施、运行后产生的效益和好处。企业进行内部控制建设必须统筹考虑投入成本和产出效益之比，在合理保证有效性的前提下，权衡实施成本与预期效益的关系，争取以合理的成本实现更为有效的控制。即尽量精简机构和人员，改进控制方法和手段，减少过于烦琐的程序和手续，避免重复劳动，提高工作效率，节约成本。企业要立足长远，充分考虑内部控制带来的未来收益，与其成本进行对比，运用科学合理的方法，实现有效控制。

【案例 2-8】

中国人寿内部控制建设的“舍”与“得”

国际金融危机让很多企业在风险管理上交了“学费”。后危机时代，企业可谓“一朝被蛇咬，十年怕井绳”，不得不增强风险意识。

借鉴国际和国内诸多航母级企业的经验，强化内控建设似乎是制胜法宝。虽然昂贵的内控建设成本让企业望而却步，但谁也不想摸黑航行，触礁了才发现冰山原来在水面以下。

舍：内控到底有多贵？

中国人寿的回答是：“贵！我们为此投入很大！”位居全球上市寿险公司市值榜首的“世界 500 强”企业都对内控的价格直言不讳，这让我们难免心生好奇。

贵在哪里？“高标准，严要求，自然价要高。”这是记者采访过后的总结。

用中国人寿副总裁刘家德的话说：“要建‘百年老店’，要树百年基业，就必须按照最高的标准、最严的要求建设内控。没有制度的有效保障，我们很难达到目标。”内控建设的基调定下了，投入就成了必然。但对于 SOX404 遵循的高投入还是让他们感到吃惊。

陌生的 SOX404、近乎苛刻的要求、前无古人的摸索，迫使他们不得不去聘请经验丰富的外部专家提供咨询和培训，抽调骨干人员组建团队；不得不为了进行有效的流程梳理和设置关键控制点，投入大量的人力成本、差旅费、培训费……这些可以计量的成本，加上大量难以量化的投入一起，让公司上下经历了一次内控的“洗礼”。他们借此机会对公司的规章制度、实务规范、关键风险控制点进行了系统梳理，进一步理顺了公司的流程。

2007 年，中国人寿的 SOX404 遵循工作获得美国证券交易委员会等外部监管机构、外部审计师的全面认可。

中国人寿发现，对内控的投入很可能是一笔不错的“投资”。

经过了“高投入”的 SOX404 遵循项目阶段，此时的内控建设其实才仅仅走出了合规性的第一步。从控制范围上讲，也才仅仅覆盖了对财务报告公允性的控制。于是，对内控的进一步“投资”开始了，此时的目标已经不再是简单的合规，而是全面的质量控制。

自 2008 年起，中国人寿便已开始遵循《企业内部控制基本规范》，并对外出具 A 股项下的内控自我评估报告，这为他们进一步贯彻执行更为细致而深入的《企业内部控制配套指引》提供了良好的平台和基础。

经过了初期密集的高投入后，此时的内控实施成本开始变得稳定和可控。当然还有一些后续的或有支出。例如，随着内控建设的价值性追求，公司会加强内控体系的信息化建设，因此大量的研发支出以及系统、设备等硬件支出将渐渐浮出水面。

得：投入之后，效益何在？

商场上，讲求效益。内部管理也一样，不能让钱白白打了水漂。

内控到底能否带来效益，中国人寿的回答是："当然能！赔本的买卖谁会做？""当初的SOX404遵循工作虽然很艰难，我们也进行了大量的投入，但是我们作为第一家在美国上市的中国金融企业，除了要出色地完成合规工作，维护国家形象并得到美国市场的认可，还肩负着'老大哥'的责任。我们要为后来的中国企业蹚开路子、积累经验。"中国人寿监事会监事长夏智华说。

事实证明，经过此番SOX404条款遵循"洗礼"的中国人寿获得了各方一致认可、积累了宝贵经验，更重要的是通过这一工作，内控和风险管理理念的种子在企业得以生根发芽。除了这些具有外部性的收益外，对内的效益其实是更加明显的。

"从中国人寿自身来看，通过近6年的内控体系建设，除了进一步确保了财务报告的公允性，更进一步提升了公司的经营管理水平。中国人寿通过这些年来的内控工作，逐渐形成了全员参与的内控文化，进一步提升了制度执行力和公司经营管理水平，提升了公司的品牌形象。"中国人寿内控与风险管理部总经理马占义说。

第四节 内部控制的要素

内部控制通常被划分成若干个基本要素。2008年，财政部、证监会、审计署、银监会、保监会联合颁发的《企业内部控制基本规范》第五条规定了内部控制的五要素，即内部环境、风险评估、控制活动、信息与沟通和内部监督。

一、内部环境

《企业内部控制基本规范》规定："内部环境是企业实施内部控制的基础，一般包括治理结构、机构设置及权责分配、内部审计、人力资源政策、企业文化等。"任何经济组织的内部控制都是在特定环境下建立并实施的，内部环境是影响制约内部控制建立与执行的各种因素的总称。内部环境的好坏直接决定着其他控制要素能否发挥作用，直接或间接地影响着内部控制的效率和效果，是内部控制其他四个构成要素的基础。

我国企业内部控制规范体系通过组织架构、发展战略、人力资源、社会责任和企业文化五项配套应用指引来规范企业的内部环境。

【案例 2-9】

由“辉山乳业”股价下跌引发的企业内部环境思考

辉山乳业始创于 1998 年，注册资本 3 300 万美元，系外商独资企业。2013 年 9 月 27 日，辉山乳业在香港交易所主板成功挂牌上市。

2016 年 12 月 16 日，美国浑水公司发布公告，指出辉山乳业存在财务造假问题。同月 19 日，辉山乳业董事长兼实际控制人杨某两次增持自家股票 4 600 万股。2017 年 3 月 24 日，港股辉山乳业突遭崩盘式暴跌，短短 30 分钟之内，其股价一度暴跌 85%。同年 12 月 28 日，公司两重要子公司遭债权人申请破产重整；杨某被一名主要债权人申请展开针对控股股东的清盘程序。2018 年 2 月 6 日，四家附属公司因债权人申请进入清盘程序。通过对公司内部控制环境的分析，不难发现辉山乳业股价暴跌主要基于以下三点原因。

（1）股权过于集中导致内部控制无效。辉山乳业大股东控股比例过大，杨某一人就持有辉山乳业已发行股本的 70% 以上。一方面，控股股东一手遮天，其他股东难以对其进行制衡，大股东有强烈的意识和能力牺牲小股东利益掠夺公司财富。在浑水公司的报告中就发现控股股东杨某涉嫌挪用公司资产，而财务报告中也的确有大额资产不知去向。另一方面，股权集中度过高将导致关联交易问题：辉山乳业在 2014 年 4—6 月向沈阳隆迪种业有限公司累计购买约 685 万元的种子，并且并未在中期报告中进行及时披露，而在后期进行审核编制时发现执行董事葛某间接持有隆迪种业的控股权，因此该收购行为被证明为关联交易。另外对再生能源公司的收购也在事后被证明为关联交易，该公司的所有者为杨某及其儿子，且该公司自成立以来一直处于亏损状态。关联企业占据了辉山乳业的大量资金，这些资金难以收回，最终导致了辉山乳业的资金链断裂。

（2）内部控制机构设置不完善。从辉山乳业的法人治理结构可以看出，公司缺乏职责划分明确的监事会及风险管理委员会。首先，监事会的职责由独立董事代理，在这样的组织架构下，一方面独立董事的独立性难以得到保障，另一方面个别执行董事的日常业务行为难以得到控制。比如执行董事杨某擅自挪用公司资金行为在浑水公司出具报告前未被任何公司内部审计部门指正，公司良性运营受到了极大威胁。另外，公司风险管理委员会的缺失使得辉山乳业在做出重大投资决策、重要项目安排以及大额资金使用方面均出现了明显问题。公司的全产业链生产模式需要大量资金，因此公司不惜通过各种高风险的途径进行融资。另外公司采取激进的扩张战略，投资近 30 亿元于房地产市场，并由此产生巨额借款。巨额利息导致公司资金链断裂，这也是压垮辉山乳业的最后一根稻草。

（3）发展战略制定草率。

（略）

二、风险评估

风险是指潜在事项的发生对目标实现产生的影响。企业的生产经营和管理活动经常面临各种风险，风险评估是及时识别、科学分析和评价风险事件发生的可能性及其潜在影响，并采取应对策略的过程。风险评估是实施内部控制的重要环节，包括目标设定、风险识别、风险分析和风险应对。

【案例 2-10】

“泛海系”的债务危机

阿里法拍平台显示,北京市第二中级人民法院将于 2021 年 8 月 13 日至 8 月 14 日拍卖 6 笔由该行股东中国泛海控股集团有限公司(以下简称“中国泛海”)持有的民生银行 A 股股份,合计 3.888 亿股,起拍价约 13.685 亿元。与民生银行股份一起被摆在拍卖台上的,还有中国泛海旗下上市公司泛海控股的约 4.49 亿股股份,占该公司总股本的约 8.63%。

2020 年下半年以来,“泛海系”控股的民生信托连续踩雷武汉金凰珠宝 80 亿元“假黄金案”、至信 1095 号“萝卜章”、新华联债券违约等事件,这些成为引爆“泛海系”债务问题的导火索。2020 年 9 月,评级机构联合资信将中国泛海评级展望由稳定调整至负面,理由包括中国泛海及其子公司 2020 年债券兑付规模大,面临较大的兑付压力,呈流动性紧张态势等。2021 年 5 月,联合资信将泛海集团主体评级下调至 A,评级展望仍为负面;6 月,联合资信终止了对泛海集团的评级,原因是中国泛海“无法提供评级所需部分材料”。

中国泛海 2020 年年报显示, 2020 年中国泛海出现净亏损 67.48 亿元,泛海控股归母净亏损达 46.22 亿元。截至 2020 年年末,泛海控股负债余额约 1 460 亿元,其中接近 80% 为流动负债,约 1 136 亿元,剔除变现能力较弱的存货后,该公司的流动资产不足 772 亿元。从账面数据看,“泛海系”面临较大流动性压力,债务危机较为严重。

(资料来源:杜晓彤. 强制执行! 民生银行 3.9 亿股将被拍卖,还有泛海控股…… “泛海系”何时走出危情时刻? 券商中国(微信公众号),2021-07-16)

三、控制活动

控制活动是企业根据风险评估结果,采取相应的控制措施,将风险控制在可承受度之内。控制活动是在控制目标的引导下针对风险所采取的政策、方法,程序和行动。控制活动一般包括不相容职务相分离、授权审批、会计系统、财产保护、预算管理、文件记录、运营分析、绩效考评、内部报告等。企业应通过采用手工控制与自动控制、预防性控制与发现性控制相结合的方法实现相应的控制措施。

【案例 2-11】

EVA 在中央企业的应用

“限制非主业投资,非经常性收益如股票、房产、期货方面的投资收益减半计算。”2010 年 1 月 7 日, 国务院国资委在中央企业经营业绩考核工作会议上提出,将于 2010 年在中央企业层面全面推行 EVA 考核。

2012 年 12 月 29 日,国资委公布了最新修订的《中央企业负责人经营业绩考核暂行办法》(简称《暂行办法》)。《暂行办法》指出,进一步强化业绩考核的价值导向,绝大多数中央企业 EVA 考核指标权重提高到 50%,利润总额指标权重下降为 20%。在计算企业利润总额以及 EVA 时,通过变卖企业主业优质资产所取得的非经常性收益将被全部扣除。业内人士指出,这意味着 EVA 已成为考核中央企业业绩的重要指挥棒,意在挤掉中央企业的泡沫。

2019 年 3 月 1 日,国资委修订印发了《中央企业负责人经营业绩考核办法》,对健全中央企业经营业绩考核体系将起到导向性作用。办法突出了分类考核和差异化考核,在考核指标设置方面,根据功能定位考核要求:对商业类企业更加突出效益效率指标考核,以净利润替换利润总额,保留经济增加值作为年度考核基本指标,以全员劳动生产率替换总资产周转率,保留国有资本保值增值率作为任期考核基本指标;对公益类企业,年度考核取消利润总额指标,保留经济增加值指标,任期经济效益指标只考核国有资本保值增值率指标,年度和任期经济效益指标权重适度下调,相应提高社会效益指标权重。同时为了突出高质量发展的考核要求,加强科技创新考核,新修订的考核办法将研发投入视同利润,在计算净利润、经济增加值指标时予以加回,引导企业建立研发投入稳定增长机制,鼓励企业加大研发投入。

（资料来源:刘丽靓. 提高 EVA 权重至 50%,央企利润将更加实在. 证券时报, 2013-02-04; 国务院国有资产监督管理委员会官网,2019-03-07）

四、信息与沟通

信息与沟通是企业及时、准确地收集、传递与内部控制相关的信息,确保信息在企业内部、企业与外部之间进行有效沟通。信息对于企业内部各主体履行内部控制责任以促进目标实现而言是非常必要的。管理层应从内外部来源获取或生成和使用高质量的信息,以支持内部控制的持续运行。沟通是提供、共享和获取所需信息,并做出恰当反应的过程。内部沟通是让信息在整个组织内向上、向下和横向传递的手段,它使员工能清晰获得高层要求其认真履行控制职责的资讯。外部沟通包括将外部相关信息引入,以及向外部提供信息以回应相关方的要求和期望。企业应建立信息与沟通机制,明确相关信息的收集、处理和传递程序,确保信息真实、沟通及时。信息与沟通的主要环节有:确认、计量、记录有效的经济业务;在财务报告中恰当揭示财务状况、经营成果和现金流量;保证管理层与单位内部、外部的顺畅沟通,包括与股东、债权人、监管部门、注册会计师、供应商等的沟通。

【案例 2-12】

多家企业财务造假,违反新《证券法》

近日,首批适用新《证券法》惩处财务造假恶性案件已进入事先告知阶段或做出行政处罚决定,最高拟处以近 4 000 万元罚款。以下为三宗典型案例:

宜华生活科技股份有限公司多年连续实施重大财务造假, 2016—2019 年虚增利润分别占当期披露利润总额的 88. 24%、98. 67%、192. 78% 和 99.37%(按利润总额绝对值计算)。该案已进入告知程序,系目前拟对上市公司信披违法罚款额最高的案件。告知书认定在 2016—2019 年间,公司通过虚构销售业务、虚增销售额等方式虚增利润 27 亿余元;通过伪造银行单据、不记账或虚假记账等方式虚增银行资金 86 亿余元;未按规定披露与关联方资金往来 320 亿余元。证监会拟对该案违法主体罚款合计 3 980 万元,对公司处以 600 万元罚款,对实际控制人兼董事长罚款 930 万元并采取终身市场禁入,对主要责任人员处以 250 万元至 450 万元不等的罚款并采取最高 10 年证券市场禁入。

广东榕泰实业股份有限公司在 2018—2019 年间,通过虚构销售回款、虚构保理业务方式虚增利润 5 500 万余元。相关报告未按规定披露关联关系、日常经营性关联交易。公司的信息披露存在虚假记载和重大遗漏。证监会已经依法对公司及相关人员做出行政处罚决定，决定对本案违法主体罚款合计 1 450 万元，对公司处以 300 万元罚款，对实际控制人罚款 330 万元，对其他责任人员处以 20 万元至 160 万元不等的罚款。

中潜股份有限公司 2019 年虚增营业收入 3 720 万余元，虚增营业成本 1 150 万余元，导致虚增营业利润 2 570 万余元，占当期利润总额的 62.08%。同时，公司存在 2019 年年度报告未按规定披露关联交易，2020 年披露的相关公告存在误导性陈述的情况。该案已进入告知程序，证监会拟对本案违法主体罚款合计 1 540 万元，对中潜股份处以 350 万元罚款，对 2 名主要责任人员各处以 200 万元罚款。

上述三宗案件呈现以下特征：长期系统性财务造假，涉案金额巨大，持续时间长，最长跨度 4 年；实际控制人核心决策、组织实施，主观恶性明显；造假手段复杂隐蔽，形式不断翻新，利用新型或复杂金融工具、跨境业务达成造假目的；财务造假伴生未按规定披露重大信息等其他违法违规行为。

（资料来源：中国证监会. 证监会通报首批适用新《证券法》财务造假案件处罚情况. 中国证监会官网，2021-07-23）

五、内部监督

内部监督是企业对内部控制的建立与实施情况进行监督检查，评价内部控制的有效性，发现内部控制缺陷，应当及时加以改进。内部监督是内部控制得到有效实施的有力保障，具有非常重要的地位。企业应利用信息与沟通情况，提高内部监督工作的针对性和时效性。内部监督包括日常监督和专项监督。监督情况应当形成书面报告，并在报告中揭示内部控制的重要缺陷。内部监督形成的报告应当有畅通的报告渠道，确保发现的重要问题能及时送达董事会、监事会和经理层；同时，应当建立内部控制缺陷纠正、改进机制，充分发挥内部监督效力。

【案例 2-13】

银监会依法查处浦发银行成都分行违规发放贷款案件

银监会官网 2018 年 1 月 19 日对外披露，四川银监局依法查处了浦发银行成都分行违规发放贷款案件。银监会在现场检查中发现，浦发银行成都分行存在重大违规问题，立即要求浦发银行总行派出工作组对成都分行相关问题进行全面核查。通过监管检查和按照监管要求进行的内部核查发现，浦发银行成都分行为掩盖不良贷款，通过编造虚假用途、分拆授信、越权审批等手法，违规办理信贷、同业、理财、信用证和保理等业务，向 1 493 个空壳企业授信 775 亿元，换取相关企业出资承担浦发银行成都分行不良贷款。

这是一起浦发银行成都分行主导的有组织的造假案件，涉案金额巨大，手段隐蔽，性质恶劣，教训深刻。此案暴露出浦发银行成都分行存在的诸多问题：一是内控严重失效。该分行多年来采用违规手段发放贷款，银行内控体系未能及时发现并纠正。二是片面追求业务规模的超高速发展。该分行采取弄虚作假、炮制业绩的不当手段，粉饰报表、虚增利润，过度追求分行业绩考核在总行的排名。三是合规意识淡薄。为达到绕开总行授权限制、规避监管的目的,该分行化整为零,批量造假,以表面形式的合规掩盖重大违规。此外,该案也反映出浦发银行总行对分行长期不良贷款为零等异常情况失察、考核激励机制不当、轮岗制度执行不力、对监管部门提示的风险重视不够等问题。

案发后,银监会高度重视,多次召开党委会议和专题会议研究部署查处工作,并成立专责小组,与上海市委市政府、四川省委省政府建立工作协调机制,通过采取强有力的措施推进风险处置和整改问责工作。在银监会统筹指导下,四川银监局制定实施"特别监管措施",实行"派驻式监管",开展多项专项排查治理,积极推动合规整改工作。四川省委省政府和上海市委市政府也高度重视,各方互相协作配合,共同推进风险处置工作,全力维护社会稳定和地方金融安全。浦发银行根据监管要求,在摸清风险底数的基础上,对违规贷款"拉直还原"做实债权债务关系,举全行之力采取多项措施处置化解风险,并按照党规党纪、政纪和内部规章,给予成都分行原行长开除、2 位原副行长分别降级和记大过处分,对 195 名分行中层及以下责任人员内部问责。截至 2017 年 9 月末,浦发银行成都分行已基本完成违规业务的整改,目前该分行班子队伍稳定,总体经营平稳正常。

四川银监局依法对浦发银行成都分行罚款 4.62 亿元;对浦发银行成都分行原行长、2 名副行长、1 名部门负责人和 1 名支行行长分别给予终身禁止从事银行业工作、取消高级管理人员任职资格、警告及罚款处分。目前,相关涉案人员已被依法移交司法机关处理。银监会近日已依法对浦发银行总行负有责任的高管人员及其他责任人员启动立案调查和行政处罚工作。此外,鉴于四川银监局对浦发银行成都分行相关风险线索等问题未全面深查,监管督导不力,对其监管评级失真,银监会党委责成四川银监局党委深刻反省,吸取教训,并对四川银监局原主要负责人和其他相关责任人进行了严肃问责,给予党纪政纪处分。

(资料来源:http://www.cbirc. gov.cn.2018-01-19)

六、内部控制五要素之间的关系

内部控制的五个要素之间并不是相互割裂、毫无关系的,而是相互支持、紧密联系的逻辑统一体。

内部环境是内部控制的基础,对其他要素产生影响。内部环境的好坏决定着内部控制其他要素能否有效运行。内部监督是针对内部控制其他要素的,是自上而下的单向检查,是对内部控制的质量进行评价的过程。风险评估贯穿战略过程,企业在实施战略的过程中会受到内外部环境的影响,就需要通过一定的技术手段找出那些会影响战略目标实现的有利和不利因素,并对存在的风险进行定量和定性分析,从而确定相应的风险应对策略,是采取控制活动的根据。控制活动是根据风险应对策略而采取的控制措施,以有效控制风险,避免风险的发生,尽量降低损失。信息与沟通,在五要素中处于一个承上启下、沟通内外的关键地位。内部环境与其他组成因素之间的内在关联,需要通过信息与沟通这一桥梁才能发挥作用;风险评估、控制活动和内部监督的实施需要以信息与沟通结果为依据,它们的结果也需要通过信息与沟通渠道来反映。缺少了信息传递与内外沟通,内部控制其他因素就可能无法保持紧密的联系,整合框架也就不再是一个有机的整体。

【案例 2-14】

中海集团釜山公司的内控缺失

中国海运(集团)总公司(以下简称“中海集团”)成立于 1997 年 7 月,总部设在上海,是中央直接领导和管理的重要国有企业,是以航运为主业的跨国经营、跨行业、跨地区、跨所有制的特大型综合性企业集团,有中海集运、中海发展、中海海盛三家上市公司。中海集团在全球 90 多个国家和地区设有北美、欧洲、中国香港、东南亚、韩国、西亚六个控股公司和日本株式会社、澳大利亚代理有限公司,境外产业下属 90 多家公司、代理、代表处,营销网点总计超过 300 个。年货物运输完成量超过 3.3 亿吨、950 万 TEU(用来表示船舶装载集装箱的能力,是集装箱和港口吞吐量的重要统计、换算单位),在国家能源和进出口贸易中发挥了重要的运输支持和保障作用。

不幸的是,中海集团内部控制上的欠缺与薄弱,酿成了一桩中国航运界罕见的财务丑闻。2008 年 1 月 31 日,中海集团接报,驻韩国釜山公司大约 4 000 万美元(约合人民币 3 亿元)的巨额运费收入及部分投资款,被公司内部人非法截留转移,分成 100 多次逐步挪出公司账户,主要涉案人员中海集团韩国控股的财务部负责人兼审计李某在逃。此案发生以后,国资委表现出对中央企业内部控制问题的深切忧虑,迅即向包括中海集团、中远集团、五矿集团等多家在海外设有分公司的大型中央企业发出通报,责成其强化内部控制,消除资金失控的隐患。

本案发生的根本原因在于内部控制失效,具体表现包括以下五个方面。

一是内部环境。中海集团自 2006 年 6 月起,就曾将所获得的银行短期贷款近 25 亿元人民币违规进行股票投资。2007 年被查出,受到银监会通报批评,国资委也在当年对公司予以降分处理的通报。釜山公司事件的反复再现,昭示着中海集团管理层在内部控制态度上的漫不经心。再从治理结构看,中海集团所有驻海外的财务体制,是控股公司掌控下属企业的全部财务和资金结算。权力的极度膨胀与自由放任,意味着海外公司得以游离于中海集团的视线之外,为资金失控埋下了巨大隐患。

二是风险评估。航运公司的主营业务收入是运费收入,而行业内的收费标准各有不同,大额的现金流动是行业特点之一。比如从天津中转釜山再到芝加哥,一个长 12 米的集装箱柜的运费为 3 300~3 700 美元,每次交易的现金流也很大。分公司贪污公款,主要是通过提高费用,或者把产品低价(运货价)售给客户,然后从客户处收取好处。如果分 100 多次转移,而又缺少仔细审查,的确很容易被忽略。但该公司对这一重要风险点缺乏必要的识别、分析与评估。

三是控制活动。以最典型的控制活动——不相容职务分离为例,釜山公司案的焦点人物李某,既为中海集团韩国控股的财务部负责人,又身兼审计之职。自我复核和检查可谓犯了内部控制的大忌。从行业经验来看,釜山公司案也不可能是李某一人所为,而是有其他财务人员或者外部供应商的配合。此类事件的发生,亦暴露出中海集团对海外分公司资金结算体制上的风险控制不足。

四是信息与沟通。中海集团全面介入自查,是在釜山公司涉案人 100 多次转移大量资金得逞之后才开始的,但此时巨额损失已然酿成。在第一次资金事件发生后,中海集团本应培养出在最短时间内针对事件的起因、可能趋向及影响做出预测,并迅速做出反应的能力。遗憾的是,从这种“慢半拍”式的信息与沟通中可以看出,中海集团没能在此方面做出实质性的改进。

五是内部监督。像中海集团这样的大集团在海外设立的公司,如果是全资子公司,通常采取独立核算制度,只需要报年账或者总账,不需要报明细账,有些公司甚至连现金流都不用向总部汇报。如果没有涉及上市公司,一般也不会由总部对海外分公司进行定期内部审计,这就导致了海外公司存在做假账的可能性,比如虚报费用、发票开大、和供应商内外勾结。中海集团的内部控制之所以偏离了正确的轨道,与其缺乏常规性的、相对独立的财务审计和监管制度是密不可分的。

釜山公司事件表明,我国大型中央企业在纷纷选择“走出去”战略的同时,在如何监管海外分公司的财务安全这一问题上,与国际大公司相比还缺乏足够的经验。如何保障海外业务的顺利发展,已成为刻不容缓的重大课题。我们注意到,釜山公司事件发生以后,中海集团围绕内部控制五要素的缺陷,做了大量有针对性的改进工作。

第一,为了改善内部环境,2008 年 4 月正式成立集团风险控制和管理委员会,由集团总裁亲自担任委员会主任,内部控制受到管理层的重视,并被提到公司治理的高度。

第二,为了改善风险评估,由集团企管部作为集团风险控制和管理的牵头和职能部门,集团风险控制和管理委员会下设工作小组,主要职责是根据集团风险控制和管理委员会确定的方针、政策和任务,具体协调、处理、组织落实企业经营发展和日常管理中有关风险控制和管理的事项。

第三,为了改善控制活动,中海集团着手建设具有中海特色的风险控制和管理体系,重点抓好对重大风险、重大事件的管理和对重要流程的控制,加强安全管理、资金风险防控、应收账款催收、商务风险防范、企业法律制度建设、信息化建设、人才建设和企业稳定等八项工作。

第四,为了改善信息与沟通,中海集团强调风险控制和管理信息系统的建设,做好编报企业风险控制和管理报告的准备。

第五,为了改善内部监督,按照业务分管原则,集团风险控制和管理委员会下设工作小组,实施对集团下属单位风险控制和管理事项的监督指导。同时,开展对集团近百家海外分公司和代理办事处的大检查,主要针对资金往来,尤其是应收账款是否及时到账等日常运营资金流状况,显著加大了检查监督的力度。

(资料来源:刘华. 中海集团釜山公司内部控制案例分析 [J]. 财政监督,2008(12))

第五节　内部控制的局限性

内部控制的目标是保证企业经营管理合法合规、资产安全、财务报告及相关信息真实完整,提高经营效率和效果,促进企业实现发展战略。但内部控制仅能为以上目标的实现提供合理保证,而不是绝对保证,原因就在于内部控制本身具有一定的局限性。正是内部控制固有的局限性,所以设计再完美的内部控制,也不能完全保证企业不出任何问题。一般而言,内部控制的局限性可以概括为以下几个方面。

一、越权操作

管理越权一般表现为挪用或者错误陈述。挪用主要指资产的违规转移和隐瞒。一旦发生越权操作,内部控制分工制衡将不再发挥作用,内部控制制度也就形同虚设。越权操作的危害极大,不仅打乱了正常的工作秩序和工作流程,而且还会为徇私舞弊、违法违规创造一定的条件。低层次人员越权挪用往往会引发资产流失、挪用公款等,对此可以通过文件凭证、限制接近和职责分离等措施来防止。高层管理人员一旦越权挪用往往形成"内部人控制",筹资权、投资权、人事权等重大事项的决策权都掌握在公司的经营者手中,股东很难对其行为进行有效的监督,任何内部控制程序都对其难以防止。

错误陈述主要指管理部门或主要管理者故意错报财务状况和经营成果等。当企业出现政企不分,行政干预导致公司董事会、监事会等法人治理结构形同虚设、丧失控制职能时,这类错误陈述也就无法防止。

【案例 2-15】

英国巴林银行的崩塌

巴林银行创建于 1763 年,由于经营灵活变通、富于创新,很快就在国际金融领域获得了巨大的成功。20 世纪初,巴林银行荣幸地获得了一个特殊客户——英国王室。由于巴林银行的卓越贡献,巴林家族先后获得了五个世袭的爵位。这一特殊荣誉为巴林银行奠定了显赫的地位。

尽管是一家老牌银行,但巴林银行一直都在积极进取,在 20 世纪初进一步拓展了公司财务业务,获利甚丰。20 世纪 90 年代,巴林银行开始向海外发展,在新兴市场开展广泛的投资活动, 1994 年就先后在中国、印度、巴基斯坦、南非等地开设办事处,业务网点主要在亚洲及拉美新兴国家和地区。截至 1993 年年底,巴林银行的全部资产总额为 59 亿英镑,1994 年税前利润高达 15 亿美元。其核心资本在全球 1 000 大银行中排名第 489 位。

然而,这一具有 233 年历史,在全球范围内拥有 270 多亿英镑资产的巴林银行,竟毁于一个只有 28 岁的毛头小子尼克·里森(Nick Leeson)之手。里森未经授权在新加坡国际金融交易所(SIMEX)从事东京证券交易所日经 225 股票指数期货合约交易失败,致使新加坡巴林银行产生了高达 6 亿英镑的亏损,这一数字远远超出了该行的资本总额(3.5 亿英镑)。

1992 年新加坡巴林银行期货公司开始进行金融期货交易不久,前台首席交易员(而且是后台结算主管)里森即开立了"88888"账户。开户表格上注明此账户是"新加坡巴林银行期货公司的误差账户",只能用于冲销错账,但里森却用这个账户进行交易,而且将其作为自己赔钱的"隐藏所"。里森指使后台结算操作人员在每天交易结束后和第二天交易开始前,在"88888"账户与巴林银行的其他交易账户之间做假账进行调整。通过假账调整,里森反映在总行其他交易账户上的交易始终是盈利的,而把亏损掩盖在"88888"账户上。

自 1994 年下半年起，里森认为日经指数将上涨，逐渐买入日经 225 股票指数期货，不料 1995 年 1 月 17 日关西大地震后，日本股市不断下跌，里森的投资损失惨重。为弥补亏损，里森一再加大投资，以期翻本。2 月 23 日，日经指数急剧下挫，里森终于意识到，他已回天无力，无法弥补损失，于是便偕妻子仓促外逃。次日，巴林银行因被追缴保证金，才发现里森期货交易账面损失约 4 亿至 4.5 亿英镑，约合 6 亿至 7 亿美元，已接近巴林银行集团本身的资本和储备之和。

1995 年 2 月 26 日，英国中央银行英格兰银行宣布：巴林银行不得继续从事交易活动并应申请资产清理。10 天后，这家拥有 233 年历史的银行以 1 英镑的象征性价格被荷兰国际集团收购。这意味着巴林银行的彻底倒闭。

千里之堤，溃于蚁穴，看似不起眼的一个漏洞却导致了一个百年老店的垮台。像巴林银行这种享誉世界的老牌银行，不可能不建立内部控制制度，但问题却在于越权操作无人过问，毁掉了内部控制制度形成的“天罗地网”。

（资料来源：龚杰，方时雄. 企业内部控制——理论、方法与案例 [M]. 杭州：浙江大学出版社，2005）

二、合谋串通

内部控制制度源于内部牵制的理念。基于内部牵制的思想，才有了不相容岗位分离、轮岗制度和强制休假制度等，而合谋串通则完全破坏了内部牵制的设想，削弱了制度的约束力，会导致内部控制制度无效。不相容职务的恰当分离可以为避免单独的一人从事和隐瞒不合规行为提供一定的保证。但是，两名或更多的人员合伙可以逃避这种控制，且不易识别，给公司、股东以及外界的利益相关者带来巨大的损失。比如，出纳人员和会计人员合伙舞弊、财产保管人员和财产核对人员合伙造假等，对此，再好的控制措施也无能为力。内部控制可能因为有关人员相互勾结、内外串通而失效。

【案例 2-16】

大疆创新的内部腐败案

深圳市大疆创新科技有限公司（以下简称“大疆创新”）于 2006 年由香港科技大学毕业生汪滔等人创立，是全球领先的无人飞行器控制系统及无人机解决方案的研发和生产商，客户遍布全球 100 多个国家。通过持续的创新，大疆创新致力于为无人机工业、行业用户以及专业航拍应用提供性能最强、体验最佳的智能飞控产品和解决方案。然而，这只朝气蓬勃的无人机独角兽，在 2019 年 1 月 18 日的内部反腐公告中称，公司内部贪腐预计导致损失 10 亿元。年初发布的内部公告显示，大疆创新近期处理多名涉嫌贪腐、舞弊的人员，并披露 2018 年由于供应链贪腐造成平均采购价格超过合理水平 20%，造成超过 10 亿元人民币的损失，这一数字是 2017 年所有年终福利的 2 倍以上。大疆创新员工总数大约为 1.4 万人，一次反腐就揪出百人。这只独角兽内部的腐败问题相当惊人。

（资料来源：陈位，贺海腾. 大疆创新：企业内部腐败与审计治理 [J]. 企业管理，2019（4））

三、成本收益

根据成本效益原则，内部控制的设计和运行是要付出代价的，企业应当充分权衡实施内部控制带来的潜在收益与成本，运用科学、合理的方法，有目的、有重点地选择控制点，实现有效控制。内部控制的根本目标在于服务于企业价值创造，如果设计和执行一项控制带来的收益不能弥补其所耗费的成本，就应该放弃该项控制。就一个大中型企业而言，由于企业的整个生产和管理环节分工较细，因而设置健全的内部控制制度是值得的；而在一个中小型企业，则很难保证建立与大中型企业同样健全的、在经济上合适的内部控制制度。

【案例 2-17】

《萨班斯法案》的主要影响

《萨班斯法案》的颁布与实施，标志着美国证券法律从根本上的转变：从披露转向实质性管制。

《萨班斯法案》对美国《1933 年证券法》《1934 年证券交易法》做了不少修订，在会计职业监管、公司治理、证券市场监管等方面提出了许多新的规定，对上市公司信息披露、财务会计处理的准确性、改善公司治理等重要方面提出了十分严格的要求。同时，它强化了对上市公司欺诈的刑事惩罚力度。比如，它规定对违反本法案和渎职以及做假账的企业主管将实行严厉的制裁，财务报表被证实存在违规不实之处，首席执行官将面临 10~20 年的刑期和 100 万 ~500 万美元的罚款，相当于美国持枪抢劫的最高刑罚。

为确保《萨班斯法案》最终实施并产生期望的效果，美国国会 2003 年给美国证券交易委员会（SEC）拨款 0.98 亿美元用于聘请 200 名雇员，专职按照联邦证券法的要求对审计师和审计服务质量进行监管。

为达到 404 条款的要求，上市公司需要做以下工作。

（1）制定内部控制详细目录，保证对交易进行财务记录的每一个环节都有相应的内部控制制度（如产品销售的条件、记录付款的时间和人员等），与诸如美国 COSO 内部控制框架对照，确定是否足够，并指出缺陷所在。

（2）公司要记录控制措施评估方式，以及未来将被用来弥补控制缺陷的政策和流程。

（3）公司的内部审计人员要定期测试，管理层在公司年报中要发表对公司财务报告相关内部控制体系及程序有效性的书面评估。

（4）聘请独立的审计机构对公司内控系统的有效性进行鉴定和评估。

美国资本市场拥有世界上最庞大的资本流量，交投十分活跃，融资及并购活动非常频繁，但自 2002 年《萨班斯法案》颁布以来，因其监管严厉、程序烦琐、成本高昂令许多市场融资者望而生畏，高昂的执行成本遭到退市或者被迫取消在美上市计划的公司的强烈不满，美国资本市场受到了空前考验。

调查显示：404 条款遵循的第一年，遵循成本达到 436 万美元，仅支付给外部审计师的费用就上升了 58%，而预算外的增长，比如咨询、软件和其他供应商的成本增加了 66%。其中，通用电气公司称《萨班斯法案》致使它在执行内部控制规定上花费了 3 000 万美元。

此外，有批评人士指出，除了可用数字衡量的直接成本外，《萨班斯法案》还会给企业带来间接成本，管理层因害怕承担风险而放弃极好的投资机会，影响了国外企业在美国的上市热情。

（资料来源：李侠. 萨班斯法案的成本收益分析——国外研究进展 [J]. 时代经贸，2015（14））

四、人为错误

内部控制发挥有效性作用的关键在于全体人员准确地执行。然而，有关人员在执行控制的职责时不可能始终正确无误，其生理、心理因素都会影响内部控制系统正常功能的发挥。如果内部控制执行人员情绪和健康状况不佳、粗心大意、精力分散、身体不适、理解错误、判断失误、曲解指令等都会造成内部控制的失效。比如，签发支票时未审查支付用途、发票金额计算的错误未被发现等。

内部控制体系的有效性，既依赖严格遵守政策和程序，还需要进行判断。例如，董事会和管理层判断所需控制的程度；管理层和其他人员在日常生产经营和管理中每天都会运用判断进行选择、开展和实施控制；管理层和内部审计人员则运用判断来监督和评估内部控制体系的有效性。一方面，治理层和管理层通过判断来消除无效、冗余及低效率控制。另一方面，执行人员在进行选择和判断时可能出现错误、偏差或人为失误，从而导致内部控制失效。

五、情况变化

内部控制可能因经营环境、业务性质的改变而弱化或失效。内部控制一般是为经常性业务设计的，这些控制措施对于不正常或未能预料到的业务类型的控制则无能为力，内部控制可能会失效或原有控制不再适用。企业针对经常变化的环境要经常调整经营策略，这就会导致原有的控制程序对新增的业务内容失去控制作用，在变化过程中可能会发生差错或不合规行为。即使环境不变，一旦内部控制系统发生变化，同样也会产生类似的问题。

复习思考题

1. 内部控制的特征是什么？
2. 内部控制的目标是什么？请简要论述。
3. 内部控制的原则是什么？请简要论述。
4. 简述内部控制五要素之间的关系。
5. 简述内部控制的局限性。

思政园地

国企反腐关键要完善内控机制

从 2015 年 3 月初开始，中央纪委启动首轮专项巡视，对包括中石油、中海油、国家电网等在内的 26 家国企开展为期两个月的巡视。据不完全统计，在此轮巡视期间，26 家国企中有近 20 名高管被查，其中不乏一汽集团董事长、中石油总经理、中石化总经理等国企界的重量级人物。相信随着巡视结果的公布，会有更多的真相浮出水面。

国企是中国特色社会主义的基石，在我国经济社会发展中占据着特殊的权重。然而，从查办案件和巡视情况看，国企在腐败利益链条上问题比较集中，是腐败"重灾区"，部分国企还出现了令人触目惊心的"塌方式腐败"和"系统性腐败"。

在中国共产党第十八届中央纪律检查委员会第五次全体会议上，习近平总书记特别强调，要着力完善国有企业监管制度，加强党对国企的领导，加强对国企领导班子的监督，搞好对国企的巡视，加大审计监督力度。中央纪委也将"加大对国企的巡视力度，探索分行业、分领域开展专项巡视，实现对中管国有重要骨干企业巡视全覆盖"作为2015年工作的主要任务之一。

和党政机关不同，国企廉政建设具有特殊性。一方面，由于产权制度改革不到位，许多国企在建立现代企业制度方面做得并不彻底，亦官亦商的双重身份，更使得国企监管起来困难重重。另一方面，由于国企常常在一些行业和领域内处于优势地位，利润高，再加上改制重组频繁，腐败空间较大，腐败现象也容易多发。

从十八大以来的一批国企大案要案看，目前对国企高管进行监督和曝光的，主要是外部监督机构和社会监督力量，特别是中央纪委发挥了重要作用。这些大案要案的督办，固然发挥了重大的威慑作用，但正如"治标"只能管一时，要真正实现国企风气的好转，还要靠国企自身的治理体系和内控制度的完善。当前的国企内部监管体制不可否认存在着明显的制度性缺陷，尤其是对高管人员监督失灵。这种制度缺陷，在十八大以来强力反腐取得重大成效的今天，并没有得到根本性改善。

鉴于国企的特殊性，现行的国企内部监管体制完善应该双管齐下。一方面，抓好党委主体责任这个"牛鼻子"，切实加强国企党委的领导力，落实纪委的监督责任。监督责任方面，中央纪委通过派驻机构、加大垂直管理力度、实施分类专项巡视等做出了许多有益的探索。另一方面，依然需要全面深化国企改革，真正建立健全现代企业制度，充分发挥股东大会、董事会、监事会等机构的权限职责，严格资金管理和物资采购制度，加强信息化管理，公正公开，提高内部员工的监督便利度。只有真正建立完善的内控制度，并形成按规则办事的良好风气，国企反腐才能真正进入"治本"阶段。

（资料来源：罗容海. 国企反腐关键要完善内控机制 [N]. 光明日报.[2015-05-21].http://dangjian.people.com.cn/n/2015/0521/c117092-27 033 307.html[2021-01-07]）

第三章　内部控制环境

学习目标

- ◆ 掌握组织架构的定义
- ◆ 掌握战略分析的基本内容
- ◆ 掌握人力资源的定义
- ◆ 了解人力资源的考核方法
- ◆ 掌握企业社会责任的基本内容
- ◆ 掌握企业文化的定义

引导案例

舜宇集团持续高速发展的“秘诀”

舜宇光学科技(集团)有限公司(以下简称“舜宇集团”)创立于1984年,是一家全球领先的综合光学零件及产品制造商,生产的手机镜头、车载镜头畅销全球,并于2007年6月在中国香港联交所主板成功上市。三十多年来,舜宇集团坚定不移地实施“名配角”战略,始终聚焦于光学产品领域,致力于打造享誉全球的光电企业,实现了每十年十倍以上的增长速度,连续六年蝉联《财富》中国500强榜单。如果说“做强、做大、走远,成为光电行业百年老字号”的愿景牵引着公司不断发展,那么清廉建设就是其长盛不衰的基石。

“接受关联方审查部门副职以上管理人员已近万人次,重要岗位贪腐案件数量保持为零;清廉制度的实施每年为企业节约费用达千万元……”这是民企舜宇集团交出的清廉成绩单。

“企业最大的风险在企业内部,舜宇(集团)不会被外部力量打倒,只会被内部不正之风毁灭。”多年前,舜宇集团创始人王文鉴就一语道出筑牢内部反腐防线的重要性。因此,集团从一开始便注重清廉治企的顶层设计,“管好身边人”“防止家族化”成为企业文化的核心关键词,视廉洁为企业实现改革发展的“文化灯塔”。经过三十多年的探索,舜宇集团形成了以党委为核心,纪委、监察科、党群办、审计部、人力资源部等多部门联动的反腐倡廉协作机制。

2014年,舜宇集团设立了由董事会直接领导的反舞弊常设机构审计部,出台了《反舞弊制度》,明确了收受贿赂回扣、隐瞒交易事项、滥用职权、玩忽职守、用人不公等违规行为的惩治举措,并先后推出《举报奖励保护办法》《企业党员(关键敏感岗位)廉洁从业规定》以及包括任期审计、关联交易审查在内的一系列廉洁风险防控制度。之后又根据内控形势需要，先后设立了审计部、纪委、监察科等职能机构，出台了《廉洁从业若干规定》和《员工奖惩管理办法》，实现了廉洁从业内控全覆盖。

经过逐步探索，舜宇集团已经建立起完善的企业内控机制，由纪委（党群办）、审计部、人力资源部、办公室四个部门主抓反腐倡廉工作，对内严把“权力”关，对外维持健康的政商关系。

在建立完善反舞弊机构的同时，集团聚焦重点岗位和权力运行的各个环节，持续强化内部工作制度、工作程序、内控制度的完善，把清廉治企融入生产经营的全过程。以2007年起推行的关联方交易申报审查制度为例，该制度着力规范包括从董事高管到敏感岗位员工在内的关联人士与利益关联方的各类交易行为。

物资采购、产品销售等关键敏感岗位的员工，工作满三年必须轮岗。由于特殊原因需要继续留在原岗位任职的，经公司主管领导批准后，最多也只可延期一年。

除了严查关联方交易合规性、严把关键敏感岗位关，公司还推行干部任职回避制度，将反腐倡廉作为一票否决项纳入各子公司年终考核指标；通过董事长亲自上清廉建设课、对标学习华为清廉建设等系列活动，倡导诚信正直的企业文化，加强员工的廉洁职业操守。而在与政府的交往中，舜宇集团三十年如一日坚持政府部门工作用餐接待制度，严格执行公职人员和一般客户一视同仁，不搞宴请、不超标准接待。

严格的内控反腐机制，清清爽爽的政商关系，使舜宇集团为当地企业树立了清廉文化的榜样，同时也成为企业保持三十多年加速奔跑的“原动力”。

（资料来源：

①余姚市纪委市监委. 完善内控机制助推企业清廉建设 [EB/OL].[2021-06-04]. 浙江省纪委省监委网站；

②陈科. 舜宇集团：舞弊行为一票否决 [EB/OL].[2022-06-07]. 浙江新闻网；

③沈媛仪，陈科. 舜宇集团三十多年高速发展这个重要秘诀值得所有企业借鉴 [EB/OL]，[2017-09-06]. 余姚新闻网）

第一节 组织架构

一、组织架构的基本内容

《企业内部控制应用指引第1号——组织架构》规定，组织架构是指企业按照国家有关法律法规、股东（大）会决议和企业章程，结合本企业实际，明确股东（大）会、董事会、监事会、经理层和企业内部各层级的机构设置、职责权限、人员编制、工作程序和相关要求的制度安排。

组织架构包括治理结构和内部机构两方面内容。

（一）治理结构

治理结构是企业治理层面的组织架构。

狭义的企业治理是指所有者（主要是股东）对经营者的一种监督和制衡机制，即通过一种制度安排，合理地配置所有者与经营者之间的权力和责任关系。它是借助股东大会、董事会、监事会、经理层构成的企业治理结构来实现的内部治理。广义的企业治理不局限于股东和经营者之间的制衡，还涉及广泛的利益相关者，包括中小股东、雇员、债权人、供应商和政府等与企业有利害关系的集体或个人。因此，狭义的治理结构仅包括内部治理结构，广义的治理结构包括内部治理结构和外部治理结构。

1. 我国企业的内部治理结构

我国企业的内部治理结构包括股东大会、董事会、监事会、经理层。

（1）我国企业的董事会下设战略、审计、提名、薪酬等专门委员会。企业根据自身情况，可以增加或者减少不同种类的专门委员会。

（2）我国企业的董事会应当设立独立董事，独立董事不得在上市公司担任除独立董事之外的其他职务；独立董事维护公司整体利益，关注中小股东的合法权益不受损害。

（3）我国企业的监事会有权检查公司财务；对董事、高级管理人员执行公司职务的行为进行监督，对违反法律、行政法规、公司章程或者股东大会决议的董事、高级管理人员提出罢免的建议；当董事、高级管理人员的行为损害公司的利益时，要求董事、高级管理人员予以纠正；依照 2018 年修正的《中华人民共和国公司法》第一百五十一条的规定，对董事、高级管理人员提起诉讼。

2. 我国企业的外部治理结构

我国企业的外部治理结构包括证券市场、产品市场、劳动力市场、公司控制权市场、媒体、政府管制、党组织巡视等。

国外企业的外部治理结构除了无党组织巡视之外，其他与我国企业的外部治理结构基本相同。

外部治理结构反映了企业外部的各种权益主体对企业内部治理机制的影响。

（二）内部机构

1. 职能机构设置

内部机构包含规划、设计、采购、生产、销售、会计、审计、人事、法律、后勤等职能机构。企业经理层需要确定是否设置上述职能机构，明确这些职能机构岗位职责的划分，进行权限体系的分配。

2. 岗位职责的划分

岗位职责划分应当体现不相容职务相互分离的控制要求。不相容职务是指如果某一职务完全由一名员工担任，将为该员工实施舞弊行为提供便利。不相容职务包括可行性研究与决策审批、决策审批与执行、执行与监督检查等。董事与经理层人员之间的交叉任职，或者监事与经理层人员之间的交叉任职，将导致权力泛滥、制衡效果欠佳、权责不清等现象。

企业经理层或者业务部门通过发布本企业各职能机构的组织结构图、岗位职责说明书，能够使员工了解各职能机构的设置情况和岗位职责划分情况；通过发布业务流程图，可以使员工了解不同职能机构之间的业务关联。

3. 权限体系的分配

企业经理层或者业务部门通过发布本企业各职能机构的权限指引，明确不同层级之间的授权机制。如果出现权力交叉、逆序授权（没有从上级到下级逐级授权）、越级授权、权力真空、缺乏书面依据的口头授权、授权范围不清晰、授权人与被授权人之间存在利益冲突等现象，表明企业的权限体系设计和运行效果不良。

【案例 3-1】

华为技术有限公司治理结构

华为技术有限公司坚持以客户为中心、以奋斗者为本，持续优化公司治理架构、组织、流程和考核机制，使公司长期保持有效增长。

股东会是公司权力机构，对公司增资、利润分配、选举董事 / 监事等重大事项作出决策。

董事会是公司战略、经营管理和客户满意度的最高责任机构，承担带领公司前进的使命，行使公司战略与经营管理决策权，确保客户与股东的利益得到维护。

公司董事会及董事会常务委员会由轮值董事长主持，轮值董事长在当值期间是公司最高领袖。

监事会是公司的最高监督机构，代表股东行使监督权，其基本职权包括领袖管理、业务审视和战略前瞻。

自 2000 年起，华为聘用毕马威作为独立审计师。审计师负责审计年度财务报表，根据会计准则和审计程序，评估财务报表是否真实和公允，对财务报表发表审计意见。

作为公司 ICT 基础设施业务战略、经营管理和客户满意度的责任机构，ICT 基础设施业务管理委员会对 ICT 基础设施业务进行端到端经营管理。

运营商 BG 和企业 BG 是公司分别面向运营商客户和企业 / 行业客户的解决方案营销、销售和服务的管理和支撑组织，针对不同客户的业务特点和经营规律提供创新、差异化、领先的解决方案，并不断提升公司的行业竞争力和客户满意度。

终端 BG 是公司面向终端产品用户和生态伙伴的端到端经营组织，对经营结果、风险、市场竞争力和客户满意度负责。以用户为中心，打造全场景智慧化生活体验，围绕智慧办公、智能家居、智慧出行、运动健康、影音娱乐五大场景，实现用户体验与服务的商业闭环。

华为云计算对华为云业务端到端经营、商业成功负责，构建云产业组织和能力（研发、销售、咨询、服务、供应等），致力于提供稳定可靠、安全可信、持续创新的云服务，深耕数字化，一切皆服务，让云无处不在，让智能无所不及，共建智能世界云底座。

数字能源是面向企业 / 行业客户提供清洁发电、交通电动化、站点能源、数据中心能源、嵌入式电源等产品和解决方案的组织，致力于将电力电子技术与数字技术相结合，为客户提供高质量、高效率、绿色、低碳的电力电子产品。

智能汽车解决方案 BU 是公司面向智能汽车领域的端到端业务责任主体，将华为公司的 ICT 技术优势延伸到智能汽车产业，提供智能网联汽车的增量部件。智能汽车解决方案 BU 的业务目标是聚焦 ICT 技术，帮助车企造好车。

海思定位于面向智能终端、显示面板、家电、汽车电子等行业提供感知、连接、计算、显示等端到端的板级芯片和模组解决方案，承担芯片和模组产业的研发、Marketings 生态发展、销售服务等职责，对经营结果、风险、市场竞争力和客户满意度负责。

为逐步打造公司支撑不同业务发展的共享服务平台，并有序形成公司统治实施的抓手，公司设平台协调委员会，以推动平台各部门的执行运作优化、跨领域运作简化、协同强化，使平台组织成为“围绕生产、促进生产”的最佳服务组织。集团职能平台是聚焦业务的支撑、服务和监管的平台，向前方提供及时准确有效的服务，在充分向前方授权的同时，加强监管。

华为技术有限公司治理结构如图 3-1 所示：

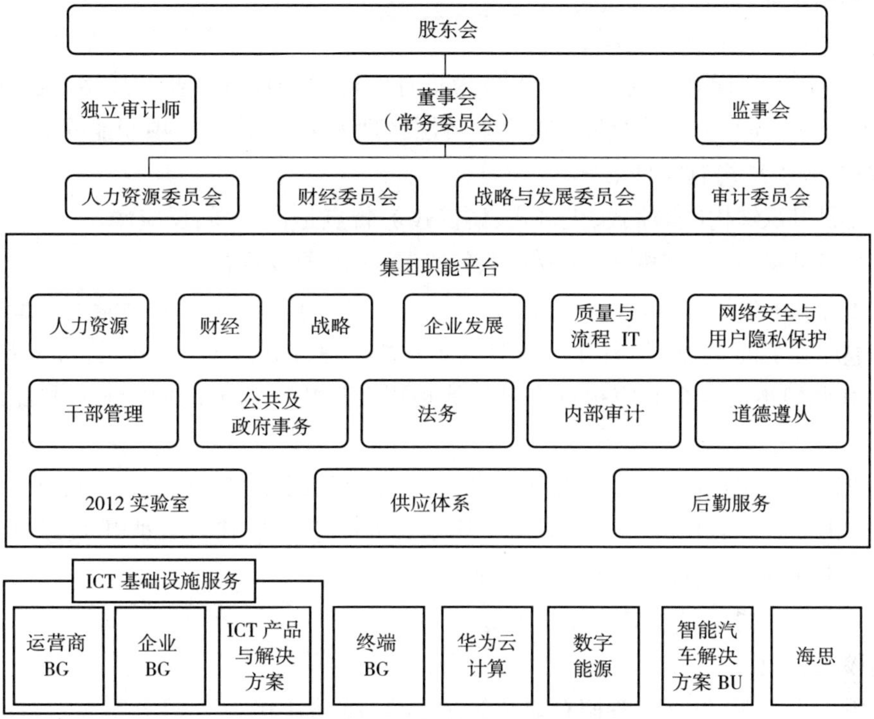

图 3-1　华为技术有限公司治理结构

（资料来源：华为官网）

二、组织架构的构成要素

组织架构是组织为实现共同目标而进行的各种分工和协调的系统。它可以平衡企业组织内分工与整合两个方面的要求，运用集权和分权的手段对企业生产经营活动进行组织和控制。因此，组织架构的基本构成要素是分工与整合。

（一）分工

（1）分工指企业为创造价值而对其人员和资源的分配方式。

（2）企业在组织分工上有两个方面：

①横向分工——你做什么，我做什么；

②纵向分工——你做多少，我做多少（权力分配，具体指决策权）。

（二）整合

整合是指企业为实现预期的目标而用来协调人员与职能的手段。为了实现企业目标，企业必须建立组织结构，协调不同职能与事业部的生产经营活动，以便有效地执行企业的战略。

例如，为了开发新产品，企业可以建立跨职能的团队，使不同部门不同职能的员工一起工作。这就是一般意义上的整合。总之，分工是将企业转化成不同职能部门的手段，而整合是要将不同的部门结合起来。

三、纵横向分工结构

（一）纵向分工结构

1. 纵向分工结构的基本类型

（1）纵向分工是指企业高层管理人员为了有效地贯彻执行企业的战略，选择适当的管理层次和正确的控制幅度，并厘清连接企业各层管理人员、工作及各项职能的关系。

（2）纵向分工结构有两种形式。

①高长型组织结构（官僚式、机械式、集权式），特点是控制强、反应慢。

②扁平型组织结构（有机式、分权式），特点是控制弱、反应快。

对于拥有 3 000 名员工的企业，若有 8 个（或更多）的管理层次，则为高长型结构。对于拥有 1 000 名员工的企业，若有 4 个管理层次（总经理、部门经理、一线管理人员、基层员工），则为扁平型结构。企业应根据自己的战略以及战略所需要的职能来选择组织的管理层次。

当企业达到一定规模时（如超过 10 000 人），便会使组织的管理层次保持在一定的数目上（一般不超过 9 个或 10 个）。企业的管理层次过多，会导致其战略难以实施，而且管理费用会大幅度增加，应尽可能使组织结构扁平化。

2. 纵向分工结构组织内部的管理问题

1）集权与分权

（1）集权：集权型企业一般拥有多个管理层次，并将决策权分配给顶部管理层；其管理幅度比较窄，从而呈现出层级式结构。

（2）分权：分权型结构一般包含更少的管理层次，并将决策权分配到较低的层级，从而具有较宽的管理幅度并呈现出扁平型结构（降低企业内部的管理成本）。

2）中层管理人员人数

（1）选择高长型结构，需要较多中层管理人员，增加行政管理费用。

（2）企业为降低成本，使其结构效率化，应尽量减少管理层次。

3）信息传递

企业内部管理层次越多，信息在传递的过程中就越容易发生不同程度的扭曲，无法完整地到达信息传递目的地，还会增加管理的费用。因此应慎用高长型结构。

4）协调与激励

（1）管理层次过多会妨碍内部沟通，增加管理费用。新技术企业应慎用高长型结构，宜采用扁平型结构。

(2)高长型结构组织中的管理人员行使权力易受各种限制,产生推诿现象。而扁平型结构与此相反,可以调动管理人员积极性。

(二)横向分工结构

1. 横向分工结构的基本类型

横向分工结构的基本类型如图 3-2 所示。

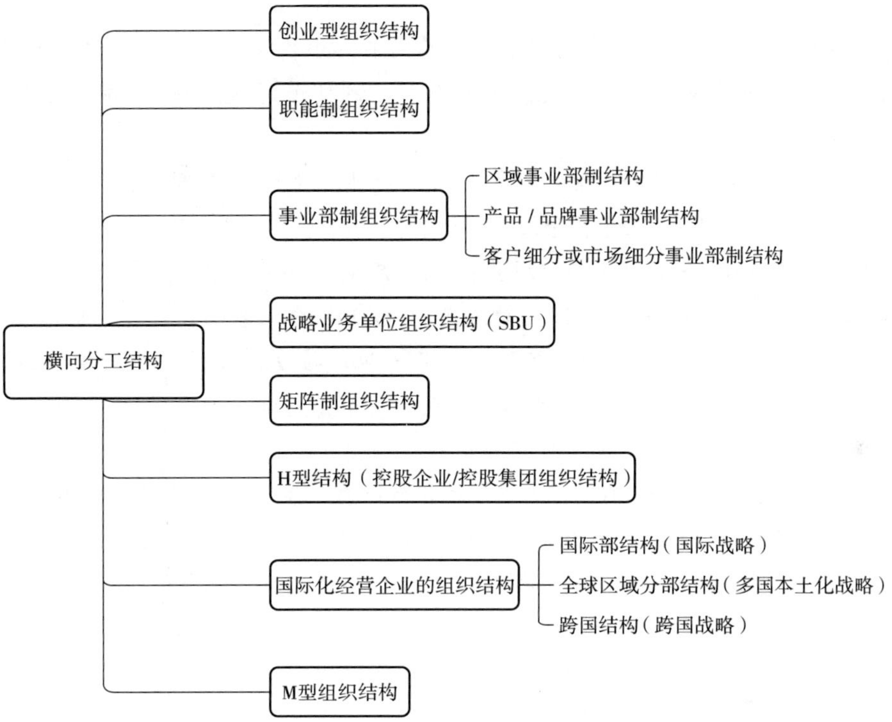

图 3-2　横向分工结构基本类型

2. 横向分工结构的基本协调机制(整合)

(1)相互适应,自行调整(最简单或最复杂的组织结构)。

(2)直接指挥,直接控制。

(3)工作过程标准化。

(4)工作成果标准化。

(5)技艺(知识)标准化。

(6)共同价值观。

这不是一种简单的循环,而是螺旋式上升。企业不可能在一段时间内只依靠一种协调机制,往往是根据不同任务的不同侧重点,混合使用这 6 种协调机制。

【案例 3-2】

90 后干部贪污挪用千万公款的背后

2017 年是王某梅正式进入贵州省毕节市织金经济开发区（以下简称“经开区”）财政局工作的第三年，如果不是巡察组的到来，财政局很多工作人员还不知道这个 1990 年出生的小姑娘已经“捅出了大娄子”。2017 年 8 月至 9 月，毕节市委第四巡察组进驻织金经开区开展巡察。巡察组发现经开区财政局存在资金管理混乱、大额转款原因不详等问题，要求经开区党工委进行自查整改。

在自查过程中，经开区党工委发现了王某梅存在“将单位千万巨款转存其个人账户、向身份不明人员大额转款、疑似侵吞公款”等问题。接到相关问题反映后，毕节市纪委指定织金县纪委开展调查。

2012 年 9 月，王某梅通过选调生招考进入织金县八步街道办事处，随后借调至经开区工作。2014 年 10 月她正式调到经开区，并从 2015 年 1 月起，开始从事经开区财政局出纳工作。为博得男友欢心，王某梅拟定“财务规划”，想通过购买股票、彩票等证明自己的赚钱能力，以提高自己在对方心中的地位。结果不仅把自己的积蓄赔了进去，还令男友投入的 10 万元打了水漂，这让自认为是理财能手的王某梅难以接受。于是想继续投钱，以赢回“自尊”和在男友心目中的地位。钱从哪里来？“我想到单位的账务从来没有被检查过，就想先把单位的钱转出来投资，盈利后再‘神不知鬼不觉’地把钱还回去。”王某梅第一次通过单位网银转出 50 万元到个人账户，购买了基金、股票和彩票。按照经开区财政局规定，每个月月初，会计要拿上月的银行对账单做账、对账。在挪用公款之前，王某梅已想好了应对之策——通过扫描、抠图技术伪造银行对账单。2016 年 1 月至 2017 年 4 月，王某梅先后 50 余次从单位公款账户划转了 1 500 余万元到自己的私人账户，多数用于购买彩票和个人消费。其间，为了炫耀自己的挣钱能力，王某梅以买彩票中奖的名义，先后划转 540 余万元至男友的个人账户。

经查，经开区财政局财务管理混乱，借支公款的事时有发生。谭某珐在担任经开区财政局局长期间，多次从出纳处借走大量现金，年终再要求出纳虚列办公开支来冲平借款。一次，王某梅在办理两家公司注册事宜时，需要公司提供社区居委会出示的无犯罪记录证明。“去找社区太麻烦，你去外面私刻一个居委会的章就行了。”谭某珐如此指示。“那一刻我才知道公章可以通过其他方式来伪造，这为我后来做假票据时用假公章提供了‘借鉴’。”上级领导的“言传身教”，王某梅看在眼里、记在心里，有样学样。在王某梅贪污挪用公款的时间段中，经开区财政局先后有两任会计——夏某伟、王某武。夏某伟把应由自己保管的单位网银口令密码甚至财务专用章都交由王某梅一人管理。王某武接任后，继续沿用夏某伟的做法，对王某梅每月提供的虚假银行对账单不认真审核就直接做账。

王某梅的造假技术并不高明，她通过抠图技术伪造银行对账单，模仿领导签字，私刻单位公章。可就是通过这种方式造出的虚假票据，竟在长达一年多的时间里无人发现。在后来核对一笔费用时，谭某珐等人也没有发现自己的签字是伪造的。

王某梅贪污挪用公款一事暴露后，当领导要求她提供单位账户及其个人账户的银行流水时，她依旧心存侥幸。她掐准时间，白天把真实的银行流水交给领导后，夜晚悄悄利用早就配好的钥匙潜入领导办公室，把真实的银行流水更换为自己制作的虚假银行流水。聪明反被聪明误。目前，王某梅已经被开除党籍、开除公职，因贪污、挪用公款 1 500 余万元，被判处有期徒刑 12 年。其他涉案人员正在接受审查调查。

（资料来源：2018 年 12 月 6 日中央纪委国家监委网站 - 要闻）

第二节　发展战略

一、发展战略概述

内部控制的目标是合理保证企业经营管理合法合规、资产安全、财务报告及相关信息真实完整，提高经营效率和效果，促进企业实现发展战略。其中，企业发展战略目标在内部控制目标体系中处于主导地位，战略目标正确，其他目标才有意义，否则，其他目标实现的意义就会大打折扣。企业应当依据发展战略，设计和实施内部控制。

根据《企业内部控制应用指引第 2 号——发展战略》，发展战略是企业在对现实状况和未来趋势进行综合分析和科学预测的基础上，制定并实施的中长期发展目标与战略规划。战略的失败是企业最彻底的失败，它甚至会导致企业的消亡。

（一）发展战略的意义

企业制定科学合理的发展战略，具有重要意义。

1. 发展战略可以为企业找准市场定位

市场定位就是要在激烈的市场竞争环境中找准位置。定位准了，才能赢得市场，才能获得竞争优势，才能不断发展壮大。发展战略要着力解决的正是企业发展过程中所面临的这些全局性、长期性的问题。

2. 发展战略是企业执行层的行动指南

发展战略指明了企业的发展方向、目标与实施路径，描绘了企业未来经营方向和目标纲领，是企业发展的蓝图，关系着企业的长远生存与发展。

3. 发展战略也是内部控制的最高目标

企业内部控制的系列目标中，促进发展战略的实现是内部控制最高层次的目标。发展战略为企业内部控制指明了方向，内部控制为企业实现发展战略提供了可靠保障。

（二）企业制定与实施发展战略存在的风险

企业制定与实施发展战略至少应当关注以下风险。

（1）缺乏明确的发展战略或发展战略实施不到位，可能导致企业盲目发展，难以形成竞争优势，丧失发展机遇和动力。

（2）发展战略过于激进，脱离企业实际能力或偏离主业，可能导致企业过度扩张，甚至经营失败。

（3）发展战略因主观原因频繁变动，可能导致资源浪费，甚至会危及企业的生存和持续发展。

【案例 3-3】

海航集团多元化战略失败面临破产重组

海航集团的前身是海南航空公司。1989 年 9 月，海南省人民政府批准成立海南航空公司，注册资本 1 300 万元，1992 年改制为股份公司，1999 年在 A 股上市，总资产达 66 亿元，2000 年组建为海航集团，此后二十多年，海航集团一直采用多元化的经营战略，并经过努力位居世界 500 强名单。

2021 年 1 月 29 日，海航集团发布公告，表示因债务问题向法院申请破产重组。30 日，海航集团旗下三家上市公司也宣告破产重组。

海航集团多元化战略引致如下风险。

（一）并购风险

海航集团频繁地、大规模地、快速地并购，导致专业管理人才青黄不接，很多高管不愿意被外派到海外，于是只能将年轻的员工派驻海外，而这些员工的阅历和经验匮乏，难以胜任并购后的整合管理。同时，海航集团自有资金并不充足，因而反复借钱购买资产，然后用资产抵押获得更多的贷款，再用贷款去购买资产，运营产生的现金流则用于偿还银行贷款利息。这种高杠杆收购模式极易受到外部市场环境波动的影响，一旦市场经济下行、收购资产价值下跌，将带来巨大的经营、财务等风险。

（二）经营风险

在多元化进程中，海航集团形成了大量的资产，对企业的营运能力产生了不利影响。2015—2019 年，海航控股的流动资产周转率、总资产周转率均低于行业平均水平，尤其是流动资产周转率，只有行业平均水平的 1/2。企业资产配置效率低，营运能力弱，整体经营状况不佳。

（三）合规性风险

多元化战略下，海航集团内部结构网络复杂，增加了违规操作风险。2020 年 2 月 9 日，海南省海航集团联合工作组成立，工作组成员耗用了 4 个月时间才摸清海航集团整体脉络，梳理出海航系的股权关系树状图，其涉及企业多达 2 000 余家。组织结构越复杂，就越难排查理解所有权与控制关系，这就给内部人提供了浑水摸鱼的机会。2021 年，海航基础设施投资集团股份有限公司等联合发布的《关于上市公司治理专项自查报告的公告》显示，大股东及关联方违规占用资金及未披露担保等所涉金额高达 1 000 多亿元，仅海航控股就被占用资金 434 亿元。

（四）管理风险

庞杂的集团体系不利于内部协调发展，加之管理机制及人才资源未能及时补给，导致集团“虚胖”和“消化不良”，在快速扩张中忽视发展质量。集团公司对板块公司缺乏有效的治理管控，板块公司各自为政，只考虑自身利益，而忽视资源整合与协同发展，盲目求快求大，集团内各个板块公司基本处于失控状态。

（五）财务风险

前述一系列风险层层传导最终必然引致财务风险。2011 年海航集团持有 9 家上市公司的股份共计 37.91 亿股，其中质押 28.02 亿股，综合质押比率达 74%，2013 年综合质押比率竟然到达 91.53%。海航集团的资产负债率从 2006 年到 2012 年逐年攀升，由 2006 年的

56.79%上升到2012年的79.00%，最高时超过了92%。

（资料来源：海航集团官网）

二、发展战略的制定

战略管理包括战略分析、战略选择、战略实施三个部分，其中前两个部分属于发展战略的制定过程。

（一）战略分析

企业在制定战略之前，要对企业外部环境和企业内部环境进行透彻分析。

1. 企业外部环境分析

（1）宏观环境分析

企业宏观环境分析见图3-3。

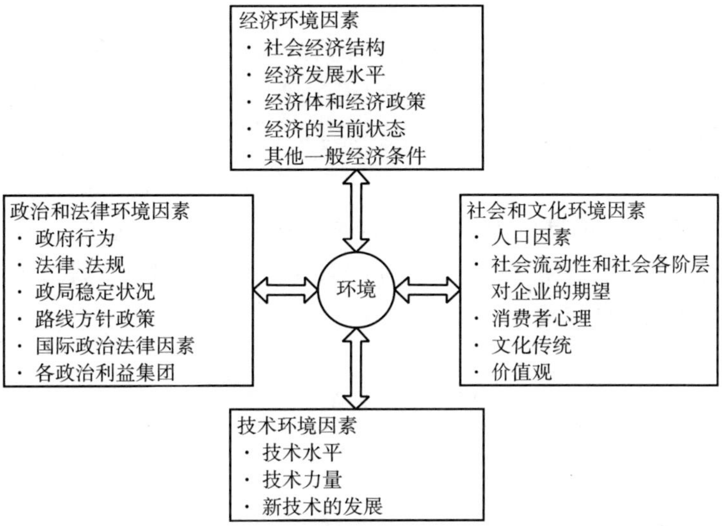

图3-3　企业宏观环境分析

（2）行业环境分析

行业环境分析包括产品生命周期分析和产业五种竞争力分析，具体内容如表3-1所示。

表3-1　行业环境分析

产品生命周期	导入期	产品用户很少，只有高收入用户会尝试新的产品；利润较低
	成长期	产品销量增加，消费者对产品质量要求不高；利润最高
	成熟期	竞争者之间出现价格战，虽然市场巨大，但基本饱和；利润适中
	衰退期	客户精明，对性价比要求很高；产能过剩，利润很低
产业五种竞争力	潜在进入者	进入者将瓜分市场份额，激发现有企业之间的竞争
	卖方	若卖方的产品很难被替代品替代，则卖方的议价能力增强
	买方	若买方的购买力集中，则买方的议价能力就会增强
	替代品	如果替代品的功能高于老产品的功能，则老产品很可能被替代
	产业内现有企业的竞争	一个产业内的企业为争夺市场占有率而进行的竞争，如价格战、广告战等

（3）经营环境分析

企业对消费者消费状况、劳动力市场状况、市场及本企业所处的竞争地位进行分析，有利于企业应对威胁、抓住机会。

2. 企业内部环境分析

（1）企业资源分析

全面分析企业的有形资源（如物质资源和财务资源等）、无形资源（如品牌、商誉、技术、专利、商标、企业文化、组织经验等）、人力资源（如组织成员向组织提供的技能、知识等）；侧重于分析上述资源的稀缺性、不可模仿性、不可替代性及持久性等。

（2）企业能力分析

分析企业的研发能力、生产管理能力、营销能力、财务能力及组织管理能力等。

（3）企业核心竞争力分析

核心竞争力是指在具有重要竞争意义的经营活动中能够比竞争对手做得更好的能力。例如，优秀技能、技术诀窍、一系列生产技能的组织等。核心竞争力对于企业构建稀缺资源、不可模仿资源、不可替代资源具有重要意义。

（二）战略选择

企业在做好战略分析的基础上，选择适合本企业的战略。企业的战略应当包括总体战略、业务单位战略、职能层战略三个层次的内容，在每个内容中，根据表 3-2 所列的基本内容，选择适合本企业的具体战略。

表 3-2　企业战略的不同层次

<table>
<tr><td rowspan="9">总体战略
（该层次战略由公司最高管理层制定）</td><td rowspan="7">发展战略</td><td rowspan="2">一体化战略</td><td>纵向一体化：整合业务链上下游企业，节约交易成本</td></tr>
<tr><td>横向一体化：开发价值链相同阶段的产品，采用规模经济，获得竞争优势</td></tr>
<tr><td rowspan="3">密集型战略</td><td>市场渗透：增加现有产品的市场份额或使用频率</td></tr>
<tr><td>市场开发：将现有产品或服务打入新市场</td></tr>
<tr><td>产品开发：开发新产品或提高原产品的差异化程度，提高竞争地位</td></tr>
<tr><td rowspan="2">多元化战略</td><td>相关多元化：企业以现有业务或市场为基础，进入相关产业或市场的战略</td></tr>
<tr><td>非相关多元化：企业进入与当前产业和市场均不相关的领域的战略</td></tr>
<tr><td>稳定战略</td><td colspan="2">也称维持战略，是指企业限于经营环境和内部条件，基本保持在战略起点的经营状况水平。企业只需要集中资源用于原有的经营范围和产品，以增加其竞争优势</td></tr>
<tr><td>收缩战略</td><td colspan="2">也称撤退战略，是指企业缩小原有的经营范围和规模的战略</td></tr>
</table>

续表

业务单位战略（该层次战略由公司事业部门管理层制定）	基本竞争战略	成本领先战略：通过成本控制，把成本降到最低限度，成为产业中的成本领先者的战略
		差异化战略：企业向顾客提供的产品和服务在产业范围内独具特色，可带来额外的加价
		集中化战略：针对某一购买群体、产品细分市场或区域市场，采用成本领先或差异化战略，获得竞争优势的战略
	中小企业的竞争战略	中小企业一般处于零散产业或新兴产业，采用连锁经营、提高产品差异化程度、选择进入时机等战略
	蓝海战略	拓展非竞争性市场空间，创造新需求
职能层战略（该层次战略由公司职能部门管理层制定）	市场营销战略	包括确定目标市场、设计市场营销组合
	生产运营战略	准时生产系统，产能计划的领先策略、滞后策略和匹配策略等
	研究与开发战略	确定研发定位、研发政策、研发类型等
	财务战略	筹资战略（包括资本结构决策、筹资来源决策、股利分配决策）和资金管理战略（建立和维护有利于创造价值的资金管理体系）
	人力资源战略	人力资源的规划、招聘、选拔、继任、激励、绩效评估、培训和发展等内容

【案例 3-4】

两面针的多元化分析[2]

表 3-3 两面针 2017—2019 年三年主要财务指标对比

主要财务指标	2019 年	2018 年	本期比上年同期增减	2017 年
基本每股收益 /（元 / 股）	-0.10	0.04	不适用	-0.26
稀释每股收益 /（元 / 股）	-0.10	0.04	不适用	-0.26
扣除非经常性损益后的基本每股收益 /（元 / 股）	-0.22	-0.14	不适用	-0.28
加权平均净资产收益率 /（%）	-3.04	1.19	减少 4.23 个百分点	-7.49
扣除非经常性损益后的加权平均净资产收益率 /（%）	-6.76	-4.09	减少 2.67 个百分点	-8.00

表 3-4 两面针证券投资情况

序号	证券品种	证券代码	证券简称	最初投资金额 / 元	持有数量	期末账面价值 / 元	会计核算科目
1	股票	600 030	中信证券	45 371 877.47	8 659 800	219 092 940.00	交易性金融资产
2	股票	601 328	交通银行	67 508.50	51 551	290 232.13	交易性金融资产
3	基金	519 800	货币基金	359 549.12	/	3 881 371.48	交易性金融资产

表 3-5 两面针按细分行业划分的公司主营业务基本情况

细分行业	营业收入 / 元	营业成本 / 元	毛利率 /%	营业收入比上年增减 / %	营业成本比上年增减 / %	毛利率比上年增减 / %
日化产品	723 023 531.19	563 655 874.69	22.04	5.32	5.18	0.10
纸浆、纸品	322 547 967.85	322 561 934.25	-0.00	-21.68	-10.14	-12.84
药品	108 927 853.61	66 619 898.56	38.84	1.43	1.68	-0.15
商业贸易	7 049 370.96	5 723 773.32	18.80	-17.08	-21.07	4.10
房地产及物业管理	2 373 160.97	1 655 837.27	30.23	-54.82	-42.79	-14.67

2019 年 12 月 13 日，两面针召开 2019 年第二次临时股东大会，审议通过了重大资产出售暨关联交易项目的相关议案，将两面针持有的纸品公司、房开公司的股权，把纸品公司、纸业公司和房开公司的债权转让给产投集团。

两面针聚焦主业，围绕日化主业，融合日化与医药产业发展；以药业支撑日化发展，基于中草药研究与开发，专注于日化的发展，逐步从口腔品牌（牙膏用品）延伸到大健康品牌（药业、洗护产品等），将两面针大日化发展成具有技术领先优势的日化企业，致力于应用天然、健康和安全的中药原料来改善和提高人们的生活品质。

（资料来源：两面针官网）

三、发展战略的实施

（1）公司董事会的战略委员会和经理层是企业发展战略制定的参与者，应当作为战略实施的领导者，恰当地分配企业资源、优化内部组织机构、整合企业内外部资源、调整管理方式、培育企业文化、建立相应的激励和考核制度等。

（2）企业通过制定年度工作计划、编制全面预算等方式，将发展战略逐步细化、分解落实。

（3）加强发展战略的宣传培训工作，使内部各管理层级和全体员工都了解公司的发展思路、战略目标和具体举措，自觉地把公司发展战略与本人具体的工作结合起来，促进战略的有效实施。

四、发展战略制定和实施中的风险

（1）盲目多元化，导致资源浪费。

（2）发展战略不稳定，因各种原因频繁变动，威胁企业的生存和发展。

（3）发展战略过于激进，脱离实际能力，过度扩张，导致经营失败。

（4）没有发展战略或者发展战略不够明确，导致企业盲目发展。

（5）战略实施过程中出现偏差，却没有能力或者不愿意纠正偏差，导致发展战略失效。

【案例 3-5】

华润再造三九:内调外拓　整合从战略开始

三九集团前董事长赵某追求“规模化而非效益化”。在 2000 年之前,三九集团涉足的汽车、农业、房地产、酒店、IT 等数十个领域,除少数盈利外,大多处于亏损或难以为继的状态。而在 2000 年之后,三九集团开始向医药专业化回归,短短数年之内,在连锁药店、医院集团、药厂和健康医疗中心等“五大项目”的投资预算总额就超过了 90 亿元。

在当时国企已经取消财政拨款、改为银行贷款支持的大环境下,三九集团这些新的投资项目,几乎全部靠银行贷款运作。2000 年,三九集团把旗下医药资产以三九医药股份有限公司(以下简称“三九医股”)的名义在深圳交易所上市融资。但仅仅一年之后,中国证监会就公开谴责三九医股的大股东占用资金问题。2003 年 9 月 28 日,公共传媒一篇《98 亿贷款:银行逼债三九集团》的稿件,引爆了长期以来各方最为担心的“炸弹”。银行等债权人纷至沓来,不但要求三九集团归还逾期贷款,甚至要求其提前还贷。2003 年 12 月,民生银行为实现 H 股上市,压缩不良资产,大力度清收三九集团贷款,出手对其资产实施诉前保全措施,冻结了三九集团持有的三九医股 4 亿股国有法人股。此举引发金融机构的连锁反应,工商银行、光大银行等争先恐后提起诉讼,封存冻结三九集团有效资产。三九集团债务危机全面爆发,资金链就此断裂,形势急转直下。2004 年年底,国务院国资委委托天职孜信会计师事务所对三九集团清产核资,最终核定三九集团总资产为 115.79 亿元,负债高达 151.15 亿元,其中银行负债 113 亿元。2007 年 11 月 27 日,华润集团正式全面接管三九集团。

2008 年 4 月,在正式入主三九集团半年后,华润集团成功化解了三九集团 100 多亿元债务危机。

(资料来源:第一财经日报.2014-01-16)

五、发展战略制定和实施中的风险的控制措施

(一)加强对发展战略实施的评估与监控

加强对发展战略制定和实施的事前、事中、事后的评估与监控,采取财务指标和非财务指标相结合的方法,根据监控情况持续纠正发展战略的错误或偏差。

(二)持续优化调整发展战略

企业决策层和执行层要定期收集和分析相关信息,对于因为国际形势、产业政策、技术进步等不可抗力事件导致的战略偏离,应当及时对战略做出调整和优化。如果企业内部经营管理发生较大变化,也应对发展战略做出调整。

(三)抓住机遇实现战略转型

当企业进入新的成长阶段或者行业竞争状况发生重大变化时,企业必须选择新的生存和发展模型,即战略转型。战略转型不是战略的局部调整,而是各个战略层次上的方向性改变。

【案例 3-6】

华润集团的业务单位战略

华润集团直接控股和间接控股的上市公司有 11 家,其中在香港有 7 家上市公司(华润啤酒、华润电力、华润置地、华润水泥、华润燃气、华润医药、华润医疗)、在内地有 4 家上市公司(华润三九、华润双鹤、华润江中、东阿阿胶)。

华润集团的发展战略是多元化战略,但其在香港和内地的 11 家上市公司分属于不同的业务单位,各业务单位的战略各有不同。2007 年 11 月 27 日,华润正式全面接管三九集团,并对三九集团的战略重新定位。

当时的三九医股总经理宋清对记者坦陈:"对很多企业,尤其是国企,做加法很容易,但做减法就有挑战。那时李福祚是华润集团战略部总经理,他天天给我讲做减法,我就特别不服不理解,你华润集团什么都干,凭啥要我们做减法?""开始不理解这个东西,后来就慢慢地理解了,集团是可以多元化的,但战略业务单位必须专业化。"

在 6S 报表的引导下,三九医股进行了长达三年的战略梳理,逐步卖掉旗下印刷、花椒油、房地产、连锁药店等非核心业务,战略聚焦在品牌非处方药和中药处方药业务上。

(资料来源:华润集团官网)

【例题 3-1】

A 集团的发展经历了实业公司、投资公司、资本集团、战略投资四个阶段。1992 年,A 集团开始涉足股市,积累了发展的原始资本。1993 年 2 月,以 500 万元流动资金作为注册资本成立房地产开发公司。1994 年又成立农业开发公司进行农牧业开发。1997 年,A 集团明确了由投资项目向投资行业转型,由"做企业"转向"做产业"。之后,A 集团先后控股 3 家上市公司,并以这 3 家上市公司为平台分别大举进行企业收购,涉足旅游业、矿业、文化产业、种植业、林业、水电业等行业。2004 年 4 月,由于资金链断裂引发债务危机,A 集团所属各上市公司的股价开始狂跌,在不到一个月的时间内,总共蒸发掉了 100 多亿元人民币的流通市值,A 集团瞬间崩溃。

要求:根据《企业内部控制应用指引第 2 号——发展战略》,从战略管理的角度,分析 A 集团崩溃的原因。

分析与提示:从战略管理的角度来看,A 集团的崩溃源于其发展战略严重偏离主业,盲目实施多元化战略。A 集团的发展战略违背了多元化结构的基本原则——产业互补、分散风险、稳健经营。A 集团投资领域过宽,没有依托主业形成经营主线,尽管规模庞大,但没有建立产业优势和财务优势,进入的每一个领域都未能实现充足的现金流、低负债率、高效率团队和精细化管理等,最终造成企业发展战略的失败。

第三节　人力资源

一、人力资源概述

人力资源是企业实现发展战略的前提，无论人力资源结构不合理，还是开发机制不健全、员工的胜任能力不足，都会影响到内部控制目标的顺利实现。

(一)人力资源的定义

根据《企业内部控制应用指引第3号——人力资源》的定义，人力资源是指企业组织生产经营活动而录(任)用的各种人员，包括董事、监事、高级管理人员和一般员工，其本质是企业组织中各种人员所具有的脑力和体力的总和。

人力资源的作用有以下几个方面。

(1)良好的人力资源管理制度和机制是增强企业活力的内在源泉。

(2)良好的人力资源管理制度和机制是提升企业核心竞争力的重要基础。"百年老店"经久不衰的根本原因大多在于具有良好的人力资源制度。

(3)良好的人力资源管理制度和机制是实现企业发展战略的根本动力。企业发展战略决定了人力资源政策；反过来，良好的人力资源政策又对企业发展战略具有积极的促进作用。

(二)人力资源的组成

1. 高管人员

高管人员包括决策层和执行层人员。企业董事会成员和董事长构成企业的决策层，是决定企业发展战略的关键管理人员。决策层团队应具有战略眼光，具备国内、国际形势和宏观政策的分析判断能力，对同行业、本企业的优势具有很强的认知度。执行层通常又被称为经理层，应当树立"执行力"这一理念。

2. 专业技术人员

核心技术是企业赖以生存与发展的关键所在。专业技术人员是企业核心技术的创造者和维护者。

3. 一般员工

一般员工是企业人力资源的主体。

【案例3-7】

郑州亚细亚商场的人力资源政策

1987年，郑州亚细亚商场建立。郑州亚细亚商场之所以闻名全国是因为一场商战。郑州亚细亚商场开张的时候，郑州已经有五家国营商场：郑州百货大楼、紫荆山百货大楼、商城大厦、商业大厦和华联商厦。国营商场的营业员话难听、脸难看，亚细亚商场员工却是笑脸迎人。当时的亚细亚商场招女营业员，条件要求很高，个头、长相都有很高要求，可以说个个都是美女。1990年，亚细亚商场的营业额达到1.86亿元，位列全国大型商场第35位，成为上升速度最快的一匹黑马。此后三年，亚细亚商场的营业额以年均 30% 以上的速度递增，稳居河南第一。一名老员工回忆当年亚细亚商场的辉煌："1994 年，我从老家来到郑州，应聘亚细亚商场五彩广场的员工。培训后，去了亚细亚商场上班，上班第一个月，正赶上亚细亚商场员工涨工资，一下子涨了 200 元，一个月工资有八九百元，简直无法想象，这在当时可不是小数目。"有媒体曾经报道过这样一件事：当时一位天津的小学生给商场总经理写信说，老师布置作文《我的理想》，班里很多同学写的都是"到亚细亚当营业员！"

1993—1997 年，亚细亚商场先后开出了 15 家大型连锁百货分店，平均每 4 个月一家。其中，河南省内有 6 家，以"亚细亚"命名，省外 9 家则命名为"仟村百货"。1997 年，亚细亚商场就开始露出衰败的迹象，内部管理已开始出现混乱。亚细亚商场曾经的员工回忆说，当时的工资发得已跟不上趟；其次，人员调动频繁，今天只是个营业员，明天可能就被派去外地当总经理了。经营管理不善与巨额债务导致资金链断裂。全国各地的分店一家接一家地倒闭。终于在 2000 年 9 月，郑州中院依法裁定郑州亚细亚商场破产。

（资料来源：亚细亚官网）

（三）人力资源管理的主要风险

人力资源管理一般包括引进、开发、使用和退出四个方面。企业在人力资源管理的过程中至少应当关注以下风险。

（1）人力资源缺乏或过剩、结构不合理、开发机制不健全，可能导致企业发展战略难以实现。

（2）人力资源激励约束制度不合理、关键岗位人员管理不完善，可能导致人才流失、经营效率低下或关键技术、商业秘密和国家机密泄露。

（3）人力资源退出机制不当，可能导致产生法律诉讼或企业声誉受损。

二、人力资源控制制度设计

（一）高管人员的引进和开发控制制度设计

1. 高管人员准入方面

（1）企业要拟订高管人员引进计划，并提交董事会；

（2）对拟任人员要进行任前考查，对其价值观、战略思维、企业家精神、综合素质和能力进行全局性评估，判断其创新、决策、管理和承担风险的能力；

（3）董事会要对高管人员的引进进行审议，关注高管人员的引进是否符合企业发展战略，是否符合企业当前和长远需要，是否有明确的岗位设定和能力要求，是否设定了公平、公正、公开的引进方式；

（4）推行任前公示制度，广泛听取意见。

2. 高管人员的任用方面

（1）实行高管人员任职试用期制度；

（2）实行高管人员任职亲属回避制度；

（3）实行高管人员系统培训制度。

企业对高管人员的开发要注重激励和约束相结合，创造良好的创业干事环境，让高管人员的聪明才智得到充分显现，真正成为企业的核心领导者。

(二)高管人员的使用与退出制度设计

企业高级管理人员会产生道德风险，除了因为人性本身有弱点外，还有企业制度本身存在缺陷的原因。对企业高级管理人员缺乏有效的激励与约束，会使得他们能有机会利用手中掌握的权力谋求个人利益，作出危害企业的事情。

在个人要素方面，主要防范的是高级管理人员的道德风险和能力风险。例如从心理素质、知识水平、个人能力、身体素质等方面入手，探寻高级管理人员是否具备领导企业的能力和素质，是否会因为个人知识、能力问题引发人事风险。

在制度要素方面，主要考查企业制度方面的缺陷，评估企业在产权制度、治理结构、组织结构、管理制度等方面是否科学，是否能够有效地调动企业高级管理者的工作热情，有效监督约束他们的行为，避免因缺乏有效激励和监督约束而导致高级管理人员心态失衡，产生风险。

企业对高管人员的管控，还可通过实施人力资源管理审计、离任审计、经济责任审计等来实现。

人力资源管理审计是企业预防和控制高管人员使用风险和退出风险的最有效机制之一，人力资源管理审计的主要内容包括：

(1)检查和评价与人力资源管理有关的内部控制制度的适当性与有效性；

(2)利用会计指标和非会计指标判断人力管理信息的可靠性和有效性；

(3)对企业人力资源管理者的责任审计，包括企业负责人任期内的人力资源资产的变动情况、任期内人力资源资产有关增长指标的完成情况、人力资源资产的利用情况等；

(4)人力资源管理效益审计。

另外，企业高管人员(尤其是第一责任人)离职前，应当根据有关法律、法规的规定进行工作交接或离任审计。

(三)技术人员的引进和开发控制制度设计

该阶段的控制措施主要有：树立尊重知识、尊重人才的企业文化；建立合理的人才团队，形成人才梯队；建立良好的专业人才激励约束机制等。

(四)技术人员的使用与退出制度设计

对于掌握或涉及产品技术、市场、管理等方面关键技术、知识产权、商业秘密或国家机密的工作岗位上的员工，企业要按照国家有关法律、法规并结合企业实际情况，建立健全相关规章制度，加强日常管理，并与退出的技术人员约定相关保密责任和竞业限制期限，防止其泄露企业的核心技术、商业秘密和国家机密等。

(五)一般员工的引进和开发控制制度设计

一般员工的流动性大，招聘的数量较多，所处岗位的薪酬待遇相对较低。因此在企业内部要弘扬和确立尊重知识、尊重人才的文化氛围；重视岗位练兵和现场管理工作，鼓励基层员工钻研业务，开展现场管理和挖潜活动，树立“工人专家”的典型；客观开展岗位评价工作，更重要的是，打通不同级别岗位之间的晋升通道，在员工和岗位之间形成科学有序的良性流动机制。

（六）一般员工的使用与退出制度设计

对于一般员工，首先，要建立符合企业发展战略的薪酬制度与激励制度，激发劳动者的工作积极性。其次，要建立科学合理的人才晋升机制，对于具备足够忠诚度和业务能力的员工，向其提供走向管理层的机会。一般员工退出企业时，企业要向其支付与其劳动价值相匹配的薪酬，尤其是对于需要辞退的员工，还要给予充分的理由，避免不必要的法律诉讼风险。

【案例 3-8】

高管的天价薪酬是否合理？

2008 年 7 月 17 日召开的中国平安本年度第二次股东大会本来是上市公司的一次“例行公事”，孰料因为其董事长马某的一番言辞居然成了媒体焦点。会上，马某除了澄清了中国平安“偷税”“赠股”等谣言外，还特地就他的“6 600 万元天价薪酬”做了一番解释：平安从无到有，从小到大都有他的辛勤努力，他对平安做出的贡献能匹配他拿的薪酬。同时，他还表示把平安带入世界 500 强是他最大的荣耀。马某还表示，他只是一个打工仔，王永庆不领工资只因他是老板。平安公司也对外界表示：该薪酬得到企业的薪酬委员会审核通过，这种高薪是完全合法的；平安在 1988 年成立之初，总收入只有 418 万元，利润 190 万元；但到 2007 年年底，平安保险集团的资产总值达 6 511 亿元。没有马总的辛勤努力就不会实现这种飞跃式发展。

但媒体批评随之而来，平安的确是从 1988 年靠 5 000 万元现金投入起家，但是，它还有一笔巨额资产就是“牌照”。当时全国就两张寿险牌照，一张给了央企中国人保，另一张就给了深圳特区的中国平安，作为“特区政策”的一部分。此外，中国平安所谓 6 500 多亿元总资产，实际上有 5 400 多亿元都是负债，还有 A 股、H 股上市时股民给的 500 多亿元，靠 2006—2007 年的大牛市，平安账面上又多出 400 多亿元的资产增值。撇除这些，平安拿 5 000 万元本金加一张具有垄断性的金融牌照花了 20 年时间积累了多少资产呢？

（资料来源：新浪网新闻中心）

【案例 3-9】

厦门三维丝环保股份有限公司董事会秘书离任的公告

厦门三维丝环保股份有限公司于 2017 年 7 月 20 日召开第三届董事会第二十五次会议审议通过《关于解聘王荣聪公司董事会秘书职务的议案》，尽管独立董事王智勇先生及王荣聪先生本人对本次董事会解聘董事会秘书职务的合法性持有异议，但是王荣聪先生本人对此议案表示尊重。王荣聪先生离任后仍担任公司副总经理职务。为保证公司董事会、信息披露等各项工作正常运行，在公司正式聘任董事会秘书之前，由副总经理耿占吉先生代行董事会秘书职责。公司将根据《公司法》《公司章程》及有关法律法规的规定，尽快聘任符合任职资格的人员担任董事会秘书。王荣聪先生在担任董事会秘书期间在三会规范运作、信息披露、投资者关系、对外投融资等方面做出了巨大贡献，特别是在公司治理结构发生变动期间，在罗祥波违规占领公司、个人薪酬未予发放的情形下，仍坚守岗位，带领董事会办公室人员排除万难完成各项工作。公司对其坚守正义、不畏强权、秉公做事的态度表示赞扬，公司也对王荣聪先生在任职董事会秘书期间为公司的规范运作与发展壮大所做出的重要贡献给予高度评价，并表示衷心的感谢！

（资料来源：厦门三维丝环保股份有限公司官网）

第四节　社会责任

一、社会责任制度概述

近年来，企业社会责任越来越成为社会关注的焦点。修订后的《中华人民共和国公司法》也首次将"公司承担社会责任"写入法律条文。2008 年 1 月，国资委发布《关于中央企业履行社会责任的指导意见》，建议并要求有条件的企业要定期发布社会责任报告。同年 12 月，沪深两地交易所同时鼓励上市公司在 2008 年年报中主动向社会提供企业社会责任报告。深交所要求深证 100 指数企业必须对外披露社会责任报告。

（一）企业社会责任的定义

根据《企业内部控制应用指引第 4 号——社会责任》的规定，企业社会责任，是指企业在经营发展过程中应当履行的社会职责和义务，主要包括安全生产、产品质量（含服务）、环境保护、资源节约、促进就业、员工权益保护等。

之所以单独制定了社会责任指引，主要是从实现企业与社会协调发展的要求出发，旨在促使企业在创造利润、对股东利益负责的同时，牢记对员工、对消费者、对社会和环境的社会责任，包括遵守商业道德、生产安全、职业健康、保护劳动者的合法权益、保护环境、支持社会公益、保护弱势群体等方面。

（二）企业履行社会责任的意义

企业履行社会责任有很多积极意义。

1. 企业在价值创造的过程中履行社会责任

企业通过价值创造，不断通过税收、红利、工资和产品等形式为国家、股东、员工以及消费者提供财富，其本质就是在履行社会责任。

2. 履行社会责任可以提高企业的经济效益

企业承担社会责任，并不必然导致企业竞争力的削弱，反而会有助于改善企业形象、吸引更多的客户及提高企业的经济效益。可见，企业将履行社会责任融入产品之中会为企业带来额外的收益。

3. 履行社会责任可以实现企业的可持续发展

社会责任的履行可以帮助企业规避监管等风险，赢得品牌和声誉，赢得公信力和商机，得到社会尊敬的企业才能进入良性发展的轨道，实现企业价值最大化目标，这也是实现可持续、长远发展的根本所在。

（三）企业履行社会责任应关注的主要风险

企业在履行社会责任方面至少应当关注以下风险。

（1）安全生产措施不到位，责任不落实，可能导致企业发生安全事故。

（2）产品质量低劣，侵害消费者利益，可能导致企业巨额赔偿、形象受损，甚至破产。

（3）环境保护投入不足，资源耗费大，造成环境污染或资源枯竭，可能导致企业巨额赔偿、缺乏发展后劲，甚至停业。

（4）促进就业和员工权益保护的力度不够，可能导致员工积极性受挫，影响企业发展和社会稳定。

【案例 3-10】

长生生物公司社会责任内部控制问题分析

长生生物公司成立于 1992 年，以人用疫苗的研发、生产、销售为主营业务。作为我国首批自主研发、销售流感疫苗和人用狂犬病疫苗的疫苗企业，在行业中一直处于领先地位。2017 年，其狂犬疫苗的获批签发数量居全国第一。

1. 案例起始

长春长生，全称为长春长生生物科技有限责任公司，是上市公司长生生物的全资子公司，也是我国首批自主研发并销售流感疫苗和人用狂犬病疫苗的企业，还是国内少数能同时生产病毒和细菌疫苗的企业。2018 年 5 月，长春长生一周被曝两次疫苗造假，先是被曝出狂犬疫苗生产记录造假，引起全社会的广泛关注；随后又因 9 个月之前就已经发现问题的“吸附无细胞百白破联合疫苗”检验不符合规定，遭到吉林省药监局行政处罚。由于疫苗问题人命关天，长春长生的“问题疫苗”事件引发了全社会的不满与愤怒。

2. 长春长生疫苗事件经过

2018 年 7 月 5 日，因接到内部员工实名举报，国家药监局会同吉林省药监局对长春长生公司进行了飞行检查。7 月 15 日，调查组进驻企业全面开展调查后发布《关于长春长生生物科技有限责任公司违法违规生产冻干人用狂犬病疫苗的通告》。7 月 22 日，国务院总理李克强就疫苗事件做出批示：要求必须给人民一个明明白白的交代。7 月 24 日，正在国外访问的习近平总书记对长生生物疫苗案件做出重要批示，称“性质恶劣、触目惊心”，要求一查到底。8 月 6 日，国务院调查组公布，从 2014 年 4 月起，长生生物在生产狂犬病疫苗过程中严重违反药品生产质量管理规范和国家药品标准的有关规定，部分疫苗批次混入过期原液，没有如实填写日期和批号，部分批次向后标示生产日期。10 月 16 日，国家药品监督管理局和吉林省食品药品监督管理局依法从严对长春长生违法违规生产狂犬病疫苗做出行政处罚，对法人处以 60 万元顶格罚款并移送司法机关处理，对企业吊销药品生产许可证并处以 91 亿元罚款。11 月 8 日，长春长生被法院宣告破产。根据《破产清算专项审计报告》，截至 2019 年 6 月 27 日，长春长生审计后资产总额 31.58 亿元，负债总额 98.22 亿元，净资产为 -66.64 亿元。

3. 长生生物被强制退市

2018 年 7 月 24 日晚间，长生生物发布公告称，公司股票自 2018 年 7 月 26 日开市起被实施其他风险警示，公司股票简称由“长生生物”变更为“ST 长生”，公司股票交易日涨跌幅限制为 5%。

自 7 月 16 日开始跌停，到 8 月 30 日，长生生物股票交易连续 36 个跌停。

11 月 5 日，深圳证券交易所对公司股票交易实行退市风险警示，股票名称由“ST 长生”，变更为“*ST 长生”。

11 月 16 日晚间，沪深交易所正式发布实施上市公司重大违法强制退市实施办法，并修订完善相关规则办法。这一规定被认为是为长生生物量身打造的。同时，深交所启动对长生生物重大违法的强制退市机制，长生生物 11 月 19 日停牌。

2019 年 1 月 14 日，*ST 长生收到深交所下发的《关于对长生生物科技股份有限公司股票实施重大违法强制退市的决定》，深交所决定对长生股票实施重大违法强制退市。

由此，*ST 长生成为 A 股重大违法强制退市第一股。

4. 回眸反思

长春长生疫苗事件影响恶劣、结局残酷、教训深刻。其不仅引起了社会的恐慌，影响了社会稳定秩序，还给其他疫苗企业带来冲击，疫苗行业股价大跌，使中小投资者的利益受到了很大程度的损害。同时，也反映出长生生物公司的社会责任内部控制存在重大缺陷。

（资料来源：新浪网新闻中心）

二、社会责任内部控制制度设计

（一）企业高管人员应给予充分重视

企业高管人员尤其是一把手的支持和承诺是企业社会责任管理体系的关键所在，对体系的建立、运行和保持具有十分重要的意义。企业高管人员应当重视履行社会责任，切实做到经济效益与社会效益、短期利益与长远利益、自身发展与社会发展相互协调，实现企业与员工、企业与社会、企业与环境的健康和谐发展。企业应该积极解决企业负责人无视社会责任的问题，既要在遴选、任命环节严格把关，更应依赖于民主监督、法律制裁，将问题消灭于萌芽期。

（二）企业应建立或完善履行社会责任的体制和运行机制

企业要把履行社会责任融入企业发展战略，落实到生产经营的各个环节，明确归属管理部门，建立健全预算安排，逐步建立和完善企业社会责任统计指标和考核体系，为企业履行社会责任提供坚实的基础与保障。

（三）企业应建立责任危机处理机制

近年来，一系列与人民生活息息相关的企业逃避社会责任的事件不断曝光，不少企业陷入社会信誉危机。面对危机，有的企业化险为夷，而有的则轰然坍塌。化解危机的关键在于企业有无合理的责任危机处理机制。

企业首先应该建立危机处理责任制度，对于影响企业外部形象和自身发展的突发事件，要在第一时间及时处理，把损失降到最低；对于可能对公众信心、消费者选择产生重大影响的事件，应由单位负责人在媒体上予以说明并致歉；企业内部应保持畅通的沟通渠道，及时反映、沟通并解决平时的小问题，避免形成大问题。

（四）应建立良好的企业社会责任报告制度

发布社会责任报告，是企业履行社会责任的重要组成部分，可使企业由外而内地深入审视企业与社会的互动关系，全面提高企业服务能力和水平，提高企业的品牌形象和价值。

（五）应着力防范安全生产风险

安全生产要求最大限度地减少劳动者因工伤和职业病所致的风险，保障劳动者在生产过程中的生命安全和身体健康。

企业防范安全生产风险的控制措施有：①建立安全规章制度；②建立安全生产管理机构；③落实安全生产责任制；④加大安全生产投入，特别是高危行业中的企业，应当将安全生产投入列在首位；⑤组织开展生产设备的经常性维护管理，及时排除安全隐患，切实做到安全生产；⑥加强安全生产教育；⑦实施岗位资格认证制度；⑧建立安全事故应急预警；⑨建立完善安全生产报告机制。

（六）应有效控制产品质量风险

企业产品质量的优劣，事关消费者的身体健康和安全，保证产品质量是企业履行社会责任的一个重要方面。但企业的逐利行为常常成了企业发展的第一要务，忽视消费者权益的情况时有发生。忠实地履行对产品质量的承诺，真正尊重与维护消费者的权益，是一家企业最基本的道德准则和最重要的社会责任。

控制产品质量风险的主要措施有：建立健全产品质量标准体系，严格质量控制和检验制度，加强产品售后服务等。

【案例 3-11】

三鹿集团生产过程纰漏导致重大产品质量事故

石家庄市中级人民法院经审理查明，2007 年 7 月，被告人张玉军等人明知三聚氰胺是化工产品、不能供人食用，还以三聚氰胺和麦芽糊精为原料，配制出专供往原奶中添加以提高原奶蛋白检测含量的混合物（俗称“蛋白粉”）。至 2008 年 8 月，张玉军累计生产“蛋白粉” 770 余吨，销售 600 余吨，销售金额 683 万余元。张玉军等人生产、销售的“蛋白粉”被某些奶厅（站）经营者添加到原奶中，销售给石家庄三鹿集团股份有限公司等奶制品生产企业。

被告人耿金平为谋取非法利益，伙同他人自 2007 年 10 月开始购买含三聚氰胺的“蛋白粉”共计 560 千克，将其中约 434 千克“蛋白粉”添加到其收购的 900 余吨原奶中，销售到石家庄三鹿集团股份有限公司等处，销售金额 280 余万元。

石家庄三鹿集团股份有限公司使用含有三聚氰胺的原奶生产的婴幼儿奶粉流入市场后，导致全国众多食用此类奶粉的婴幼儿患上泌尿系统疾病，最终导致多人死亡。

（资料来源：新浪网新闻中心）

（七）应切实降低环境保护与资源节约风险

企业环境保护和资源节约方面的风险包括：①环境法律、法规、行业政策的限制风险；②绿色消费的推崇、绿色贸易壁垒的设置风险；③企业所属行业的特点引起的环境风险；④生产技术、管理水平的限制引起的环境风险等。

企业在降低环境保护和资源节约风险方面的控制措施包括：①转变发展方式，实现清洁生产和循环经济；②依靠科技进步和技术创新，着力开发利用可再生资源；③建立环境保护和资源节约监测考核体系等。

（八）应切实规避促进就业与员工权益保护风险

企业在促进就业方面的风险主要包括：①法律风险；②招聘失败风险；③人才过剩风险。

降低企业促进就业方面风险的控制措施主要包括：①提供公平就业机会；②加强对应聘人员的审查。

企业在保护员工合法权益方面的风险主要包括：①侵犯员工民主权利的风险；②侵犯员工人身权益的风险；③薪酬管理风险；④员工发展风险等。

企业在促进就业与保护员工合法权益方面的风险控制措施有：①提供公平的就业机会；②加强对应聘人员的审查；③建立完善科学的员工培训和晋升机制；④建立科学合理的员工薪酬增长机制；⑤维护员工的身心健康。

（九）应重点管理产学研用结合风险

《企业内部控制应用指引第 4 号——社会责任》第二十条规定："企业应当按照产学研用相结合的社会需求，积极创建实习基地，大力支持社会有关方面培养、锻炼社会需要的应用型人才。"企业在产学研用结合方面的风险可能有：①研发风险；②市场风险；③利益分配风险等。

产学研用结合风险的控制措施有：①企业应当重视产学研用结合；②确定不同产学研用合作方式下的利益分配模式。

（十）应格外关注慈善事业风险

《企业内部控制应用指引第 4 号——社会责任》第二十一条规定："企业应当积极履行社会公益方面的责任和义务，关心帮助社会弱势群体，支持慈善事业。"大力推动企业支持社会慈善爱心活动，对于组织调动社会资源、调节贫富差距、缓解社会矛盾、促进社会公平、构建和谐社会具有重要而深远的意义。慈善事业风险的影响主要在于对企业形象产生负面影响的风险和捐款过度给企业带来的现金短缺风险。

第五节　企业文化

什么是企业文化？企业界和学术界对于这一概念有多种定义。尽管如此，查尔斯·汉迪（Charles Handy）在 1976 年提出的关于企业文化的分类至今仍具有相当重要的参考价值。他将文化类型从理论上分为四类：权力（Power）导向型、角色（Role）导向型、任务（Task）导向型和人员（People）导向型。

一、企业文化概述

（一）企业文化的定义

按照《企业内部控制应用指引第5号——企业文化》的规定，企业文化是指企业在生产经营实践中逐步形成的价值观、经营理念和企业精神，以及在此基础上形成的行为规范的总称。

（二）企业文化建设的意义

企业文化的作用巨大。美国知名管理和领导权威约翰·科特教授与其研究小组的研究成果表明：企业文化会产生强有力的经营业绩。美国兰德公司的研究也表明，世界500强企业之所以强，关键在于以文化实力制胜。

具体地讲，企业文化建设可以为企业提供精神支柱，可以提升企业的核心竞争力，还可以为内部控制有效性提供有力保证。

（三）企业文化建设应关注的主要风险

加强企业文化建设至少应当关注以下风险。

（1）缺乏积极向上的企业文化，可能导致员工丧失对企业的信心和认同感，使企业缺乏凝聚力和竞争力。

（2）缺乏开拓创新、团队协作和风险意识，可能导致企业发展目标难以实现，影响可持续发展。

（3）缺乏诚实守信的经营理念，可能导致舞弊事件的发生，造成企业损失，影响企业的信誉。

（4）忽视企业间的文化差异和理念冲突，可能导致并购重组失败。

二、文化与绩效

在对文化与战略关系的研究中，企业管理者最注重的是企业文化是否会影响企业的绩效。但是要表明两者的直接关系并非易事。文化可能与高绩效相联系，但它又不一定是高绩效的必然原因。

（一）积极影响

企业文化是企业创造价值的途径。

（1）文化简化了信息处理。

（2）文化补充了正式控制。

（3）文化促进合作并减少讨价还价成本。

（二）消极影响

文化与绩效相联系，是因为企业战略成功的一个重要前提是战略与环境相匹配。

当战略符合其环境的要求时，文化则支持企业的定位并使之更有效率。当企业所面对的环境产生变化，并迫使企业对此适应以求得生存时，文化对绩效的负面影响就变得重要起来。尤其是在一个不利的商业环境中，文化的不可管理性将使企业文化成为一种惯性或阻碍。这种惯性的产生原因是多方面的：在企业中任职时间很长的行政人员，可以在企业繁荣时期熟悉他们的工作，却可能对处理变化毫无经验，他们所选择的规划和所运行的工作程序对突然的变化可能是保守的；企业中的权力基础可能使企业中受威胁的团体去阻碍变化等。

（三）如何做

企业文化成为维持竞争优势源泉的条件。

（1）文化必须为企业创造价值。

（2）公司文化必须是企业所特有。

（3）企业文化必须很难被模仿。

三、企业并购重组中的文化建设

企业管理者既要重视国内并购重组中的文化整合问题，也要重视跨国经营或并购重组中的文化整合问题。

（一）国内并购重组中的文化整合

企业可以以并购方的文化为基础进行整合，也可以吸收被并购方的企业文化中的优秀部分。

（二）跨国经营或并购重组中的文化整合问题

企业可以采用促进文化融合、求同存异、优势互补的方式，整合出适合跨国经营的企业文化，培育熟悉国际市场和不同国家文化的人才。

【案例 3-12】

华润并购重组中的企业文化

在重组过程中，员工安置与分流问题一直是最大的难题之一。这不是靠简单的操作技巧能做到的，毕竟涉及员工的生存问题，所以对此华润一贯持高度的责任感并谨慎处理。华润在多年的并购重组当中都尽可能地让有效资产得以存续以保持员工的就业机会；对于不得不关闭的企业，始终遵循"依法、合规、有情"的原则给予员工妥善安置。资产处置与员工安置是分不开的，资产价值最大化，其中包含了对员工安置的满意程度，这是社会责任的彰显，是华润的企业文化。

大大小小的群体性事件，在华润重组三九过程中不断出现。每当遇到这种情形，华润重组团队总是第一时间赶到现场，听取诉求，耐心解释，从来不会回避或者无原则地退让。每一次事件的终结，都是以理服人的结果，是一次次华润文化的传递。

（资料来源：华润集团官网）

【案例 3-13】

福耀集团跨国经营中的企业文化

中国企业走入欧美成熟市场时，最初往往将目光聚焦于电价便宜、土地便宜、燃气便宜、税收低等有利因素，却低估了文化冲突。自 2017 年 6 月 10 日开始的一段时间，国内外媒体都在频频报道福耀集团在美国工厂遭遇的文化冲突事件。福耀集团在美国投资近 10 亿美元，是中国在美投资额度最大的企业。其在国外的分公司有 9 家，美国占了 5 家，并分布在 5 个不同的州。

大量研究证明,文化差异对国际商务和组织的影响是不容忽视的。例如语言、沟通方式、建立信任的方式、好员工及好经理的标准、经营理念、价值观等。福耀俄亥俄州工厂的刘道川先生认为:“文化冲突、沟通和交流是公司最大的成本。”

在跨国经营中,语言障碍导致的沟通不畅首当其冲。在福耀俄亥俄州工厂一线工作的既有美国员工,也有从中国来传授技术的师傅。师傅和徒弟之间的交流虽然有时靠人工翻译,但大多数情况下只能依赖手机上的翻译软件。

沟通方式与沟通习惯的差异易造成误解与冲突。中国同事都是玻璃制造专家,在工作中如果遇到问题,往往采取先解决问题、事后才告知美国同事的方式。而这种沟通作风完全不同于美国人沟通在先做事在后的习惯和风格。美国同事希望中国同事在修复问题之前能先与美国同事做一些沟通。其他差异还包括中国人的沟通方式比较含蓄,也不喜欢表达一些负面的信息,而美国人总体喜欢直接,不管是正面还是负面的问题,都喜欢放在桌面上谈。正是由于双方不理解彼此的差异,在日复一日的合作中很容易产生各种各样的误解。

价值观不同。价值观的差异体现在很多方面。比如在选人、用人方面,中国企业考核管理者时,对人品或德行的要求很高。但中国社会对好人品和德行的理解和欧美国家却有不同之处。例如,牺牲精神和忠诚在中国社会被认为是好人品和好员工的重要因素。一个人不能为企业做出牺牲,对企业不忠诚,企业老板难以委以重任。在欧美企业里,雇主与雇员之间是雇佣与被雇佣的关系,谈不上谁对谁忠诚,更不存在谁为谁牺牲,维系双方雇佣关系的是合同或者契约,双方有责任严格遵守并履行合同或契约规定的各项条款,彼此之间谁也不期待对方有超越合同或契约规定的行为发生,因此员工没有责任对企业忠诚和为企业牺牲。类似这样的差别还有很多。例如,在中国企业里,员工比较遵循等级制,相对来说下级比较顺从上级。但在欧美企业里,员工则比较期待平等和共享的管理方式。

(资料来源:福耀集团官网)

四、企业文化建设中风险的控制措施

(1)评估企业文化建设中存在的问题,挖掘深层次原因,不断改进和完善企业建设。

①检查董事、监事、经理层在企业文化建设中的责任履行情况;

②检查员工对企业价值观的认同感,员工对企业未来发展的信心是否充足;

③检查企业经营管理行为与企业文化的一致性;

④检查并购重组中的文化差异和文化融合程度。

(2)加强企业内部各个层级对企业文化的理解,企业董事会、监事会、经理层加强宣传企业文化,使员工接受企业文化的教育和熏陶,全面提升员工的文化修养和内在素质,促使员工共同遵守。

(3)加强企业文化创新。企业文化不是一成不变的,必须与时俱进,适应国内外的行业形势变化。既要摒弃原有企业文化中的糟粕,又要巩固和发扬已有企业文化的精华。

复习思考题

1. 试述企业内部治理结构。
2. 试述企业外部治理结构。
3. 试述发展战略制定和实施中的风险。
4. 试述人力资源管理的主要风险。
5. 试述企业履行社会责任应关注的主要风险。
6. 试述企业履行社会责任的意义。
7. 试述企业文化的定义。

思政园地

强化自身管理，践行内控初衷

2021年，财政部、证监会、银监会、保监会、审计署联合发布了《企业内部控制配套指引》。按照要求，境内外同时上市的公司在2021年会计年度结束后，应随同年度报告一同披露企业内部控制评价报告和内部控制审计报告。截至2020年4月30日，67家公司全部披露了2021年年度财务报告、内控评价报告以及内控审计报告。在这67家中只有一家——新华制药公司被信用中和会计师事务所出具了否定意见，信用中和认为该公司内控存在两个重大缺陷：

一是，新华制药子公司——山东新华医药贸易有限公司（以下简称“医贸公司”）内部控制制度对多头授信无明确规定，在实际执行中，医贸公司的鲁中分公司、工业销售部门、商业销售部门等三个部门分别向同一客户授信，使得授信额度过大。

二是，医贸公司内部控制制度规定对客户授信额度不大于客户注册资本，但医贸公司在实际执行中，对部分客户超出客户注册资本授信，使得授信额度过大，同时医贸公司也存在未授信的发货情况。

上述重大缺陷使得新华制药对山东欣康祺医药有限公司及与其存在担保关系方形成大额应收账款6.07亿元，同时由于欣康祺医药因涉嫌非法吸收公众存款而被立案调查，经营出现异常，资金链断裂，新华制药将面临重大损失。

内部控制作用于企业的经营活动之中，既是企业日常运行的基础，也是企业经营管理的规范。虽然新华制药所表现出来的问题属于个例问题，但是这也不意味着其他上市公司没有类似的问题。内部控制设立的初衷是对企业进行更好的管理，可由于其对经营活动的限制，使得企业忽视了内部控制的根本作用。内部控制与企业经营相互关联，其实质是帮助企业更好地经营，消除隐藏于企业业务当中的安全隐患。内部控制环境的建设是为了提升营造一个良好的经营环境，尽管其所建立的各种机制与企业的实际经营存在一定的差异，但其作用却也是不容小觑的。正所谓“台上一分钟，台下十年功”，企业经营目标的实现来自各种经济业务，但是像内部控制这种基础工作的作用也同样明显。因此，企业在经营的过程中要不断强化对自身的管理，着手企业的各项控制活动，消除企业内部潜在的经营危机，充分发挥内部控制的作用，以“一日三省”的精神提升企业的经营效率、强化市场的诚信环境、提高国家的经济水平。

第四章　风险评估

学习目标

- ◆ 理解和掌握风险的概念、特征及类别
- ◆ 掌握并能熟练应用风险识别的方法和技术
- ◆ 了解企业整体层面的风险识别
- ◆ 掌握并能熟练应用风险分析技术
- ◆ 掌握主营业务收入审计目标与实质性程序
- ◆ 理解并能熟练应用风险应对策略及其控制措施

引导案例

光大证券董事长引咎辞职背后的风险评估缺失

光大证券全资子公司光大资本下属的子公司光大浸辉因一笔海外投资计提了14亿元预计负债及1.21亿元其他资产减值准备，共计减少公司2018年度合并利润总额约15.21亿元，减少合并净利润约11.41亿元。

不仅光大证券，2019年3月26日，广发证券海外投资也暴雷。据广发证券2019年3月26日发布的另一份公告，广发证券旗下公司广发投资（香港）有限公司去年一只基金亏损1.39亿美元，致使公司2018年合并净利润减少9.19亿元，给广发证券业绩蒙上阴影。损失原因为外汇剧烈波动和相关市场流动性缺乏。2019年4月中旬，公司分管副总汤某辞职，辞职原因或与广发证券海外投资暴雷事件相关。

（资料来源：https://finance.sina.com.cn/stock/quanshang/qsyj/2019-04-30/doc-ihvhiewr9058740.shtml [2021-01-07]）

第一节　风险的概念、特征和分类

一、风险的概念

美国学者威特雷（Whitley A. H.）认为风险是不利事件发生的不确定性的体现，其含义是：风险是客观存在的现象；风险的本质特征是不确定性；风险事件是人们主观所不愿意发生的。威廉姆斯（C. Arihur Williams）和汉斯（Richard M. Heins）在1964年合著的《风险管理与保险》一书中阐述了如下观点：风险是在给定情况下和特定时间内，那些可能发生的结果间的差异。如果只有一个结果发生，则差异为零，风险为零；如果结果有多种可能，则有风

险，且差异越大，风险越大。风险的不确定性具有两面性，即结果可能是好的，也可能是坏的。

经济监管机构在不同时期从实务角度给出风险的若干定义。美国反虚假财务报告委员会之下的发起人委员会（COSO）1992 年发布的《内部控制——整合框架》认为风险是任何可能影响目标实现的负面因素，所有企业，无论规模、结构和行业性质，都面临着诸多来自内部和外部的风险，影响既定目标的实现。COSO 2004 年发布的《企业风险管理——整合框架》指出，所有主体都面临不确定性，管理层所面临的挑战就是在为增加利益相关者价值而奋斗的同时，要确定承受多大的不确定性。不确定性可能破坏或者增加价值，因而它既代表风险，也代表机会。2017 年，COSO 重新定义了风险，认为风险是事项发生并影响实现战略和经营目标的可能性。其中事项不仅是常规事务，而且包含更广泛的内容，如企业治理和运营架构、地缘政治、社会影响及合同谈判等。

国务院国有资产监督管理委员会 2006 年发布的《中央企业全面风险管理指引》认为风险是未来的不确定性对企业实现其经营目标的影响。2009 年 11 月，国际标准化组织（ISO）发布《ISO 31000：组织的风险管理国际标准》，将风险定义为不确定性对目标的影响，其中，影响是实际与期待的偏差，包括积极的影响、消极的影响，或两者兼而有之；目标可以有不同方面（如财务、健康安全，以及环境目标），可以体现在不同层次（如战略、组织结构、项目、产品和过程）；风险通常以潜在事件和后果，或它们的组合来描述；不确定性是指对事件及其后果或可能性的认识或理解所需信息的缺乏或不完整的状态。

综上所述，上述定义可以让我们从多维度理解企业风险。第一，风险与企业战略相关，企业战略不同，面临的风险就会不同；第二，风险具有双重性，风险有不利的一面，也有有利的一面，风险往往伴随着机会；第三，风险具有相对性，这与企业应对风险的能力有关；第四，风险是一系列可能发生的结果，它可能不会发生，也不是唯一结果；第五，风险兼具客观性和主观性。

二、风险的特征

对风险的不同理解和定义，使得风险具有多种属性和特征。风险具有不确定性、客观性、相对性、动态性、普遍性、偶然性和必然性等特征。不确定性是风险的本质特征。

（一）风险具有不确定性

企业在一个变化的、多样的、复杂的环境中从事经营活动，在经营管理过程中，面临着各种不确定性。风险事件是否发生、何时何地发生以及发生之后会造成什么样的后果等，都是不确定的。例如，我们无法预测交通事故的发生，以及其将会造成怎样的损失和伤害。

（二）风险具有客观性

风险不以人的意志而转移，是独立于主观意识之外的客观存在。例如，自然灾害、意外事故、生老病死等，虽然我们知道这些风险的存在，也能控制部分风险，但我们无法完全消除风险。风险的存在取决于决定风险的各种因素，人们只能承认和识别风险、分析和评估风险，采取应对措施改变风险存在和发生的条件，尽可能降低或化解风险，但风险一般是不可能彻底消除的，远离风险也就意味着放弃收益和机会。

（三）风险具有相对性

俗话说福祸相依，没有绝对的风险，风险总是与机遇并存。风险是相对机会而言的，没有风险，也就没有机会。一般而言，风险大，潜在收益多；风险小，潜在收益少。因不同主体对同一事件的感受和处理方式不同，风险便不相同。不同主体对风险的承受能力不同，风险所产生的影响力也不同。而主体的承受能力受时间、空间的影响，具有个体差异。风险的相对性要求我们面对风险时应保持正确的认识和态度。

（四）风险具有动态性

任何风险都是一定条件下的风险，是一定时空内的风险。当条件发生变化时，风险也随之变化。风险的动态性表现为风险性质的变化、风险量的变化和风险结果的变化。风险既可以从无到有，也可能从有到无；既可以从大到小，也可以从小到大。风险在一定的条件下，可以转化为机会，反之，机会也可能转化为风险。风险的动态性要求企业的风险评估、控制活动、内部监督等都要动态跟进、持续改进。

（五）风险具有普遍性

风险无处不在，只要某一事件的发生存在两种或两种以上的可能性，即可认为该事件存在风险。随着科学技术和人类社会的进步，新的风险层出不穷；物价、利率、汇率、股指、信用、技术、政策、法规等都处于不断变化之中。变化就意味着风险，变化越快、变化越大，风险越大。

（六）风险具有偶然性

风险虽然客观存在，但就某一具体风险而言，风险事件的发生具有偶然性或随机性。风险事件的发生是诸多因素共同作用的结果，每一因素的作用时间、作用点、作用方向、先后顺序、作用强度等都是在特定条件下发生的。每一因素的出现本身就具有偶然性，这就导致风险事件的发生具有偶然性。风险事件的偶然性和突发性可能加剧风险的破坏性。

（七）风险具有必然性

就单个风险事件而言，其发生和影响具有偶然性和突发性。但从宏观和总体来看，一定时期某种风险的发生概率及影响程度具有一定的必然性，能够呈现出规律性。可以借助数理统计的方法处理大量相互独立的随机事件，发现和归纳其固有的规律。

【案例 4-1】

国信集团的全面风险管理

江苏省国信资产管理集团有限公司（以下简称“国信集团”）成立于 2002 年 2 月 22 日，是兼具资本投资和运营功能的综合性投资集团。该集团结合集团管理的现状，对开展全面风险管理进行探索，提升了集团管理能力，增强了集团核心竞争力。具体做法如下。

1. 构建国信集团二维风险组织机构

国信集团结合集团发展方向，逐步建立了具有特色的二维全面风险管理体系，分层级搭建了与全面风险管理配套的组织机构。

（1）集团层面。设立集团风险管理委员会为全面风险管理领导机构，设立风险管理与法律部为风险管理职能部门。风险管理委员会由集团总经理任委员会主任,风险管理与法律部、人力资源部、财务部、发展规划部、资产管理部、审计与法律事务部、信息技术部等部门负责人和子集团主要负责人为主要成员。其主要职责包括:批准全面风险管理相关制度和标准,审定风险管理目标和风险管理策略,决策和协助重大管理事项,审定年度全面风险管理报告,培育集团风险管理文化等。

(2)子集团层面。对应集团的机构设置,相应设立子集团全面风险管理委员会和风险管理部,负责组织开展子集团内部全面风险管理工作,实现风险分层管理,定期向集团报送风险管理报告,提交集团风险管理监督检查。

(3)建立纵横二维风险管理机制。在明确集团全面风险管理委员会、风险管理与法律部机构设置及职责的基础上,进一步结合集团行业跨度大、股权结构复杂等实际情况,以全面风险管理为导向,以价值增值为目标,以分类管理为原则,突出市场化的法人治理结构,按行业市场化程度实行差异化的集团风险管理策略。

2. 建立国信集团风险识别和评估体系

风险事项信息收集是风险管理的第一步,对收集来的风险事项信息进行归类识别并分析是风险管理的基础。集团风险管理与法律部作为风险管理的管理部门,负责组织各职能部门及子集团共同开展风险识别并建立集团风险事项库,逐步形成集团母、子公司通用的风险识别和评估体系。

3. 建立风险管理制度体系

将内部审计作为公司治理的监督主体,不对建立企业风险管理体系承担责任只对风险管理提供建议,不设风险容忍度,重点是加强风险监督管理。

4. 以业务流程为导向强化关键风险要素管理

国信集团从国有资本投资与运营两方面出发,以集团主要业务流程为导向,分析关键风险要素。在集团层面,重点推进集团战略风险、投资风险、人力资源风险、财务风险、资产管理风险、信息系统风险等关键风险要素监控的工作;在子集团层面,结合板块实际加强风险管理,如政策风险管理、战略风险管理等。

(资料来源:浦宝英. 国信集团实施全面风险管理初探 [J]. 财务与会计,2017(9))

三、风险的分类

(一)以风险对企业目标实现产生的影响为标准分类

以风险对企业目标实现产生的影响为标准分类,可以分为战略风险、运营风险、合规风险、资产风险和报告风险。

(1)战略风险是影响企业战略目标实现的不确定性因素,如战略规划风险、战略实施风险等。战略风险是高层次风险,影响着整个企业的发展方向、资源配置、整体效益、核心竞争力等。

(2)运营风险是企业在运营过程中存在的影响运营效率和效果的不确定性因素,如产品价格风险、融资风险、投资风险、资本结构风险等。

(3)合规风险是企业在生产经营和管理活动中,未按法律法规、合同约定、监管要求、内部规章等的规定行使权利、履行义务,而对企业造成影响的不确定性。

(4)资产风险是影响企业资产安全完整和使用效能的不确定性因素。

(5)报告风险是由于企业的对内或对外报告达不到应有的质量要求从而影响其目标实现的不确定性因素。

(二)以风险的来源为标准分类

根据风险的来源可以将企业风险分为内部风险和外部风险。

(1)内部风险包括董事、监事、经理及其他高级管理人员的职业操守,员工专业胜任能力等人力资源风险;组织机构、经营方式、资产管理、业务流程等管理风险;研究开发、技术投入、信息技术运用等自主创新风险;财务状况、经营成果、现金流量等财务风险;营运安全、员工健康、环境保护等社会责任风险;等等。

(2)外部风险包括经济形势、产业政策、融资环境、市场竞争、资源供给等经济方面的风险;法律法规、监管要求等法律方面的风险;安全稳定、文化传统、社会信用、教育水平、消费者行为等社会方面的风险;技术进步、工艺改进等科学技术方面的风险;自然灾害、环境状况等自然环境方面的风险;等等。

(三)以风险产生的原因为标准分类

以风险产生的原因为标准,可将风险分为自然风险和人为风险。

(1)自然风险指的是因自然界不可抗力因素而引起的自然灾害所导致的物质损失和人员伤亡,如台风、洪水、地震等。

(2)人为风险是由人类行为及各种经济、政治、技术活动引起的风险。人为风险又可以分为行为风险、经济风险、政治风险和技术风险。

①行为风险是由于个人或团体的行为不当、过失及故意行为而造成的风险,如盗窃、渎职、故意破坏等行为造成的损失和不良后果。

②经济风险是由于市场预测失误、经营管理不善、价格波动、汇率变化、需求变化、通货膨胀等因素导致的经济影响。

③政治风险是由于政局、政策的变化引发的不确定性。

④技术风险是由于科学技术发展的副作用带来的种种影响,如环境污染、技术犯罪等。

【案例 4-2】

海底捞业绩断崖式下跌的背后

2021 年 3 月 23 日晚,海底捞发布 2020 年财报业绩。2020 年全年,海底捞实现收入 286 亿元,同比增长 7.8%。2020 年上半年,因受新冠肺炎疫情影响,海底捞亏损 9.65 亿元。随着疫情的好转,餐饮业经营回暖,海底捞业绩也扭亏为盈。财报显示,海底捞全年净利润 3.09 亿元,同比下降 86. 8%。

Wind 数据显示,2017—2020 年,海底捞的净利率分别为 1.21%、9.7%、8.82%、1.08%,呈现下降趋势。2020 年净利率下降更为明显,呈加速趋势。面对业绩断崖式下跌,海底捞在 3 月初的业绩预告中给出了两大原因:

(1)由于新冠肺炎疫情防控,各个国家及地区对消费场所实施的限制对集团营运造成重大影响;

(2)因美元兑人民币的汇率波动而出现净汇兑损失约2.35亿元,其中绝大多数为未实现的汇兑损失。

海底捞利润暴跌的背后,是否还有其他因素的影响?

新冠肺炎疫情并没有阻碍海底捞的高速扩张。2020年全年,海底捞新开业544家门店,全球门店增至1 298家(中国1 205家),2019年这一数据是768家。租赁负债同比增长了69.07%,达到70.04亿元。

但从整体来看,海底捞2020年的翻台率跌幅要比同店平均翻台率跌幅大,如表4-1所示。翻台率是指一个餐厅一天内每张桌子的平均使用次数。

表4-1 海底捞2019—2020年翻台率及同店比较

地区	海底捞翻台率(次/天)		同店平均翻台率(次/天)	
	2020年	2019年	2020年	2019年
一线城市	3.4	4.7	3.7	4.9
二线城市	3.6	4.9	4.1	5.1
三线及以下城市	3.6	4.7	4.3	4.9
中国餐厅	3.6	4.8	3.0	4.0
中国以外	2.8	4.1	4.0	4.9

从翻台率的变化可以看出,海底捞在一、二线城市有些增长乏力。从海底捞2020年餐厅数量增长及营收占比来看,这种增长乏力更加明显。2020年海底捞一、二、三线及以下城市餐厅增长数量分别为65、167、257,三线及以下增速远高于一、二线。营收占比中,三线及以下城市也增加明显,从2019年的22.5%增长至2020年的29.5%。

快速扩张店面以及全直营的运营模式,让以优质服务和高员工福利著称的海底捞2020年的各项成本明显增加。

原材料及易耗品成本从2019年的112.39亿元上升到2020年的122.62亿元,增长了9.1%。

员工成本从2019年的79.93亿元上升到2020年的96.77亿元,增长了21.1%,所占收入百分比从2019年的30.1%增长到2020年的33.8%。折旧及摊销从2019年的18.91亿元上升到2020年的30.34亿元,增长了60.4%,所占收入百分比从2019年的7.1%增长到2020年的10.6%,主要原因是业务扩张及受新冠肺炎疫情影响。

其他开支也增长了25.2%。2020年海底捞净外汇汇兑损失了2.35亿元,2019年这一数据仅为9 070万元。租金、水电、差旅等开支略有所下降。

2020年,海底捞财务成本剧增88.17%,达4.46亿元,"主要是由于业务扩张,租赁负债利息增加,以及银行借款利息增加"。数据显示,2020年海底捞新增银行借款42.2亿元,截至2020年12月末,还有银行借款39.89亿元。2020年底的资产负债率攀升至62.81%,

2019 年底这一数据为 48. 45%。

与此同时，作为川渝火锅餐饮龙头企业的海底捞，也面临着消费者忠诚度降低，竞争对手逐步增多的局面。一边是大龙燚、小龙坎、呷哺呷哺等火锅连锁品牌的不断成长，一边是自助小火锅、吧台式火锅、麻辣烫、特殊锅底火锅、冷锅等火锅经营模式的不断创新，中国餐饮市场上火锅赛道越发拥挤。

近年来有关海底捞食品卫生安全的舆情事件不断曝光，最近的包间监控事件、餐品涨价事件迅速将海底捞推向舆论的风口浪尖。海底捞不仅需要担心断崖式下跌的业绩，还需要面对品牌传播、产品安全以及门店管理等多方面的挑战。

海底捞不仅要考虑疫情防控、汇率波动、市场竞争等外部风险的影响，同时还要关注其战略决策、运营模式、成本管理等内部风险的影响。只有正确、及时地识别自身所面临的各种风险，企业才能主动选择适当有效的策略化险为夷。

（资料来源：净利润暴跌 90%！海底捞神话破灭，2 月以来股价累跌超 35%！新浪财经，2021-03- 24）

第二节　目标设定

一、目标设定的含义

目标设定是指企业在识别和分析影响目标实现的风险并采取行动来管理风险之前，采取恰当的程序去设定控制目标，确保所选定的目标支持和切合企业的发展使命，并且与企业的风险承受能力相一致。

《企业内部控制基本规范》第三章第二十条规定，企业应当根据设定的控制目标，全面系统持续地收集相关信息，结合实际情况，及时进行风险评估。可见，目标设定是企业风险评估的起点，是风险识别、风险分析和风险应对的前提。

二、目标设定的内容

巴纳德曾经说过，目标管理的最大好处是管理者能够控制他们自己的成绩。这种自我控制可以成为更强烈的动力，推动他们尽最大的力量把工作做好。

《企业内部控制基本规范》第一章第三条规定，内部控制的目标是合理保证企业经营管理合法合规、资产安全、财务报告及相关信息真实完整，提高经营效率和效果，促进企业实现发展战略。战略目标、经营目标、资产安全目标、合规目标和报告目标五个目标中，战略目标是最高层次的目标，要体现企业的使命和愿景，经营目标、资产安全目标、合规目标和报告目标均要服务于战略目标。

《企业内部控制基本规范》第二十一条规定，企业开展风险评估，应当准确识别与实现控制目标相关的内部风险和外部风险，确定相应的风险承受度。风险承受度是企业能够承担的风险限度，包括整体风险承受能力和业务层面的可接受风险水平。企业应当根据自身的风险偏好和风险承受度来制定公司层面目标，再将其层层分解为业务层面的可执行的目标，并对这些目标与该企业的风险偏好和风险承受度的一致性进行检验。业务包括采购业务、生产业务、销售业务、预算业务等，分别对应着采购部门、生产部门、销售部门、财务部门等。因此，业务层面的目标最终需要落实到相应的职能部门的具体目标上。

（一）战略目标的设定

战略目标的制定首先需要明确企业的愿景和使命。愿景是对未来的一种憧憬和期望，是企业努力想要达到的长期目标，是企业发展的蓝图，体现企业永恒的追求。使命，又称宗旨，反映了企业之所以存在的理由或价值。使命不是对企业经营活动具体结果的表述，而是企业开展活动的努力方向、核心理念和基本原则。战略目标是企业愿景与使命的具体化，反映企业在一定时期内经营活动的方向和所要达到的长期成果，如业绩水平、发展速度等。与愿景和使命不同的是，战略目标要有具体的数量特征和时间节点。

不同企业的战略目标是不同的，但需要制定目标的领域却是相似的。管理大师德鲁克曾提出八个关键领域的目标：市场、技术改进和发展、生产力、物资和金融资源、利润、人力资源、职工积极性发挥以及社会责任。企业不一定要在以上所有关键领域都制定目标，其战略目标也不局限于以上几个方面。表 4-2 列示了一些知名企业的战略目标。

表 4-2　知名企业的战略目标

企业	战略目标
华为	致力于把数字世界带入每个人、每个家庭、每个组织，构建万物互联的智能世界。为世界各地通信运营商及专业网络拥有者提供硬件设备、软件、服务和解决方案
小米	使手机取代电脑，做顶级智能手机
阿里巴巴	旨在助力企业，帮助其变革营销、销售和经营的方式，提升其效率
百度	致力于向人们提供“简单，可依赖”的信息获取方式
可口可乐	“买得起、乐得买、买得到”，采取积极的方式被消费者认可进入日常生活
福特汽车	提高汽车的质量，开发新产品，缩短新车上市的时间

从表 4-2 可知，企业往往不止制定一个战略目标，而是拥有由若干目标组成的一个战略目标体系，即总战略目标由多个职能性目标支撑，反映并体现企业的使命和愿景。

战略目标一般由总体战略目标、业务单位战略目标和职能战略目标三个层次构成。业务单位战略要服从企业的总体战略，职能战略是为保障总体战略和业务单位战略实现的保证性战略。战略目标是企业的总目标、总任务和总要求，是一种长期目标。

战略目标的设定主体是董事会，在设定战略目标时，管理层应对企业绩效现状进行科学而必要的评估，结合对内外部环境的检测和分析，与董事会及员工相互沟通并共同确定，以确保战略目标与现有资源相匹配，并选取与其风险承受度相一致的战略。

由于战略目标是长期的，一旦设定出来则会较为稳定。但在战略目标实施过程中，若企业内外部环境累积发生较大变化，导致原有战略目标不再适应新环境，或是执行情况偏离战略目标，企业就应当对战略目标做出调整、优化甚至转型。

（二）经营目标的设定

经营目标与企业经营的效率与效果有关，反映管理层在企业运营的特定业务、行业背景、外部环境和内部资源等条件下的管理决策。经营效率是在经营目标实现过程中对企业各种有形资源和无形资源合理利用的程度。经营效果是通过企业的经营活动，部分达成或全部达成企业的经营目标。

要将长期战略目标分解建立整个企业的短期执行性战术目标，形成年度经营目标。年度经营目标再层层分解，最后落实为具体目标、具体任务和具体要求，并落实相应责任人来组织和控制可供各层次、各单元使用的资源，使各经营层、经营单元为实现企业整体目标步调一致地运行。这样，从最高层到一线员工每个人都清楚需要去实现什么目标。

（三）资产目标的设定

《内部控制——整合框架（2013）》将资产目标列为运营目标下面的一个子目标，同时也支持将资产目标单列的做法，我国《企业内部控制基本规范》将其作为一个独立的目标提出。资产安全完整是企业生产经营的基础，很多企业资产管理不善，资产流失、价值毁损、利用效率低下等问题突出。因此，将资产安全目标作为内部控制的目标单列，对于保护资产的安全完整、使用效率、保值增值、更新重置等具有重要意义。设定资产目标不能仅关注企业资产的安全完整及权属不受侵害，更要关注资产的有效利用和使用效果，确保资产价值和功能不受损失，使其在经济上保值增值。近年来国有资产流失的案件屡有发生，资产安全完整对于国有企业具有更为明显的现实意义。

（四）合规目标的设定

企业行为必须合法合规，在规则和制度框架内开展生产经营活动。合规目标的设定应反映企业适用的外部法律法规，包括相关法律、监管规则、国际组织制定的相关标准、行业组织制定的自律章程等。法律法规为企业建立了最低的行为准则，企业在设定目标的过程中，管理层有一定的自主裁量权，可以适当提高合规性标准。如果企业在国外运营，还要遵守国外的法律法规、国际组织制定的相关标准。企业公司层面和职能部门层面都要考虑遵守相关的法律法规。

法规为企业建立了最低的行为准则，企业必须将这些法规整合到管理目标中。随着人们对人权、环境及健康的关注，一些部门或组织可能会制定更加严格的法规。在设定这些目标的过程中，企业可适当提高合规性标准。例如，企业所在地的环保部门要求机动车排放标准达到国四标准，企业可适当提高标准，要求新增机动车排放标准必须达到国五标准，以展示自己的先进性和前瞻性。

（五）报告目标的设定

报告目标与财务报告及其相关信息的真实完整有关。报告目标的设定应以信息使用者的需求为导向，考虑使用者所要求的精准度，以合理的方式和适当的详细程度对信息进行分类和总结，使其既不过于烦琐，也不过于简单。

报告应反映企业的基本商务活动，按照使用者所需要的精确度和准确度描述交易和事项。

外部财务报告目标应符合适用的会计准则和监管要求，具备相应的质量特征。设定外部财务报告目标应考虑财务报表列报的重要性水平，遵循会计准则进行相关认定，包括认定报告期内的相关交易和事项、账户的期末余额、报表项目的列报和相关披露等。

内部报告目标则应反映管理层的选择，为管理层提供决策所需的准确、完整的信息。设定内部报告目标时，管理层应在非财务报告目标中体现满足信息使用者需求的精确度水平及准确性要求，并在财务报告目标中体现重要性水平。

三、目标设定与风险偏好、风险容忍度

风险偏好是企业在追求价值增值过程中愿意接受的广泛意义的风险的程度，即可接受的风险的种类和风险的数量。风险容忍度是企业在风险偏好的基础上设定的对相关目标实现过程中所出现差异的可容忍程度。不同的行为者对风险的态度是不同的，有人喜欢刺激，有人喜欢平稳。根据人们对风险的偏好，可将行为者分为风险回避型、风险喜好型和风险中立型。风险回避型针对风险决策获得的是负效用，选择项目的态度是：当预期收益率相同时，偏向于具有低风险的项目；对于具有同样风险的项目，则钟情于高预期收益的项目。风险喜好型与风险回避型相反，针对风险决策获得的是正效用，正效用越大对风险越爱好，通常主动追求风险，喜欢动荡的高收益预期。

风险偏好是企业战略制定和目标选择的指引。为确保所设定的目标符合企业的发展规划和使命，管理者应采取恰当的设定程序，综合考虑管理层风险偏好，确定风险容忍度，保证所设定目标与企业的风险容忍度一致。

风险容忍度是企业在目标实现过程中对偏差的态度，是在风险偏好的基础上设定的对目标实现过程中所出现偏离的容忍程度，风险承担的意愿和能力。能够容忍的上限，称为风险容限，对于在风险容限之内但不能接受的风险应实施风险降低，使控制后的剩余风险降低到可接受水平之内。风险可接受水平是企业愿意接受的风险。

风险偏好与风险容忍度有密切的联系，但两者有着本质上的区别。风险偏好说明的是在承担风险时所获得效用的状况。获得正效用的是风险爱好者，正效用越大，对风险越爱好；获得负效用的是风险厌恶者，负效用越大，对风险越规避。而风险容忍度强调的是承担风险的意愿和能力，本身并不直接说明其对风险爱好或厌恶的程度。例如，一家公司设定了收入增长率 20% 的目标，但同时还规定了对于实际实现情况的可接受范围，如 15%~20% 的收入增长率均可接受，那么该公司对收入增长率的风险容忍度为 5%，仅说明对偏差的接受程度，并不体现对风险的爱好程度。

组合风险观认为企业应以风险组合的观点来看待风险。按照组合风险观，在实现企业目标的过程中，要从企业和业务单元两个角度以“组合”的方式考虑总体风险。就某个业务单位而言，风险可能处于风险容忍度范围之内，但从企业总体来看，多个业务单位风险总和可能会超出总体风险容忍度。因此，要从企业整体出发，以组合的观点看待企业风险。

【案例 4-3】

“银杏叶事件”及处置过程

在全国引起重大反响的“银杏叶事件”，是国家食品药品监督管理总局 2015 年 5 月在对万邦德（湖南）天然药物有限公司进行飞行检查时发生的，是由国家食品药品监督管理总局新任领导班子运用现代风险管理手段，敏锐识别、正确处置的药品质量风险管理的成功案例。

桂林兴达制药厂（原名“桂林兴达植物制品厂”），成立于1998年，是中国核工业总公司的重点企业，是生产植物（中药）提取物的专业厂家，属国内植物（中药）提取行业最大的企业之一。万邦德（湖南）天然药物有限公司（原“湖南麓山天然植物制药有限公司”）成立于1992年，是中国万邦德集团旗下一家集研发、生产销售于一体的现代化高科技企业，主要从事天然植物提取、天然植物及其制剂和原料药及其制剂的生产与销售，拥有自主的进出口权，坐落于浙江省温岭市经济开发区。

2015年5月19日，国家食品药品监督管理总局发布针对低价销售银杏叶药品的企业进行飞行检查情况的通告，通报了桂林兴达药业有限公司、万邦德（湖南）天然药物有限公司违法违规生产银杏叶制剂的行为。总局查明，桂林兴达药业有限公司违法变更银杏叶提取生产工艺，由稀乙醇提取改为3%盐酸提取，并从不具备资质的企业购进以盐酸工艺生产的银杏叶提取物生产银杏叶片。此外，该公司还将外购的提取物销售给其他的药品生产企业，并伪造了原料购进台账和生产检验记录。万邦德（湖南）天然药物有限公司用购进的银杏叶提取物生产银杏叶片和银杏叶胶囊等制剂，伪造原料购进台账和生产检验记录。

在初步确定证据之后，国家食品药品监督管理总局并没有就此止步，而是通过全面分析，判断这绝非简单个案，是在较大范围、较多品种、不少企业中存在的共性问题，因此将个别银杏叶产品质量问题的偶然风险果断研判为系经性、全局性风险。在此基础上发出通告，启动了涵盖广西、湖南两个重点省份在内的二十几个位药监部门及近30家药品生产企业的全国性统一行动。

5月28日，广西食品药品监督管理局责令桂林兴达药业有限公司召回全部问题银杏叶提取物和问题银杏叶片，并依法收回该公司的药品GMP证书。桂林市食品药品监督管理局于5月27日将该公司涉嫌生产销售假药的案件移送公安机关处理。

6月4日，国家食品药品监督管理总局发布了银杏叶药品的补充检验方法。6月8日，国家食品药品监督管理总局即开始对银杏叶的流向——使用银杏叶提取物生产保健食品的企业开展执法检查，要求所有相关企业立即开展自查。总局组织对部分市场上销售的银杏叶药品进行专项监督抽验。同类产品生产企业一律严格自检，并将企业自检和食药监部门抽检结合起来，让守法企业放心生产经营，给非法企业以严厉制裁。

6月19日，国家食品药品监督管理总局通报对21家从桂林兴达药业有限公司、宁波立华制药有限公司购进银杏叶提取物的保健食品企业的核查情况。6月22日，90家银杏叶提取物和银杏叶药品生产企业自检情况公布。其中，经自检检出不合格产品的生产企业55家，部分批次产品不合格的企业25家，全部合格的企业35家。各省（区、市）食品药品监管局对相关生产企业自检情况进行了抽查复核，复核检验结果与企业自检结果一致。

在第一批专项监督抽验结果的基础上，7月31日，国家食品药品监督管理总局公布了第二批抽验结果。综合两阶段专项监督抽验情况，抽样企业覆盖率达到78%，在企业自检的

2 000 多批不合格药品中，共抽到不合格药品 185 批，银杏叶药品市场得到较好净化。

11 月 5 日，国家食品药品监督管理总局对违法生产销售银杏叶提取物及制剂的企业提出了分类处罚意见。对违法生产销售假药、劣药的银杏叶提取物及制剂企业，依法予以处罚。至此，“银杏叶事件”处置工作基本结束。

（资料来源：何伟.“银杏叶事件”处置堪称样板 [N]，医药经济报，2015-12-07（2））

第三节 风险识别

【案例 4-4】

轻奢品牌 Michael Kors 节节败退能否改变?

曾经“打败”了 Coach 的美国奢侈品牌 Michael Kors（MK）决定在未来两年关闭 100~125 家全价零售实体店。Coach 和 MK 都是诞生在纽约的轻奢品牌，2011 年，Coach 还是美国市场占有率最大的品牌，拥有 32% 的市场份额。但在 2014 年遭遇拐点，Coach 在北美市场受到了 MK 的挑战，份额下滑。

那么，现在的 MK 为何“败”了呢? MK 走了 Coach 当年失败的老路——快速扩张和疯狂打折。在设计方面，MK 创新逐渐变少，每年在 MK 专卖店看到的钱包、背包款式都差不多。相反，Coach 在失败过后努力改变，为了撕掉“折扣”的标签，Coach 聘请新设计师、扩张产品线、重新定位……终于让消沉的业绩焕发了一丝生机。而 MK 却一直沉浸在快速扩张和疯狂打折中难以自拔。

2017 年 5 月，Coach 宣布收购美国另一奢侈品牌 Kate Spade，以此来推进自己的多品牌化战略。在宣布这一消息后，Coach 和 Kate Spade 的股价双双上涨。Coach 集团首席执行官表示，Coach 和 Kate Spade 的业务几乎没有重叠，近年来 Coach 严格执行高端策略，且行之有效。此外，Kate Spade 的主要客户为千禧一代，两个品牌的重叠用户仅 10%。

为了挽救品牌形象，改善业绩，MK 一直在试图削减产品在不同渠道的曝光量、减少打折促销活动。此外，有消息称，MK 可能会收购 Jimmy Choo，分析师说如果能拿下 Jimmy Choo，将有利于强化 MK 的鞋履业务。律所合伙人 Gearge Sevier 曾表示，此时收购 Jimmy Choo 是个好时机，因为其“股价在过去十年来一直下滑，而且英镑走弱让公司在国外买家眼里更加吃香”。

由此看来，MK 如果能成功改变品牌形象，扩大品牌影响力，那么再度崛起也不是没有可能。

（资料来源：http：//www.xinhuanet.com/fashion/2017-06/03/c_1 121 068 820.htm [2021 -01 -07]）

风险识别是识别出与实现内部控制有关的风险的过程，包括对风险源、风险事件、风险原因和风险潜在后果的识别。风险识别是风险分析和探求风险应对策略的基础，企业应当及时识别可能对其目标实现产生影响的所有潜在事项，不能因主观认为某一风险发生的可能性小或负面影响小而忽略该风险。

一、风险识别的概念和内容

《企业内部控制基本规范》第三章第二十一条规定:企业开展风险评估,应当准确识别与实现控制目标相关的内部风险和外部风险,确定相应的风险承受度。风险识别的目的是确认所有风险的来源、种类及发生损失的可能性,其是否全面和深刻,直接影响风险评估的质量和效果。因此,风险识别是整个风险评估过程的重要程序之一。

(一)风险识别的概念

风险识别是指对资产当前或未来所面临的、潜在的风险加以判断、归类,以及对风险性质进行鉴定的过程。目的是确认风险的来源、风险的种类以及风险的可能影响,以利于风险的有效管理和合理控制。风险识别是一项动态的、连续不断的、系统性的重复过程,同时也是一个复杂的系统工程。

(二)风险识别的内容

风险识别的内容包括外部因素和内部因素引发的风险事件。事件的发生将会给企业造成人身伤亡、财产损失、客户流失或声誉受损等不良后果。风险识别的重要内容之一,就是要识别出不同风险因素引发的风险事件,这里包含感知风险和分析风险。感知风险即通过调查和了解识别风险的存在,分析风险即通过归类分析,掌握风险产生的原因和条件及风险的性质。感知风险是识别风险的基础,分析风险是识别风险的关键,只有感知风险,才能进一步有意识、有目的地分析风险,掌握风险存在及导致风险事故发生的原因和条件,从而预判风险后果。风险后果是风险事件发生所导致对目标实现的影响,可能是负面的,也可能是正面的,或者两者兼有。

二、识别风险关注的因素

(一)外部风险

企业的外部风险来自企业经营的外部环境,包括外部环境本身和外部环境的变化对企业目标的影响。

1. 外部因素及其引发的外部风险

《企业内部控制基本规范》第二十三条规定,企业识别外部风险,应当关注下列因素。

(1)经济形势、产业政策、融资环境、市场竞争、资源供给等经济因素;

(2)法律法规、监管要求等法律因素;

(3)安全稳定、文化传统、社会信用、教育水平、消费者行为等社会因素;

(4)技术进步、工艺改进等科学技术因素;

(5)自然灾害、环境状况等自然环境因素;

(6)其他有关外部风险因素。

企业常见的外部风险有自然风险、政治风险、市场风险、法律风险、政策风险等。

①自然风险

自然风险是指自然灾害、环境状况等自然环境因素导致的建筑物的损失、限制获取原材料或者人力资本等方面的损失。比如,自然灾害(如洪水、火山爆发、地震、海啸等)和极端天气事件（如风暴、暴雨、龙卷风等）可能造成的人员伤亡和财产损失。

【案例 4-5】

3 000 吨茶叶被泡　茶商损失 9 000 万元

据新京报报道：2020 年 7 月 10 日，安徽歙县强降水造成洪灾，当地茶企受灾严重，一家企业一夜损失 3 000 吨茶叶，损失金额达到 9 000 万元。

茶企负责人郑先生在整理厂房时，看到现场不禁泪流满面。现在，郑先生最关心的是对茶农的支付问题。茶农的资金还有 60% 没支付，郑先生表示会尽最大努力完成支付工作。

据悉，该茶企与 3 000 余户茶农有合作，从茶农手里收茶，经加工再出口。今年，由于新冠肺炎疫情影响，郑先生为帮助当地茶农出货，收的茶叶比往年更多，谁都没想到，郑先生的 3 000 吨茶叶刚拉进仓库就遇到洪灾。

看到这一幕，大家都是心如刀割。3 000 吨茶叶在中国庞大的茶叶市场上不算多，但却是一个企业，一个茶商半生的心血。

（资料来源：https://www.sohu.com/a/407 093 531_822 855）

②政治风险

政治风险是因投资者所在国与东道国政治环境发生变化、东道国政局不稳定、政策法规发生变化给投资企业带来经济损失的可能性。

【案例 4-6】

一直以来，华为凭借全球领先的通信技术和优质的产品，受到全世界人民的喜爱。

2020 年，华为也受到了不利影响。7 月 4 日，英国政府做出禁止在该国 5G 网络中使用中国华为公司设备的决定。根据英国政府做出的最终决定，英国移动运营商被禁止在 2020 年 12 月 31 日以后购买新的华为 5G 设备，并且必须在 2027 年前从它们的网络中移除华为的所有 5G 设备。

（资料来源：https://new.qq.com/omn/20 200 723/20 200 723A0SUUI00.html [2021-01-07]）

③市场风险

市场风险包括产品市场风险、金融市场风险等。产品市场风险是指市场变化、产品滞销等原因导致跌价或企业不能及时卖出自己的产品。金融市场风险包括利率风险，外汇风险、股票与债券市场风险等。比如，2021 年上半年，德尔塔变异毒株肆虐全球，多国实施严格的限制措施，亚洲一些国家的石油需求出现疲软迹象，导致国际油价下跌，石油企业遭受损失。

按照企业参与的产品市场类型，市场风险还可以分为供给市场风险和需求市场风险，供给市场风险主要来自获取关键设备、主要原材料和人力资源的不确定性，包括供给数量和价格。需求市场风险主要来自消费者需求改变、产品更新换代、竞争程度加剧、营销渠道不畅以及品牌形象降低等。市场风险也表现为市场竞争风险和客户信用风险。

【案例 4-7】

猪价巨幅波动，“猪茅”如何独善其身?

2020—2021 年间猪肉价格可谓经历了“过山车”。受非洲猪瘟和新冠肺炎疫情的双重影响，2020 年国内猪肉价格不断攀升，2020 年 12 月 30 日，全国生猪出场价格已达每公斤 35.06 元。2021 年初，全国生猪价格经历年初小幅波动后开始大幅下降，截至 6 月 23 日，全国生猪出场价格已跌至每公斤 14.10 元，为两年来最低价，较 2020 年末跌幅达 59.78%。

受猪肉价格变动影响，2021 年上半年猪肉养殖全行业亏损严重。新形势下，稳定生猪生产，有效规避市场风险对猪肉养殖企业尤为重要。

A 股生猪养殖行业龙头主要有牧原股份、正邦科技、温氏股份和新希望。2021 年 7 月，各公司发布的半年报业绩预告显示，正邦科技、温氏股份和新希望均为亏损状态，唯独牧原股份能够独善其身，预计上半年归母净利润为 94 亿 ~102 亿元，同比下降 5.42%~12.83%。

对于牧原股份在猪价大跌和饲料涨价的背景下，依然能够守住业绩，业内人士认为，这与牧原股份的“全自养”模式有关。牧原股份是我国最大的自有自繁自养大规模一体化的生猪养殖企业之一，也是我国最大的生猪育种企业之一。在“全自养”模式下，牧原股份的生猪单位成本低于同行业可比公司，其生猪养殖业务毛利自然显著高于同行。而温氏股份、新希望、正邦科技等多采用“代养”模式。

尽管 2021 年上半年牧原股份仍然盈利，但其净利润同比也有所下降，行业盈利缩水与猪价走势、养殖成本密切相关。有分析师认为，经过 2019—2020 年的盈利爆发期，当前猪价尚处于周期下行初期，未来走势或有反复，2022—2023 年或将迎来周期低点。下半年猪价虽有望反弹，但猪企的盈利情况将主要取决于其成本水平。未来猪企的经营重心将从产能扩张转向成本管控。

（资料来源：张利静. 头部猪企纷纷爆雷！猪周期凛冬难熬，唯独“猪茅”独赚百亿. 中国证券报，2021-07-17）

④法律风险

法律风险是指因企业内外部的具体行为不规范，导致与企业所期望达到的目标相违背的法律上的不利后果发生的可能性。根据引发法律风险的因素来源，法律风险可以分为外部环境法律风险和企业内部法律风险。所谓外部环境法律风险，是指由于企业以外的社会环境、法律环境、政策环境等因素引发的法律风险，包括立法不完备，执法不公正，合同相对人失信、违约、欺诈等。由于引发因素不是企业所能够控制的，因而企业不能从根本上杜绝外部环境法律风险的发生。所谓企业内部法律风险，是指企业战略决策、内部管控、经营行为、经营决策等因素引发的法律风险，表现为企业自身法律意识淡薄，未设置较为完备的法律风险防范机制，对法律环境认知不够，经营决策缺少对法律因素的考虑，甚至违法经营等。常见的法律风险有合规风险、合同风险、知识产权风险，诉讼风险等。其中，合规风险是指企业及其员工不合规行为，引发法律责任、受到相关处罚、造成经济或声誉损失以及其他负面影响的可能性。

【案例 4-8】

聚力文化涉嫌信息披露违法违规

浙江聚力文化发展股份有限公司(以下简称“聚力文化”)于2019年5月24日收到中国证监会的调查通知书。因公司涉嫌信息披露违法违规,根据《证券法》的有关规定,中国证监会决定对公司进行立案调查。聚力文化2021年8月2日收到中国证监会浙江监管局的行政处罚决定书。

经查,2016年5月,聚力文化完成对美生元100%股权的收购并将其纳入合并报表范围。2016—2018年,美生元在未真实开展业务的情况下,确认来自多家公司的销售收入,并通过第三方主体实现资金流转。2016年,美生元合计虚增营业收入21 148.53万元,虚增利润总额12 357.88万元,虚增期末应收账款余额16 123.93万元,分别占聚力文化同期披露营业收入、利润总额、资产总额的12.82%、31.34%、3.23%。2017年,美生元合计虚增营业收入49 763.11万元,虚增利润总额26 244.12万元,虚增期末应收账款余额41 935.30万元,分别占聚力文化同期披露营业收入、利润总额、资产总额的16.25%、42.97%、6.99%。2018年,美生元合计虚增营业收入18 774.53万元,虚增利润总额12 176.77万元,虚增期末应收账款余额38 369.48万元,分别占聚力文化同期披露营业收入、利润总额、资产总额的5.38%、4.2%、12.27%。上述财务数据纳入聚力文化合并报表后,导致聚力文化2016年、2017年、2018年年度报告的财务数据及相关披露信息存在虚假记载。

聚力文化的上述行为违反了《证券法》的相关规定,构成了信息披露违法行为。为此,中国证监会浙江监管局对聚力文化责令改正,给予警告,并处以60万元罚款;同时,对相关责任人员进行了3万~30万元的罚款。

(资料来源:聚力文化.关于收到《行政处罚决定书》的公告.巨潮资讯网,2021-08-03)

(二)内部风险

企业的内部风险来源于企业的决策和经营活动。企业决策的风险一方面表现为与外界环境不相适应;另一方面表现在企业本身的经营活动中,经营活动中的风险来自企业的各个流程和各个部门。

《企业内部控制基本规范》第二十二条规定,企业识别内部风险,应当关注下列因素:

(1)董事、监事、经理及其他高级管理人员的职业操守、员工专业胜任能力等人力资源因素;

(2)组织机构、经营方式、资产管理、业务流程等管理因素;

(3)研究开发、技术投入、信息技术运用等自主创新因素;

(4)财务状况、经营成果、现金流量等财务因素;

(5)营运安全、员工健康、环境保护等安全环保因素;

(6)其他有关内部风险因素。

企业常见的内部风险有战略风险、财务风险、运营风险等。

1.战略风险

战略是企业为了适应未来环境的变化,寻求长期生存和稳定发展而制定的总体性和长远性的谋划与方略。战略风险是指战略在制定、实施过程中影响企业目标实现的风险。比如,战略决策错误,或战略执行不当,或对行业变化束手无策,而对企业的收益或资本形成现实和长远的不利影响。

战略风险主要体现在以下方面:①战略目标缺乏整体兼容性;②实现目标而制定的经营战略存在缺陷;③实现目标所需要的资源缺乏;④整个战略实施过程的质量难以保证。战略风险具体包括宏观经济风险、政策风险、国际化经营风险、改革与业务转型风险、科技创新风险等。

2. 财务风险

财务风险是指在企业各项财务活动过程中,由于受各种难以预料或控制的因素影响,企业的财务收益与预期收益发生偏离,企业蒙受损失的可能性。

从财务管理的职能角度,企业财务风险可分为筹资风险、投资风险和收益分配风险。筹资风险包括增加企业资金成本和降低企业偿债能力两类。投资风险指由项目不确定因素导致投资报酬率无法达到预期目标的风险。投资决策是建立在一系列假设前提下的,当实际情况与假设情况出现不一致时,便会形成投资风险。收益分配风险是指公司股利分配没有达到投资者预期,可能会导致投资者低估公司价值,抛售公司股票,联合罢免管理层等,这些都会给生产经营活动带来不确定影响。但公司过多分配股利,会降低公司现金拥有量,一方面导致部分投资项目缺乏资金;另一方面还可能引起债务危机。

中央企业面临的财务风险主要是债务风险,现金流风险、金融及金融衍生品业务风险等,财务风险是客观存在的,风险管理者只能采取有效措施来降低财务风险,而不可能完全消除财务风险。

3. 运营风险

运营风险是指企业内部流程、人为错误或外部因素令企业遭受经济损失的风险。运营风险包括公司的流程风险、人为风险、信息系统风险、事件风险和业务风险。流程风险指交易流程中出现错误而引致损失的风险。人为风险指因员工缺乏知识和能力、缺乏诚信或道德操守而引致损失的风险。信息系统风险指因系统失灵、数据的存取和处理、系统的安全和可用性、系统的非法接入与使用而引致损失的风险。事件风险指因内部或外部欺诈、市场扭曲,人为或自然灾害而引致损失的风险。业务风险指因市场或竞争环境出现预期以外的变化而引致损失的风险。

根据中央企业风险分类标准,运营风险具体包括经营效益风险,投资风险,安全、环保、质量风险,舆情风险,采购与供应链管理风险,工程项目管理风险等。

二、风险识别的流程

风险识别的流程实际上就是收集有关风险因素、风险事故、损失暴露、危险和损失等方面信息的流程,主要包括以下几个方面:发现风险因素、认识风险因素、预见危害、重视风险暴露。

(一)发现风险因素

风险管理人员在识别风险主体面临的风险时,最重要且难度最大的工作是了解风险主体可能遭受损失的来源。如果风险管理人员不能识别风险主体所面临的潜在风险,风险因素聚集或者增加,就会导致风险事故的发生。在风险事故发生以前,发现引发风险事故的风险因素是风险识别的核心,因为只有发现风险因素,才能有针对性地选择风险处理技术,改变风险因素存在的条件,有效防止风险因素的增加或聚集。

为此,需要深入了解风险主体的活动内容及活动环境,寻找其潜在的风险。对企业活动内容的认识,要涵盖公司治理结构、组织机构设置、企业文化、人力资源政策、内部控制制度、内部审计机制,以及公司业务流程和盈利模式等方面。对企业活动环境的认识,可以采用PEST分析法,即从政治环境(Political)、经济环境(Economic)、社会环境(Social)和技术环境(Technological)四个方面来对企业的活动环境进行评估,从而找到可能引发风险的因素。

(二)认识风险因素

风险管理人员认知、理解和测定风险因素的能力是风险识别的关键。不同的风险管理人员,其认知风险因素的能力和水平是不同的。如果风险管理人员缺乏经验,对暴露的风险因素视而不见,会导致本来可以避免的风险事故发生。例如,油库管理员李某经常在工作时间吸烟,显然,李某吸烟是引发油库着火、爆炸的重要风险因素。风险管理员王某在现场检查中发觉李某身上有很大的烟味,并在仓库的地上发现了烟灰。王某发现问题后,及时汇报给部门领导,对李某给予警告处分,并将他调离工作岗位。加强风险管理人员责任意识教育,培养风险管理人员认知风险因素的能力,可以提高风险管理水平,降低风险主体的损失。

(三)预见危害

危害是造成损失的原因,“危害”一词不仅具有损失的含义,而且表示损失比较严重。尽管在不同的环境中、产生风险事故的原因不同,但是风险事故带来的危害却是大致相同的,即造成风险主体财产、人员的损失。例如,火灾危害可能产生于物质环境(如闪电),也可能产生于社会环境(如纵火、骚乱)。无论什么风险因素引发的风险事故,都会造成比较大的损失,因此,风险识别的重要步骤是能够预见危害,这样才能将产生危害的条件消灭在萌芽状态。

(四)重视风险暴露

那些可能面临损失的资产或主体都有风险暴露的可能,必须重视风险的暴露。例如,放在家具旁边的浸满汽油的破布是风险因素,这块破布有引发火灾的风险,这幢房子可能被烧毁,就是风险的暴露。这里,房子被烧毁与浸满汽油的破布有着较为密切的关系。重视风险暴露,就是重视风险因素与风险事故的关系。为了识别风险,一般把风险暴露分为以下几个方面。

(1)实物资产风险暴露,即风险因素引起实物资产损失的可能性。例如,某司机将一塑料桶汽油带回家中,其家庭财产损失的风险就会变大,这就是有形资产的风险暴露。

(2)无形资产风险暴露,即风险因素引起无形资产损失的可能性。例如,某企业商标被盗用,造成企业无形资产损失的风险。又如,某企业商业秘密被其他企业窃取,造成企业无形资产损失的风险。再如,某企业公众赞誉、政治上支持等方面的变化,会引起企业无形资产的损失。重视无形资产的风险暴露,就是要重视风险因素与无形资产损失的关系。

（3）金融资产风险暴露，即风险主体持有的股票、债券等资产遭受损失的可能性。一般来说，金融资产代表一些明确的金融方面的权利，例如，获得收益的权利或按某一价格购买、出售某项资产的权利。与实物资产不同，金融资产的增值或损失常常与市场环境的变化密切相关。例如，国际证券市场的异常变化会引起国内市场的变化，这种变化会引起投资者金融资产的损失。重视金融资产的风险暴露，需要研究国际证券市场与国内证券市场变化的关系。

（4）责任风险暴露，即风险主体的行为造成另一方遭受损失，而必须承担赔偿责任的风险。责任风险暴露源于法律法规所确定的各项义务，当事人违反有关义务，就会承担赔偿损失的责任。责任风险暴露包括侵权行为责任、合同责任等。例如，某企业使用的啤酒瓶质量不合格，客户在运输过程中啤酒瓶炸裂了，幸运的是该客户没有受到伤害。根据这一情况，该企业风险管理部门的工作人员就应该重视啤酒瓶炸裂可能会引起客户人身伤害这一责任风险暴露。

（5）人力资本风险暴露，即风险因素引起人力资本损失的可能性。风险主体对人的投资构成风险主体财富的一部分。企业经理、一般雇员和其他重要的风险承担者（如债权人、供货商）可能发生的伤亡，都是人力资本风险暴露。例如，一台机器有可能会伤害员工的身体。在这种情况下，风险应对的策略是在增加收益的同时尽量减少机器对员工身体的伤害。需要指出的是，人力资本损失的风险不仅指员工身体、心理上受到伤害，而且包括员工受伤带来的利润减少、支出增加。例如，员工失业和退休等都是人力资本风险暴露。企业加强员工安全和福利等方面的管理，是避免人力资本风险的重要举措。

三、风险识别方法

风险识别是以设定的目标为导向，在综合分析外部因素和内部因素的基础上，识别出公司所面临的风险，并列出风险清单。企业既可依赖自身及同行业以往的教训及现有的知识和经验来识别风险，也可依赖一定的技术和方法。风险识别过程可能包含多种技术及支持性工具，针对不同情况不能依靠单一的方法或工具。风险识别的基本方法是风险清单分析法，同时还可使用其他辅助方法作为补充，以便识别出风险清单中没有涵盖的特殊风险。常见辅助方法有风险清单分析法、流程图法、事件树分析法、现场调查法和德尔菲法等。

（一）风险清单分析法

风险清单分析法是指由专业人员根据经验将所有可能发生的风险和潜在损失分类，按一定的顺序排列并形成风险清单，供识别人员进行检查核对，用以判别是否存在表中所列或类似的风险的方法。风险清单应尽可能将所有可能的风险囊括在内，因此篇幅通常也较长。

风险清单分析法运用规范的方法，参照风险清单逐一检查，预见风险管理企业可能面临的各种风险，使用者只需对照清单上列示的项目分析风险，并视风险事故可能造成危害的严重程度，确定风险管理的先后顺序，采取不同措施。其优点是风险识别过程简单迅速，可以同时跟踪检测整个风险管理过程，不断修订风险清单以适应环境的变化；局限性在于风险清单的初次制作及回收都比较费时，回收率可能较低，而且质量难以得到有效控制。

1977 年，美国风险与保险管理学会曾制定出一份较为全面的风险损失清单，包括直接损失风险、间接损失风险和责任损失风险三项（见表 4-3）。

表 4-3 风险损失清单

<table>
<tr><td rowspan="3">直接损失风险</td><td>无法控制和无法预测的损失</td><td>1. 电力中断:雷电、火灾及各种损坏
2. 物体下落:飞机失事、树、建筑材料
3. 地壳运动:火山、地震、滑坡
4. 声音及震动波:飞机、震动
5. 战争、暴力、武装冲突等
6. 水损:洪灾、水位抬高、管道破裂等</td></tr>
<tr><td>可控制和可预测的损失</td><td>1. 玻璃或其他易碎物品的破裂
2. 毁坏:工厂设施的毁坏
3. 起始时或过程中的碰撞:飞机碰撞、船舶碰撞
4. 污染:液体、固体、气体、放射性污染
5. 腐蚀
6. 员工疏忽或大意</td></tr>
<tr><td>与财务有关的主要损失</td><td>1. 员工不诚实:伪造、贪污
2. 没收:国有化、充公
3. 欺诈、偷窃、抢劫
4. 事实、专利、版权、公证的无效
5. 库存短缺:无故消失、乱放丢失</td></tr>
<tr><td>间接损失风险</td><td colspan="2">1. 所有直接损失的影响:供应商、消费者、公用设施、员工
2. 附加费用增加:租金、通信费用、产品费用
3. 资产集中损失
4. 风格、品味、期望的变化
5. 破产:员工、管理人员、供应商、消费者、顾问
6. 管理失误:市场、价格、产品投资等</td></tr>
<tr><td>责任损失风险</td><td colspan="2">1. 航空损失
2. 运动责任
3. 出版商责任
4. 汽车责任
5. 契约责任
6. 雇主责任</td></tr>
</table>

(二)流程图法

流程图法是将企业的各项经济活动按照内在的逻辑联系绘制成流程图,然后针对其中的关键步骤或薄弱环节进行调查、研究和分析,进而识别企业风险的方法。利用流程图法识别风险包括三个基本步骤:首先梳理各类经济活动的业务流程,明确业务环节;其次设计流程图,确定流程图所揭示的风险点;最后对流程中的所有风险点,尤其是主要风险做出解释。

流程图法的优点在于可以将复杂的生产过程或业务流程简单化,有助于熟悉主体运作过程中的技术层面问题,从而易于发现可能存在的风险。其局限性在于流程图一般要由具有专业知识的风险管理人员进行绘制,需要花费较长的时间及较高的管理成本。流程图的准确性决定着风险管理部门识别风险的准确性。流程图的不准确性将导致不能进行定量分析,无法判断风险发生的可能性。

(三)事件树分析法

事件树分析法又称故障树法,其实质是利用逻辑思维的规律和形式,从宏观的角度去分析事故的形成过程。事件树分析法的理论基础是任何一起事故的发生,必定是一系列事件按时间顺序相继出现的结果,在整个事件发展过程中,每一个事件有成功和失败两种可能的状态,前一事件的出现是随后事件发生的条件。因此,事件树分析法从某一风险结果出发,运用逻辑推理的方法推导出引起风险的原因,遵循风险事件—中间事件—基本事件的逻辑结构。它的具体操作步骤包括:定义目标;做出风险因果图;全面考虑各风险因素之间的相互关系,从而研究应对风险所采取的对策或行动方案。

事件树分析法的优点是把影响企业整体目标实现的诸多因素及其因果关系一步步清楚且直观地列示出来,有利于下一步进行深入的风险分析。其局限性在于事件树的绘制需要大量的资料和时间,容易产生遗漏和错误,一般只有当系统存在很大风险隐患时才加以使用。

(四)现场调查法

现场调查法是指通过直接进行实地观察和分析,了解企业生产经营过程中存在的风险隐患的方法。现场调查法是获知企业经营情况的最佳途径,对企业各个活动场所进行检查,与企业员工及管理层沟通还可以发现一些可能被忽视的风险。现场调查法具体包含三个主要步骤:首先要做好调查前的准备工作,包括确定调查时间、调查对象和调查人数等,一般事先设计好调查表格;其次进行现场调查和访问,由被调查人认真填写调查表格,表格填写应符合规范,避免出现不符合要求的问卷而影响调查结果;最后及时将调查结果进行反馈,以便发现潜在问题。

现场调查法的优点是可以获得一手资料;可与现场工作人员建立良好的关系,宣传风险管理理念,为之后风险管理措施的落实做铺垫。其局限性在于耗时较长、成本较高,有时还会引起被调查人员的反感。

(五)德尔菲法

德尔菲法又称专家调查法,是指在识别风险时,对多位相关专家进行反复咨询并征求意见,直到取得较大程度的共识,从而最终确定主要风险因素的方法。德尔菲法采用背对背的通信方式征询专家小组成员的意见,专家之间一般不进行相互讨论,而是多次填写问卷,搜集各方意见,最终以共识的形式得出结论。

德尔菲法的优点是能够充分发挥相关专家的作用,集思广益;参与者可以免受团体压力,不必附和他人的看法,也可避免个性特征和相容性问题。其局限性在于过程较为复杂,耗时较长。

风险识别是风险管理中最基础的工作,从定性的经验判断到各种定量方法,不仅要发现风险,还要进行风险因素分析,它是一个复杂的系统工程。任何一种方法都不能揭示出企业面临的全部风险,更不可能揭示导致风险事故的所有因素,故应将多种方法结合使用。

第四节 风险分析

【案例 4-9】

汇源果汁:“国民饮料”的陨落

2021 年 1 月 18 日,香港联合交易所(以下简称“联交所”)发布通告,宣布正式取消中国汇源果汁集团有限公司(以下简称“汇源果汁”)的上市地位。在此之前,汇源果汁已经停牌 3 年。2018 年, 联交所称,汇源果汁股票自 2018 年 4 月 3 日起暂停买卖,据联交所上市规则第 6.01 A 条,若该公司未能于 2020 年 1 月 31 日或之前复牌,联交所可能将该公司除牌。汇源果汁未能于 2020 年 1 月 31 日前复牌, 2020 年 2 月 14 日被联交所取消上市地位。被取消上市地位后,汇源果汁试图复牌,不断寻求上市复核委员会进行复核,一直延期至今,最后依然未能改变结果,汇源果汁正式退出资本市场。

汇源果汁官网显示,汇源果汁成立于 1992 年。2000 年,汇源果汁以 23% 的市场份额高居果汁产业榜首。此后,汇源果汁连续十余年市场份额稳居国内第一。2007 年 2 月 23 日,汇源果汁在中国香港上市,上市当日涨幅达 6%,市值一度超过 313 亿港元,创下港股最大规模 IPO 纪录。对比 2007 年上市时的风光,汇源果汁退市前的总市值仅为 54 亿港元,缩水接近 5/6,到底是什么原因让昔日的龙头企业走向陨落?

并购受挫发展遇阻

成功上市让汇源果汁的业务迅速发展,也使其受到饮料巨头的关注。2008 年 9 月 3 日,可口可乐宣布将以每股 12.20 港元、总价 179.2 亿港元全额收购汇源果汁。如果并购成功,这将成为当时中国市场涉及金额最大的外资并购案。但 2009 年 3 月 18 日,商务部发布《商务部关于禁止可口可乐公司收购中国汇源公司审查决定的公告》,以反垄断为由叫停。

然而,为了促成这次交易,汇源果汁付出了巨大的代价。与可口可乐商议收购时,朱新礼已经将汇源果汁与可口可乐重合的销售渠道砍掉,导致公司原有销售渠道大幅缩减,此外,除了 21 个省级销售经理离职外,公司直接雇佣的员工规模缩小了一半。公开数据显示: 2007 年底销售人员总数为 3 926 人,到 2008 年底仅剩 1 160 人,一年时间,汇源果汁削减了超过 70% 的销售人员。不仅如此, 2008 年汇源果汁的业绩出现大幅下跌,公司净利润跌幅超过 86%。

并购失败后,汇源果汁不得不重建销售渠道,这不仅耗费了大量资金,还影响了汇源果汁当年的业绩。2009 年,汇源果汁收购了近 10 个分销网络,公司销售人员增加到 13 000 人,不过大幅增加的销售人员并没有提高汇源果汁的业绩,公司甚至出现了营收增长率下滑的现象。未能在收购失败上做足“后手准备”的汇源果汁,为此付出了惨重的代价。

信息披露违规勒令停牌

2009 年,中国果汁销量增长了 9.5%,汇源果汁仅增长了 0.9%。而这仅仅是汇源果汁噩梦的开始。从 2011 年起,汇源果汁连续 6 年扣非净利润均为亏损, 2011—2016 年扣非净利润分别为：-2.3 亿元、-3.18 亿元、-4.79 亿元、-5.75 亿元、-5.53 亿元、-2.08 亿元。且利润中还包括大量的政府补贴，财报数据显示，公司 2011 年政府补贴为 2.01 亿元，占净利润总额的 64%。尽管如此，企业的资产负债率却在不断攀升：从 2013 年至 2017 年上半年，汇源果汁的资产负债率分别为 37.7%、38.14%、42.37%、48.86%、52.23%。

虽然并购失败的影响持久，但是让汇源果汁走上停牌退市之路的直接原因是一笔 42.75 亿元的违规贷款。2018 年 3 月 29 日，汇源果汁发布公告，承认公司从 2017 年 8 月 15 日至 2018 年 3 月 29 日，向北京汇源饮料食品集团有限公司提供了 42.75 亿元短期贷款，以便后者应对临时营运资金需要或还债。北京汇源饮料食品集团有限公司是汇源果汁控股股东兼董事长朱新礼的关联公司。此项贷款的金额已达到联交所要求的对外披露的规定，而汇源果汁不仅没有应要求进行披露，连董事会都没有批准该项贷款。

此举违反了联交所上市规则中关于关联交易申报、股东批准及信息披露的相关条款，因此汇源果汁股票被联交所于 2018 年 4 月 3 日停牌。汇源果汁被要求对公司股票复牌列出相关条件，如果不能在 2020 年 1 月 31 日前完成复牌条件，将取消其上市地位。

市场竞争不进则退

信息披露违规导致停牌退市只是汇源果汁重重危机的一个缩影。随着中国经济的不断发展，人民生活水平日益提高，果汁市场需求旺盛，越来越多的资金涌入果汁市场，竞争日趋激烈。据不完全统计，国内外的饮料巨头如可口可乐、农夫山泉、康师傅等都布局了果汁产品线，而二线果汁品牌高达 40 多种。

面对激烈的市场竞争，其他的果汁品牌不断推陈出新，而汇源果汁的营销手段却“数十年如一日”。汇源果汁主打的中高浓度果汁是高端产品，但产品的营销、广告却没有针对高端果汁产品的主流购买者去做优化升级，产品包装基本没有大的改变和创新。与此同时，营销方式也没有创新，现在年轻人看电视越来越少，新媒体营销大行其道，然而汇源果汁广告投放仍以电视为主，越来越远离年轻消费者的视野。

在果汁市场竞争加剧的同时，饮料领域细分也更加明显，喜茶、元气森林等新兴饮料品牌释放巨大市场潜力。面对饮料市场上乳制品和功能性饮料的争夺，产品单一的汇源果汁略显“薄弱”。

对汇源果汁来说，退市并不意味着它一定会倒下，但战略调整失败，违规经营、产品布局落后等引发的财务危机为其他企业敲响了警钟。在快速变化的商业环境中，企业只有时刻警醒可能面临的各种风险并运用科学的方法准确分析风险，从而有效地应对风险，才能立于不败之地。

（资料来源：安安. 汇源果汁退市 一桩十二年前的失败并购导致的灾难. 疾风财经，2021-01-22；屈丽丽. 为什么汇源果汁会退市？中国经营报，2021-02-06）

风险分析是采用定性和定量相结合的方法，在风险识别的基础上对风险事件发生的可能性和条件，以及对目标实现的影响程度等进行描述、分析和判断，并确定风险等级的过程。风险分析是风险应对的基础，并为制定合理的风险应对策略提供依据，没有客观、充分、合理的风险分析，风险应对将无的放矢、效率低下。

一、风险分析的概念和内容

(一)风险分析的概念

风险分析是结合企业特定条件(如企业规模、经营战略等)在风险识别的基础上,运用定量或定性方法进一步分析风险发生的可能性和对企业目标实现的影响程度,并对风险的状况进行综合评价,以便为制定风险管理策略、选择应对方案提供依据。

风险分析是风险应对的基础,并为制定合理的风险应对策略提供依据,没有客观、充分、合理的风险分析,风险应对将无法达到预期效果。

(二)风险分析的内容

风险分析的内容复杂多样,通常是分析风险发生的可能性和影响程度。“可能性”和“潜在影响”是风险分析常用的两个术语,有的企业可能用“概率”“危害程度”“严重性”或“后果”等词语表述。“可能性”代表一个给定事项将会发生的概率,“潜在影响”代表该事项发生的后果。一般来说,对识别出来的风险,从可能性和影响程度两个方面进行分析后,就可以根据分析的结果采取应对措施。

1. 风险发生的可能性分析

可能性分析是指假定企业不采取任何措施,以此来影响经营管理过程,将会发生风险的概率。确定损失概率是风险分析的一个重要方面,它通常是通过收集实际情况和进行专业判断来完成的。某一事件的发生与否往往存在一种统计规律性。例如,掷一枚硬币,出现正面朝上或反面朝上的情况均有可能,若以“正面朝上”为事件,那么每掷一次硬币,这事件都有可能出现。如果重复掷多次,正面朝上的次数与总次数的比值称为事件发生的频率。随着所掷次数的增加,频率趋向一个定值即1/2。这种随着重复掷的次数无限增加,事件发生频率趋向于一个常数的性质,称为这个事件的发生存在统计的规律性,这个常数即为事件发生的概率。关于概率的计算,科学的方法是使用数理统计原理,以数值为依据,根据现象特征,采用二项分布、泊松分布等数学模型,进行科学的测算。

风险可能性分析的结果一般有“很少”“不太可能”“可能”“很可能”和“几乎确定”五种情况。对风险发生可能性的定性测评如表4-4和表4-5所示。

表4-4 风险发生可能性的定性测评表(1)

序号	描述符	详细描述
1	几乎确定	在多数情况下预期会发生
2	很可能	在多数情况下很可能发生
3	可能	在某些时候能够发生
4	不太可能	在某些时候不太可能发生
5	很少	在例外情况下可能发生

表 4-5 风险发生可能性的定量测评表(2)

序号	描述符	详细描述
1	几乎确定	(95%,1]
2	很可能	(50%,95%]
3	可能	(10%,50%]
4	不太可能	(5%,10%]
5	很少	(0,5%]

2. 风险产生的影响程度分析

影响程度分析主要是指对目标实现的负面影响程度分析。风险管理人员应根据公司自身的特点,采用不同的方法来衡量损失程度。按照影响的结果(通常量化成数值),一般将风险划分为“不重要”“次要”“中等”“主要”和“灾难性”五级。影响程度的定性分析见表 4-6。

表 4-6 影响程度的定性分析表

序号	描述符	详细描述
1	不重要	不受影响,较低的损失
2	次要	轻度影响(情况立刻受到控制),轻微的损失
3	中等	中度影响(情况需要外部支持才能得到控制),中等损失
4	主要	严重影响(情况失控,但无致命影响),重大损失
5	灾难性	重大影响(情况失控,对企业产生致命影响),极大的损失

在进行风险分析的过程中,公司应从自身的具体状况出发,运用适当的风险分析技术,定量或定性地评估相关事项,根据风险分析的结果,按风险发生的可能性及影响程度进行排序分析,分清哪些是主要风险,哪些是次要风险,从而筛选出企业的关键风险,为风险应对提供依据。

3. 固有风险和剩余风险

企业进行风险分析既要考虑固有风险也要考虑剩余风险。固有风险是管理层没有采取任何措施来改变风险的可能性或影响的情况下,一个企业所面临的风险。剩余风险是在管理层的风险应对之后所残余的风险,即未被控制的风险。一旦企业风险应对的策略和措施确定下来,管理层就要考虑剩余风险,确保剩余风险在可接受水平之内。

二、风险分析的方法

根据《企业内部控制基本规范》第三章第二十四条的规定,企业应当采用定性与定量相结合的方法,按照风险发生的可能性及其影响程度等,对识别的风险进行分析和排序,确定关注重点和优先控制的风险。企业进行风险分析,应当充分吸收专业人员,组成风险分析团队,按照严格规范的程序开展工作,确保风险分析结果的准确性。

（一）定性分析的方法

定性分析是指对风险的影响和可能性以定性的方式进行描述。定性分析是目前风险分析中采用比较多的方法，它具有很强的主观性，往往需要凭借分析者丰富的实践经验，需要将一些非计量因素考虑进去。

常用的定性分析方法有：风险坐标图法、问卷调查、集体讨论、专家咨询、人员访谈。

风险坐标图法（见图 4-1）是重要的风险分析工具，它对不同属性的风险进行定量和定性描述，直观地展示各类风险对企业目标实现的影响程度。风险坐标图法在统计分析和经验判断的基础上，把风险发生可能性的高低、风险发生后对目标实现影响程度的大小作为两个维度绘制在同一个平面上，形成平面直角坐标系。

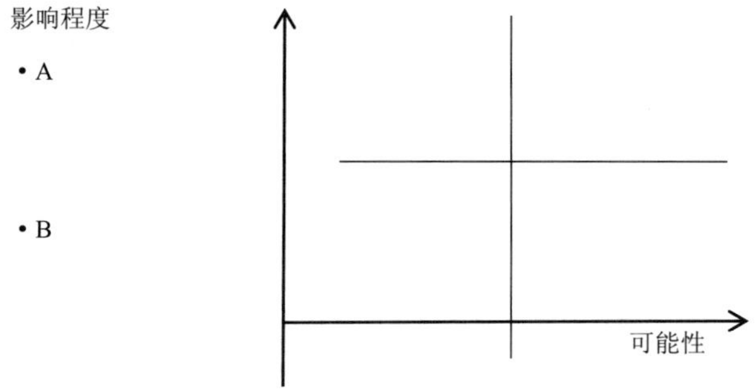

图 4-1　风险坐标图

在图 4-1 中，与影响较小且发生的可能性较低的风险（点 B）相比，具有重大影响且发生的可能性较高的风险（点 A）亟待关注。需要注意的是，每种风险的重大程度及影响会因企业结构的不同而有所差别，所以企业应根据自身的经营特点来确定各风险因素影响程度的等级。

绘制风险坐标图的目的在于对多项风险进行比较，从而确定各风险管理的优先顺序和策略。如图 4-2 所示，处于 C 区域的风险，其发生的概率和影响程度均较高，企业应当根据风险的属性、企业的风险偏好和风险容忍度来选择应对策略。处于 B 区域的风险可分为两类：一类是不经常发生的事件，但影响程度较大；一类是影响程度不是很大，但发生概率偏高，企业应当在采取防范措施的同时制定应急计划，并加强日常管理和监控。处于 A 区域的风险，其发生的概率和影响程度均不太高，通常在企业风险承受范围之内，企业可以对其进行承担而不再增加控制措施。

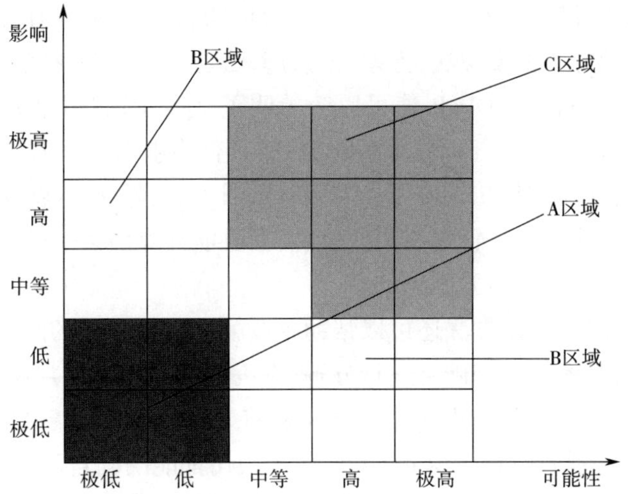

图 4-2　风险坐标图

（二）定量分析的方法

定量分析法，就是对构成风险的各个要素和潜在损失的水平赋予数值或货币计量的金额，从而量化风险分析的结果。比较常用的定量分析法有风险价值法、敏感性分析法、情景分析法、压力测试法等。

1. 风险价值法（Value at Risk，VaR）

VaR 是指在正常的市场条件和给定的置信水平之下，某种投资组合在既定时期内所面临的市场风险和可能遭受的潜在最大价值损失。VaR 法把对预期的损失大小和该损失发生的可能性结合起来，不仅让投资者知道发生损失的规模，而且告知投资者损失发生的可能性，是一种对风险进行定量分析的重要工具。

在正常市场条件下，给定置信水平 $1-\alpha$ 和持有期 T，某种投资组合可能发生的最大损失值为 M，则 VaR 概念示意如图 4-3 所示。

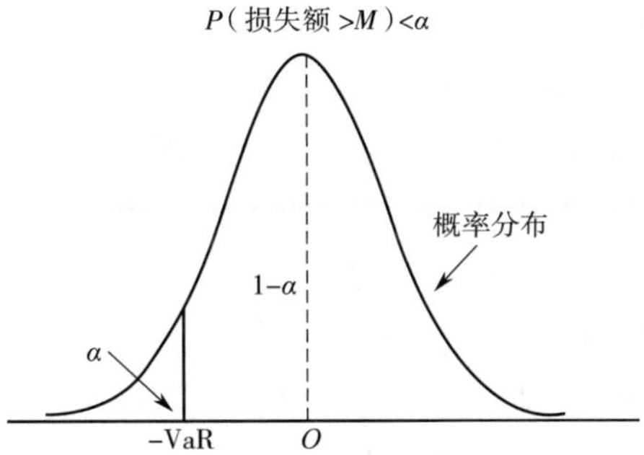

图 4-3　VaR 概念示意图

例如，某投资组合的置信水平为 99%，持有期为一天时的 VaR 为 100 万元，表示有 99% 的把握相信持有该投资组合一天的最大损失是 100 万元，或者说持有该投资组合一天内损失超过 100 万元的可能性只有 1%。

计算 VaR 需要时间跨度、置信水平、投资组合的市价及未来价值变动的分布特征等信息。常用的方法有三种:历史模拟法、方差—协方差法、蒙特卡罗模拟法。

VaR 方法具有以下优点:①VaR 值可以简单明了地表示市场风险的大小,单位是人民币、美元或其他货币单位,没有任何技术色彩,没有任何专业背景的投资者和管理者都可以通过 VaR 值对风险进行评判;②VaR 方法可以事前计算风险,而不仅仅是事后衡量风险大小;③VaR 方法不仅能计算单个管理工具的风险,而且能计算由多个管理工具组成的投资组合的风险,这是传统风险管理不能做到的。

除了可以度量风险, VaR 方法还可以帮助企业解决资源配置的问题。在对企业的投资或投资组合的总体风险评估的基础上进行分解,决策者可据此进行判断,设置某类投资的资金上下限; VaR 限额分解到子公司,各子公司又可将 VaR 再分解到各自的子公司。这样,利用 VaR 方法进行风险控制,设置 VaR 限额,使各子公司都能明确自己的最大风险交易额(≤ 自身的 VaR),以防止过度投机行为的出现,确保公司稳健经营。如果执行严格的 VaR 管理,一些金融交易的重大亏损也许就可以避免。

在实务中, VaR 方法是机构投资者进行投资决策的有力分析工具。机构投资者应用该方法,在投资过程中对投资对象进行风险分析,将计算出的风险大小与自身对风险的承受能力加以比较,以此来决定投资额和投资策略,以减少投资的盲目性,尽可能减少因投资决策失误带来的损失。目前, VaR 方法除了被金融机构广泛运用外,也开始被一些企业所采用,以指导企业分析计量市场风险。

2. 敏感性分析法

根据财政部印发的《管理会计应用指引第 402 号——敏感性分析》的规定,敏感性分析法,是指对影响目标实现的因素变化进行量化分析,以确定各因素变化对实现目标的影响及其敏感程度。敏感性分析法可分为单因素敏感性分析法和多因素敏感性分析法。单因素敏感性分析法,是指每次只变动一个因素而其他因素保持不变时所做的敏感性分析;多因素敏感性分析法,是指假定其他因素不变时,分析两种或两种以上不确定性因素同时变化对目标的影响程度所做的敏感性分析。

敏感性分析法适用于项目不确定性对结果产生的影响进行的定量分析,其实施步骤如下。①确定敏感性分析指标,经济评价通常有一整套评价指标,在进行敏感性分析时,应选择最能反映项目经济效益的一个或几个主要指标进行分析;②选定不确定因素,不确定因素应结合项目特点和经验判断,选择对项目影响效益较大且重要的不确定因素进行分析,如销售收入、经营成本、生产能力、初始投资等;③确定不确定因素的变化范围,在选定不确定因素的基础上,进一步分析不确定因素的可能变动范围,如用变动百分率 5%、10%、15% 等;④计算敏感性分析指标,为较准确反映项目评价标准对不确定因素的敏感程度,分析不确定因素的变化使项目由可行变为不可行的临界数值,应计算敏感度系数和临界点指标。

(1)敏感度系数是指项目评价指标变化的百分率与不确定因素变化的百分率之比。敏感度系数高,表明项目效益对该不确定因素的敏感程度高。敏感度系数的计算公式为:

某因素的敏感度系数 = 项目评价指标变化的百分率 / 不确定因素变化的百分率

若敏感度系数的绝对值大于1,即当某影响评价指标的因素变化时,评价指标会发生更大程度的变化,该影响因素即为敏感因素,否则为非敏感因素。

(2)临界点是指不确定性因素的变化使项目由可行变为不可行的临界数值,可采用不确定性因素相对基本方案的变化率或相对应的具体数值表示。临界点的高低与计算临界点指标的初始值有关。若选取基准收益率为计算临界点的指标,对于同一个项目,随着设定基准收益率的提高,临界点就会变低;而在一定的基准收益率下,临界点越低,说明该因素对项目评价指标影响越大,项目对该因素就越敏感。

例如:ABC公司2023年拟投资新建一条生产线,预计初始投资额为40万元,使用期5年,按直线法折旧,无残值。预计自第一年年末起,该项目每年可实现销售量5 000件,产品单位为100元,单位变动成本为60元,公司预期收益率为10%,公司所得税税率为25%。请问ABC公司是否应该投资该项目?如果销售单价上升了10%,或者单位变动成本下降了10%,又或者销量上升了10%,在这三种情况下,该投资项目是否值得投资?

在已知条件下,经过计算,可以得到,该项目的NPV= −58 828元,小于0,所以ABC公司不应该投资该项目。

如果单价上升了10%,则NPV= 83 325元,该项目可行。

如果单位变动成本下降了10%,则NPV= 26 464元,该项目可行。

如果销售量上升了10%,则NPV= −1 967元,该项目不可行。

从案例中可知,单价、单位变动成本或销售量上升或下降相同的幅度10%, NPV的变动幅度却不同。在此例中, NPV对于单价的变动更为敏感,其次是单位变动成本,最后是销售量。

3. 情景分析法

情景分析法是在假定某种现象或趋势将持续到未来的前提下,对可能的未来情景加以描述,对预测对象可能出现的情况及其后果做出评估的方法。运用这种方法,可用情景的发生概率为权重,对各种情景的后果进行加权平均,从而计算出项目风险的潜在损失或收益。情景分析法还可以结合敏感性测试和压力测试等进行综合分析。

情景分析的主要步骤如下。

(1)确定决策事项。应用情景分析,应根据决策目标和决策需求确定决策事项。同时,决策事项应存在多种可量化的影响因素及不同的实现路径。

(2)确认影响因素。对决策事项的影响因素进行全面分析,并根据重要性原则明确决策事项的主要影响因素,以此作为设置情景的主要内外部影响因素。比如,在项目投资风险分析中,投资总规模、未来现金流、市场利率等是项目决策的主要影响因素。

(3)设定情景。根据决策事项设定不同的情景,这些情景应能提供有意义的测试环境,以便后续制定多个可选择方案。根据历史情况设定情景时,通常可以选取最优、最差或基准的历史情况作为情景,或者以历史特殊事件作为情景,如重复进行标准历史事件。根据其他假设设定情景时,通常使用人为假设、专家认定或者数据模拟等方法来设定情景。

(4)制定应对方案。在情景设定的基础上,建立影响因素与决策目标之间的逻辑关系。

通过搜集相关数据，对不同情景下决策事项的总体发展状况进行分析，或对不同情景下决策事项可能产生的经济后果进行测算，制定出各种情景下的对策和实施方案。

(5)分析实施结果。通过梳理总结决策事项、影响因素、情景设定、情景分析结果、应对措施设置等，并考虑情景假设设定的基本原则与理由，不断完善情景分析工具方法。

情景分析法的主要优点是，注重情景发展的多种可能性，降低决策失误对企业造成的影响，对决策事项的可参考性较强。其主要缺点是，情景假设的主观性较强，对于情景数据的准确性、逻辑性及因果关系的建立要求较高。

某投资项目的未来情景分析如表 4-7 所示。

表 4-7 某投资项目的未来情景分析

情景		最佳情景	一般情景	最差情景
影响因素	市场需求	持续上升	保持不变	持续下降
	经济增长	增长 5%~10%	增长小于 5%	负增长
发生概率		20%	45%	35%
潜在结果		投资项目可在 5 年内实现盈亏平衡	投资项目可在 10~15 年内实现盈亏平衡	高度不确定

4. 压力测试法

压力测试法是指在极端情景下，分析评估风险管理模型或内控流程的有效性，从而发现问题并制定改进措施的方法。极端事件是指在非正常情况下，发生概率很小，而一旦发生后果十分严重的事件。与情景分析法中关注一个正常规模的变化相反，压力测试一般被用作概率度量方法的补充，用来分析那些通过与概率技术一起使用的分布假设可能没有充分捕捉到的低可能性、高影响力的事件的结果。

压力测试在风险评估中通常被用于衡量潜在最大损失，测算在遇到假定的小概率事件等极端不利情况下可能发生的最大损失，分析这些极端不利情况(如经济增长骤减、失业率快速上升到极端水平、房地产价格暴跌)下的负面影响，进而对脆弱性做出评估和判断，即对于置信度 99% 以外突发事件的测试。

测试的质量取决于构造合理、清晰、全面的情景。进行压力测试可以采用敏感性分析法和情景分析法进行模拟和估计。应用压力测试首先需要确定风险因素，设计压力情景，选择假设条件，确定测试程序。然后定期进行测试，分析测试结果，通过压力测试确定潜在风险点和脆弱环节，采取应急手段和其他相关改进措施。例如，某商业银行针对个人住房类贷款违约率进行压力测试。该压力测试采用自上而下的压力传导方法，选取影响个人住房类贷款(含个人住房贷款和个人商用房贷款)违约率的两个关键指标：未偿贷款与房屋价值比率、客户收入偿付比率，建立计量模型，分析房价、利率变动对个人住房类贷款违约率的影响。构造的压力测试情景是基于房价、利率、收入变动分析和组合分析。房价变动情景是下降 15%(轻度)、下降 20%(中度)、下降 25%(重度)，利率变动情景是加息 3 次(轻度)、6 次(中度)、8 次(重度)(分别上升 0.81 个百分点、1.62 个百分点和 2.16 个百分点)，城镇居民收入增长假设预计达到 13%。

【案例 4-10】

中国银行整体风险抵御能力持续增强

2020 年 11 月 6 日，央行在《中国金融稳定报告(2020)》中披露了银行业压力测试结果。央行称，受新冠肺炎疫情影响，2020 年国内经济下行压力加大，银行信贷资产风险上升。在充分考虑疫情对经济不利冲击的基础上，选取 1 550 家银行业金融机构开展压力测试，将测试窗口延长至 3 年，设置极端压力情景，增加受新冠肺炎疫情冲击较大领域测试内容，充分评估银行体系在多种“极端但可能”不利冲击下的稳健性状况。

此次压力测试的参试银行共 1 550 家，资产规模合计占银行业金融机构资产规模的 78%，包括 6 家大型商业银行、12 家股份制商业银行、98 家城市商业银行、534 家农村商业银行、268 家农村信用社、8 家农村合作银行、573 家村镇银行、12 家民营银行和 39 家外资法人银行。

压力测试项目扩展至 3 项，包括偿付能力宏观情景压力测试、偿付能力敏感性压力测试和流动性风险压力测试。

宏观情景压力测试结果显示，截至 2020 年第一季度末，30 家大中型参试银行整体资本充足水平较高，总体运行稳健。在轻度、中度冲击下，资本充足率有所下降，但均高于 10.5% 的监管要求，表明 30 家参试银行整体对宏观经济冲击具有较强的抵御能力。在极端冲击下，30 家银行整体资本充足率在 2020 年年末将大幅降至 9.61%，在不考虑外源资本补充的情况下无法满足监管要求。信用风险是影响参试银行资本充足水平的主要因素。在轻度、中度、极端压力情景下，参试银行贷款质量将恶化，不良贷款率大幅上升。

敏感性压力测试显示，截至 2020 年第一季度末，1 550 家参试银行各项贷款余额为 127.19 万亿元，整体不良贷款率为 1.7%，整体资本充足率为 14.73%。其中，30 家大中型银行和 1 520 家中小银行各项贷款余额分别为 107.24 万亿元和 19.95 万亿元，整体不良贷款率分别为 1.46% 和 2.99%，整体资本充足率分别为 15.07% 和 12.76%。大中型银行对整体信贷资产质量恶化的抵御能力较强，部分中小银行的抵御能力较弱。

流动性风险压力测试显示，参试银行流动性整体充裕。1550 家参试银行轻度和重度压力测试通过率分别为 94.90% 和 91.87%，较 2019 年分别上升 2.59 和 5.45 个百分点。其中，轻度情景下，30 家大中型银行全部通过测试；重度情景下，有 6 家银行未通过测试，好于 2019 年测试结果。

(资料来源：央行再次公布银行压力测试结果测试银行数量自 1 171 家增至 1 550 家，21 世纪经济报道，2020-11-06)

第五节 风险应对

【案例 4-11】

新冠肺炎疫情下天津港集团的风险应对

疫情正在改变国际政治经济格局,对全球经贸格局、港航发展产生重大深远的影响。面对新冠肺炎疫情的冲击及变化,天津港集团准确把握大势,及时调整发展策略,以变应变,变中求胜,打出一套创新“组合拳”,稳住了港口生产的大局。2020 年上半年,天津港集团完成货物吞吐量 2.08 亿吨,同比增长 1.7%;完成集装箱吞吐量 857.6 万标准箱,同比增长 2.9%,港口生产实现逆势双增长。

一是防疫举措创新:精准实施船舶“五色图”管控,严防境外疫情输入。根据船舶抵口 14 天内挂靠港口情况等,将入境船舶划分为 5 级疫情风险等级,分别标识为红、橙、黄、蓝、绿 5 种颜色,分类制定风险管控措施。对于橙色风险等级以上的外来船舶,加强预警和防控。

二是市场开发创新:深入实施“四千行动”,全面打造“四千行动”服务品牌。坚持“想尽千方百计、走遍千山万水、倾听千言万语、服务千家万户”,自 2020 年 3 月底誓师启动以来,集团公司领导以上率下,各单位精锐出击,先后走访服务客户企业 800 余家,赢得了客户广泛赞誉。

三是港航合作创新:构建沿海港航联盟,“两港一航”打造内贸精品航线。积极走访沿海主要港口集团和大型港航企业总部,进一步扩大合作范围,抱团发展、协同发展、共赢发展,打造“两港一航”精品航线,突出以内贸箱和“散改集”为主要增长动力,培育扩大适箱货源规模。

四是环渤海内支线创新:强化京津冀协同,推出津冀港口“天天班”服务。充分发挥天津港国际集装箱枢纽港功能,开通至秦皇岛、京唐、曹妃甸、黄骅等港口的多条定期环渤海内支线。开通免费“海上穿梭巴士”“天天班”服务,织密干支中转网络,打造“五定精品支线”品牌,做强“水水中转”功能。2020 年上半年集装箱中转吞吐量同比增长 32%。

五是智能化创新:以智能化提升码头运营水平,打响“津港效率、全球领先”品牌。聚焦码头运营水平,传统集装箱码头自动化改造升级、无人驾驶电动集卡、智能理货等一批重点项目取得积极成果,推进港口“单一窗口”和“一站式”服务平台建设,为客户提供 7×24 小时线上服务。通过智慧港口建设,线上业务办单率超 85%,集卡等待时间大幅下降,集装箱船舶直靠率达 90% 以上,打响“津港效率、全球领先”品牌,京津口岸跨境贸易便利化水平明显提升。

(资料来源:新冠疫情对港口企业带来的变化及应对措施,海事服务网,2020-07-17)

风险应对是在风险评估的基础上,依据企业风险管理策略,根据自身条件和内外环境,选择应对风险策略和具体措施的过程。对识别出来的风险进行评估后,需要根据评估结果,针对不同风险选择不同的应对策略，为企业进一步采取具体的控制措施提供依据。风险应对策略包括风险规避、风险降低、风险分担和风险承受。不论采用哪一种或几种组合的风险应对策略，主要目的都是要把剩余风险降低到与风险可接受水平相协调的范围之内。

一、风险应对策略

风险应对策略可以分为以下几种类型。

（一）风险规避

风险规避是指企业为了免除风险威胁，采取企图使损失发生概率等于零的风险应对策略，也就是退出会给企业带来风险的活动。例如，终止与不诚信的供应商合作、放弃产品生产线、拒绝向新的地区拓展市场、卖掉持续亏损的分部等。

风险规避能将风险因素消除在风险发生之前，是一种最彻底的控制风险的技术，但也是比较消极的风险应对策略，比较适合危害性风险控制。当所有应对方案都不能把风险发生的可能性和影响降到可接受水平，即对风险采取控制措施后，剩余风险仍超出风险承受度，则应实行风险规避。实施风险规避的具体方式如下。

（1）完全放弃，是指企业拒绝承担某种风险，根本不从事可能产生某些特定风险的活动。例如，某 IT 企业打算开展软件外包业务，但是发现市场上此类业务竞争极其激烈，于是该企业考虑放弃开展软件外包业务的计划。

（2）中途放弃，是指企业终止承担某种风险。例如，某医药经销企业在 2018 年 7 月 15 日国家药品监督管理局发布《长春长生生物科技有限公司冻干人用狂犬疫苗生产存在记录造假等行为的通告》后，立即终止这种疫苗的经销活动。这种风险规避通常与环境的较大变化和风险因素的变动有关。由于发生了新的不利情况，企业经过权衡利弊，认为得不偿失，故而放弃。

（3）改变条件，是指改变生产活动的性质、改变生产流程或工作方法等。例如，某电子仪器厂在开发生产高频插件时，如果选择从日本引进全套设备，需要投资 800 万元，企业难以承受由此带来的财务压力，于是，企业采取逐步改变条件的策略，先投资 200 万元，引进散件和后续工序设备，待收回投资后再成套引进，最终使新产品开发获得成功。

风险规避的优点如下：①能做到事前控制，不仅能够在风险事件发生后止损，而且能在事前有效降低风险发生的概率，从源头上避免可能遭受的损失；②通过限制企业经营和管理行为，可以防止企业盲目投资及非理性经营活动，从而节约企业资源。风险规避的局限性如下：①企业可能因完全放弃某项风险活动而丧失获取收益的机会，比如股票、债券等投资有风险，如果放弃投资，可能会失去获取投资收益的机会；②有些风险无法规避，比如世界性经济危机、能源危机、自然灾害等风险无法避免；③在放弃某项风险活动时，可能又会产生新的风险，比如为规避陆运的风险改成航运，由此产生航运风险。

【案例 4-12】

亚振家居终止收购劲美智能

2020 年 6 月 22 日，亚振家居发布公告称，受新冠肺炎疫情及资本市场变化等影响，不再适合继续推进公司对连云港劲美智能家居有限公司（以下简称“劲美智能”）的重大资产重组事项，公司董事会、监事会同意终止收购。

2020 年 1 月 5 日，亚振家居召开第三届董事会第七次会议，审议通过了与本次重大资产重组相关的议案。根据议案，亚振家居拟通过发行股份与支付现金相结合的方式，购买劲美智能 100% 的股权，交易作价不超过 10 亿元。同时，亚振家居拟向不超过 10 名特定投资者非公开发行股份募集配套资金。

公开资料显示，亚振家居的净利润连续 4 年下降，2018 年和 2019 年更是处于亏损状态。2016—2019 年，亚振家居的营收分别为 5.62 亿元、5.73 亿元、4.17 亿元和 3.72 亿元，归母公司净利润分别为 7 552 万元、6 105 万元、-8 611 万元和 -1.25 亿元。2019 年 4 月 29 日开始，亚振家居被实施退市风险警示。

劲美智能作为长租公寓品牌自如的家具提供商，大部分收入来自自如平台。劲美智能 2018 年、2019 年的营收分别为 4.48 亿元、2.94 亿元，净利润分别为 7 100 万元和 4 533 万元，其营收和净利润也呈现下滑态势。由于新冠肺炎疫情给全球经济带来冲击，长租公寓和家居销售业务都受到不同程度的打击，专注做长租公寓业务的劲美智能要实现业绩增长显然十分困难。

在家居行业，亚振家居主打产品由于近年来需求走低以及市场占有率较低等而增长乏力，已连续两年亏损，与劲美智能在主业上的互补性并不强，科技含量也不高，两家公司不能形成流量协同和业务产品协同。在此背景下，及时终止本次收购，不失为控制企业经营风险的明智选择。

（资料来源：10 亿并购计划流产！亚振家居终止收购劲美智能. 搜狐网，2020-06-24）

（二）风险降低

风险降低是企业在权衡成本效益之后，采取措施降低风险的可能性或影响，或同时降低两者的风险应对策略，是一种主动应对风险的策略。它几乎涉及各种日常的经营决策，例如，购置消防设施防范火灾的发生、定期为职工体检降低职业病损害、增加安保支出防范资产损失等。再如，一家股票交割公司识别和评估出它的系统超过 3 个小时不能用的风险，并得出它不能承受发生这种情况影响的结论。进而，这家公司投资于增进故障自测和系统备份的技术，以降低系统不能用的可能性。

风险降低类别的划分通常有三种：①按控制目的，可分为损失预防和损失抑制；②按措施的执行程序，分为事前、事中和事后控制；③按采取措施的性质不同，分为工程控制、教育培训和管理控制。风险降低策略适用于企业不愿放弃也不愿转移，且在企业风险承受能力或风险容忍度之内的风险。

（三）风险分担

风险分担又称风险转移，是指通过转移来降低风险发生的可能性或影响，或者分担一部分风险。例如，业务外包、购买保险、从事套期保值交易、租赁等，把可能发生的风险转移给其他人承担，避免自己承担全部风险损失。

风险转移的方式主要可以分为非保险转移和保险转移。非保险转移可以分为财务型非保险转移和控制型非保险转移；保险转移可以分为保险与再保险。如表 4-8 所示。

表 4-8　风险转移方式

转移方式	具体方式	
非保险转移	财务型非保险转移	保证、再保证、证券化、股份化等
	控制型非保险转移	外包、租赁、委托、售后租回等
保险转移	保险	投保
	再保险	保险公司签订分保合同

1. 财务型非保险转移

财务型非保险转移，是指利用经济手段转移经营风险。比较常用的手段有：保证、再保证、证券化、股份化等。

（1）保证。保证是保证人与被保证人通过某种契约签署的，为使保证人履行相关义务以确保被保证人合法的既得利益的文件，其中，有执行合约双方应尽责任的要求，如有违背，保证可能被取消或做相应调整。

（2）再保证。由于事项重大，为使被保证人的利益切实得到保护，在“保证”的基础上，由实力更强或声望更高的团体或个人通过合约或契约对被保证人所做的承诺。

（3）证券化。利用可转换债券，双汇率债券等金融工具方式，满足投资人、筹资方利益的需要，是一种双赢的风险转移方式。

（4）股份化。股份化是指通过发行股票的方式，将企业风险转移给多数股东，这种操作实际上只是分散原始股东的风险，增强企业抗风险能力，而企业的运营风险并未得到转移。

【案例 4-13】

股权收购：三聚环保成功化解应收账款风险

2021 年 11 月 30 日，北京三聚环保新材料股份有限公司（以下简称“三聚环保”）的董事会审议通过了《关于拟收购内蒙古美方煤焦化有限公司 70% 股权的议案》，同意公司以 12.79 亿元收购北京亿泽阳光实业有限公司（以下简称“亿泽阳光”）所持内蒙古美方煤焦化有限公司 70% 股权。

值得注意的是，这次股权收购案中，除 6 943.04 万元以公司自有资金或自筹资金支付之外，其余 12.1 亿元交易款是以三聚环保对亿泽阳光控股子公司内蒙古家景镁业有限公司及内蒙古聚实能源有限公司享有的应收账款债权支付的。本次股权收购的目的之一就是化解三聚环保的应收账款回收风险。

三聚环保曾是创业板的明星企业，公司从登陆资本市场以来，便采用了一种不同于多数环保类 A 股公司的“项目总包”前行，在公司推广技术的过程中，通常先向客户贷款建厂，而后在客户取得收益后按照一到两年的账期进行还款。

在这种模式的驱动之下，三聚环保获得了高速发展，但应收账款规模不断高涨。2017

年业绩高峰时，公司达到了净利润25亿元，但应收账款接近89亿元。但是，如此庞大的应收账款规模，也使三聚环保多次遭受质疑。

近年来，三聚环保也在抓紧应收款问题的处置。数据显示，截至2021年三季报末，三聚环保应收账款依然高达49.48亿元，但较年初的53.17亿元有所降低。报告期内，公司还进行了坏账核销和资产减值。

具体来说，2021年三季度，三聚环保计提各项减值准备共计4.8亿元，转回合同资产减值准备1 758.24万元，转销存货跌价准备493.7万元，合计减少公司2021年三季度营业利润4.57亿元，减少所有者权益4.65亿元。

截至2021年9月30日，三聚环保对内蒙古聚实能源有限公司、内蒙古家景镁业有限公司的应收账款分别为9.15亿元和2.95亿元，合计12.1亿元。此前，三聚环保作为项目总包方，与上述两家欠债方开展业务合作，从而产生了上述12.1亿元的应收账款。

本次交易完成后，上述12.1亿元应收账款，将转为长期股权投资，相关坏账转回预计增加净利润3.09亿元。通过本次交易，三聚环保有效化解了部分应收账款损失和回收风险。

（资料来源：李小平. 三聚环保拟用12.1亿元应收款收购欠债方资产化解部分应收账款损失和回收风险[N]. 证券时报，2021-11-30）

2. 控制型非保险转移

控制型非保险转移是指通过契约、合同等将损失的财务和法律责任转嫁给他人，从而降低企业自身承担的风险，通常使用的方法有外包、租赁、委托和售后租回等。

（1）外包。外包又称为分包或转包，是指企业在风险识别的基础之上，结合成本效益原则，将风险较大、收益较小的非核心业务及其控制权交由非保险业的其他企业或机构完成，以将相应的风险转移给承包者。

（2）租赁。租赁是指通过签订租赁合同将有形或无形资产的使用权让渡给承租方而所有权并不转移，同时承租方缴纳一定的租金。通过租赁的方式，承租方可以将购置或开发某项资产的风险转移给出租方。

（3）委托。委托是指企业将其部分资产委托给受托企业代为保管并签订委托合同。通常委托合同会规定相关条款以确保在委托物受损时，受托企业对委托企业负有一定的赔偿责任，而委托企业需要支付一定的保管费。这样委托企业就将委托物的潜在损失转移给了受托企业。

（4）售后租回。售后租回是指企业通过签订合同将某项资产出售后租回部分或全部资产。这种方式通常既能将售出资产可能引发的风险转移给购买方，又能缓解企业自身的资金紧张，还可以继续从事相关生产经营。

【案例4-14】

从代工到自建工厂，李宁集团首次布局体育用品生产环节

自1990年公司成立以来，李宁集团的供应链体系长期采用外包的方式。随着业绩回暖，这家国产运动品牌公司在供应链上游有所尝试。2019年5月22日，李宁集团投资的广西供应基地正式启动。李宁集团的目标是，广西自建工厂的产能规模能够达到产能总量的1/3，剩余产能则继续以外包方式进行合作，以此提升产品质量和优化生产流程。自建工厂相对于外包方式，成本将会增加，但生产环节存在利润空间。李宁集团希望将核心工艺技术沉淀到自建工厂中。不过，李宁集团不会盲目扩大上游生产环节，否则会对零售端的市场反应能力有所影响。

截至2019年5月24日午间，李宁集团的股价约为12.54港元，总市值约为289.11亿港元。

（资料来源：http://finance.sina.com.cn/stock/relnews/hk/2019-05-24/doc-ih-vhiqay1068221.shtml [2021 -01-07]）

3. 保险转移

保险转移是企业通过与保险公司订立保险合同将风险转移给保险企业的一种风险转移方式。投保企业向保险公司缴纳一定的保险费，在事故发生后就能获得保险公司的赔偿，从而将风险转移给保险公司。如表4-9所示。

表4-9　控制型、财务型风险转移与保险风险转移的比较

风险转移	控制型、财务型	保险转移
优点	1. 适用对象广泛，纯粹风险与投机风险、可保风险与不可保风险均适用 2. 直接成本低 3. 操作手法灵活多样	1. 合同条款经过严密的审核 2. 保证系数大、重大事项的投保，可能有再保险的保证 3. 损失保证相对确定
局限	1. 由于受让人能力限制，操作和面临损失时，存在一定的不确定性 2. 有关法律许可的限制 3. 对合同条文理解的差异，有时会引起经营效率和效果问题	1. 受到合同条款的严格限制 2. 费用相对较高
使用条件	1. 以双赢为目的的合作关系 2. 契约当事人对相关内容必须理解，争取达成共识 3. 受让人有能力并愿意承担财务和法律责任	保险机构规定的业务事项

资料来源：高立法，金乐永. 风险应对 [M]. 北京：经济管理出版社，2019.

企业对于自身不能控制、无法通过抑制实现转移的风险，或者根据外部与内部环境的变化对风险控制效果有一定的担忧时，可以采用投保的方式转移风险。

再保险又称分保，是保险人在原保险合同的基础上，通过签订分保合同，将其所承保的部分风险和责任向其他保险人进行保险的行为。再保险是保险公司转移风险的一种方式。

（四）风险承受

风险承受是企业对风险承受度之内的风险，在权衡成本效益之后，不准备采取控制措施降低风险或者减轻损失的策略。例如，购买水灾保险的支出大于企业承受水灾之后的重置成本，那么，企业就可以考虑不购买水灾保险，而是承受水灾发生带来的损失。

风险承受策略包括非计划性风险承受和计划性风险承受两种。非计划性风险承受是非计划的和被动的，主要是由风险识别过程的失误、风险评价结果认为可以忽略、风险管理决策延误等原因造成的。如果在风险管理规划阶段已对一些风险有了准备,当风险事件发生时马上执行应急计划,这种自留风险就是计划性风险承受。风险自留的计划性主要体现在风险自留水平和损失支付方式两个方面。企业的风险承受水平,一般应选择风险发生概率小、损失期望值小的风险事件作为风险承受的对象。损失支付方式,在风险承受前要求企业预先制定损失支付计划。常见的损失支付方式有从现金净收入中支出,建立非常基金储备,建立风险准备金等。

在决定是否选择风险承受时,应当考虑下列原则:①企业是否具有承受这些自留风险的能力;②同其他可行的风险应对策略相比,风险承受的预期损失是否较小。此外,在应用风险承受策略时还应考虑到风险的意外性扩大可能使企业面临更加严重的损失。甚至在极端情况下,风险承受可能使企业承担巨大风险,以至于危及企业的生存和发展。

1. 风险承受的优点与不足

1)风险承受策略的优点

①成本较低。承受风险可以使企业直接避免许多费用支出。

②控制理赔进程。相对于保险复杂的理赔过程,以及不能使企业满意的赔偿金额,风险承受避免了保险在理赔工作上的不及时和对企业恢复生产的延误。

③提高警惕性。在采用风险承受策略的情况下,企业更加注重损失控制,会尽可能减少损失发生的概率和损失的严重程度。

④有利于货币资金的运用。损失发生前,可以将不必支出的应急费用(如其他策略下的保险费用)用于生产经营,并获得一定的收益。

2)风险承受策略的不足

①可能出现巨额亏损。当遭遇自然灾害等重大风险事件时,采用风险承受策略可能使企业面临承担巨额风险损失的危险。

②获得服务的种类和质量受限。比如,当采用风险承受策略时,本来可以由保险公司提供的一些专业化服务就失去了作用。

③可能造成员工关系紧张。比如,为企业职工安排福利补偿问题无论如何处理,都会有员工认为不公平,由此造成企业与员工、员工与员工之间关系紧张,影响工作效率和企业对外形象。如果通过保险公司来处理,则可以在一定程度上避免该类情况的发生。

二、选择风险应对策略时应考虑的因素

《企业内部控制基本规范》第三章第二十七条规定:"企业应当结合不同发展阶段和业务拓展情况,持续收集与风险变化相关的信息,进行风险识别和风险分析,及时调整风险应对策略。"因此,风险应对策略与企业的具体业务或者事项相联系,对不同的业务或事项要采取不同的风险应对策略,同一业务或者事项在不同的时期要采取不同的风险应对策略,同一业务或事项在同一时期也可以综合运用多种风险应对策略。

(一)注意权衡风险应对的成本效益

资源总是有约束的,企业应注意评价备选风险应对方案的相关成本与效益。一方面,风险应对的目标并不是要一味地降低或消除风险,事实上绝大多数风险是无法消除的,一味地

增加控制，追求风险的无限降低不符合成本效益原则，只要使控制后的剩余风险降低到可接受水平就可以了。另一方面，内部控制存在固有的局限性，再好的控制也不可能杜绝错弊。企业应充分利用并优化相关制度、强化制度的执行和监督，实现制度化和规范化管理，以降低风险应对成本。

（二）注意风险应对的效率效果

企业应综合考虑风险应对的效率效果和经济效益，采取与企业风险管理战略和风险容忍度相协调的风险应对策略和控制措施，确保总体剩余风险在企业的风险可接受水平之内。企业应根据不同业务特点确定相应的风险偏好和风险承受度，明确愿意承担的风险及最大损失限额，并据此确定风险预警线及应对策略。对于不可控的风险点，企业应建立风险解决方案或危机与应急预案，落实资源，明确责任，并定期演练，确保方案有效。当现有风险应对方案已达到其有效性的极限，进一步的改进只能细微影响风险的潜在后果或可能性时，可能需要创新风险应对方案。

（三）注意均衡风险和机会

风险的发生会给企业带来负面影响、正面影响，或二者兼有。风险应对的目标是降低负面影响，放大正面影响。企业要正确认识和把控风险与机会的平衡，既要重视风险的应对，又要善于抓住机会；既要防止忽视风险、片面追求利益，纠正认为风险越大收益越高的观念和做法，也要防止单纯为风险规避而放弃发展机遇的保守主义。

（四）注意风险之间的关联性

在评价应对方案时，企业应注意风险之间的关联性，这有助于企业从整体上综合选择最具有成本效益的应对方案。

（五）高层管理者应注意风险组合观念

在实际工作中，各风险责任归属单位通常都是从本业务单元、本部门或本岗位的角度分析和应对风险，高层管理者应考虑采取组合观来确定总体应对方案，并评估总体剩余风险是否处于可接受水平之内。不同单元的风险可能处于该单元的可接受风险水平之内，但汇总后，风险可能超过整体的可接受风险水平，在这种情况下需要附加的或另外的风险应对，以便使企业整体风险在可接受水平之内。

复习思考题

1. 如何理解风险的内涵和特征？
2. 风险识别的方法有哪些？各种方法的优点和缺点是什么？
3. 常用的风险应对策略有哪些？具体应用每种策略时应注意哪些问题？
4. 如何分析风险发生的可能性和影响程度？
5. 为什么定性分析方法与定量分析方法相结合是必要的？
6. 风险应对策略有哪些？

思政园地

扩大审计范围，增强审计监督的独立性和公信力

2021年5月6日，时任国务院总理李克强主持召开国务院常务会议，通过《中华人民共和国审计法(修正草案)》。

草案保持审计基本制度不变，在宪法和法律框架下扩展审计范围，增加了对除政府投资建设项目外的其他重大公共工程项目、国有资源、国有资产、公共资金和地方银行等进行审计监督的规定，强化审计监督手段，增强审计监督的独立性和公信力，明确要求被审计单位应按规定时间整改审计查出问题，审计机关应对整改情况进行跟踪检查，对拒不整改或整改时弄虚作假的依法追究责任。会议决定将草案提请全国人大常委会审议。

1. 扩大审计范围

草案增加了对除政府投资建设项目外的其他重大公共工程项目、国有资源、国有资产、公共资金和地方银行等进行审计监督的规定。

党的十八大以来，审计机关按照党中央、国务院要求，在审计实践中积极探索，不断加大对公共资金、国有资产、国有资源、领导干部履行经济责任情况和国家重大政策措施落实情况的审计力度，取得了较好成效，对于促进经济高质量发展，促进全面深化改革，促进权力规范运行，促进反腐倡廉发挥了重要作用。在此过程中，审计监督的范围不断拓展。

中国社会科学院财经战略研究院财政研究室主任何代欣向《每日经济新闻》记者表示，其他重大公共工程项目、国有资源、国有资产、公共资金的审计是财政审计的延伸。在当前复杂经济环境下，延伸审计对提升财政资金绩效，加强财政资金管理，具有十分重要的意义和作用。审计部门有一个很重要的职能是纠正错误，及时弥补。这次扩大的审计范围是在过程中找问题，拆解风险的新做法，值得期待。

2. 增强审计监督的独立性和公信力

会议要求，强化审计监督手段，增强审计监督的独立性和公信力，明确要求被审计单位应按规定时间整改审计查出问题，审计机关应对整改情况进行跟踪检查，对拒不整改或整改时弄虚作假的依法追究责任。会议决定将草案提请全国人大常委会审议。

记者注意到，今年1月召开的全国审计工作会议指出，在过去一年中，审计机关全面忠实履行宪法和审计法赋予的职责，坚持从财政财务收支的真实合法效益入手，揭示问题，推动规范管理，深入分析一些问题反复发生的根源，提出改进工作的意见建议。

2020年审计机关深入揭示重大违纪违法、扰乱经济秩序，以及发生在群众身边的“微腐败”“小官巨贪”等问题。全国共向司法、纪检监察机关等移送问题线索近4 000件，涉及4 000多人。

此外，坚持把审计发现的问题放在改革发展大局下审视，从体制机制制度层面分析原因、提出建议。全国共报送审计报告和信息超过13万篇，提出建议超过15万条，推动建立健全规章制度6 000多项。

（资料来源：http://www.gov.cn/xinwen/2021-05/07/content_5 605 042.htm）

第五章　内部控制的基本方法

学习目标

- ◆ 理解不相容职务分离控制内容
- ◆ 理解授权审批控制内容
- ◆ 掌握会计系统控制内容
- ◆ 理解财产保护控制内容
- ◆ 重点掌握预算控制基本流程
- ◆ 了解运营分析控制内容
- ◆ 理解绩效考评控制基本流程
- ◆ 掌握合同控制基本流程

引导案例

小林化工产品失效的内部控制视角分析

日本制药企业小林化工(小林化工株式会社)近日被其所在地福井县政府勒令停业116天进行整顿。这也是迄今日本药企违反相关法律被勒令停业时间最长的一次。事件的起因是该公司生产的一款甲癣治疗药“伊曲康唑片50‘MEEK’”混入过量睡眠诱导剂成分“利马扎封盐酸盐水合物”,导致239人健康受损。混药事故发生在2020年7月前后,当时由于生产损耗,生产人员补充了在制造过程中损失的原材料,但混淆了装有主要成分的容器和包含睡眠诱导剂成分的容器。该事件还牵扯出小林化工长期造假问题,包括制药原料使用不当、制药过程违规、用阴阳账簿应付检查、捏造部分质量检验结果、发现异常后继续发货等。

阅读相关报道,可以分析出小林化工生产环节中存在的内部控制缺陷。一是原材料领用环节存在缺陷。根据小林化工的规定,原材料发出时,需要两人同时在场,在取出原材料和称重时共同确认,但是当时只有一个负责人在工作。缺少监督导致领用错误。其实,为了防止类似人为错误,使用条形码进行计算机管理在医药行业已经得到普遍运用,但小林化工并未在旗下所有工厂采用条形码管理,对人工的过度依赖很可能导致疏忽。二是生产投料环节存在缺陷。日本厚生劳动省在其批准的医药制造过程中不允许进行原料补给。原材料领出后,如果现场其他生产员工严格按照规范拒绝补充原材料,就可以规避此次产品质量事故。三是产成品检验环节存在缺陷。报道称,在药片出货前,工厂在确认成分时通常使用液相色谱进行分析,通过峰值的变化判断成分多少。然而,在此批成品的检测中,负责样品检验的现场工作人员发现一个前所未见的小的色谱峰,推断可能有异物混入,并向上级报告该药物主要成分的含量可能有所不同。遗憾的是，公司内部并未对该异常报告进行详细的调查。该批产品的最终质量检查报告显示，除了产品中包含不应添加的睡眠诱导剂的成分外，还有指示异物污染的数据，可仍然被企业所忽略，产品得以入库。四是发货环节存在缺陷。在发货时，企业一般需要对产品进行适当的检验，一般采用抽样检查的方式。如果质量检测人员抽检到该批产品，还有亡羊补牢的可能。但是，纯粹依赖发货前的抽检往往很难发现问题。五是其他环节存在缺陷。小林化工曾经用阴阳账簿应付检查，说明公司对内部控制的态度和导向，反映出该公司并未真正重视产品的质量和社会责任，而是将追求绩效作为企业的主要理念。这也说明小林化工的价值导向出现偏差。

（资料来源：赵团结，朱彤. 小林化工产品失效的内部控制视角分析. 中国会计报.2021-04-09）

从以上案例可以清楚地看到，企业发生的风险与内部控制存在缺陷密切相关，而这些内部控制缺陷取决于内部控制措施的设计和执行。《企业内部控制基本规范》第二十八条规定的控制措施包括：不相容职务分离控制、授权审批控制、会计系统控制、财产保护控制、全面预算控制、运营分析控制和绩效考评控制等。除上述控制措施以外，合同控制也是一种重要的控制措施。

本章将对上述内部控制措施的基本方法进行阐述。

第一节　控制活动概述

控制活动是为了应对风险，帮助企业管理层及普通员工实现控制目标，确保控制指令得到全面贯彻落实的政策、程序和方法。政策是确定应该“干”什么，程序是用来贯彻落实政策的流程，方法是落实政策和实施程序的手段和措施。企业应在风险评估的基础上，结合风险应对的策略，确定控制的具体措施，实施控制活动。控制活动的分类如下。

一、按照控制手段分类

按照控制的手段进行分类，控制活动可分为人工控制和自动控制。内部控制，无论是采用人工系统还是采用信息技术系统，都将影响交易生成、记录、处理和报告的方式。企业的性质和经营的复杂程度会对人工控制和自动控制的组合方式产生影响。

（一）人工控制的使用范围及相关内部控制风险

以人工控制为主的内部控制系统，一般包括批准和复核业务活动，并且要编制相关的调节表，对调节项目进行跟踪。

（1）人工控制适合处理需要主观判断或酌情处理的情形，如表 5-1 所示。

表 5-1　人工控制更为适当的情况

序号	内容
1	存有大额、异常或偶发的交易
2	存有难以定义、防范或预见的错误
3	为应对业务的变化，对现有的自动控制进行调节
4	监督自动控制的有效性

（2）由于人工控制受人为因素的影响，必然会产生特定风险，注册会计师应当从以下方面了解人工控制产生的特定风险：①人工控制更容易被规避凌驾于内部控制之上；②人工控制难以实现一贯性；③人工控制更容易产生简单错误。

（3）相比于自动控制而言，人工控制不适应下列情形：①存在大量或重复发生的交易；②事先可预见的错误能够通过自动控制得以防范或发现；③控制活动可得到适当设计和自动化处理。

（二）信息技术的优势及相关内部控制风险

采用信息技术系统生成、记录、处理和报告交易时，交易的记录形式一般是电子文档。信息技术系统中的控制可能既有自动控制（如嵌入计算机程序的控制），又有人工控制。

（1）信息技术在内部控制中的作用见表5-2。

表5-2　信息技术在内部控制中的作用

序号	内容
1	在处理大量的交易或数据时，一贯运用事先确定的业务规则，并进行复杂运算
2	提高信息的及时性、可获得性、准确性
3	有助于对信息的深入分析
4	加强对政策和程序执行情况的监督
5	降低控制被规避的风险
6	通过对操作系统、应用程序系统和数据库系统实施安全控制，提高不相容职务分离的有效性

（2）信息技术也可能对内部控制产生风险，如表5-3所示。

表5-3　信息技术可能对内部控制产生的风险

序号	内容
1	系统或程序未能正确处理数据，或处理了不正确的数据，或两种情况并存
2	在未得到授权情况下访问数据，可能导致数据的毁损或对数据不恰当的修改，包括记录未经授权或不存在的交易，或不正确地记录了交易
3	信息技术人员可能获得超越其履行职责的数据访问权限，破坏了系统应有的职责分工
4	未经授权改变主文档的数据
5	未经授权改变系统或程序
6	未能对系统或程序作出必要的修改
7	不恰当的人为干预
8	数据丢失的风险或不能访问所需要的数据

二、按照功能和作用分类

按功能和作用分类，控制活动可分为预防性控制、检查性控制、指导性控制、纠正性控制和补偿性控制。

1. 预防性控制

预防性控制是指事前或事中的控制，通常用于正常业务流程的每一项交易，以防止错报的发生。如：对被审计单位的信息进行审核、采用招标方式选择供应商、职责分离、运用检查单、将任务分配给有胜任能力的员工、使用密码、授权程序等。

2. 检查性控制

检查性控制是事后的控制，监督预防性控制能否有效地发挥作用。如：检查和比较、核对银行对账单、实物清点、对账等。建立检查性控制的目的是发现流程中可能发生的错报（尽管有预防性控制还是会发生的错报）。检查性控制通常不适用于业务流程中的所有交易，而适用于一般业务流程以外的已经处理或部分处理的某类交易，可能一年只运行几次，如每月将应收账款明细账与总账比较，也可能每周运行，甚至一天运行几次。

3. 指导性控制

指导性控制是为确保实现有利结果而采取的控制。各种政策、指南和手册等都属于指导性控制。如：要求内部审计部门的所有员工具有注册内部审计师资格、为管理层提供实现最低毛利率的合理保证、保证一定的员工出勤率。

4. 纠正性控制

纠正性控制是为纠正已发生的不利事项而采取的控制。纠正已检查出来的和已报告的差错。如：纠正程序、例外报告等。

5. 补偿性控制

补偿性控制是针对某些环节的不足或缺陷而采取的控制。补偿性控制的目的是排除损失、错误和舞弊，把风险水平限制在一定的范围内。如：岗位轮换、不定期盘点、突击检查等。

第二节　不相容职务分离控制

一、不相容职务分离控制概述

（一）不相容职务分离控制的含义

不相容职务是指那些如果一个人担任既可能发生错误和舞弊行为，又可能掩盖其错误和舞弊行为的职务。不相容职务分离控制的核心是内部牵制，即把这些职务分配给两个或两个以上的部门或人员办理，以便于相互监督、相互制约。不相容职务一般包括以下内容：①不得由一人办理货币资金业务的全过程；②不得由同一部门或同一个人办理合同业务的全过程；③不得由同一部门或同一个人办理固定资产采购业务的全过程；④不得由同一部门或同一个人办理投资业务的全过程。

《企业内部控制基本规范》第二十九条规定，不相容职务分离控制要求企业全面系统地分析、梳理业务流程中所涉及的不相容职务、实施相应的分离措施。形成各司其职、各负其责、相互制约的工作机制。不相容职务分离控制贯穿企业经营管理活动的始终，是企业防范风险的重要手段之一。企业应通过不相容职务分离控制活动，降低错误和不当行为发生的风险。如果企业员工兼任多项不相容职务，往往会发生错误和舞弊行为，且很难被内部控制发现。这就需要对不相容职务进行分离，以预防企业员工职责履行过程中的错误和舞弊行为。

【案例 5-1】

不相容职务与高通中国 1 100 余万元的“不翼而飞”

世界 500 强高通公司出纳丁某犯职务侵占罪，被北京市朝阳区人民法院依法判处有期徒刑十年六个月，并没收个人财产 10 万元，继续追缴违法所得 1 055.60 万元。2010 年 7 月至 2011 年 11 月期间，丁某利用其担任高通无线通信技术(中国)有限公司出纳员，负责管理该公司及高通无线半导体技术有限公司账务的职务便利，采用虚构公司业务支出等手段，将高通无线通信技术(中国)有限公司累计金额 848 万余元的转账支票、高通无线半导体技术有限公司累计金额 207 万余元的转账支票转入其他多家公司账户套取资金，后将所得赃款以赌球等方式挥霍。丁某于 2011 年 12 月 9 日向公安机关投案。

丁某于 2006 年 4 月进入高通公司工作，现金和支票业务都由丁某负责。平时，丁某可以轻松接触到财务章和法人名章等财务印鉴及凭证。由于上述不相容职务由丁某一人负责，他去银行办理业务时，多买转账支票，并在网上找好能“串支票”的人，然后通过虚构公司的业务支出项目如采购设备、礼品等开出支票，支票的收款方是“串支票”的人安排好的公司，后者把支票兑成现金，除去 0.7%~1% 的手续费，再把剩下的钱打入丁某的账户。为了掩盖犯罪，丁某伪造了 3 枚银行柜员的人名章、1 枚银行的业务专用章。银行定期给公司发对账单，但丁某提交给公司的银行对账单是他自己用电脑打印伪造的。此外，丁某还使用伪造的印章在公司询证函上加盖银行的业务章和人名章，直接发回公司。

直到 2011 年 12 月 6 日，高通公司开户行的工作人员告知该公司，其账户内余额不足，已经无法正常扣缴税款。公司派会计人员去银行核实相关情况，才发现四个账户内“消失”了 1 100 余万元，导致案发。丁某在接受记者采访时回答：“外企比不了国企，有庞大的财务管理机构，财务人员往往身兼数职。我就是利用单位领导对我的信任，我觉得自己挺对不起他们的。公司有审计制度，但由我负责。”

(资料来源：https://it.sohu.com/20121207/n359813193.shtml[2021-01-07])

二、不相容职务分离控制的内容

企业的经济业务活动一般可分为授权批准、执行、记录及稽核检查等步骤。如果上述每一步骤分别由相对独立的人员(或部门)实施，就能够保证不相容职务分离。因此，不相容的职务通常包括授权批准与业务经办、业务经办与会计记录、会计记录与财产保管、财产保管与稽核检查以及稽核检查与授权批准等内容(图 5-1)。若上述不相容职务未实现分离，则很容易发生舞弊行为。表 5-4 列示了部分不相容职务不分离的具体情况。

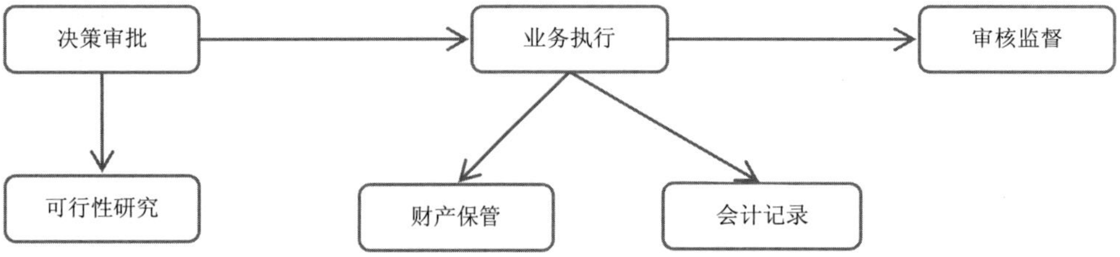

图 5-1 不相容职务分离控制

表 5-4 部分不相容职务不分离的具体情况

序号	类型	部分具体情况
1	授权批准与业务经办	材料采购审批人员兼任材料采购经办人员，批准工程建设项目建设人员兼任工程项目招投标人员，信用政策制定人员兼任销售人员等
2	业务经办与会计记录	销售人员、采购人员或生产人员兼任会计人员等
3	会计记录与财产保管	财务部门的出纳、记账人员等不能兼任等
4	财产保管与稽核检查	既负责仓库保管业务，又负责仓库审计监督业务等
5	稽核检查与授权批准	材料采购审批人员兼任审核稽核等职务等

三、轮岗制度

轮岗制度是不相容职务分离控制的一个重要手段和形式。轮岗是指员工在企业内部进行不同工作岗位的轮换。如果员工在某个岗位上工作了较长时间，就会逐渐适应制度，制度对其的威慑力会不断减弱，容易引发员工的舞弊行为，并且长时间在一个岗位工作的员工很容易积累资源进而形成个人垄断资源，对企业利益产生潜在危险。

轮岗的目的主要是合理配置资源，规避风险。首先，可以防范管理风险或道德、法律风险；其次，能够锻炼和培养人才，通过内部的岗位轮换，缓解晋升岗位不足的压力，可以既经济又有效地培养出能够独当一面的复合型人才；最后，对员工也能起到激励作用。轮岗可以使员工开阔视野，积累人脉资源，发现自己真正的兴趣与能力所在，锻造多方面的能力并积累经验，从而拓展员工职业宽度，真正做到把合适的人用在合适的岗位。轮岗的具体措施如下。

（1）制定岗位轮换制度。企业首先应制定岗位轮换制度，在执行过程中做到有章可循。要明确各岗位的责任，严格按工作规范和业务流程进行操作。轮岗前制定具体的计划，包括轮岗时间、轮岗目标等。同时要制定轮岗工作图表，使每一位轮岗人员都清楚将要轮换的岗位，以便在熟悉自己的工作岗位后，可以关注将要轮换的其他岗位的相关工作内容。

（2）做好轮岗前的沟通工作。轮岗是人才识别与培养工作的一部分，但员工也有其个人的职业生涯规划，如果事前没有沟通而只是管理者一厢情愿地为其设置未来发展路线，很有可能无法使双方找到最终的结合点而浪费资源。所以，在轮岗前要做好轮岗人员的思想工作，明确每个人对轮换岗位的要求，使每个人心中有数，防止在轮换过程中出现闹情绪等现象。

（3）合理安排轮换的期限。轮换过程中，要遵循整体稳定、局部轮换的原则。不要采用大换班的形式，以免在轮换过程中造成工作的全面瘫痪。另外，还要考虑各位轮岗人员的工作能力和知识水平，由简单到复杂，跨度不要过大，比如，管理现金出纳会计人员轮换到财务报表岗位，或者管理成本会计人员轮换到出纳岗位，以免因会计岗位轮换而影响会计人员水平的发挥。会计的轮换不宜过频过快，不要急于求成。轮换时间的长短应根据单位的性质和工作需要而定，根据各岗位掌握的业务技能而定，短则一年，长则三年。

（4）合理安排轮岗的工作交接。确保各项资源完全移交，确保接收者对各项进展中的工作清楚了解，这些都是工作交接过程中非常关键的事项。首先，要把交接的文件、材料整理好，以书面形式上报，交接双方按照交接内容逐项清点，并且由主管领导监督交接过程。其次，交接完成后移交人、接收人和监交人都要签字确认，以便在之后的工作过程中以及出现问题时分清责任。

【案例 5-2】

东风本田会计，勾搭“采购”出大事，怎会发生？

韩某 2007 年加入东风本田汽车零部件有限公司，担任财务会计科成本核算员。刚入职时，他对自己的职业生涯有着清晰的规划，工作认真负责，先后荣获优秀员工等荣誉称号。但因 2015 年升职失败，心有不甘的韩某埋怨公司没有认可自己的工作，开始动起“歪心思”，想从其他地方找一些“补偿”。

这一年，东风本田汽车零部件有限公司引进一套 QAD 企业管理系统。该系统对采购、销售、库存等流程进行整合，以节省人力、提高效率。对业务流程十分熟悉的韩某很快发现刚上线的系统存在漏洞。他没有第一时间上报，而是密谋筹划利用这一漏洞窃取企业利益。他瞄准的第一个“结盟”对象就是方某。

方某 2008 年加入东风本田汽车零部件有限公司，担任采购科稽核管理员。在韩某的鼓动下，方某也觉得有机可乘。两人多次密谋商议，设计出了一个套取企业货款的方案。

但仅靠两人配合还不够，还需要找到愿意配合的供应商。他们很快锁定了一家供应商的实际控股人周某。周某因业务关系和方某认识，和韩某、方某年龄相仿，私交甚好。二人判断周某可以信赖，便把计划和盘托出，并约定事成之后三方均分非法所得。面对唾手可得的意外之财，正身陷资金链困境的周某喜不自胜，也想从中好好“捞”一笔。

三人称兄道弟，内外勾结。方某负责将虚构的采购入库清单提供给周某，周某根据清单虚开增值税专用发票交回给方某。方某则利用 QAD 系统进行虚拟挂账，然后由财务人员韩某操作“审核通过”。之后，方某复制之前审批通过的签字字迹，伪造虚假审批单据，并与入库清单等资料一起交由韩某进入财务审批付款流程。企业根据审批结果将货款支付给供应商。最后，周某扣除税点后以现金或转账方式把非法所得分发给二人。

2015 年 7 月，三人开始验证整套流程的可行性。他们轻易得手，凭空套取数千元，三人喜不自胜，胆子也越来越大。短短几年时间，仅通过周某的公司就套取了 1 200 多万元资金，严重侵害企业利益，造成国有资产重大损失。

2015 年 7 月至 2019 年 3 月，韩某和方某伙同 7 家供应商，在没有实际供货的情况下，骗取东风本田汽车零部件有限公司资金 2 500 余万元，两人各自分得 740 余万元。

2019 年 3 月，东风本田汽车零部件有限公司开展内部自查，发现二人内外勾结套取资金的问题线索。公司党委立即按程序上报东风公司纪委。东风公司纪委在收到报告后开展初步核实，发现二人涉嫌严重职务违法犯罪。

2019 年 11 月，东风公司纪委对方某、韩某立案审查，二人涉嫌职务犯罪问题由国家监委驻东风公司监察专员办公室移交至广东省惠州市监委。2019 年 12 月，惠州市监委派大亚湾开发区监察专员办对方某、韩某以及 8 名涉案人员立案调查，并采取留置措施。2020 年 8 月，经广东省惠州市大亚湾经济技术开发区人民法院审理，判处韩某有期徒刑十一年六个月，方某有期徒刑十一年，包括周某在内的其他 8 名涉案人员均被判处三至六年有期徒刑。

案件发生后，东风本田汽车零部件有限公司深刻剖析背后的原因，排查企业监管漏洞，完善管理制度，优化业务流程，加强业务合规审核，健全权力运行可查询、可追溯的反馈机制，以公开促公正、以透明保廉洁。同时推动“三管”人员（管人、管钱、管物的人员）定期强制性轮岗，强化关键岗位人员职业道德、责任意识和风险意识教育，以案为鉴、以案促改。

（资料来源：东风本田会计，勾搭“采购”出大事，怎会发生？内审之友（微信公众号））

四、强制性休假制度

《中华人民共和国劳动法》对劳动者的休假权有明确规定，《职工带薪年休假条例》也对机关、企业、事业单位等单位职工的年休假天数进行了具体规定。强制休假指强制带薪休假，不定期的强制休假制度是指为防止国家工作人员在任职期间实施以权谋私的行为，在其任职期间实施的突发性的休假，利用其休假机会让特派的代职人员检查其工作是否存在以权谋私行为的制度。

【案例 5-3】

“90 后”出纳沉迷赌博挪用公款近千万元

2019 年 3 月，原鹿寨县卫生和计划生育局（以下简称“原县卫计局”）出纳杨某曦挪用公款 900 多万元被鹿寨县监察委员会立案查处并予以通报曝光，在全县党员干部中引起巨大震动。杨某曦是一个家庭条件优越的“90 后”，也是家中独子，深受父母宠爱。9 月 9 日，广西壮族自治区柳州市鹿寨县人民法院公开审理这起“小蝇巨贪”职务犯罪案，该案涉案数额巨大，是该县涉职务犯罪金额最大的案件。

公诉机关指控，被告人杨某曦与鹿寨县寨沙镇中心卫生院于 2017 年 5 月签订聘用合同后，被抽调到鹿寨县卫生和计划生育局（以下简称“县卫计局”）财务股从事财务出纳工作。2018 年 5 月，聘用合同到期后，双方未及时续签合同，杨某曦继续在县卫计局从事出纳工作。

2017 年 9 月起，杨某曦利用职务便利及单位管理、会计监督、请款审批等方面存在的漏洞，私自将单位印章和会计个人印章加盖在转账支票上，先后多次将单位公款共计人民币 9 846 220.70 元（其中涉及扶贫资金 100 余万元）私自转账至其个人银行账户，用于网络赌博及个人消费，已归还 335 000 元，案发前仍有 9 511 220.7 元未归还，2019 年 1 月，被告人杨某曦在家人的陪同下主动到鹿寨县监察委员会投案。

“小官巨贪”案件主要有哪些特点？重要岗位权力节点和民生民利领域成发案重灾区。这些人员通常掌握资金管理、项目审批等实权，所在的岗位处于重要权力节点，以权谋利、中饱私囊的空间很大。同时，发生在新农村建设、惠民补贴、征地拆迁、医疗卫生等民生民利领域的案件占比较大。

涉案人员系统化、群体化现象明显。“小官巨贪”案件大多伴随“群蛀”现象，在共同经济利益链条的驱动下，涉案人员相互勾结，利益均沾。有的还把家庭当成了权钱交易场所，间接搞利益输送掩人耳目，亲人、情人等特定关系人成了贪腐利益共同体。

作案手段日趋智能化、隐蔽化。“小官巨贪”案件多为“能人腐败”，作案大都经过精心策划，手法多样。涉案人员基层经验丰富，熟悉相关政策法规，有的涉案人员利用上下信息不对称的机会为自己敛财，有的涉案人员利用政策漏洞为自己谋利，仅从表面审查很难发现。部分涉案人员以“人情往来”“业务回扣”名义进行累积式敛财，并对作案痕迹加以掩饰，发现风吹草动立即进行串供、销毁物证、转移藏匿财产，导致此类案件查证难、追赃难问题突出。

如何遏制“小官巨贪”现象？加大惩治力度，保持基层反腐高压态势。重点查办发生在社会保障、教育医疗、征地拆迁、环境保护、扶贫救灾等民生领域的突出问题，着力解决发生在群众身边的“苍蝇”式腐败问题。

大力推行基层干部交流、岗位轮换、任职回避等制度，对一些基层关键岗位的人员进行定期轮岗，压缩基层干部权力寻租的空间。

全面加强财务监管，对一些职级不高但身处重要岗位的基层干部，定期开展任职审计和离任审计。加强对重大决策、重大项目、重大事宜等的监督，形成自上而下、层层制衡、自律和他律相互补充的长效机制。

加强廉政教育，狠抓基层干部政治素质。加强对基层干部的纪律教育和反腐倡廉教育，增强其遵纪守法、廉洁自律的自觉性。

（资料来源：https://www.sohu.com/a/342059384_100006057）

第三节　授权审批控制

一、授权审批控制概述

（一）授权审批控制的概念

委托—代理理论的核心思想就是权力下放，是现代企业制度的核心。授权是组织运作的关键，它是以人为对象，将完成某项工作所必需的权力授权给下属，即将决策权从组织中的一个层级移到另一个层级，或者由组织中较高的层级转移到较低的层级。授权审批控制，是指各项交易或经营活动的办理必须由被批准和被授权人去执行。授权审批控制可以合理保证企业经营管理合法合规、资产安全、财务报告及相关信息真实完整、提高经营效率和效果。

根据《企业内部控制基本规范》第三十条规定，授权审批控制要求企业根据常规授权和特别授权的规定，明确各岗位办理业务和事项的权限范围、审批程序和相应责任。企业应当编制常规授权的权限指引，规范特别授权的范围、权限、程序和责任，严格控制特别授权。企业各级管理人员应当在授权范围内行使职权和承担责任。企业对于重大的业务和事项，应当实行集体决策审批或者联签制度，任何个人不得单独进行决策或者擅自改变集体决策。授权审批控制实际上由授权、审核和批准三个环节构成。

（二）授权控制的分类

《企业内部控制基本规范》将授权划分为常规授权和特别授权，如表5-5所示。

表5-5 常规授权与特别授权的部分具体情况

授权类型	部分具体情况
常规授权	财务部门负责人授权财务人员王某审核支票，只要支票签发部门和签发人员符合要求时，王某就可以按规定授权办理支票审核业务； 管理部门规定某项赊销政策时，只要赊销业务符合相关政策规定，销售人员就可按上述政策的授权办理赊销业务
特别授权	总经理办公会向某一金融机构借款高达上亿元，其额度远远超过财务部门规定的权限； 企业购买的办公设备高达数百万元，远远超过采购部门处理的权限； 对外投资、资产处理、资产重组、收购兼并、担保抵押及关联交易等

（1）常规授权是指企业在日常经营管理活动中按照既定的职责和程序进行的授权。常规授权的有效时间较长，被授权人可长期行使该权力以便充分发挥才能，并保持相关制度的稳定性。内部员工在日常业务处理过程中，可以按照规定的权限范围和有关职责自行办理或执行各项业务。常规授权在企业中大量存在，如采购部门采购材料、会计部门进行账务处理、人力资源部门招聘员工等。企业可以根据常规授权编制权限指引，并通过适当形式予以公布，以提高权限的透明度，加强对权限行使的监督和管理。

（2）特别授权是指企业在特殊情况、特定条件下进行的授权。同常规授权相比，特别授权是一种临时性的、应急性的授权，通常是暂时有效的。它通常涉及特定的经济业务处理的具体条件及有关人员，主要由管理层通过对某些特殊经济业务或财务逐个审批来进行授权控制。特别授权一般由授权委托书、授权通知等临时性或阶段性文件来进行明确，需要明确授权的事项、内容、对象、期限和终止条件等。

（三）授权控制的原则

1. 依事授权

授权控制是为了实现内部控制的目标服务的，企业应该本着最有利于实现企业战略目标、有利于资源的合理配置为目的来设置职务并进行授权，而不是仅凭被授权人的能力因人授权。因人授权虽然充分考虑了被授权人的知识与才能，但却不能保证职权被授予给最合适的人员，不能实现人力资源的合理利用，不利于经营效率的提高，不利于企业目标的实现。

2. 不可越权授权

授权者对下级的授权，必须在自己的权力范围内，不能超越自己拥有的权限进行授权。授权应有层级，逐级授权，只能逐级由上往下，由直接上级对其直接下属进行授权，不可越级授权。既不能代替自己的上级把权力授予自己的下属，也不可将自己的权力授予下属的下级，还不能代替下属把他的权力授给他的下级。被授权者只能在授权的范围内行权，严禁未经授权或超越权限行权。

3. 适度授权

各级管理者授权时要适度，既不能过小，也不能过大。授权过小，就可能会直接影响下级部门工作的积极性，不利于他们尽职尽责；授权过大，则会造成大权旁落，难以控制，甚至出现滥用职权的情况。把握授权的尺度是授权控制成败的关键。合理授权，应做到授权而不失控。权力下放的合理尺度要以有利于企业生产经营活动的顺利进行、有利于控制目标的实现为标准。对于涉及全局性的、重大事项的权限，如决定企业发展战略、重要的人事任免、预算审批等事项，不可轻易下放。

4. 适当监督

相关人员在授权后应该给予适当的监督。既不能放任不管，也不能常加干涉。放任不管可能发生越权或滥用职权的行为；常加干涉会使授权形同虚设，挫伤下级部门工作的主动性和创造性。对下级在职权范围内的事，一般不宜干涉，但要防止发生越权行为和“先斩后奏”的行为。对于越权行为一定要有相应的惩罚制度。

（四）授权的形式

授权一般以两种形式存在，即口头授权和书面授权。口头授权是指上级领导以口头的形式对下属进行工作交代。书面授权是指上级领导以文字形式对下属工作的职责范围、目标任务、组织情况、等级规范、负责办法与处理规程等做出明确规定的授权形式。企业应当尽量采用书面授权的形式明确相关人员的责任界限，以避免出现口头授权形式下误解权责范围，滥用职权，以及出事之后相互推诿、无法问责等情况的发生。

二、授权审批控制的具体要求

企业内部控制要求企业员工执行每一项经济业务时都必须经过授权，从而确保每一项经济业务的处理与审批条件相符合，即要求企业根据常规授权和特别授权的规定，明确各岗位办理业务和事项的权限范围、审批程序和相应责任。由此，企业应当编制常规授权的权限指引，明确授权的范围、权限、程序和责任，严格控制特别授权。

（一）授权审批范围

企业授权批准的范围通常包括企业所有常规性业务活动，业务的预算编制、执行、业绩报告以及事后的考核等，都应授权相关岗位人员办理。明确每个管理层次常规授权的内容标准；也要规定特别授权要求以及不同管理层级特别授权限定。例如，A 企业按支出金额将 10 万元以下金额的支出视为常规授权，由企业部门主要负责人或副总经理审批后可办理支出，而 10 万元（含）以上金额的支出视为特别授权，并由不同的管理层进行审批（见表 5-6）。

表 5-6 企业现金支出的常规授权与特别授权

授权类型	授权范围	审批人或机构
常规授权	1 万元以下	部门主要负责人
	1 万元(含)至 10 万元	副总经理
特别授权	10 万元(含)至 50 万元	总经理办公会
	50 万元(含)以上	董事会

(二)授权审批层次

企业应当根据经济业务的重要性和金额大小确定不同的授权批准层次。授权批准在层次上应当考虑连续性,要将可能发生的情况全面纳入授权批准体系。同时,授权审批应防止出现真空地带,即要根据企业内外部环境的变化适时调整。一旦出现新的业务类型,需制定相应的授权审批制度,而金额规模发生变动时,也需要进行相应的修改。

【案例 5-4】

我国第一份否定意见的内部控制审计报告

1993 年,山东新华制药厂改制后成立山东新华制药股份有限公司(以下简称"新华制药"),由山东新华医药集团有限责任公司控股,该集团是国有独资公司。1996 年 12 月,新华制药在香港上市,公开发行 H 股股票。1997 年 7 月,新华制药在深圳上市,公开发行 A 股股票。2012 年 3 月 23 日,新华制药被信永中和会计师事务所出具了否定意见的内部控制审计报告,这是我国证券市场上第一份否定意见的内部控制审计报告。信永中和会计师事务所指出新华制药由于多头授信规定模糊,导致对客户授信额度过大。新华制药的子公司山东新华医药贸易有限公司对多头授信没有明确规定。在实际的操作中,公司的商业销售部门、工业销售部门和山东新华医药贸易有限公司鲁中分公司分别同时向同一客户进行授信,导致授信额度过大,面临交易对象或将无法履行责任的情况。上述内部控制的重大缺陷使得新华制药在和山东欣康祺医药有限公司的交易中产生了大额应收款项 6 073 余万元。与此同时,因为山东欣康祺医药有限公司经营不善,其资金链很有可能断裂,很有可能让新华制药面临巨大损失。

(资料来源:郭志碧,孙艳芬. 内部控制失效对企业价值的影响:基于新华制药的案例[J]. 财会通讯,2017(35):104-107)

(三)授权审批责任

应当明确被授权者在履行权利时应当对哪些方面负责,避免授权责任不清,出现问题后无法追究责任的情况发生。这样,一旦出现问题,可以准确划分出不同部门或人员的责任,并追究其责任。以报销业务为例,应结合企业的实际情况,确定不同部门或相关人员的权限与职责,并对其做出相应的规定,不能将所有责任归咎于报销人员或会计人员。该项业务的权力与责任通常按如下方式进行划分:承办人员及所在部门对报销事项的真实性负责;财会人员或财务部门对会计凭证的合法性、合理性和完整性等负责。

【案例 5-5】

职责边界的重要性

马罗尔医生有两个实习生,纳特和埃里。纳特总是神采奕奕、白大褂一尘不染。埃里则总是马不停蹄地从一个房间赶到另一个房间,白大褂上经常沾着药水、小病号的果汁和菜汤。纳特严格遵守印第安纳州的医生法定时间,一分钟也不肯超时,除了夜班他不会在上午8点前出现,下午5点后就踪影全无。埃里每天清晨就走进病房,有时要加班到深夜。医院每年都要评选出5名优秀实习医生。出人意料,纳特当选,埃里落选。这是为什么?所有的人都为埃里鸣不平,认为他是所有实习医生中最负责的人。而评委马罗尔医生对此有更深刻的解释:他认为,埃里落选的原因是他负责过头了,他把为病人治病当成了自己一个人的职责,事无巨细统统包揽。但是由于他负责过头,缺乏足够的休息,导致疲惫不堪、情绪波动、工作差错多。纳特则看到了医生职责的边界,他知道医生只是治疗的一个环节,是救死扶伤的一部分,病人只有在医生、护士、营养师、药剂师等人的共同努力下才能更快地康复。他严格遵守职责的要求,不越雷池半步,把主要精力用于职责界限内,因此每天精力充沛、注意力集中、很少出错。

(资料来源:王悦. 负责过头了 [J]. 青春男女生(妙语),2006(2):15)

(四)授权审批程序

授权批准的程序,即规定每一类经济业务的审批程序,以便按照程序办理审批,避免越级审批或违规审批。如对于货币资金业务,企业通常应当建立的授权审批程序包括:支付申请、支付审批、支付复核和办理支付等。

(五)授权审批检查

为确保授权审批制度执行的有效性,企业组织应建立健全授权审批监督检查制度。通常来讲,主要通过检查凭证和文件,以及现场观察等方式实施。

1. 检查凭证和文件

经济业务发生和完成时,通常要编制、审核一系列的凭证或文件,这些凭证或文件是授权批准制度执行的证据。通过审查可反映授权批准制度执行的有效性。例如,A企业规定10万元(含)以上需经总经理办公会或董事会审批方可支出,而监督检查人员未发现总经理办公会或董事会会议纪要,则表明A企业资金支出的授权审批制度未得到有效执行。

2. 现场观察

现场观察是指对授权审批的现场进行观察。观察结果通常有助于判断授权批准制度的执行有效性。例如,A企业的采购制度规定,超过1万元(含)的采购事项需取得至少三方报价方可发出订单,为判断该项授权审批制度执行的有效性,监督检查人员要通过现场观察予以确认。

【案例 5-6】

未经审批的银行承兑汇票签发权

2004年7月初,监管人员在审查某银行报送的非现场监管报表,当看到表外业务情况统计表时，一组惊人的数据出现在眼前。截至6月底，该行签发银行承兑汇票5.1亿元，比年初增加2.2亿元，资金敞口2.9亿元。监管员立即打电话给该行公司业务部进行核实，得知汇票签发金额主要集中在少数几户处于发展期的民营企业，这引起了监管人员的密切关注。结合地方经济发展状况，根据企业对票据需求程度，对比其他国有商业银行票据签发量，监管人员意识到上述情况有可能是相关人员逃避银行授信管理和贷款规模控制而套取贷款。于是，监管人员及时对该行办理票据业务的合规性进行专项检查。检查结果显示：该银行自2003年以后，已没有签发承兑汇票敞口授信权限，然而该银行所签发票据敞口高达2.9亿元，均未经上级审批。

（资料来源：刘庆民. 一起票据业务违规案例引发的思考 [J]. 金融经济，2006(22)：163-164）

第四节　会计系统控制

一、会计系统控制概述

（一）会计系统控制的定义

会计系统是指企业为了汇总、分析、分类、记录、报告公司交易等而建立的方法和记录的工作系统，对内给管理层提供经营管理相关的信息，对外为债权人和投资者提供对决策有用的信息。会计系统控制主要包括会计工作岗位责任制、会计凭证控制、复式记账控制、会计账簿控制、会计报表控制及其财务成果控制等内容。

会计系统控制主要是通过对会计主体所发生的各项能用货币计量的经济业务进行记录、归集、分类、编报等来进行控制，利用记账、核对、岗位职责落实和职责分离、档案管理、工作交接程序等会计控制方法，确保企业会计信息真实、准确、完整。会计系统控制贯穿企业的整个经营管理活动，在控制投资业务、承资业务、销售业务、担保业务、外包业务等风险方面发挥重要作用。《企业内部控制基本规范》第三十一条规定，会计系统控制要求企业严格执行国家统一的会计准则制度，加强会计基础工作，明确会计凭证、会计账簿和财务会计报告的处理程序，保证会计资料真实完整。

企业应当按照《会计法》和国家统一的会计控制规范，对会计主体发生的各项经济业务进行记录、归集、分类和编报，完善会计业务的处理流程，充分发挥会计系统的控制职能。

（二）会计系统控制的目的

会计作为一个信息系统，对内能够向管理层提供经营管理的诸多信息，对外可以向投资者和债权人等提供用于投资、信贷等决策相关的信息。会计系统控制一方面通过不相容职务分离，可以防止差错和舞弊，从而合理保证企业经营管理合法、合规和资产安全；另一方面，规范会计信息处理的各个程序，从而确保财务报告及相关信息真实完整，为决策者提供有利于其决策的会计信息，即更好地扮演会计信息提供者的角色。

【案例 5-7】

昆明机床会计系统控制缺失

沈机集团昆明机床股份有限公司(以下简称“昆明机床”)成立于 1993 年 10 月 19 日,其前身为中央机器厂, 1953 年更名为昆明机床厂,是我国较早发展起来的机床功能部件产品制造企业,也是我国首批在香港上市的股份制企业。1994 年,昆明机床在上交所上市,成为云南省第一家同时发行国内 A 股和香港 H 股的企业。2017 年 3 月 20 日,昆明机床自曝存货不实等四大财务违规问题。

昆明机床采取单项沟通机制,所有重大信息统一向上流入董事会及董事长,缺乏部门之间的横向信息沟通,这样导致信息高度集中。由于财务部门与业务部门缺乏充分的沟通,加之相关复核控制运行失效,存货、应收账款、其他应付款、营业收入及营业成本等会计科目的错报风险提高。根据迪博数据资讯披露的 2015 年度昆明机床《内部控制缺陷报告》,昆明机床存在存货核算体系不健全、长期未建立存货收发存信息系统等内部控制缺陷。这导致对原材料、半成品无法实行永续盘存制,严重影响了公司财务报表的真实性和可靠性。

(资料来源:胡明霞,马茜群. 国有企业财务舞弊研究:基于昆明机床案例分析 [J]. 会计之友,2019,(11):138-144)

二、会计系统控制的内容

会计系统控制的内容包含会计准则和会计制度的选择、会计政策的选择、会计估计的确定、会计业务流程控制、会计文件和凭证控制、会计档案保管控制以及组织和人员控制等方面。企业在进行会计系统控制时,应关注以下方面内容:

(1)企业管理层应当依据企业具体情况选择适用的会计准则和相关会计制度。例如根据规模和行业性质,分别采用《企业会计准则》《小企业会计准则》等。

(2)企业管理层应当以企业状况为标准来选择适当的会计政策,变更会计政策时要说明合理的变更原因。

(3)企业管理层需要依据企业的真实情况,做出合理的会计估计。若资产和负债的当前状况及预期经济利益和义务发生变化,会计估计也需要做出相应的改变。

(4)企业应当以业务流程图的形式清晰反映其会计业务流程,使得会计部门员工能够充分理解企业的会计业务流程,从而清楚自己在整个会计业务流程中的地位,采用适当的工作方式承担自己的岗位责任。

(5)企业应当对经济业务文件进行记录并且将相关的凭证连续编号,避免业务记录的重复或遗漏,同时便于业务查询,在一定程度上防范舞弊行为的发生。例如,企业对产品出入库单预先编号,这样可以有效控制产品的流动,不会出现产品无故短缺的现象。

(6)企业应当详细记录且妥善保管合同、协议、备忘录、出资证明等重要的法律文书,将其作为企业重要的档案资料以备查阅。

【案例 5-8】

沉沦"吉祥"发财梦，一枕黄粱狱中人

染上网赌输光积蓄妄想翻本伸手公款

2016 年 9 月，迈出校门不久的吴某进入六横运输总公司，担任助理会计一职，因工作踏实能干，受到领导、同事的肯定。2017 年 7 月，吴某因专业能力较强，开始负责公司的出纳工作，备受领导信任。

改变这一切的"祸根"是一个叫"吉祥坊"的赌博网站。吉祥，原本预示好运，却将吴某引入一场深重的灾难。2014 年下半年，吴某在同学的介绍下，初次接触了这个主推棋牌类"游戏"的网站。因当时工资收入不高，吴某只是"小赌怡情"，并未沉溺其中。

2018 年 6 月，在公司工作两年多的吴某手头有了点积蓄，为了消遣时光、排解压力，吴某开始在"吉祥坊"打牌"娱乐"。不曾想，短短三四天时间便赢了不少钱，而且这些钱还能提现，他的心不平静了。从一开始每局下注几十元到几百元，投注金额越来越大，他做起了通过网络平台赌博发大财的美梦。

事与愿违，没几天，吴某便开始输多赢少，而且越输越多，不仅把之前赢的钱都输光了，还赔上了自己工作以来积攒的十几万元积蓄。他沉浸于赌博带来的刺激中，并没有及时止损，反而通过向家里要钱和向网络平台贷款，将更多的钱用于赌博，想要尽快翻本，很快输了个精光。

"输完之后，我非常烦躁，总想再找点钱去赌，把输掉的钱再赢回来。"赌徒翻本心理的作用，让身为出纳的吴某把眼光瞄向了其每日经手的公款。

财务漏洞提供便利提现转账"双管齐下"

作为出纳，吴某掌管着公司的现金支票和财务专用章。按照正常程序，出纳根据需要开具现金支票，加盖财务专用章后，由会计审核并盖上公司法人章，才能去银行领取备用金。由于公司财务制度并不严格，会计忙不过来的时候，经常让吴某帮忙，让其自行盖公司法人章的情况时常发生。

吴某回想挪用第一笔公款时的那一幕，仿佛就在眼前。"我趁会计邵某忙，让我帮她在现金支票上盖公司法人章的时候，在一张空白的现金支票上也盖了一个。"随后，吴某趁办公室没人，在支票全额栏里填了"叁万元整"，并从银行领取了 3 万元现金。这笔钱被吴某存进本人银行卡后，充进了"吉祥坊"的账户，仅过一天就被"手气不佳"的他豪赌一空，但公司并没有发现他领走资金的事情。急于回本的吴某索性一次性在四五张空白的现金支票上盖上公司法人章，如法炮制，在需要的时候填好金额到银行提款。

与此同时，吴某在帮会计做网银转账时发现，通过网银转账到自己账户更加"方便"。公司的每笔网银转账汇款，按规定需要出纳先用制单 U 盾登录财务软件，制作好汇款单，再由会计用审核 U 盾登录审核，最后才能进行汇款操作，而审核 U 盾就放在吴某对面会计办公桌的抽屉里，从不上锁，且单位的银行账户并未开通短信提醒功能，这给"心怀鬼胎"的吴某提供了"有利条件"。

短短二十天时间，吴某就通过现金支取和网银转账从公司挪用公款 59 万元，且无一例

外地被其充进赌博网站“打了水漂”。

终酿大祸幡然醒悟倾家荡产追悔莫及

“我也害怕被发现，刚开始每次只转1万元、2万元，输了钱也会向家里要，通过归还备用金的方式归还，总想着赢钱了能把公司的钱还清。”但是妄想着用公款作为“本金”来翻本的吴某，终究黄粱梦碎，徒留遗恨。

“刚开始，我以为是和别的玩家在玩，后来发现平台后面没有别的玩家，就是和系统在玩，投注小的时候还可能赢一点。投注大的话90%的概率会输。”但当时输红了眼的吴某，一心想着翻本补上单位的“窟窿”，改变自己的窘境，早已失去了理智，结果越赌越输，越输越多。从公司网银转账的金额从刚开始的2万元、3万元发展到5万元、10万元，甚至出现了一次性转账18万元、20万元的巨额款项，全然将公司的账户当作了自家的提款机。

经法院审理查明，2019年4月至2020年8月，吴某在担任普陀区六横运输总公司出纳期间，利用直接经手管理公司公款的职务便利，采用自行开具现金支票提取现金、通过网银转账转出公司存款等方式，先后61次挪用公司公款共计333万元人民币，多数用于网络赌博活动。2021年4月2日，吴某因挪用公款罪被普陀区人民法院判处有期徒刑三年六个月。

（资料来源：舟山市纪委市监委.沉沦“吉祥”发财梦，一枕黄粱狱中人.浙江省纪委省监委官网，2021-06-21）

三、会计系统控制的方法

（一）会计工作岗位责任制

《企业内部控制基本规范》第三十一条明确提出，企业应当依法设置会计机构，配备会计从业人员。从事会计工作的人员，必须取得会计从业资格证书。会计机构负责人应当具备会计师以上专业技术职务资格。大中型企业应当设置总会计师。设置总会计师的企业，不得设置与其职权重叠的副职。

按照上述规定，企业组织应当建立健全会计机构，配置数量和素质相当的会计人员。同时，企业组织应当建立健全会计人员岗位责任制。会计人员岗位责任制是明确会计机构各会计工作岗位的职责与权限，并把有关规定和要求等具体落实到每一个会计工作岗位的制度。由此，企业组织应当结合本单位实际情况，以责定权，责权分明，严格考核，有奖有惩，建立层次分明、职责明确的会计人员岗位责任制体系。

（二）原始凭证控制

（1）记录真实。原始凭证的填制应由填制人或经办人根据经济业务的实际执行和完成情况填写，不得伪造、变造。

（2）书写正确。文字摘要简练；数量、单价、金额计算要正确；书写要符合规定，大小写数字要按规定使用蓝黑碳素墨水，字迹要工整、清晰，各种原始凭证不能随意涂改，应按正确方法更正。

（3）内容完整。原始凭证填制的内容必须完整、齐全。凭证的填制日期，经济业务的内容、数量，金额都必须认真填写，不得遗漏。经办人员及有关单位、人员要签名盖章，做到手续完备。

（4）连续编号。各种凭证都必须连续编号、及时填制，以备查考。事先印好编号的重要凭证作废时，在作废的凭证上应加盖“作废”戳记，连同存根一起保存，不得随意撕毁。所有经办业务的部门和人员，在经济业务实际发生或完成时，必须及时将原始凭证送交会计部门，由会计部门加以审核并据以编制记账凭证。

（三）记账凭证控制

（1）会计处理要及时。企业应当对交易或事项所属的会计处理进行有效控制，检查会计处理是否严格遵循了会计核算原则，是否存在故意漏记或多记、提前确认或推迟确认报告期内发生的交易或事项的情形，是否存在错误划分调整与非调整事项等情况。如发现异常，企业应查明原因并进行处理。

（2）设置科目要恰当。对于会计准则已经给定的科目，企业在进行会计处理时，应该直接使用这些科目，而不能任意增设。而对于一些特殊的行业或者特殊的业务，如果会计准则没有可供参考的科目，那么企业可以根据实际情况设置合适的会计科目，但必须经过总会计师的书面批准。所以，企业应该检查会计处理人员的会计科目使用是否规范，是否存在添加或更改会计科目的情况，如有应予以更正。

（四）会计账簿控制

会计账簿控制指在设置、启用及登记会计账簿时实施的相应控制措施。其具体内容包括：按照规定设置会计账簿；启用会计账簿时要填写“启用表”；会计凭证必须审核无误后才能够登记入账，对会计账簿中的账页连续编号，会计账簿应当按照规定的方法和程序登记并进行错误更正，按照规定的方法与时间结账。

（五）财务报告控制

财务报告控制指在编报财会报告时实施的相应控制措施。其具体内容包括：按照规定的方法与时间编制及报送财务报告：编制的财务报表必须由单位负责人、总会计师以及会计主管人员审阅、签名并盖章；对报送给各有关部门的财务报表要装订成册、加盖公章等。

（六）会计复核控制

会计复核控制指对各项经济业务记录采用复查核对的方法进行的控制。其目的是避免发生差错和舞弊，保证财务会计信息的准确性与可靠性，及时发现并改正会计记录中的错误，做到证、账、表记录相符。会计复核控制的内容主要包括：凭证之间的复核；凭证与账簿之间、账簿与报表之间以及账簿之间的复核。

会计复核工作应由具有一定会计专业知识、熟悉业务、责任心强、坚持原则的人员担任。复核人员必须对会计凭证、会计账簿、财务报表和所附单据认真审查，逐笔复核，复核过的凭证及账表应加盖名章。未经复核人员复核的，出纳人员不得对外付款，会计人员不得对外签发单据或上报报表。

（七）档案保管控制

会计档案是指会计凭证、会计账簿和财务报表等会计核算专业资料，是记录和反映企业经济业务的重要历史资料和证据。企业应当详细记录且妥善保管合同、协议、备忘录、出资证明等重要法律文书，将其作为企业重要的档案资料，以备查用。当年形成的会计档案，在会计年度终了后，可暂由本单位财务会计部门保管一年，期满后应由财务会计部门编制移交清册给本单位的档案部门统一保管。实行会计电算化的单位，对以磁性介质存储的会计数据在未打印成书面核算资料之前，应妥善保管并留有副本，为防止磁性介质损坏而使会计档案丢失，要做到防磁、防火、防潮、防尘，准备备份或存放在两个以上的不同地点等。

【案例 5-9】

抚顺特钢连续 8 年财务造假 虚增利润近 20 亿！45 人被证监会处罚

抚顺特殊钢股份有限公司（以下简称“抚顺特钢”）2000 年 12 月 29 日上市，其主要业务有钢冶炼，钢压延加工，冶金技术服务，工业气体（含液体）制造、销售。2019 年 7 月 8 日，公司收到中国证监会《行政处罚及市场禁入事先告知书》（处罚字 [2019] 87 号），经查明，抚顺特钢涉嫌违法的事实如下。

（1）抚顺特钢 2010—2016 年年度报告和 2017 年第三季度报告中披露的期末存货余额存在虚假记载。

2010—2016 年度、2017 年 1 月至 9 月，抚顺特钢通过伪造、变造原始凭证及记账凭证，修改物供系统、成本核算系统、财务系统数据等方式调整存货中返回钢的数量、金额，虚增涉案期间各定期报告期末存货。2010—2016 年度、2017 年 1 月至 9 月，抚顺特钢累计虚增存货 1 989 340 046.30 元。

（2）抚顺特钢 2013—2014 年年度报告中披露的期末在建工程余额存在虚假记载。2013—2014 年，抚顺特钢通过伪造、变造原始凭证及记账凭证等方式虚假领用原材料，将以前年度虚增的存货转入在建工程，虚增 2013—2014 年年度报告期末在建工程。2013—2014 年间累计虚增在建工程 1 138 547 773.99 元。

（3）抚顺特钢 2013 年和 2015 年年度报告中披露的期末固定资产余额存在虚假记载。2013 年和 2015 年，抚顺特钢通过伪造、变造记账凭证及原始凭证等方式将虚增的在建工程转入固定资产，虚增 2013 年和 2015 年年度报告期末固定资产，2013 年和 2015 年累计虚增固定资产 841 589 283. 99 元。

（4）抚顺特钢 2014—2016 年年度报告、2017 年第三季度报告中披露的固定资产折旧数据存在虚假记载。2014—2016 年度、2017 年 1 月至 9 月，抚顺特钢将虚增后的固定资产计提折旧，虚增 2014—2016 年年度报告和 2017 年第三季度报告期末固定资产折旧额，2014 年至 2017 年 9 月累计虚增固定资产折旧 87 394 705.44 元。

（5）抚顺特钢 2010—2016 年年度报告和 2017 年第三季度报告中披露的主营业务成本数据存在虚假记载。2010—2016 年度、2017 年 1 月至 9 月，抚顺特钢通过伪造、变造记账凭证及原始凭证，修改物供系统、成本核算系统、财务系统数据等方式调整存货中返回钢的数量、金额，将应计入当期成本的原材料计入存货，导致涉案期间少结转主营业务成本 1 989 340 046.30 元。

（6）抚顺特钢 2010—2016 年年度报告和 2017 年第三季度报告中披露的利润总额数据

存在虚假记载。2010—2016 年度、2017 年 1 月至 9 月，抚顺特钢通过虚增存货、减少生产成本、将部分虚增存货转入在建工程和固定资产进行资本化等方式，累计虚增利润总额 1 901 945 340.86 元。将 2010—2016 年年度报告进行追溯调整后，2010—2014 年以及 2016 年（追溯调整前）共计 6 个年度，抚顺特钢由盈利转为亏损。

中国证监会认为，抚顺特钢的上述行为构成《中华人民共和国证券法》第一百九十三条第一款所述“发行人、上市公司或其他信息披露义务人所披露的信息有虚假记载”的情形。而对抚顺特钢在上述定期报告中披露的信息有虚假记载的违法行为，时任董事长、总经理、财务总监的赵某远等知悉并组织、策划、决策财务欺诈行为，未尽勤勉尽责义务。上述人员任职期间在涉案定期报告上签字确认，是抚顺特钢涉嫌信息披露违法行为的直接负责的主管人员。此外，抚顺特钢时任董事徐某祥等是抚顺特钢涉嫌信息披露违法行为的其他直接责任人员。权某纯组织各部门人员配合完成财务欺诈操作，是抚顺特钢涉嫌信息披露违法行为的其他直接责任人员。

中国证监会决定：

（1）对抚顺特钢责令改正，给予警告，并处以 60 万元的罚款；

（2）对赵某远等给予警告，并分别处以 30 万元的罚款；

（3）对邵某群等给予警告，并分别处以 10 万元罚款；

（4）对徐某祥等给予警告，并分别处以 5 万元罚款。

另外，由于抚顺特钢自 2010—2017 年连续多年存在信息披露有虚假记载的违法行为，其违法行为持续时间长，手段特别恶劣，涉案数额特别巨大，严重扰乱市场秩序并造成严重社会影响，致使投资者利益遭受特别严重的损害，中国证监会决定，对赵某远等采取终身市场禁入措施，对王某等采取十年市场禁入措施。

（资料来源：http://www.execunet.cn/newsinfo.asp？id=178525）

企业组织通过对会计凭证有效控制使经济业务记录在会计循环的第一环节能真实、可靠地反映。为此，企业组织应当建立种类齐全、相互牵制、连续编号的会计凭证控制制度，为企业经营管理决策服务。通常来讲，会计凭证控制的内容包括以下四个方面：①统一设计会计凭证格式，即结合企业核算的实际情况，设计适合本企业的会计凭证格式，以便进行统一核算和控制；②凭证连续编号，即用于记载经济业务的所有凭证（如支票、发票、订单等凭证）都应当连续编号，从而减少重要会计凭证被抽取或截取的可能性；③规范会计凭证传递程序，即企业组织对会计凭证应在哪些部门之间传递，部门之间应办理什么样的手续等进行规范；④规范会计凭证的取得及填制等行为，在会计凭证入账前，必须对所有记账凭证进行严格的审查与控制。

（八）复式记账控制

复式记账是指将企业发生的经济业务按其来龙去脉，相互联系且全面地记入有关账户，使各账户完整、系统地反映各会计要素具体内容的增减变动情况及其结果。采用复式记账方法，可以清楚地了解企业所有资产的来龙去脉，从而有效地保护企业财产的安全，同时也为会计信息的准确性和可靠性提供保证。

【案例 5-10】

盐田港公司治理及会计核算不完善

深圳证监局发布《关于深圳市盐田港股份有限公司的监管关注函》，因公司治理存在不规范和不完善的情形，且财务管理和会计核算方面也存在问题，深圳市盐田港股份有限公司（证券简称：盐田港。证券代码：000088）收到深圳证监局监管关注函。公告称，根据《中华人民共和国证券法》《上市公司现场检查办法》及《关于印发中国证监会推广随机抽查工作实施方案的通知》等规定，深圳证监局于 2019 年 9 月对盐田港进行了现场检查。深圳证监局检查发现盐田港存在问题。公司治理存在不规范、不完善的情形，具体表现如下。

（1）子公司湘潭四航利润分配程序不合规。盐田港子公司湘潭四航建设有限公司（以下简称“湘潭四航”）于 2016—2017 年，根据董事会决议按持股比例向湘潭四航第二大股东分配款项合计 11 424 万元，并在其他应收款科目长期挂账，上述分配行为未经股东会决议，亦未履行弥补亏损和提取法定公积金等法定程序。

（2）财务管理和会计核算方面存在的问题。盐田港子公司深圳惠盐高速公路有限公司（以下简称“惠盐高速”）部分成本存在跨期情形。惠盐高速于 2017 年 12 月暂估计提深圳市美加达公路工程有限公司日常养护费 700 万元时，存在跨期确认情形。

（3）在建工程未及时转入固定资产并计提折旧。盐田港黄石港棋盘洲港区一期工程中的陆域形成工程项目及道路堆场工程项目分别于 2017 年 5 月、12 月完成验收，但盐田港直至 2018 年 5 月才将前述两项在建工程转入固定资产。

上述问题反映了盐田港在公司治理及财务会计核算基础等方面需要进一步改进和完善，深圳证监局对此予以关注。

（资料来源：http://news.esnai.com/2019/1205/197162.shtml[2021-01-07]）

【案例 5-11】

会计账簿控制缺失的危害

某公司出纳员李某，给人勤勤恳恳的印象，不论分内分外的事她都主动去做，受到领导的器重、同事的信任。而事实上，李某在其工作的一年半期间，先后利用 22 张现金支票编造各种理由提取现金 98.96 万元，均未记入现金日记账，构成贪污罪。其具体手段如下：①隐匿 3 笔结汇收入和 7 笔开好的收汇转账单（记账联），共计 10 笔销售收入 98.96 万元，将其提现的金额与其隐匿的收入相抵，使 32 笔收支业务均未在银行存款日记账和银行余额调节表中反映；②由于公司财务印鉴和行政印鉴合并，统一由行政人员保管，李某利用行政人员疏于监督，自己开具现金支票；③伪造银行对账单，将提现的整数金额改成带尾数的金额，并将提现的银行代码 11 改成托收的代码 88。公司在清理逾期未收汇时曾经发现有 3 笔结汇收入未在银行日记账和余额调节表中反映，但当时由于人手较少故未能对此进行专项清查。李某之所以能在一年半的时间内多次作案，贪污 98.96 万元巨款，主要原因在于公司会计账簿控制的缺失，从而使李某截流收入贪污得心应手，猖狂作案。

（资料来源：https://m.sohu.com/a/205753013_100007208[2021-01-07]）

第五节 财产保护控制

一、财产保护控制含义

财产保护控制是指确保财产物资的安全、完整所采取的方法和措施，以及保护实物资产不被偷盗或未经许可而获得或被使用的措施和程序。《企业内部控制基本规范》三十二条规定，财产保护控制要求企业建立财产日常管理制度和定期清查制度，采取财产记录、实物保管、定期盘点、账实核对等措施，确保财产安全。财产保护控制的内容主要包括企业的现金、存货以及固定资产等。

二、财产保护控制的方法

企业应当严格限制未经授权的人员接触和处置财产。

（一）限制接近控制

限制接近控制是指严格限制未经授权人员对有关资产的直接接触，包括限制对资产本身的接触和通过文件批准方式对资产使用或分配的间接接触。主要是指限制无关人员对变现能力强的资产的直接接触，大致分为三类。

（1）限制接近货币资金。一方面，企业可以设立单独、封闭的出纳室或保险箱来保护现金的安全，并将钥匙交由专人保管，对于零星现金的支出，通过指定专门的核算人员管理备用金的方法来加以控制；另一方面，企业应尽可能减少接触现金的人员，将现金收支的管理仅限于特定的出纳员，并同时将出纳员与控制现金余额的会计记录人员和登记应收账款的人员相分离。

（2）限制接近其他易变现的非现金资产，比如支票、汇票、有价证券等。对于这类易变现资产，企业应确保两名或两名以上人员同时接近资产，如由银行等第三方保管或要求两名管理人员共同签名方可处理易变现的资产，限制接近未使用票据并按规定正确注销已使用的票据。

（3）限制接近存货。对于原材料、半成品、产成品存货应当设置专职仓库保管人员。同时，企业应当设置分离封闭仓库区域，安装监视系统、消防和防盗设施或者区分工作时间内外控制进入仓库区域等方式加强对存货的管理。在零售企业中，存货的实物保护，可以通过在营业时间内和营业时间外控制接近库房的方式（如使用夜盗警铃、发放有限的钥匙）来实现。另外，对贵重商品使用带锁的营业柜，以及聘用专人日常巡视和采用某些监控设备等。

（二）财产清查控制

财产清查是会计核算工作的重要制度，也是加强财产物资管理的重要制度。它是指定期或不定期地对各项财产物资进行实物盘点和对库存现金、银行存款、债权债务进行清查核对，并将清查的结果与会计记录进行比较。财产清查中，既要核对实物数量，关注相关记录是否相符、账实是否相符，又要关注实物质量，查明是否有毁损、过时、积压等情况。要根据财产清查结果及时编制盘点表，形成书面报告；对盘点清查中发现的问题，应及时查明原因，落实责任，按规定权限经批准后处理，包括对责任人的奖惩等。财产清查可以查明各项财产物资、债权债务、所有者权益情况，还能加强物资管理，监督财产是否完整，并为正确核算损益提供资料。

企业应当采用定期清查和抽查相结合的原则进行财产盘点，由于财产清查的内容主要是进行账实、账账核对，检查其一致性，因此企业应当在每个会计年度财务会计报告之后进行一次全面的财产清查。抽查的次数可根据企业自身的需要适当安排。盘点结果与会计记录不一致，则表明企业资产管理上存在错误、浪费等不正常现象。盘点人员应根据盘点结果与会计记录的差异，分析原因、查明责任，并完善相关管理制度。

（三）财产保管记录

《企业内部控制基本规范》明确提出，企业组织应当采取措施保护企业资产的安全性。以存货控制为例，《企业内部控制应用指引第 8 号——资产管理》第十条指出，企业仓储部门应当详细记录存货入库、出库及库存情况，做到存货记录与实际库存相符，并定期与财会部门、存货管理部门进行核对。

（1）严格存货入库管理规定。仓储部门应根据入库单的内容对存货的数量、质量、品种等进行检查，符合要求的予以入库，不符合要求的，应协助办理退换货等相关事宜。入库记录要真实、完整，定期与财会等相关部门核对，不得擅自修改。

（2）按仓储物资要求的储存条件妥善储存。仓储的存货要做好防火、防洪、防病虫害、防变质等保管工作，不同批次、型号和用途的产品要分类存放。生产现场的加工原材料、周转材料、半成品等按照有助于提高生产效率的方式摆放，同时防止浪费、被盗和流失。

（3）对代管、代销、暂存、受托加工的存货，应单独存放和记录，避免与本单位存货相混淆。

（4）仓储部门应对库存物料和产品进行每日巡查和定期抽检，详细记录库存状况；发现毁损、存在减值迹象的，应及时与生产、采购、财会等相关部门沟通。进出仓库的人员应办理进出登记手续，未经授权人员不得接触存货。

（5）严格存货准出制度，明确存货发出和领用的审批权限，健全存货出库手续，加强存货领用记录。存货在不同仓库之间流动时，应办理出入库手续。

【案例 5-12】

信息化监控的缺陷与 9000 多吨国家储备粮被监守自盗

安徽省亳州市谯城区谯西粮食销售有限公司（以下简称“谯西粮库”）成立于 2009 年 6 月，是亳州市谯城区粮食局下属单位，下设十八里、魏岗、三官、梅城、马场、涡北等 13 个粮站。谯西粮库负责人谭某华是谯城区粮食局任命的粮库经理，下设的 13 个粮站的负责人大部分与其沾亲带故。在亳州，粮库经理安排其亲属担任下设粮站负责人的现象极为普遍，甚至多地还曾出现过继承式任职——粮站负责人退休后让其子女顶班。2015 年，谯西粮库负责人谭某华因私自盗卖国家储备粮 9000 多吨，在当地引起不小轰动。谭某华后因涉嫌多项罪名获刑。一般情况下，中国农业发展银行、粮食局和中储粮亳州库一个月要查一次库。当时粮库没有安装监控，谭某华正是利用了这一点，在例行查库后进行了突击盗卖活动——一次卖一两千吨，短时间很难发现。

（资料来源：https://xw.qq.com/amphtml/20190611A08VDG00[2021-01-07]）

（四）账实核对控制

账实核对是指将各种财产物资的账面余额与实存数额进行核对，其主要内容包括：①现金日记账的账面余额应每天与现金实际库存数额相核对；②银行存款日记账的账面余额与开户银行账目相核对；③材料、库存商品、固定资产等财产物资明细分类账期末余额与其实有数量相核对；④应收账款、应付账款、银行借款等结算款项，同有关单位定期核对。企业应认真分析账实不符的性质和原因，报相关人员批准后，依据企业会计制度及会计准则的相关要求进行账务处理。

（五）财产保险

财产保险是指投保人根据合同约定，向保险人交付保险费，保险人按保险合同的约定对所承保的财产及其有关利益因自然灾害或意外事故造成的损失承担赔偿责任的保险。财产保险主要包括农业保险、责任保险、保证保险、信用保险等以财产或利益为保险标的的各种保险。企业可以通过资产投保来增加实物资产受损后补偿的程度或机会，从而保护企业的实物安全，进而降低企业的经营风险。企业一旦要对财产进行投保，管理人员就应做好财产投保前的筹划工作，结合本企业财产风险分析结果，合理选择险种，确保在财产遭受损失时能得到及时赔偿。

【案例 5-13】

四川九寨沟天堂国际会议度假中心地震灾害财产保险

2017 年 8 月 8 日 21 时，四川九寨沟突发 7.0 级地震，灾害导致当地建筑物倒塌，山体滑坡、道路塌方。人保财险在当地承保的企业财险一切险标的四川九寨天堂国际会议度假中心正处于九寨沟甘海子震中位置，所涉 40 多万平方米的建筑物遭到严重破坏，财产标的损失金额巨大。灾害发生后，人保财险立即启动大面积灾害紧急预案，在总、分公司的指导下成立了现场指挥部，28 人次先后冒着余震，在极度缺乏生活用水的艰苦条件下，历时 38 天，踏遍了 40 多万平方米的每一个角落，认真仔细查勘，赶在极寒天气到来之前圆满地完成了现场查勘工作。最终，人保财险向被保险人及时支付了 1.49 亿元赔款。

（资料来源：https：//www.financialnews.com.cn/bx/ch/201903/t20190314_156350.html[2021-01-07]）

（六）财产档案控制

企业应当建立财产档案，以便全面及时地反映企业财产的增减变动，实现对企业资产的动态记录和管理。财产档案建立和保管控制是指企业应当妥善保管涉及资产的各种文件资料，避免记录受损、被盗、被毁。对重要的文件资料，应当留有备份，以便在遭受意外损失或毁坏时重新恢复，这在计算机处理条件下尤为重要。

【案例 5-14】

广州浪奇存货内部控制缺陷

近年来,不少行业都曝出存货丢失事件,日化行业也在其中。广州浪奇实业股份有限公司(以下简称"广州浪奇")作为老牌的日化企业,在 2020 年 9 月 28 日发布关于部分库存货物可能涉及风险的提示性公告。当日的公告内容中,涉及丢失存货的金额高达 5.72 亿元,10 月 31 日,更是曝出 8.6 亿元的存货出现账实不一致的情形。广州浪奇外部存放存货占比高达 80%,此次存货损失高达 8.6 亿元,占总存货的 60% 左右。对于资金雄厚的公司而言,损失几亿元的存货可能无伤大体,但对于广州浪奇来说却可能是致命的。2019 年,广州浪奇全年实现净利润为 6 237 万元,然而价值 8.6 亿元的存货损失却是 2019 年净利润的近 14 倍。进一步追溯广州浪奇年报数据发现,这一损失大于广州浪奇上市 27 年的累积总利润。

自 1993 年上市以来至 2019 年,广州浪奇获得的净利润总额才 4.82 亿元。数据显示,存货对于盈利能力本就不强的广州浪奇影响重大。众所周知,市场经济下公司间的竞争强度不断加大,先进的存货内部管理可以减少企业的内耗。广州浪奇遭遇如此惨痛的损失,说明存货内部控制管理对于公司至关重要。

2020 年 9 月 27 日,广州浪奇主动发布公告称公司储存在辉丰公司的 1.19 亿元存货和存放在鸿公司瑞丽仓的 4.53 亿元存货丢失。一石激起千层浪,"3.6 万股东彻夜难眠,广东知名企业近 6 亿元存货不翼而飞""广州浪奇的洗衣粉难不成和獐子岛的扇贝私奔了?"等言论在网络上席卷而来。这 5.72 亿元存货到底去哪儿了?

三方当事人各执一词,真相扑朔迷离。广州浪奇与两家仓储公司解释如下:广州浪奇在回函中称自己和奇化公司同辉丰公司从 2017 年至今共签订了 6 份仓储合同,公司将货物储存于辉丰仓,库方负责货物入库验收及保管,公司定期支付仓储费及人力资费,仓储期限到期后可以自动续期。广州浪奇和奇化公司同鸿公司从 2017 年至今总共签署了 2 份仓储合同,由库方负责货物入库验收及保管。合作期间,公司与上游供应商和下游客户共发生 60 单涉及辉丰仓的采购或销售业务;而涉及瑞丽仓的采购或销售业务共 148 单,涉及上游供应商 11 家、下游客户 14 家。截至 2020 年 9 月 30 日,公司存放在辉丰仓与瑞丽仓的存货价值分别达 1.19 亿元和 4.53 亿元。然而公司于 2020 年多次前往两仓库意图开展盘点工作,但却未落实好辉丰公司相关人员的联系工作,鸿公司以园区安全检查工作为由将盘点工作一拖再拖,导致两家公司的盘点工作均无法正常进行。鸿公司的相关负责人表示,由于公司面临破产危机,抱着挽救公司的目的,确实与广州浪奇及其子公司奇化公司签订了保管合同,约定为其保管账面价值为 4. 53 亿元的存货。但据该负责人进一步透露,此项交易过程并无实物交割。换言之,鸿公司从未保管过广州浪奇及其子公司的货物,因此不存在货物丢失的情形。此外,鸿公司表示曾收到两笔金额共计 64 万元的"管理费用",目的就是帮助广州浪奇公司"完善数据"。广州浪奇与鸿公司各执一词,64 万元到底是给鸿公司的仓储费用,还是掩饰公司存货状况的"封口费"?这为价值高达 4.53 亿元存货的消失增加了一层迷雾。

相比鸿公司,辉丰公司负责人的态度更为强硬。2020 年 9 月 16 日,辉丰公司在回复函中表示并未与广州浪奇签订任何仓储合同,所以没有义务配合该公司的盘点工作。辉丰公司还表示,从未向广州浪奇公司出具过2020年6月辉丰盘点表,也未加盖辉丰公司印章。对于广州浪奇出示的2020年6月辉丰盘点表中加盖的公章,辉丰公司表示与其实际公章不符,广州浪奇可能存在伪造公章的嫌疑。

广州浪奇的存货内部控制问题具有一定的普遍性,其他上市公司可借鉴参考。首先,存货的流转过程繁杂,各环节的管理人员职责应分离,避免出现违规操纵空间。同时,应加强各部门的沟通,避免信息阻塞。其次,存货品类冗杂,分门别类的储存有助于企业日常管理与使用。固态、液态、气态等各类存货需要特定的储存环境,避免因企业管理不善导致存货变质、缺失。对于那些因为化学属性导致盘点困难的存货,应该选择信赖程度高的仓库供应商,从而降低存货丢失风险。最后,选择远距离的仓库时,管理层不仅要考虑运输成本,还应斟酌管理成本。存货的日常管理、盘点清查等工作都应派出本企业有经验的专业人员进行管控,及时传递存货的实时信息,避免信息滞后导致管理层做出错误决策。

(资料来源:蒋秋菊,陈敏,窦宇,等.存货内部控制缺陷及改进建议——基于广州浪奇的案例研究[J].会计之友,2021(16):107-111)

第六节 预算控制

一、全面预算控制含义

(一)预算控制的概念

全面预算是指企业对一定期间经营活动、投资活动、财务活动等做出的预算安排。全面预算作为一种全方位全过程全员参与编制与实施的预算管理模式,凭借其计划、协调控制、激励、评价等综合管理功能,通过将企业的资金流与实物流、业务流、信息流、人力流相整合,将企业内部责、权、利关系全面规范,优化企业资源配置,提升企业运行效率,从而成为促进实现企业发展战略的重要抓手。

预算控制是以全面预算管理为手段,对企业内部各部门、各单位的各种财务或非财务资源所实施的控制。《企业内部控制应用指引第15号——全面预算》指出,全面预算管理包括预算编制、预算执行、预算考核三个控制环节;《管理会计应用指引第200号——预算管理》指出,预算控制是包括事前控制、事中控制、事后控制的全过程控制。

(1)预算的事前控制是指通过规范的预算编制流程,形成具有广泛共识的、可实现的预算控制目标。

(2)预算的事中控制,是指对费用、采购和资本性支出等涉及现金支出的事项,按照预算额度和企业内部相关流程进行逐级审批并执行。

(3)预算的事后控制,是指对销售、回款、存货等不涉及现金支出的预算,以预算分析报告的方式进行监控。

(二)全面预算管理的内容

一般来说,企业全面预算包括经营预算、资本预算和财务预算。

(1)经营预算,又称日常业务预算,是指为供、产、销及管理活动所编制的,与企业日常业务直接相关的预算。日常预算主要包括销售预算、生产预算、直接材料采购预算、直接人工预算、制造费用预算、单位生产成本预算、推销及管理费用预算等。这些预算以实物量指标和价值量指标分别反映企业收入与费用的构成情况。其中最基本和最关键的是销售预算,它是全面预算管理的基础,同其他各项预算在不同程度上有着直接或间接的关系。

(2)资本预算,又称投资预算或建设性预算,是对企业的固定资产的购置扩建、改造、更新等在可行性研究的基础上编制的预算。投资预算是综合反映建设资金来源和运用的预算,如何时投资、投资金额、资金来源、何时收益、多久收回全部投资等。

(3)财务预算,又称现金收支预算,是指企业在计划期内反映现金收支、经营成果和财务状况的预算,反映企业在预算期内的全部现金流入和流出,是企业经营预算的重要组成部分。财务预算主要包括现金预算、预算收益表和预计资产负债表等。

【案例 5-15】

江西炼钢股份有限公司实施全面预算管理

江西炼钢股份有限公司是一家大型国有钢铁联合企业,于 1996 年 12 月在上海证券交易所上市。公司主要从事矿石采选,钢铁产品生产冶炼、压延加工及钢材深加工等业务。公司拥有一批具有自主知识产权的钢铁生产核心技术,整体装备技术达到国内领先水平,部分装备技术处于国际先进水平,产品品种规格齐全,产品市场竞争力较强,连续多年获得省部级以上高等级科技进步奖。公司专业生产高质量的中厚板、热轧卷板、冷轧卷板、线棒材、钢绞线等钢材产品,产品广泛用于机械制造、造船、石油化工、能源交通、汽车、家电、电力等行业领域。

2008 年金融危机后,随着世界经济持续下滑,钢铁消费需求也进一步下降,结构性供求矛盾突出,行业亏损加剧,钢材价格屡创新低,公司盈利空间大幅收窄。受公司生产规模扩张的影响,公司应收账款和期间费用迅速增加,却没有相应的现金回流,加上银行收缩信贷,公司面临严重的资金缺口。原材料价格不断攀升,原料和电力供应偏紧,运输费用增加较快,这一切对公司的生产经营活动造成了一定的负面影响。集团下属子公司全面停产、连连亏损,导致公司会计利润大幅缩水,公司经营状况十分不理想。为了有效应对这一系列问题,江西炼钢股份有限公司建立了以全面预算为核心的内控体系,涵盖了企业生产经营活动全过程。

1. 实施措施

(1)分厂实施全面预算管理,加速资金周转,确保资金回笼。江西炼钢股份有限公司由于扩张迅速,面临严峻的现金流短缺情况。宏观层面上,鉴于国家对宏观经济的调控,银行不看好钢铁行业未来发展趋势,实施贷款紧缩政策。行业层面上,产品竞争日益加剧,产品的销售价格不断下降,利润空间缩小。微观层面上,公司连续多年保持主营业务收入 30% 以上的增长速度,且采用不分客户资质的盲目赊销方式,导致主营业务收入增长较快,却没有相应的现金回流,加上原材料和辅助材料、水、电、气等价格以及运输费用的上涨,公司经营成本逐渐上升。这三个层面的因素导致江西炼钢股份有限公司的现金流短缺。

面对现金流短缺,江西炼钢股份有限公司着手"节流"和"开源"两方面工作。"节流"是指以全面预算管理为核心,对各分厂实施全面预算管理制度,把应收账款作为突破口,加大货款回笼力度和清欠工作考核力度,加强集团的管理和整合力度,加强对各分厂应收账款、存货和现金流的控制,对各分厂现金流的开支要求做到全面跟踪、全程跟踪、全方位跟踪。抓好资金管理的预算工作,大力压缩和控制存货资金,降低在外货款占用,加快资金周转,提高资金使用效率。突出项目建设重点,严格控制投资资金支出,进一步加强项目收益绩效考核和MES合同能源项目管理,提高投资收益,同时对过大的开销实施严格的审核考察制度,进一步强化资金管理,在加大对应收账款、货款回笼、产销平衡的考核力度的同时,降低采购成本,加速资金周转,使资金结构合理,提高资金的使用效率,确保公司对现金流的正常需求,保障公司财务结构进一步优化,提高经济运行质量。"开源"是指公司作为国有控股上市公司,资信等级高,外部融资能力强。鉴于银行的贷款紧缩政策,公司积极探索新的融资渠道,在利用自有资金的同时,积极做好股权融资。公司制定了《募集资金管理办法》和《投资理财业务管理制度》,严格把控资金的使用。

(2)降本增效,科技创新,提高公司核心竞争力。江西炼钢股份有限公司以全面预算管理为核心构建内控体系,公司对经营活动中成本和费用的预算管理主要从两个方面落实,即降低采购成本和控制运输费用。在原燃料采购上,公司以降低生铁制造成本为中心,坚持"快进快出""零库存"策略,进一步优化配煤配矿,深化对标挖潜。在设备材料采购方面,通过全面预算管理、"修旧利废"和备件计划集中审批、公开招标采购、仓储集中管理和专用物资集中采购等方面来降低采购成本。在全公司推进"三项制度"改革,大力精简机构、精简冗员、优化在岗人员配置、清退外委和隐性劳务用工、清理挂编人员、降低劳务费用。对公司内部运输管理部门和业务进行整合,规划区域,降低运输费用。

2. 实施效果

江西炼钢股份有限公司实施以全面预算管理为核心的内控体系,有效推进了公司的发展。从2015年的数据来看,公司已跨入千万吨级钢铁企业行列。公司在保持市场稳固的同时,产品销售稳定,全年产销率、货款回笼率分别为99.72%,99.79%,原燃料采购成本较上年下降41.7亿元,辅料备件采购成本较上年下降1.01亿元。

(资料来源:王克鹏. 内部控制视角下企业全面预算管理的探讨——以江西炼钢股份有限公司为例 [J]. 纳税,2017(3):48-49)

二、预算控制的具体要求

预算控制至少应当关注下列风险:①不编制预算或预算不健全,可能导致企业经营缺乏约束或盲目经营;②预算目标不合理、编制不科学,可能导致企业资源浪费或发展战略难以实现;③预算缺乏刚性、执行不力、考核不严,可能导致预算管理流于形式。因此,《企业内部控制基本规范》第三十三条指出,预算控制要求企业实施全面预算管理制度,明确各责任单位在预算管理中的职责权限,规范预算的编制、审定、下达和执行程序,强化预算约束。

企业应当按照加强财务监督和完善内部控制机制的要求,建立全面预算管理组织体系,实施全面预算管理。一方面要成立以总经理或董事长为首的预算管理委员会,并下设企业预算管理机构;另一方面要建立健全财务预算管理制度,该管理制度要涵盖企业预算编制、执行、监督和考核等各个环节,对其进行规范。预算管理组织体系通常由预算管理委员会、预算管理机构和预算执行机构三部分组成。表5-7列示了预算管理组织体系的构成与主要职责。

表5-7 预算管理组织体系的构成与主要职责

名称	地 位	主要职责
预算管理委员会	以董事长或总经理为首,非常设机构,对董事会负责	1. 拟定企业预算编制与管理的原则、目标和制度; 2. 组织有关部门或聘请专家对预算中重大项目的确定进行评估; 3. 审议预算方案和预算调整方案,提出改善的建议或对策; 4. 协调和调解企业预算编制和执行中的重大问题; 5. 审议考核和奖惩意见
预算管理机构	预算管理委员会领导下的常设专门机构	1. 对各部门的预算草案进行必要的初步审查、协调与综合平衡; 2. 组织企业预算的编制、审核、汇总及报送工作; 3. 根据各部门的管理职能下达预算,监督预算的执行情况; 4. 根据预算管理委员会的要求,制定企业预算调整方案; 5. 协调和解决企业预算编制与执行过程中的有关问题; 6. 分析和考核企业内部各业务机构预算完成情况
预算执行机构	投资中心、利润中心、成本中心、费用中心和收入中心	1. 负责本部门预算编制和上报工作; 2. 配合企业预算管理机构做好企业预算的综合平衡、执行、监控等工作; 3. 负责将本部门预算指标层层分解,落实到各环节和各岗位; 4. 按照授权审批程序严格执行各项预算,及时分析预算执行存在差异的原因,解决预算执行过程中存在的问题

(一)健全全面预算管理体制

由于企业的组织结构、经营规模、行业特点、内外环境等因素各不相同,在全面预算管理体制的具体设置上可采用不同的方式,但应遵循合法科学、高效有力、经济适度、全面系统、权责明确等基本原则,一般要具备全面预算管理决策机构、工作机构和执行单位三个层次的基本架构。

1. 全面预算管理决策机构——预算管理委员会

企业应当设立预算管理委员会,作为专门履行全面预算管理职责的决策机构。预算管理委员会在全面预算管理组织体系中居于领导核心地位,其成员由企业负责人及内部相关部门负责人组成,总会计师或分管会计工作的负责人应当协助企业负责人负责企业全面预算管理工作的组织领导。具体而言,预算管理委员会一般由企业负责人(董事长或总经理)任主任,总会计师(或财务总监、分管财会工作的副总经理)任副主任,其成员一般还包括各副总经理、主要职能部门(财务战略规划、生产、销售、投资、人力资源等部门)、分(子)公司负责人等。

预算管理委员会一般在董事会领导和授权下,决定和处理全面预算管理的重大事宜,其主要职责如下制定颁布企业全面预算管理制度,包括预算管理的政策、措施、办法要求等;根据企业战略规划和年度经营目标,拟定预算目标,并确定预算目标分解方案、预算编制方法和程序；组织编制综合平衡预算草案；下达经批准的正式年度预算；协调解决预算编制和执行中的重大问题，如听取预算执行情况的分析报告并提出改进措施，协调各部门确定下一步行动计划，督促各预算执行单位完成预算目标，综合协调全面预算管理中的冲突；审议预算调整方案，依据授权进行审批；审议预算考核和奖惩方案；对企业全面预算总的执行情况进行考核；其他全面预算管理事宜。

预算管理委员会一般为非常设机构，主要通过定期或不定期召开预算工作会议开展工作。其制定、审议的有关全面预算管理的重大事项，如年度预算草案、预算考评与奖惩方案等，应当报经董事会审核，并按照相关法律法规及企业章程的规定报经企业最高权力机构如股东（大）会或企业决策机构（如董事会）审议批准。

2. 全面预算管理工作机构

由于预算管理委员会一般为非常设机构，企业应当在该委员会下设立预算管理工作机构（如预算管理办公室、预算管理委员会办公室等），由其履行预算管理委员会的日常管理职责。预算管理工作机构一般设在财会部门，其主任一般由总会计师（或财务总监分管财会工作的副总经理）兼任，工作人员除了财务部门人员外，还应有计划、人力资源、生产销售研发等业务部门人员参加。

预算管理工作机构在预算管理委员会领导下，具体负责组织企业全面预算管理的各项日常工作，其主要职责如下：拟订企业各项全面预算管理制度，并负责检查落实预算管理制度的执行；拟订年度预算总目标分解方案及有关预算编制程序、方法的草案，报预算管理委员会审定；组织和指导各级预算单位开展预算编制工作；预审各预算单位的预算初稿，进行综合平衡，并提出修改意见和建议；汇总编制企业全面预算草案，提交预算管理委员会审查；跟踪监控企业预算执行情况；定期汇总分析各预算单位预算执行情况，并向预算管理委员会提交预算执行分析报告，为委员会进一步采取行动拟订建议方案；接受各预算单位的预算调整申请，根据企业预算管理制度进行审查，集中制定年度预算调整方案，报预算管理委员会审议；协调解决企业预算编制和执行中的有关问题；提出预算考核和奖惩方案，报预算管理委员会审议；组织开展对企业二级预算单位预算执行情况的考核，提出考核结果和奖惩建议，报预算管理委员会审议；预算管理委员会授权的其他工作。

3. 全面预算执行单位

全面预算执行单位是指根据其在企业预算总目标实现过程中的作用和职责划分的，承担一定经济责任，并享有相应权力和利益的企业内部单位，包括企业内部各职能部门、所属分（子）企业等。

企业内部预算责任单位的划分应当遵循分级分层、权责利相结合、责任可控、目标一致的原则，并与企业的组织机构设置相适应。根据权责范围，企业内部预算责任单位可以分为投资中心、利润中心、成本中心、费用中心和收入中心。通常而言，一个具有法人资格的公司或集团公司是一个典型的投资中心，下属事业部及没有投资权的子公司、分公司是典型的利润中心，未设定内部转移价格的销售公司为典型的收入中心，工厂、车间、班组等为典型的成本中心，财务、人事、劳资、计划等职能管理部门为典型的费用中心。

预算执行单位在预算管理部门(预算管理委员会及其工作机构)的指导下,组织开展本部门或本企业全面预算的编制工作,严格执行批准下达的预算。其主要职责如下:提供编制预算的各项基础资料;负责本单位全面预算的编制和上报工作;将本单位预算指标层层分解,落实到各部门各环节和各岗位;严格执行经批准的预算,监督检查本单位预算执行情况;及时分析、报告本单位的预算执行情况,解决预算执行中的问题;根据内外部环境变化及企业预算管理制度,提出预算调整申请;组织实施本单位内部的预算考核和奖惩工作;配合预算管理部门做好企业总预算的综合平衡、执行监控考核奖惩等工作;执行预算管理部门下达的其他预算管理任务。

各预算执行单位负责人应当对本单位预算的执行结果负责。企业所属子企业在上级企业预算管理部门指导下,负责本企业预算的编制、执行、控制、分析等工作,并接受上级企业的检查和考核。

企业预算管理组织体系的基本架构如图 5-1 所示。

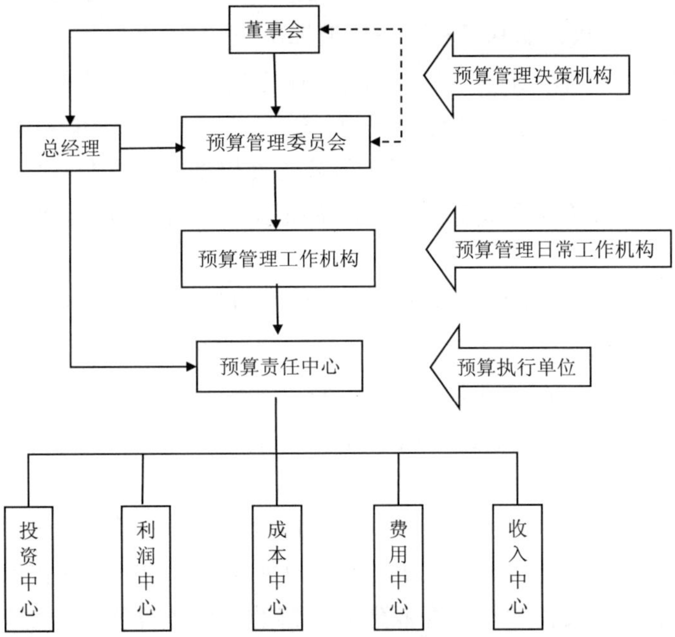

图 5-1　企业预算管理组织体系的基本架构

【案例 5-16】

华润集团全面预算管理委员会组织架构

为规范全面预算管理工作,为更好地进行管理提供组织保障,华润集团董事会牵头成立全面预算管理委员会,下设六大预算支持机构,即战略管理部、人力资源部、财务部、审计监察部、法律事务部和信息管理部。同时在利润中心也设置了上述六个部门,其组织架构如图 5-2 所示。

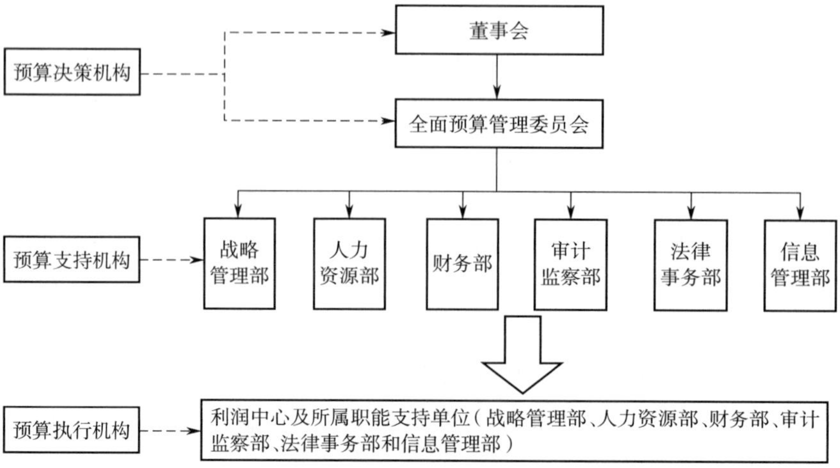

图 5-2 华润集团全面预算管理委员会组织架构

（资料来源：于慕洋. 华润集团全面预算管理案例研究 [D]. 吉林财经大学，2017）

（二）明确各环节授权批准程序和工作协调机制

在建立健全全面预算管理体制的基础上，企业应当进一步梳理制定预算管理工作流程，按照不相容职务相互分离的原则细化各部门、各岗位在预算管理体系中的职责、分工与权限，明确预算编制、执行、分析、调整、考核各环节的授权批准制度与程序。预算管理工作各环节的不相容岗位一般包括预算编制与预算审批、预算审批与预算执行、预算执行与预算考核。

在全面预算管理的各个环节，预算管理部门主要起决策组织、领导、协调、平衡的作用，企业可以根据自身的组织结构、业务特点和管理需要，责成内部生产、营销投资技术、人力资源等各预算归口管理部门负责所归口管理预算的编制、执行监控分析等工作并配合预算管理部门做好企业总预算综合平衡、执行监控分析、考核等工作。

（三）完善全面预算各项管理制度

鉴于全面预算管理的系统性、复杂性、技术性等特点，实施全面预算管理应当特别重视规章制度的建立和完善，实现以规章制度规范全面预算管理的全过程和各个方面，确保全面预算管理有章可循，真正发挥效能。企业建立完善的全面预算管理制度应当包括预算管理组织体系，预算管理工作流程，预算管理各环节内容、时间、程序、方法、审批权限责任划分等内容，并涵盖基本管理制度、工作管理制度、责任管理制度等各个方面。

【案例 5-17】

巨化集团的全面预算管理

巨化集团公司创建于 1958 年 5 月。1992 年经国家经贸委批准组建企业集团，1997 年经国务院批准列入全国 120 家试点企业集团，1998 年 3 月被确定为浙江省首批国有资产授权经营单位。1998 年 6 月，巨化集团公司独家发起设立的浙江巨化股份有限公司在上交所上市。

巨化集团有限公司(以下简称“巨化集团”)推行全面预算管理制度,并融合责任会计、目标成本管理的合理内核,围绕一个中心(现金流)、三个目标(目标利润、资产保值增值、资产收益率),采用管理方法经济化、资产变现化、制度系统化、税收筹划系统化、资源有偿化、考核程序化、管理信息化等多种手段加以保证,财务管理作为集团价值流、功能流、信息流的中枢地位得以充分体现。2000 年,巨化集团首次构建涵盖生产、经营、研发、投资、人力资源、管理等在内的全面预算管理体系;2015 年,修订全面预算管理办法,将生产经营过程管理纳入全面预算管理框架;2016 年,以“价值创造”为主线,实现预算过程控制优化;2017 年,建立预算定期质询纠偏制度,聚焦边际贡献测算和“双高”产品考核。

巨化集团全面预算管理组织体系由集团董事会、预算委员会、预算办公室、集团各职能部室及预算执行各单位组成。总部对预算拥有最终决定权,任何单位和部门不能游离在预算管理体系之外。集团董事会是全面预算管理的最高权力机构,审批年度预算、预算调整、预算外重大调整事项,授权审批预算执行过程中的预算外一般事项,对集团的全面预算管理具有最终决策权。预算委员会负责审议通过有关预算管理的政策、规定、制度等,组织有关部门确定年度生产经营总目标,并拟定年度预算目标;确定年度预算编制的重大前提条件,组织对各单位的预算质询,审查集团年度预算草案、执行报告等,督促各单位完成经批准的预算方案;对全面预算管理执行中出现的预算外事项在董事会授权范围内进行审批。预算委员会成员由集团领导,财务资产、创新与发展、市场、生产运营、投资发展与建设、组织人力、健康安全环保、宣传统战、监察审计、行政管理等职能部门的负责人及上市公司单位负责人组成。预算办公室负责起草有关预算管理制度;拟定年度预算编制大纲,组织预算的编制、汇总工作,会同有关部门制定下级预算基本项目,组织、协调、监督预算执行;定期报告预算执行情况和总结分析,提出预算执行的考核建议接受各单位的预算调整申请,根据全面预算管理办法进行审查,汇总编制年度预算调整方案,报预算委员会审议。预算办公室的办事机构设在财务资产部,负责处理预算管理的日常事务。集团各职能部门负责本部门业务涉及预算的编制、执行、分析和控制工作,并配合预算委员会做好集团总预算的平衡、协调、分析、控制及考核等工作。巨化集团下属独立核算单位 112 家,各核算单位负责本单位预算的制度建设、编制、实施、控制、监督、分析、考核等,并根据下达的关键指标制定预算草案,提交上级预算办公室。预算编制实行分级管理。各级预算按照自上而下、自下而上、上下结合的程序进行编制。巨化集团全面预算管理权限如表 5-8 所示。

表 5-8　巨化集团全面预算管理权限

审批事项		各单位	预算办公室	预算委员会	集团董事会
年度预算		预算草案	编制总预算	审查	审议批准
年度预算调整	集团董事会授权额内	预算调整方案	审查	审议批准	—
	集团董事会授权额外	预算调整方案	审查	审议	审议批准
预算考核		—	提交考核建议	—	审议批准

巨化集团的全面预算管理遵循“三二一”原则，即“三引领两优化一挂钩”原则。

（1）战略引领原则。全面预算管理坚持以战略为引领，依据集团中长期战略规划和滚动修编的内容来编制预算，符合集团总体经营方针，结果管理和过程管理相结合，进一步夯实战略发展平台。

（2）价值引领原则。全面预算管理坚持以价值创造为导向，由固化管理转化为动态管理，消除一切浪费，提升资产回报率，提高核心竞争力，实现集团公司价值最大化。

（3）业务引领原则。全面预算管理以业务驱动为基础，整合优化集团资源，涵盖集团人、财、物、产、供、销、投融资等各项活动，整合要素资源，拓展省外、境外市场，提高市场占有率，促进业务规模刚性增长，实现业务模式的转型和提升。

（4）权责对等优化原则。由编制管理转变为改善管理控制系统，优化组织控制模式。集团要给予各单位一定的权力，被授权单位对预算的执行、控制等承担相应的责任，实现权责对等。

（5）资源整合优化原则。由资源配置转变为资源整合，提高资源整体配置效率。预算管理要结合各单位实际情况，优化资源配置，向资产回报率高、业绩贡献大的项目倾斜，讲求投入产出质量。

（6）薪酬与绩效挂钩原则。全面预算的执行要遵循刚性原则，强化以薪酬与绩效挂钩为导向的预算编制基础，逐步建立绩效与规划目标达成、创造价值、业务增长和创新投入相结合的绩效考核模式。

经过近 20 年的不断实践、改革和创新，巨化集团的全面预算管理取得了较好的成效，在财务管理中发挥了积极作用。

（资料来源：张长国，沈智慧，王少华，等. 凡事有预算则立，精准管理定格巨化集团的全面预算管理实践 [J]. 财务与会计，2020（23）：28-32）

三、全面预算基本业务流程

企业全面预算的基本业务流程一般包括预算编制、预算执行和预算考核。其中预算编制阶段包括预算编制、预算审批、预算下达等具体环节；预算执行阶段涉及预算指标分解和责任落实、预算执行控制、预算分析、预算调整等具体环节。这些业务环节相互关联、相互作用、相互衔接，周而复始地循环，从而实现对企业全面经济活动的控制。任何一个环节出现问题都会影响其他环节的实施。图 5-3 列示了企业全面预算的基本业务流程。

全面预算是企业加强内部控制、实现发展战略的工具和手段，但同时也是企业内部控制的对象。企业应当参照图 5-3 的基本流程，结合自身情况及管理要求，制定具体的全面预算业务流程，针对各环节可能存在的主要风险，明确主要的控制要求，采取相应的管控措施，以确保预算工作全过程得到有效控制，切实发挥全面预算管理的功能和作用。

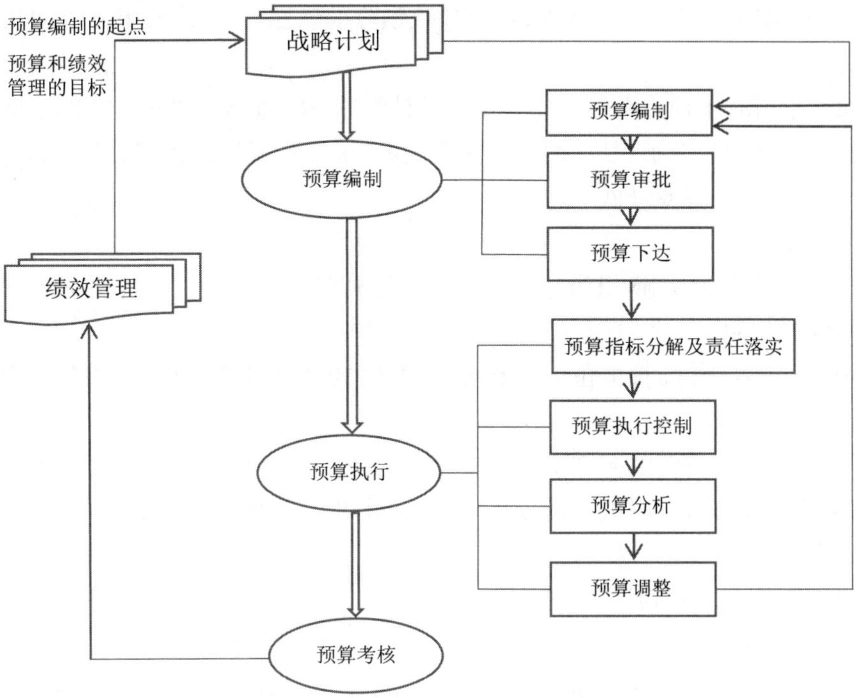

图 5-3　企业全面预算基本业务流程

四、预算流程的主要业务风险及管控措施

（一）预算编制

预算编制是企业实施全面预算管理的起点，是将企业战略转化为短期的、具体的、可行的、可量化的预算目标及指标体系的过程。

1. 主要风险

预算编制环节的主要风险包括不编制预算或预算不健全，可能导致企业经营缺乏约束或盲目经营；预算目标不合理、编制不科学，可能导致企业资源浪费或发展战略难以实现。具体又表现如下：

（1）预算编制以财务部门为主，业务部门参与度较低，可能导致预算编制不合理，预算管理责、权、利不匹配；预算编制范围和项目不全面，各个预算之间缺乏整合，可能导致全面预算难以形成。

（2）预算编制所依据的相关信息不足，可能导致预算目标与战略规划、经营计划、市场环境、企业实际等相脱离；预算编制基础数据不足，可能导致预算编制准确率降低。

（3）预算编制程序不规范，横向、纵向信息沟通不畅，可能导致预算目标缺乏准确性、合理性和可行性。

（4）预算编制方法选择不当，或强调采用单一的方法，可能导致预算目标缺乏科学性和可行性。

（5）预算目标及指标体系设计不完整、不合理、不科学，可能导致预算管理在实现发展战略和经营目标促进绩效考评等方面的功能难以得到有效发挥。

（6）编制预算的时间太早或太晚，可能导致预算准确性不高，或影响预算的执行。

2. 控制要求

全面预算指引对于预算编制控制提出了总体要求，即：企业应当建立和完善预算编制工作制度，明确编制依据、编制程序、编制方法等内容，确保预算编制依据合理、程序适当、方法科学，避免预算指标过高或过低。

3. 管控措施

企业应当针对预算编制环节的主要风险，围绕预算编制的各个方面，采取相应的措施。

1）预算编制控制

（1）明确企业各个部门、单位的预算编制责任，使企业各个部门，单位的业务活动全部纳入预算管理。

（2）将企业经营、投资财务等各项经济活动的各个方面、各个环节都纳入预算编制范围，形成由经营预算、投资预算、筹资预算、财务预算等一系列预算组成的相互衔接和勾稽的综合预算体系。

2）预算编制依据和基础控制

企业应当在发展战略和年度经营计划的指导下，以上一期间实际状况为基础，结合本企业业务发展情况，综合考虑预算期内经济政策变动、行业市场状况、产品竞争能力、内部环境变化等因素对生产经营活动可能造成的影响，根据自身业务特点和工作实际编制相应的预算，并在此基础上汇总编制全面预算方案。企业年度预算方案应当符合本企业发展战略、整体目标和其他有关重大决议，反映本企业预算期内经济活动规模、成本费用水平和绩效目标，满足控制经济活动、经营管理业绩考评的需要。

主要管控措施如下：

（1）制定明确的战略规划，并依据战略规划制定年度经营目标和计划，作为制定预算目标的首要依据，确保预算编制真正成为战略规划和年度经营计划的年度具体行动方案；

（2）深入开展企业外部环境的调研和预测，包括对企业预算期内客户需求、同行业发展等市场环境的调研，以及宏观经济政策等社会环境的调研，确保预算编制以市场预测为依据，与市场、社会环境相适应；

（3）深入分析企业上一期间的预算执行情况，充分预计预算期内企业资源状况、生产能力、技术水平等自身环境的变化，确保预算编制符合企业生产经营活动的客观实际；

（4）重视和加强预算编制基础管理工作，包括历史资料记录、定额制定与管理、标准化工作、会计核算等，确保预算编制以可靠、翔实、完整的基础数据为依据。

3）预算编制程序控制

基本步骤及相关控制如下。

（1）分解下达预算目标。预算管理工作机构根据企业发展战略和年度经营目标，结合对预算期经济形势的初步预测，测算下一年度的全面预算目标，预算管理委员会审定后予以下达；预算管理工作机构拟订年度预算总目标分解方案及预算编制政策，经预算管理委员会审定后，预算指标连同编制政策层层下达至各预算责任中心。企业预算管理机构分解预算目标,应当建立系统的指标分解体系;并且应当在与各预算责任中心进行充分沟通的基础上进行分解。

(2)分级编制上报预算草案。各预算责任中心按照下达的预算目标和预算政策,结合自身特点以及预测的执行条件,认真测算并提出本责任中心的预算草案,逐级汇总上报预算管理工作机构。

(3)审查平衡预算草案。预算管理工作机构对各责任中心上报的预算草案进行审查、汇总,提出综合平衡的建议。在审查平衡过程中,预算管理工作机构应当进行充分协调沟通,对发现的问题和偏差提出初步调整的意见,并反馈给有关责任中心予以修正。这个过程可能要反复多次。对经多次协调仍达不成一致的,应向预算管理委员会汇报,以确定是否调整有关责任中心的预算目标,并最终达到综合平衡。

(4)汇总编制全面预算草案。预算管理工作机构根据各责任中心经修正调整后逐级汇总上报的预算草案,汇总编制整个企业的全面预算方案,报预算管理委员会审议并形成企业年度全面预算草案,提交董事会审查。

(5)董事会审核全面预算草案。企业董事会审核全面预算草案,应当重点关注预算的科学性和可行性,确保全面预算与企业发展战略、年度生产经营计划相协调。

4)预算编制方法控制

预算编制的方法有固定预算、弹性预算、滚动预算、零基预算、增量预算、概率预算、作业预算等,正确选择预算编制方法,不仅可以提高预算的编制效率,而且对于提高预算指标的准确性、科学性、可行性也至关重要。

5)预算目标及指标体系设计控制

(1)按照财务指标为主体非财务指标为补充的原则设计预算指标体系,即企业不仅应当构建财务指标作为预算指标体系的主体,而且还应根据不同部门、不同环节、不同业务特征以及不同管理重点,设计适合本企业的非财务指标作为财务指标的有益补充。

(2)将企业的战略规划、经营目标体现在预算指标体系中。例如,建立有关产能销售利润的预算指标,反映企业的经营目标;建立销售增长率、销售利润率、总资产报酬率、投资报酬率等比率指标,综合反映企业战略规划和经营目标。

(3)将企业生产、供销、投融资等各项活动的各个环节、各个方面的内容都纳入预算指标体系,以便实现企业对其各项经济活动的控制。

(4)令预算指标体系与绩效评价指标协调一致,满足考核、评价企业及内部各预算责任单位工作绩效的需要。

(5)按照各责任中心在工作性质、权责范围、业务活动特点等方面的不同,设计不同或各有侧重的预算指标体系。

6)预算编制时间控制

企业可以根据自身规模大小、组织结构和产品结构的复杂性、预算编制工具和熟练程度、全面预算开展的深度和广度等因素,确定合适的全面预算编制时间,并应当在预算年度开始前完成全面预算草案的编制工作。

【案例 5-18】

沃尔玛的吝啬与慷慨

对供应商很吝啬。沃尔玛在一般情况下会尽量绕过中间商而直接和生产商打交道。此外要想成为沃尔玛的供应商,还必须接受沃尔玛严格认真的资质考证,为其提供企业和产品的详细情况。并且,沃尔玛会拼命地压低供应商的供货价格,直到供应商要么接受超低的供应价格,要么就放弃进入沃尔玛的想法。为了防止个人利益损害公司利益,沃尔玛严禁采购人员接受供应商的任何礼品和招待,甚至在下班的时候搭顺路车都会受到严厉的惩罚。如果供应商向沃尔玛的采购员行贿,那么他就别想再和沃尔玛有任何合作,受贿的采购员会被控告甚至遭受牢狱之灾。

对员工很吝啬。沃尔玛对所有的员工都很吝啬。在沃尔玛采集样品的窗口,赫然写着"标签不可作他用"的提示;员工不止一次地被告知,出去开会记住要把公司发的笔带回来,因为笔是要以旧换新的;平常用的纸,要两面用完再丢弃;甚至沃尔玛的首席执行官李·斯科特开的只是一辆大众公司的甲壳虫车,而且为了省钱,出差时他还跟人合住过一个客房。另外,沃尔玛国际老总约翰·门泽尔和他的下属们至今还挤在同一层楼里办公,他的那间办公室同样小得可怜。

舍得放卫星。沃尔玛是世界上最早对信息技术大量投资的零售商之一。早在 1978 年,沃尔玛就在美国休斯公司的协助下发射了一颗卫星,用于沃尔玛全球商业系统的信息管理。美国沃尔玛连锁总部的传输系统和计算机控制中心在世界连锁商业领域也是很先进的,其投资额累计达十多亿美元。该系统能使沃尔玛了解顾客在买什么,同时,能对每种商品每时每刻的销售情况进行统计分析,筛选出畅销品和滞销品,并及时进行必要的调整。

舍得公关。沃尔玛在广告上舍不得花钱,在公关活动上却很慷慨。它积极地在所在社区扮演友善邻居的角色。因为沃尔玛认为,服务的本质在"人"。沃尔玛的员工到养老院照顾老人的生活,为聋哑儿童康复中心捐赠教学仪器,在学校设立奖学金等。他们还积极地参与植树造林活动,并在日常的活动中坚持资源回收利用的原则,受到社会的广泛赞誉。

(资料来源:周爱学. 沃尔玛的吝啬与慷慨 [J],高科技产业化,2003(11):43-44)

(二)预算审批

预算审批方面的主要风险是预算未经适当审批或超越授权审批,可能导致预算权威性不够、执行不力,或可能因重大差错、舞弊而导致损失。

预算审批方面的主要管控措施为企业预算应当按照《公司法》等相关法律法规及企业章程的规定报经审议批准。按照《公司法》规定,公司年度财务预算方案应当经股东(大)会审议批准。

(三)预算下达

预算下达环节的主要风险是全面预算下达不力,可能导致预算执行或考核无据可查。

预算下达环节的主要管控措施为企业全面预算经审议批准后应及时以文件形式下达执行。

（四）预算指标分解和责任落实

在预算正式执行前，企业需要将正式下达的预算目标进行层层分解，落实各个责任中心的预算责任，确保预算的有效执行。

1. 主要风险

该环节的主要风险是：预算指标分解不够详细、具体，可能导致企业的某些岗位和环节缺乏预算执行和控制依据；预算指标分解与业绩考核体系不匹配，可能导致预算执行不力；预算责任体系缺失或不健全，可能导致预算责任无法落实，预算缺乏强制性与严肃性；预算责任与执行单位或个人的控制能力不匹配，可能导致预算目标难以实现。

2. 管控措施

（1）预算指标分解的步骤一般包括①年度预算经股东（大）会或董事会批准后，由企业预算管理部门将其分解为部门责任预算，明确各预算执行部门（各职能部门、分厂、车间、分（子）企业等）的预算责任目标，同时将年度预算细分为季度、月度预算；②各预算执行部门将本部门负责的预算指标层层分解，从横向、纵向和时间三个方面细化落实到内部各部门各环节、各岗位和个人，形成全方位的预算执行责任体系。

（2）企业应当建立预算执行责任制度，对照已确定的责任指标，定期或不定期地对相关部门及人员责任指标完成情况进行检查，实施考评。可以通过签订预算目标责任书等形式明确各预算执行部门的预算责任。

（3）分解预算指标和建立预算执行责任制，应当遵循定量化、全局性、可控性原则。即：预算指标的分解要明确、具体，便于执行和考核；预算指标的分解要有利于企业经营总目标的实现；赋予责任部门和责任人的预算指标应当是可以通过该责任部门或责任人的努力达到的，责任部门或责任人以其责权范围为限，对预算指标负责。

（五）预算执行控制

1. 主要风险

预算执行环节的主要风险如下：缺乏严格的预算执行授权审批制度，可能导致预算执行随意；预算审批权限及程序混乱，可能导致越权审批、重复审批降低预算执行效率和严肃性；预算执行过程中缺乏有效监控，可能导致预算执行不力，预算目标难以实现；缺乏健全有效的预算反馈和报告体系，可能导致预算执行情况不能及时反馈和沟通，预算差异得不到及时分析，预算监控难以发挥作用。

2. 管控措施

（1）加强资金收付业务的预算控制，及时组织资金收入，严格控制资金支付，调节资金收付平衡，防范支付风险。

（2）加强资金支付业务的审批控制，及时制止不符合预算目标的经济行为，确保各项业务和活动都在授权的范围内运行。企业应当就涉及资金支付的预算内事项、超预算事项、预算外事项建立规范的授权批准制度和程序，避免越权审批、违规审批、重复审批等现象的发生。在确定支付事项的授权批准层次时，应根据业务或事项的重要性和金额大小划分权限。

对于预算内一般事项，如重复性的日常生产经营活动、涉及金额不重大的事项，可以按照一般授权批准层次，实行正常的、相对简化的审批程序；对于预算内非常规或金额重大事项，如重大的筹资行为、投资行为、资产重组、收购兼并、担保抵押等，应经过较高的授权批准层审批。企业对于预算内事项，应按照规定的授权批准制度，从预算项目、预算金额和预算数量三个方面进行审核及审批，确保实现预算控制目标。

对于超预算或预算外事项，应当实行严格、特殊的审批程序，一般须报经总经理办公会或类似授权批准层审批；金额重大的，应报经预算管理委员会或董事会审批。预算执行单位提出超预算或预算外资金支付申请，应当提供有关发生超预算或预算外支付的原因、依据、金额测算等资料；审批部门应当依据权限，按照企业预算管理制度的有关规定进行审批。预算外支出一经批准，可以在预算调整时，纳入预算调整范围。对于重大的预算外支出项目，企业应实施重点跟踪和监控。

(3)建立预算执行实时监控制度，及时发现和纠正预算执行中的偏差，确保企业办理采购与付款、销售与收款、成本费用、工程项目、对外投融资研究与开发、信息系统、人力资源、安全环保、资产购置与维护等各项业务和事项，均符合预算要求；对于涉及生产过程和成本费用的，还应严格执行相关计划、定额、定率标准。预算管理工作机构及人力资源、审计、计划等职能部门应当按照各自的职责权限对企业全面预算执行进行日常监控；各预算责任中心应当依据其预算责权，对其承担的预算指标的完成和实现情况进行适时监控。

(4)建立重大预算项目特别关注制度。对于工程项目、对外投融资等重大预算项目，企业应当密切跟踪其实施进度和完成情况，实行严格监控。对于重大的关键性预算指标，也要密切跟踪、检查。

(5)建立预算执行情况预警机制，科学选择预警指标，合理确定预警范围，及时发出预警信号，积极采取应对措施。有条件的企业，应当推进和实施预算管理信息化，通过现代电子信息技术手段控制和监控预算执行，提高预警与应对水平。企业可以采用指标预警法和因素预警法相结合的模式建立预警机制；对可计量的风险因素可以运用指标预警法；对于不可计量的风险因素可以采用因素预警法。

(6)建立健全预算执行情况内部反馈和报告制度，确保预算执行信息传输及时、畅通有效。各级预算执行单位应当及时总结预算执行情况，对于发生的新情况、新问题及出现偏差较大的项目，及时查明原因，计算差异，提出改进措施和建议，并向预算管理工作机构报告；预算管理工作机构应当加强与各预算执行单位的沟通，运用财务信息和其他相关资料监控预算执行情况，采用恰当的方式及时向预算管理委员会和各预算执行单位报告、反馈预算执行进度、执行差异及其对预算目标的影响；预算管理委员会也要定期召开预算执行分析会议，全面、系统分析预算管理工作机构提交的预算执行报告，对存在的问题及出现偏差较大的重大项目提出改进措施和建议，协调各预算执行单位采取下一步行动，促进企业全面预算目标的实现。

企业可以采用定期召开预算例会、定期编报预算差异分析报表或预算反馈报告等主要形式反馈预算信息。预算反馈报告应简洁、明晰，注重报告内容的真实性、及时性、系统性和有效性。

(六)预算分析

通过预算分析,可以发现预算执行中存在的问题及其产生原因,有助于落实预算责任和纠正偏差,实现预算执行过程的控制,并可为实施预算考核和奖惩提供依据。

1. 主要风险

预算分析环节的主要风险如下:预算分析不正确、不科学、不及时,可能削弱预算执行控制的效果,或可能导致预算考评不客观、不公平;对预算差异原因的解决措施不得力,可能导致预算分析形同虚设。

2. 管控措施

企业预算管理工作机构和各预算执行单位应当建立预算执行情况分析制度,定期召开预算执行分析会议,通报预算执行情况,研究、解决预算执行中存在的问题,认真分析原因,提出改进措施。

企业应当加强对预算分析流程和方法的控制,确保预算分析结果准确、合理。

预算分析流程一般包括确定分析对象、收集资料、确定差异及分析原因、提出措施及反馈报告等环节。预算分析方法包括定量分析法和定性分析法。

(1)分析对象控制。预算管理委员会应当确定预算差异分析的对象与差异分解原则。差异分析对象应选择那些对预算目标的实现有重要影响并且可以获得准确基础数据的关键驱动因素指标。预算差异分解原则通常包括差异分解程度、各项目差异分解所参照的数据来源及收集方式、差异的各细分部分对应的责任方等。

(2)收集资料控制。企业应当充分收集有关财务、业务、市场技术、政策、法律等内部和外部两方面的信息资料,为预算差异分析提供依据。内部资料主要是有关预算目标及其执行情况的资料,可从下达的预算文件、预算执行反馈报告以及会计核算系统等来源中获取;外部资料包括影响预算执行结果的有关外部因素的变动信息和相应外部市场的可比信息,如原材料市场价格的变动情况、产品市场的变化、竞争对手的销售及盈利状况等。

(3)差异确定及原因分析控制。企业通过运用比较分析法确定预算执行结果与预算目标的差异后,应当采用比率分析法、因素分析法等定量分析方法说明预算指标的完成程度,提示偏离预算的原因,并通过定性分析方法对差异原因进行深入分析。企业应当在进行全面、综合分析的基础上,找出造成预算差异的关键问题和原因,并落实责任单位和责任人。

(4)提出措施及反馈报告控制。企业应当根据预算分析结果,提出改进措施和建议,并形成预算分析反馈报告予以上报。预算分析反馈报告应当包括分析对象、预算目标、实际执行结果、预算执行差异、差异分析及原因、责任归属、改进措施和建议等基本内容。

企业应当采取恰当措施处理预算执行偏差。企业应针对造成预算差异的不同原因采取不同的处理措施:因内部执行导致的预算差异,应分清责任归属,与预算考评和奖惩挂钩,并将责任单位或责任人的改进措施的实际执行效果纳入业绩考核;因外部环境变化导致的预算差异,应分析该变化是否长期影响企业发展战略的实施,并作为下期预算编制的影响因素。

（七）预算调整

当预算编制的假设条件，特别是外部客观环境发生重大变化，导致企业无法继续执行现行预算或执行现行预算会使企业遭受经济损失时，就应对预算进行调整。

1. 主要风险

预算调整环节的主要风险：预算调整依据不充分、方案不合理、审批程序不严格，可能导致预算调整随意、频繁，预算失去严肃性和约束性。

2. 管控措施

（1）明确预算调整条件。由于市场环境、国家政策或不可抗力等客观因素，导致预算执行发生重大差异确需调整的，应当履行严格的审批程序。企业应当在有关预算管理制度中明确规定预算调整的条件。

（2）强化预算调整原则。①预算调整应当符合企业发展战略年度经营目标和现实状况，重点放在预算执行中出现的重要的、非正常的、不符合常规的关键性差异方面；②预算调整方案应当客观、合理、可行，在经济上能够实现最优化；③预算调整应当谨慎，调整频率应予以严格控制，年度调整次数应尽量少。

（3）规范预算调整程序，严格审批。调整预算一般由预算执行单位逐级向预算管理委员会提出书面申请，详细说明预算调整理由、调整建议方案、调整前后预算指标的比较、调整后预算指标可能对企业预算总目标的影响等内容。预算管理工作机构应当对预算执行单位提交的预算调整报告进行审核分析，集中编制企业年度预算调整方案，提交预算管理委员会。预算管理委员会应当对年度预算调整方案进行审议，根据预算调整事项性质或预算调整金额的不同，根据授权进行审批，或提交原预算审批机构审议批准，然后下达执行。预算调整审批权应当集中、权威，避免调整的随意、无序和多头现象。企业董事会或预算管理委员会一般行使预算调整审批权。

企业年度全面预算调整后，应当相应调整后续月度的考核指标。

（八）预算考核

预算考核是对预算执行情况的考核评价，其以预算编制内容为基础，以预算执行者为考核对象，以预算指标为考核标准，通过预算执行结果与预算指标的比较分析，据以落实责任、评价业绩、实施奖惩。预算考核对于发挥预算约束与激励功能、增强预算“刚性”、强化预算执行力、确保预算目标实现具有重要作用。

1. 主要风险

预算考核环节的主要风险是预算考核不严格、不合理、不到位，可能导致预算目标难以实现，预算管理流于形式。其中，预算考核是否合理受到考核主体和对象的界定是否合理、考核指标是否科学、考核过程是否公开透明、考核结果是否客观公正、奖惩措施是否公平合理且能够落实等因素的影响。

2. 管控措施

1）建立健全预算执行考核制度

（1）企业应当建立严格的预算执行考核制度，对各预算执行单位和个人进行考核，将预算目标执行情况纳入考核和奖惩范围,切实做到有奖有惩、奖惩分明。

(2)企业应当制定有关预算执行考核的制度或办法,并认真、严格地组织实施。预算考核制度或办法应当明确规定预算考核主体、考核对象、考核期间、考核指标、考核程序、考核结果公布、奖惩原则等内容。

(3)企业应当定期组织实施预算考核,以有效发挥全面预算的激励和约束作用,确保预算目标的完成。预算考核的周期一般应当与年度预算细分周期相一致,即按照月度、季度实施考评,预算年度结束后再进行年度总考核。

2)合理界定预算考核主体和考核对象

预算考核主体分为两个层次:

第一层次的考核主体为企业预算管理委员会,是企业最高层的考核主体,负责对企业预算总的执行情况进行考核。企业预算管理工作机构具体负责组织开展企业二级预算单位预算执行情况的考核,提出考核和奖惩建议,报预算管理委员会审议。这一层级的被考核者应当就分派的预算目标签署责任状,并在企业内部公示,形成正式生效的文件。

第二层次的考核主体为企业内部各级预算责任单位,由上级责任单位对下级责任单位和相关个人实施考核,处于中间层面的各个责任单位既是上级考核主体的考核对象,同时又是下级单位的考核主体。这一层级的被考核者需要就所承担的预算目标签字确认。

在界定预算考核主体和考核对象时,应当遵循以下主要原则:①上级考核下级原则;②逐级考核原则;③预算执行与预算考核相互分离原则。

3)科学设计预算考核指标体系

科学设计预算考核指标体系应主要把握以下原则:预算考核指标要以各责任中心承担的预算指标为主,同时本着相关性原则,增加一些全局性的预算指标和与其关系密切的相关责任中心的预算指标;考核指标应以定量指标为主,同时根据实际情况辅之以适当的定性指标;考核指标应当具有可控性、可达到性和明晰性。

4)按照公开、公平、公正原则实施预算考核

(1)考核程序标准结果要公开。实施过程以及过程中所依据的有关考核标准奖惩办法等制度要公开,考核结果也要及时公开。

(2)考核结果要客观公正。预算考核主体应当按照预算考核制度行使职权,预算考评的原则内容、步骤等应按预算考核制度规定进行,预算考核应当以客观事实作为依据。预算执行单位上报的预算执行报告是预算考核的基本依据,应当经本单位负责人签章确认。企业预算管理委员会及其工作机构定期组织预算执行情况考核时,应当将各预算执行单位负责人签字上报的预算执行报告和已掌握的动态监控信息进行核对,确认各执行单位预算完成情况。

(3)奖惩措施要公平合理并得到及时落实。预算考核的结果应当与各执行单位以及员工的薪酬、职位等进行挂钩,实施预算奖惩。企业设计预算奖惩方案时,应当以实现全面预算目标为首要原则,同时还应遵循公平合理、奖罚并存的原则。奖惩方案要注意各部门利益分配的合理性,要根据各部门承担的工作难易程度和技术含量合理确定奖励差距。要奖罚

并举，不能只奖不罚，并要防止奖惩实施中的人情添加因素。

【案例 5-19】

全面推进预算管理　助推企业提质增效

自 2018 年以来，陕钢集团龙钢公司（以下简称“陕钢龙钢公司”）紧盯全年生产经营任务，以预算管理为抓手，充分利用四级成本管理、对标管理、定额管理等方式，有效制定落实各项预算目标，并通过加强预算监督执行、分析、改进、考评，促使该公司各项预算目标得到有效管控，助推企业持续健康发展。

一是加强预算测算，科学设定目标。通过对工序要素分析、精细测算，陕钢龙钢公司从价格、消耗、结构、采购、销售等方面制定出各单位（部门）、各工序目标任务，同时价格方面又以渠道建设、质量要求、采购节奏方面形成价格管控机制，消耗方面以操作管理、质量管控、技术创新等方式进行控制，形成全面管控，并对资源要素进行分析，目前共制定一百余项公司级经营指标，实行经营管控全覆盖。

二是引入对标管理，制定升级措施。预算所确定的目标仅为该公司生产经营过程中为完成当期目标任务而制定的各单位考核目标，但是仅仅依靠考核目标，并不能促进该公司生产业绩持续提升。为此，陕钢龙钢公司又将对标管理理念引入全面预算管理中，对每个工序按照价格、消耗和结构成本要素进行对标分析，通过与历史对比、与先进对标，寻找差异，制定出超额完成预算计划的升级降本措施，为整体预算目标实现提供有力保障。

三是明确责任分工，推进预算落实。为有效落实预算执行，按照大道从简、简单易行、三级责任的管理思路，形成多个部门各负其责、协同联动的经营局面，按照职能，将参与部门分类为商务部门、专业部门、责任主体，分别从价格监控、合同审核、物料消耗、结构优化、费用管控等方面进行全方位管控，实现费用最少、指标最优、成本最低。截至目前，陕钢龙钢公司相继下发《推行机制改革提升管理效率的通知》及《建立限时办结机制的通知》，为整体工作有效推进提升提供了有力保障。

四是加强过程监控，及时分析纠偏。在预算执行中，通过持续完善日成本核算，精准指导成本运行状况。采用日成本监控、周分析、月总结等全方位、全过程监控手段，保障预算目标的实现，同时，针对监控过程发现偏差较大问题，及时通过生产调度展会、总经理办公会等重要会议快速研究决策，制定改进措施，通过过程管控及时纠偏，解决存在问题，确保预算有效推进。

五是强化刚性考核，确保目标完成。为确保预算目标能够按期完成，配套下发了《绩效考核管理办法 8 专业管理考核办法》等相关制度，将该公司全员纳入绩效考核体系；员工考核着重突出关键少数绩效、稳定一般人员收入；同时对主体单位中层干部按照经营管理、生产工艺、设备管理三类进行精准考核，进一步夯实主体责任；对公司领导围绕预算着重考核经营指标和重点工作推进情况。与此同时，陕钢龙钢公司实行负面清单考核，进一步强化监督管理人员履职能力。

六是政策配套落实，激励目标提升。陕钢龙钢公司多措并举，制定《劳动竞赛及挖潜增效活动方案》,按照设立炉机线日产或月产破纪录奖、超产奖、高产奖、挖潜增效奖励等多种方式,激发全员创效热情,充分发挥设备、技术潜能,进一步挖掘降本潜力,同时积极开展员工"查、找、提、改、献"活动,进一步激发广大员工岗位创新热情,使他们通过修旧利废、小改小革为企业实现增效创效。

(资料来源:池国华.内部控制学[M].北京:高等教育出版社,2021)

第七节　运营分析控制

一、运营分析的定义

运营分析是指以统计报表、会计核算、管理信息、计划指标和相关资料为依据,运用科学的分析方法对一段时间内企业经营管理活动情况进行系统的分析研究,旨在真实地了解经营情况,发现和解决经营过程中的问题,并按照客观规律指导和控制企业经营活动。

《企业内部控制基本规范》第三十四条规定,运营分析控制要求企业建立运营情况分析制度,经理层应当综合运用生产、购销、投资、筹资、财务等方面的信息,通过运用因素分析、对比分析、趋势分析等方法,定期开展运营情况分析,发现存在的问题,及时查明原因并加以改进。

二、运营分析的流程

企业运营分析的流程步骤如下。

(一)明确运营目的,确定运营范围

要明确分析目的,确定分析对象,有针对性地进行分析。如处于成长期的企业通常以扩大市场份额、抢占市场制高点为战略目标,此时企业的运营分析应当以收入为分析重点;处于成熟期的企业通常以降低成本费用,确保企业盈利水平为战略目标,此时企业的运营分析应当以成本费用或利润为分析重点。

实施企业运营分析,首先考虑预算标准,即考虑企业各项运营指标在分析期的实际结果是否达到之前所确定的预算目标。其次需要运用历史标准和行业标准,与历史标准相比,可以判断企业是否有所进步;与行业标准相比,可以将企业与同行业先进水平或主要竞争对手放在一起进行对标分析,判断其是否具有优势。最后进行差异分析,企业在确定标准值后,计算出各种运营指标在分析期的实际结果,并分别与企业所建立的标准体系进行对比,发现重大不利差异后应进一步深入系统分析。

(二)分析运营差异,追溯查找原因

发现重大不利差异后,企业应当结合宏观环境、行业背景和自身经营模式,综合运用因素分析、结构分析、趋势分析、综合分析等分析方法,根据层次递进的思路,对重大不利差异的形成原因进行深入系统分析,并延伸到业务层面,挖掘导致重大不利差异的根本原因,明确企业运营过程中存在的问题。

(三)采取恰当措施,提出相关建议

运营分析的目的不仅是发现问题,更重要的是解决问题。企业应根据运营分析过程中发现的问题和原因，撰写报告得出相应结论，并向管理层提出应对风险的策略与具体的控制措施，从而确保企业全年经营目标的实现。

【案例 5-20】

海亮经营分析案例

诞生于1989年的海亮集团股份有限公司（以下简称“海亮股份”），是浙江民营企业从小到大、由大变强的典范。海亮集团总部位于诸暨市店口镇，现有境内外上市公司3家、员工2万余名，总资产超550亿元，产业基地布局12个国家和地区，营销网络辐射全球。

2018年，集团营业收入1 736亿元，综合实力位列世界企业500强第473位、中国企业500强第115位、中国民营企业50强第25位，浙江百强企业第5位。2021年7月27日，海亮股份举行2021年半年度经营分析会，全面总结2021上半年工作，并对下半年重点工作进行部署安排。海亮股份各事业部、子公司及总部各部门的近两百名管理人员总结分析了上半年经营指标的达成情况，并以“迎接行业转折，实现高质量发展”为主题共同探讨，坚定实现2021年度经营目标的决心，为未来发展谋篇布局，全面推动2025年战略规划实施。

上午，经营管理团队开展分组讨论，共分为财务组、营销组、技术研发组和大生产（品质）组。四个小组对2021年上半年指标完成情况、运营情况以及下半年经营举措进行讨论、分析和总结。海亮股份董事长兼总经理朱张泉听取了各小组的工作分析总结及未来发展规划，充分肯定了大家在上半年取得的成绩，全面、客观地分析了当前面临的形势，并逐一对各组的经营工作给予指示。他强调要高度重视安全和质量，“把安全和质量放在第一位”，强抓安全生产，打造精益品质。要定位战略核心，聚焦市场拓展，坚持以市场为导向，精研客户需求，集中梳理销售策略，完善市场营销信息反馈。要完善公司技术平台搭建体系，快速实现价值创造，全面推动公司高质量发展。要科学系统地做好资金计划，提高资金使用效率，通过精细化管理提高效益。

下午，大家齐聚会议厅参与海亮股份2021年半年度经营分析会，海亮股份副总经理孙洪钧主持会议。四个讨论组组长分别就小组讨论结果向全体与会人员汇报。海亮股份财务管理中心总监陈东带来他的工作感悟：财务记录代表公司赋予财务的一种权力，数据不仅仅是一种资源，更是公司宝贵的资产，它在一定程度上还是公司的竞争力，一家公司数字化的能力有多强，公司的竞争优势就有多大，公司的竞争边界就有多宽。海亮股份营销管理中心常务副总经理冯剑维向大家汇报了2021年上半年公司的销售情况，并就当前市场环境做了细致分析，对下半年重点工作进行了简要梳理。海亮股份技术中心主任马为民向大家展示了公司近阶段的主要技术创新成果，就当前所遇到的技术问题进行了分析总结，同时汇报了公司技术中心下阶段研发工作的主要方向。海亮股份副总经理董志强就上半年公司安全、质量及生产工作情况进行了总结，表示将在下半年的工作中进一步抓好安全生产工作，加强组织协调，抓推进、抓落实，管控风险，积极推进公司各项生产工作。

朱张泉全面复盘和分析了2020年以及2021年上半年公司经营情况，通过对当前外部环境的深刻剖析，指出当前行业痛点，结合公司核心优势明确公司发展方向。通过对新时代下“高质量发展”时代课题的深层剖析，朱张泉指出，海亮股份的高质量发展应符合国家产业政策和国际产业趋势；加强科技赋能，引领行业发展；实现中高端市场占有率行业绝对领先，单位盈利能力行业领先；形成积极的行业影响力。同时，海亮股份要通过兼并重组、资本运作、战略合作等方式整合产业资源，强化产业链竞争力和抗风险能力，以高端化、智能化、绿色化为导向，打造企业核心竞争力，实现海亮股份的高质量发展！最后，朱张泉进一步明确海亮股份2025年战略规划，要求公司团队升级人才培养及财务管控体系，推动科技赋能，完善公司内部管理，聚焦深耕，加快完成全球产业布局，构建产业生态链，实现海亮股份“成为全球有色产业生态引领者”的宏伟目标！

（资料来源：迎接行业转折，实现高质量发展　海亮股份召开2021年半年度经营分析会.海亮集团官网，2021-07-28）

三、运营分析控制的方法

运营分析方法包括定量分析方法和定性分析方法。定量分析方法是从数量上比较和确定各项经济指标变动的数额，以及影响指标变动的原因和影响程度的分析方法，是运营分析的基本方法。定性分析方法是在定量分析的基础上，根据国家有关法规政策，结合企业的实际情况进行相互联系的分析研究，考虑各种不可计量的因素加以综合论证，对定量分析的结果进行切合实际的修正，是运营分析的辅助方法。下面重点介绍运营分析常用的比较分析法、比率分析法、趋势分析法、因素分析法、结构分析法和综合分析法。

（一）比较分析法

比较分析法是运营分析最基本的方法，有纵向比较法和横向比较法。纵向比较公司历史数据，可以知道公司某一方面的变动情况，纵向比较法也称为水平分析法；横向与同行业其他上市公司比较，可以衡量公司在同行业中的竞争力和地位。比较分析法相关指标比较的形式有绝对数比较和相对数比较。绝对数比较是计算两个或两个以上指标增减变动数额；而相对数比较是计算增减变动百分比。相对数比较可消除项目绝对规模因素的影响，有利于得出正确的分析结论。

比较分析法中可选取历史指标预算指标、行业指标作为比较评价标准。将本期指标与上期、上年同期指标或历史最好水平进行比较，可以揭示企业某一方面的增减变动情况；将实际指标与计划、预算指标进行比较，可以分析考核企业计划、预算的执行情况；将本企业指标与同行业平均指标或先进企业的指标进行比较，可以找出差距与不足。

采用比较分析法时，应注意相比较指标的可比性，对比的指标在性质、计算口径、计价基础和时间上应保持一致；同时还应注意剔除偶然性因素对评价指标的影响，对显著变动的指标要做重点分析。

（二）比率分析法

比率是两数相比所得的值。比率分析法是通过把财务报表内的一个数据与其他相关数据进行比较，建立数据之间的联系，从而得出分析结论或提出需要解释的问题，评价企业的财务状况和经营业绩。任何两个数字都可以计算出比率，但是要使比率具有意义，用于计算比率的两个数字就必须有联系。这种具有重要联系的相关数字在财务报表中比比皆是，可以计算出一系列有意义的比率，例如，用流动资产除以流动负债，可以计算出该企业的流动比率。

(三)趋势分析法

趋势分析法是通过观察连续几个会计期间的财务报表，比较分析某些项目或指标的增减变化情况，判断其发展趋势，并对未来发展作出预测。

趋势分析法需要计算趋势百分比，趋势百分比又有定比和环比两种。定比是选定某一年作为基年，将其余各年与基年比较，计算出趋势百分比。环比是将各年数与前一年数比较，计算出趋势百分比。采用定比方法计算趋势百分比时，应注意基期的选择要有代表性，如选择不当，则容易导致误解。

(四)因素分析法

因素分析法是通过分析影响重要指标的各项因素，计算其对指标的影响程度，来说明指标前后期发生变动或产生差异的主要原因的一种分析方法。因素分析法按分析特点可以分为连环替代法和差额计算法两种。连环替代法是在通过比较分析确定差异的基础上，利用各种因素的顺序“替代”，从数值上测定各个相关因素对指标差异的影响程度的计算方法。差额分析法是连环替代法的一种简化形式，它是利用各个因素的分析期值与基期值之间的差异，依次按顺序替换，直接计算出各个因素对指标变动影响程度的一种分析方法。

运用因素分析法时应注意以下问题：①因素分解的关联性。②因素替代的顺序性。一般先替代数量指标，后替代质量指标；在同类指标中先替代实物量指标，后替代价值量指标；若有几个同类指标，则先替代主要因素，后替代次要因素。③顺序替代的连环性，即计算每一个因素变动时，都是在前一次计算的基础上进行，并采用连环比较的方法确定因素变化影响结果。④计算结果的假定性。连环替代法计算的各因素变动的影响数，会因替代计算的顺序不同而有差别，因此，分析人员应力求使这种假定合乎逻辑，并具有实际经济意义，这样才不会妨碍分析结果的有效性。

(五)结构分析法

结构分析法是将财务报表中的某一关键项目金额作为100%，再将其余有关项目金额换算为对该关键项目的百分比，以揭示出财务报表中各项目的相对地位和总体结构关系。

结构分析对于运营分析是非常有益的，对于资产负债表和利润表的分析非常重要。企业在正常经营中，各个时期的资产负债表和利润表中各项目一般有一个正常的比例关系，即有一个合理的分布结构。任何各项目百分比结构的异常变化，都应引起分析者的注意，要研究变化的原因，判断内在的风险。

(六)综合分析法

综合分析法是指将反映企业运营各个方面的指标纳入一个有机的整体之中，综合、系统、全面地对企业运营状况进行分析与评价。在实践中应用比较广泛的综合分析体系包括杜邦财务分析体系、可持续增长率分析体系、EVA价值树分析体系等。

【案例 5-21】

从杜邦分析看永辉超市十年发展

表 5-9　2008—2017 年永辉超市杜邦分析部分指标

项　目	2008 年	2009 年	2010 年	2011 年	2012 年	2013 年	2014 年	2015 年	2016 年	2017 年
净资产收益率	34.80%	30.46%	15.98%	12.73%	11.51%	12.63%	13.93%	4.82%	6.46%	8.58%
权益乘数	2.22	2.96	1.73	2.32	2.47	2.19	2.39	1.65	1.53	1.61
资产负债率	54.96%	66.22%	42.25%	56.99%	59.45%	54.40%	58.24%	39.51%	34.64%	37.91%
资本密集率	24.34%	29.46%	26.84%	48.14%	43.66%	41.04%	39.91%	48.82%	58.36%	53.95%
总资产收益率	15.67%	10.29%	9.23%	5.48%	4.67%	5.76%	5.82%	2.92%	4.22%	5.33%
销售净利率	3.82%	3.03%	2.48%	2.64%	2.04%	2.36%	2.32%	1.42%	2.47%	2.88%
总资产周转率	4.11%	3.39%	3.73%	2.08%	2.29%	2.44%	2.51%	2.05%	1.71%	1.85%

永辉超市是中国上市企业市值 500 强、中国连锁百强、中国快速消费品连锁百强企业，被国家七部委誉为中国“农改超”推广典范，以现代农业和食品工业为两翼，以实业开发为基础的大型集团企业。至 2018 年，全国已开店面 669 家，筹建店面 209 家。

通过对永辉超市杜邦分析相关指标层层分解分析，对超市 2008—2017 十年杜邦分析指标进行趋势分析，可以从业务运营、资产运营和资本运营层面看出企业的发展战略、经营轨迹和运营效果，以及资产利用效率和财务结构布局。

通过上表可以看出，十年来永辉超市净资产收益率大体呈逐年下降趋势，从 2008 年的 34.8% 下降至 2017 年的 8.58%。下降的原因是总资产收益率和权益乘数下降。权益乘教下降的原因是企业资产负债率逐年降低。总资产收益率降低是由于销售净利率和总资产周转率都下降，但总资产周转率的下降幅度远高于销售净利率。可以看出，导致净资产收益率下降的主要原因是资产利用效率降低，负债比率下调，财务杠杆弱化。

（资料来源：李冬玉. 从杜邦分析看永辉超市十年发展. 中国会计视野官网，208-11-27）

【案例 5-22】

三精制药公司的内控有效性

三精制药公司前身是哈尔滨天鹅实业股份有限公司，于 1994 年在上海证券交易所挂牌上市。根据历年年报，三精制药公司 2004 年的营业收入为 17 亿元，巅峰值出现在 2012 年，为 40 亿元。两年后“大跳水”，2014 年的营业收入跌回了 2004 年的水平，当年营业收入为 17 亿元。与营业收入暴跌形成鲜明对比的是销售费用，三精制药公司广告支出占营业收入的比例一直很高。2009—2014 年广告支出分别为 4 亿元、4.61 亿元、5.1 亿元、5.06 亿元、4.31 亿元和 2.6 亿元，6 年总计 25.68 亿元，占营业收入比例为 12.4%~15.4%。与广告支出截然不同的是历年的研发支出。根据三精制药公司历年年报显示，2010—2013 年，研发费用分别为 0.18 亿元、0.29 亿元、0.28 亿元、0.27 亿元。而相关数据表明，2013 年我国上市制药公司的研发支出平均值为0.68亿元，显然三精制药公司的研发费用离平均值还有相当一段距离。三精制药公司的管理费用中的会议费也十分惊人，2010年会议费用为6 849万元，但到了2012年，仅仅过了两年时间，会议费已经达到1.68亿元。2014年5月16日，三精制药公司董事长刘某被立案调查，5月18日，刘某在医院身亡。三精制药公司发布紧急公告表明此事对公司生产经营并无重大影响。2015年4月，“三精制药”正式改名为哈药集团“人民同泰”，三精制药公司自此离开了盘踞多年的资本市场。

回顾三精制药公司的发展历程，其主打的是“广告+仿制药”的模式，大笔的广告费投入在初期的确带来了可观的收入，其快速发展模式更是引起了行业内企业的借鉴模仿。随着消费者日益理性化、产品日益多元化，仅依靠广告吸引消费者已经渐渐行不通，但三精制药公司高级管理层本末倒置，仍痴迷于营销广告投入，忽视了一家高新企业赖以发展的应该是高额的研发投入和技术创新。一家企业要想保持持久的核心发展能力，其中一个重要的指标就是研发支出占营业收入不低于7%，而三精制药公司在2010—2013年的研发支出占营业收入的平均比率不到1%，远远低于7%的水平。高级管理层奉承的“重广告，轻研发”的企业战略模式给三精制药公司带来的是烟花式繁荣。同业竞争也是三精制药公司未能解决的问题，作为哈药集团旗下两家上市公司之一，三精制药公司的定位不明确。比如，同业华润医药集团对旗下的公司进行了定位区分，三九主打OTC，双鹤主打化学药，而东阿阿胶主打保健品，但是三精制药公司却没有清晰的定位。由以上三精制药公司的控制活动看出，三精制药公司的内部控制体系在研发支出、销售费用（主要是广告支出）、营业收入、同业竞争等方面存在内部控制缺陷。而企业的研发支出、销售费用（主要是广告支出）、营业收入、同业竞争这四项控制活动属于公司战略内容，与高级管理层的决策行为密切相关。尽管三精制药公司的最终结局还受其他因素的影响，但不可否认的是，对高级管理层的内部控制失效是重要原因之一。

（资料来源：肖海莲. 基于高级管理层视角的内部控制有效性研究：以三精制药公司为例 [J]. 财会通讯，2016（31）：5-8）

第八节　绩效考评控制

一、绩效考评控制的定义

绩效考评控制是通过设置考核指标体系，对企业内部各责任单位和全体员工的业绩进行定期考核与客观评价的过程。

《企业内部控制基本规范》第三十五条规定，绩效考评控制要求企业建立和实施绩效考评制度，科学设置考核指标体系，对企业内部各责任单位和全体员工的业绩进行定期考核和客观评价，将考评结果作为确定员工薪酬以及职务评优、晋升、降级、调岗、辞退等的基本依据。

二、绩效考评控制的流程

绩效考评控制的流程包括制定绩效计划、实施绩效计划，绩效评价、绩效反馈、绩效改进和绩效结果应用。如图 5-4 所示,这几个环节构成了一个绩效管理循环,上下承接、紧密联系,只有各环节有效整合,才能保证绩效管理目标的实现。

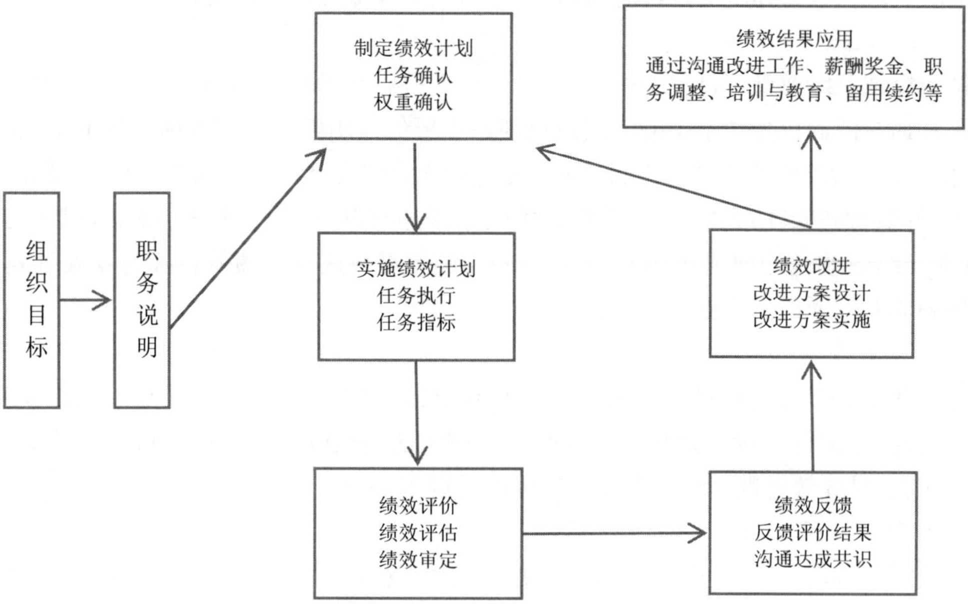

图 5-4　绩效考评的基本流程

(一)设立绩效目标

绩效目标是指给评估者和被评估者提供所需要的评价标准,以便客观地讨论、监督和衡量绩效。设立绩效目标是绩效考评控制的首要环节,也是最重要的环节。绩效考核目标应该具有针对性与可操作性,设置的目标应该明确而具体,目标指标切勿过高或过低,目标设定不宜过多。为确保绩效目标可以实现,企业应将绩效目标分解为可衡量的关键绩效指标。

(二)制定绩效计划

一是企业组织制定了发展规划和战略目标之后,需要将其分阶段分解到各个部门,最终落实到各个岗位上。绩效指标要满足独立性、一致性、稳定性、可操作性、可接受性。二是根据目标分解,编制绩效考核方案,设计考评工具,拟定考评计划。三是在统一高层、中层和员工思想的基础上,对各级绩效考核评定者进行培训,并提出处理考评结果的应对措施,供考评委员会决策。

(三)实施绩效计划

按照绩效计划实施绩效考评,无论是定性指标还是定量指标,考评者在对完成情况进行评价时都需要相应的数据信息作为依据。在整个绩效考评期间,需要与评估者进行持续沟通,这种沟通是双方追踪进展情况、找到影响绩效的障碍以及使双方成功得到所需信息的过程。

(四)绩效评价

绩效考核评价是指运用一定的评价方法、量化指标及评价标准,对个人、部门或单位绩效目标的实现程度,以及为实现这一目标所安排预算的执行结果所进行的综合性评价。可以根据具体情况和实际需要进行月度、季度、半年度和年度绩效评价。考核期开始时签订的绩效合同或协议一般都规定了绩效目标和绩效衡量标准。在绩效实施过程中收集到的能够说明绩效表现的数据和事实，可以作为判断是否达到绩效指标要求的依据。

（五）绩效反馈

绩效反馈是绩效管理过程中的一个重要环节，是将绩效评价的结果反馈给被评估对象，并对被评估对象的行为产生影响。绩效反馈最重要的作用就是实现管理层与员工之间的有效沟通。通过绩效反馈达到以下目的：①使员工认识到自己在本阶段工作中取得的进步与存在的缺陷，促进员工改进；②对绩效评价的结果达成共识，分析原因，找出需要改进的地方；③制定绩效改进计划，共同协商确定下一个绩效考评周期的绩效目标与绩效计划；④为员工规划职业生涯提供依据和参考。

（六）绩效改进

绩效改进是绩效管理过程中的一个重要环节，绩效考核的目的不只是对工作业绩进行评估，将评估结果作为确定薪酬、奖惩的标准，绩效的持续改进才是根本目的。绩效改进工作成功与否，是绩效管理过程能否发挥效用的关键。

（七）绩效结果应用

绩效考评成功与否，关键在于绩效考评结果是否被正确应用。企业实行绩效考评，有利于员工的工作、学习、成长等多方面的发展。同时，可以把绩效考评作为员工升职加薪的基本依据。最后，可以根据绩效考评结果准确地把握工作的薄弱环节，具体掌握员工的培训需要，从而制定切实可行和行之有效的培训计划，实现企业与个人的全面发展。

三、绩效考评的主要方法

1. 评级量表法

评级量表法指把员工的绩效分为若干项目，每个项目后设一个量表，由考核者做出量化考核。

2. 图尺度考评法

图尺度考评法列举期望的绩效及其构成要素（如质量、数量或个人特征等），再列举跨度很大的工作绩效表现（如从“不令人满意”到“非常优异”等），考核时，先从每一项考评要素中找出最符合员工绩效状况的分数，然后将每一位员工得到的所有分值相加，得到最终绩效考评结果。

图尺度考评法适用于规模小、管理薄弱的公司。其优点是操作简单、迅速，能使考评者在较短的时间内完成对员工的考评。其劣势是①考评没有量化的标准，考评结果不精确，考评者容易“拍脑袋”，导致考评容易流于形式；②考评不能有效地指导行为和反馈。

3. 关键事件法

关键事件法（critical incident method，CIM）是一种通过员工的关键行为和行为结果来对其绩效水平进行绩效考评的方法，一般由主管人员将其下属员工在工作中表现出来的非常优秀的行为事件或者非常糟糕的行为事件记录下来，然后在考评时点（每季度或者每半年）上与该员工面谈，根据记录共同讨论，对其绩效水平做出考评，即在事先得出的基本分基础上对优秀和不良进行加减分。

关键事件法对中层管理人员及基层操作人员比较适用。其优点有:①能够反馈员工工作中好或不好的工作行为;②控制关键的行为,促进工作绩效的提升,避免主观因素的影响。其劣势有:①考评者常常漏记关键事件,导致近期效应的偏差被夸大;②工作量比较大;③加减分项目及分数较难确定。

4. 比较评估法

比较评估法是一组运用不同的方法把一个人的业绩与他的同事相比较的方法的总称。在决定谁将加薪、谁将晋升、谁该得到奖赏的时候,常采用这类方法。常见的比较评估法有排队法、强制分级法、要点分配法、成对比较法等。尽管这种方法实用且易于标准化,但主观性很强,只能提供极少的与工作相关的反馈。

5. 关键业绩指标法

关键业绩指标法(KPI)来源于企业目标,它是企业目标层层分解、细化得出的具体可执行的关键性指标。因此, KPI 能够将企业目标、部门目标和个人目标串联起来,实现企业上下的高度统一。

KPI 不是将被考评者的每一项工作都制定指标进行考评,而是选出对业绩达成影响最大的、较为关键的指标来进行考评。 KPI 考评以“二八法则”作为理论支撑,即 80% 的工作成果是由 20% 的关键行为产生的,所以考评要紧紧抓住这 20% 的关键行为。

1)KPI 法的优点

(1)能够推动企业目标的实现,保障企业上下目标的统一,避免考核出现“两层皮”的情况;

(2)KPI 多为量化指标,既能够保障考评的客观性,也能够较为真实地反映员工的真实水平和能力,便于各项决策;

(3)KPI 激励性较强,因为 KPI 设置了明确的考评目标,并且指标量化度很高,所以员工很清楚绩效目标,具有很高的激励性。

2)KPI 法的缺点

(1)指标分解难度大,因为 KPI 来源于企业目标的分解,而目标的分解具有一定的难度,对专业知识和能力要求较高,分解得不好,指标提取就会出现问题;

(2)KPI 法的适用范围有限,因为 KPI 倾向于定量考核,对于难以以具体业绩和数据来考核的职能类部门 KPI 法并不适用;另外,中高层管理人员考评周期太长,也不适合 KPI 法;

(3)KPI 缺乏弹性,一旦确定了 KPI,在短期内是不会做出更改的,这样会忽视很多临时性的因素,容易造成考评机械化。

6. 目标管理法

目标管理法(MBO)由管理大师彼得·德鲁克提出,指根据被考评人工作目标的完成情况进行绩效考评。在开始工作之前,考评人和被考评人应该对需要完成的工作内容、时间期限、考评标准达成一致。 在时间期限结束时,双方按原先制定的考评标准来进行考评。这一方法主要针对成果和行为难以量化的工作，在使用过程中非常强调员工的参与，管理者与员工通过协商，达成共识，共同制定目标，共同承担责任。

1）目标管理法的优点

（1）员工参与度很高，因为员工与领导者共同制定目标，共同承担责任，在整个过程中沟通较多，员工的主动性和积极性较高；

（2）易于操作，考评成本低，只需要管理者和员工沟通，共同确认目标，然后开始执行，提高了员工的主动意识，也提高了管理效率，整个过程成本较低；

（3）利于部门内部的沟通协作以及良好氛围的建立。

2）目标管理法的缺点

（1）强调结果实现，但忽视了过程控制，对过程指导不充分，容易出现虽然员工知道目标是什么，但是不知道如何实现的情况；

（2）目标设定基本上都是短期目标，忽视了长期目标的达成，如果掌控不好，容易出现设定的目标偏离组织核心目标的情况。所以要时刻坚持所设立的目标必须为组织目标服务的原则。

7. 360 度考核法

360 度考核法也称全视角反馈法，最早由英特尔公司提出并实施。该方法是指通过员工、上司、同事、下属、顾客等不同主体来了解员工的工作绩效，员工可以知晓各方面的意见，清楚自己的长处和短处，来达到提升自己的目的。这一方法在拥有良好企业文化的外资企业中比较常见。

1）360 度考核法的优点

（1）全方位、多角度的考评，避免了个人偏见等主观因素的影响，考评结果具有全面性和公正性；

（2）有助于员工职业发展，员工能获得多角度的反馈和意见，这会不断激励员工提升自己；

（3）增强部门合作，提高服务意识。部门员工相互监督、相互考评，这就要求员工日常处理好各级关系，增强团队合作意识。

2）360 度考核法的缺点

（1）因为需要收集大量信息，处理多方考评意见，投入大量的时间和人力，所以考评成本较大；

（2）没有明确的考评标准，多为定性指标，所以考评的主观性比较强，容易沦为人缘考评，不利于对员工业绩的客观评价；

（3）如果培训、沟通不到位，容易在团队中造成紧张和猜疑的气氛，影响员工的工作积极性和员工关系。

8. 平衡计分卡

平衡计分卡（Balance Score Card，BSC）由哈佛大学教授罗伯特·卡普兰（Robert Kaplan）和复兴全球战略集团总裁戴维·诺顿（David Norton）于 1992 年共同提出，它的提出引发了一次绩效管理革命。其最重要的特点是结合公司的战略和愿景，反映平衡的思想，强调短期目标与长期目标间的平衡、内部因素与外部因素间的平衡，也强调结果的驱动因素。BSC 分析哪些是完成企业使命的关键成功因素以及评价这些关键成功因素作用的项目，不断检查审核这一过程，把握绩效评价，促使企业完成目标。

BSC 是一种多维管理体系，以战略目标为核心，通过财务、客户、内部流程及学习成长来实施策略管理。这四个方面分别用一系列指标来描述，各个指标与企业的信息系统集成，四个方面的指标通过因果关系相联系，构成评价考核的整体。

（1）平衡计分卡的优点。

① BSC 四个方面的指标来自企业战略和长期目标的分解，BSC 工具将企业抽象战略和目标转化成一套可执行和考评的指标；

② BSC 通过四个方面的指标将短期效益结合起来，所以能充分考虑企业的短期效益和长期效益。

（2）平衡计分卡的缺点。

①实施难度大，需要较为专业的团队来操作。因为考虑的因素较多，角度较为全面，一般的企业很难进行操作；

② BSC 是一项系统工程，规模比较大，实施周期长，很难在短期内看到效果。

【案例 5-23】

华兴公司 KPI 绩效考评的实践

一、公司及其绩效考评基本情况

华兴公司是一家大型国有化工建筑企业，成立于 1966 年，2010 年 1 月在上海证券交易所成功上市，注册资本 10 亿元。

公司拥有化工石油工程、市政公用工程、房屋建筑工程、机电安装工程施工总承包一级资质，拥有钢结构工程、消防设施工程、环保工程、工程检维修等各项资质，通过了质量、环境和职业健康安全管理体系认证，下辖 7 个子公司及 10 多个以经营为主的区域性公司、办事处，现有职工 2 000 多人。公司原来的绩效考评模式采用传统的国有企业指标，在考评过程中指标设置不清楚，责任部门相互推诿，造成考评流于形式，未能运用考评工具激发员工工作激情，存在一定的滞后性。

（1）项目绩效考评指标太多、太乱，考评内容空洞，未构成体系，未能体现重要性原则，绩效管理脱离实际，流于形式。

（2）考评指标不灵活，生搬硬套较多，公司职能部门对口考评项目业务部门，人情考评严重，矛盾突出，不利于上下级协调沟通。

（3）考评结果运用不充分，流于纸面，只是为了完成年底考评工作而进行，未能充分发挥考评激励导向作用，普遍存在员工积极性较低等情况。

二、总体设计

1. 应用 KPI 绩效考评体系的目标

优化绩效考评方案，量化考评、刚性考评，激活项目管理团队活力，通过对 KPI 与创造关键业绩的关键人员的考评，拉动项目管理团队的获利欲望，让项目管理团队明白“大河有水小河满”的道理，树立“项目有效益、个人有收益，效益货币化、收益货币化”的生产经营理念，全员服务降本增效。

2. 应用 KPI 绩效考评体系的总体思路

在原有组织结构基础上，调整考评主导部门，引入 KPI 绩效考评指标，优化现有的考评流程，将公司战略目标细化为鲜明易懂的量化指标，作为绩效考评主要指标，将公司管理方面不可量化的指标作为绩效考评引导指标。

3.KPI 绩效考评体系的内容

（1）公司调整考评对象，由项目全员考评变为项目关键人员考评，公司与项目主管领导签订绩效合同，考评项目领导层。项目领导层包括项目经理、党支部书记、总工程师、副经理。

（2）考评指标包括主要指标和引导指标。主要指标包括项目安全质量、职工利益、营业收入、利润总额以及利润货币化，引导指标包括施工现场管理、成本管理、资金管理、预算管理、科技创新管理等方面的需求性指标。

三、实施 KPI 绩效考评体系的具体步骤

（1）公司层面成立绩效考评委员会，董事长担任主任，分管绩效考评的领导担任副主任，成员由总会计师、总工程师等其他分管领导以及各职能部门负责人组成，公司审计部为牵头部门。

（2）确定公司级 KPI。公司级 KPI 基本按照集团公司下达的年度绩效考评指标确定。

（3）明确项目级 KPI。研究原考核评系，分析每一项考评指标，遵循“二八法则”，找出重点，合理划分主要指标与引导指标。

主要指标，分值占比 80%。主要指标类别与计分规则如表 5-10 所示。

表 5-10 主要指标类别与计分规则

序号	主要指标	基本分	计分规则	考评部门
1	安全质量	—	重大安全事故一票否决	安全生产部
2	职工利益	20	职工工资按月发放，次月末，未足额发放的，每次扣 2 分，年末拖欠超过 3 个月的，该项得零分；社保基金按月解缴，拖欠一次扣 2 分，年末，社保基金拖欠一票否决	人力资源部
3	营业收入	30	实际完成率 × 基本分，按照年度财务数据计算完成率，超过 100% 不加分	财务部
4	利润总额	50	实际完成率 × 基本分，按照年度财务数据计算完成率，超过 100% 不加分，完成率低于 80% 的，得零分	财务部
5	利润货币化	—	以利润总额得分为基础，按照货币化率修正利润总额得分。完成比率超过目标值，每超 100 万元加 2 分，超过 1 000 万元的部分，每超 100 万元加 4 分，上交款单项加分最多不超过 30 分。超交部分加分后，超交金额不计入下年指标，但计入项目总体指标	财务部

引导指标,分值占比 20%。属于公司职能部门管理延伸指标,细分至公司各职能部门,如:安全生产指标和质量管理指标由安全生产部考评,施工现场管理指标和科技创新指标由工程管理部和技术部考评,成本管理指标由市场开发部与工程管理部负责牵头完成考评,资金管理指标和预算管理指标由财务部考评等。引导指标具有保障主要指标的功能,是项目领导层应当具体主抓的、与经济效益相关的日常管理内容。

(4)考评对象。公司遵循"二八法则",抓住项目领导层这一关键少数,并授予项目领导层对下考评的权力。首先,将公司绩效考评指标细化分解,分配至各业务部门,部门负责人再将考评指标层层分解至各考评责任人,项目自行考评,公司对口职能部门复核。

(5)考评周期与通报方式。按月度开展主要指标考评预打分,按照完成比率排名,并在公司季度生产经营分析会上面向全公司所有员工通报结果。其目的是鼓励先进、鞭策落后,让项目领导层对主要指标心中有数,确保年度目标如期实现。年末,公司审计部根据报表数据、账务数据开展主要指标考评,其他职能部门根据管理要求开展引导指标考评,最终由审计部集中复核无误后,上报总经理办公会审议、党委常委会议决议。

(6)预考评结果运用。建立绩效考评分析会制度,确保项目主要指标不偏离主线,公司领导及业务部门结合项目内外部环境以及项目资金拨付状况,客观分析项目绩效考评结果,指出项目生产经营存在的问题,适时派出工作组现场帮扶,确保项目整体可控。

(7)考评兑现。项目施工周期一般为 1~3 年,且总体营业收入、利润总额在签订目标成本责任书时已经基本确定,项目按照施工进度配比实现营业收入与利润总额,为避免短期行为,项目领导班子绩效工资按年度考评结果阶段性兑现,剩余部分待项目竣工验收后清算。

四、取得成效

1. 公司经营业绩在实施 KPI 绩效考评体系前后的情况对比

2019 年营业收入比 2018 年同比增长 26.83%,2018 年营业收入比 2017 年同比增长 45.82%,均高于行业平均水平;2019 年利润总额比 2018 年同比增长 10.32%,2018 年利润总额比 2017 年同比增长 28.57%,利润增长处于较高态势。实施 KPI 绩效考评体系后,项目管理水平继续提高,创效创利能力不断增强,提质增效成果显著。

2. 对解决公司管理问题情况的评价

实施 KPI 绩效考评体系有效地解决了考评中刚性原则与重要性原则无法体现的问题,公司的绩效考评体系层级分明,权限明晰,充分调动了项目领导层的自主决策性和能动性;项目自主实施对下考评,有效地规避公司死搬硬套式的考评方式,有利于唤醒每个部门、每位员工的成本意识。

3. 对支持制定和落实战略的评价

国有施工企业战略制定专注于规模、效益与效益货币化三个方面,均依托于工程项目,或者说依托于项目经理管理团队,只有将国有施工企业所专注的三个方面植入绩效考评体系,并作为主要指标考评,才能激发项目经理管理团队的活力,实现快上场、早完工、多创效、早回款的项目管理目标。

4. 对提升单位管理决策有用性的评价

基于考评分析报告，公司管理层能够清楚地看到每个项目主要指标的完成情况，针对落后项目对症施策，确保目标偏差最小化；公司管理层能够清楚地看到每个业务板块主要指标完成情况，针对板块贡献度，适时调整资源配置，扶持贡献度较高的板块发展；公司管理层能够清楚地看到每个区域主要指标完成情况，针对区域贡献度，适时调整经营参与深度，精耕贡献度较高的区域市场。

5. 对提高单位绩效管理水平的评价

实施KPI绩效考评体系有利于实现项目考评指标服从于公司战略目标，项目考评主要指标就是公司战略目标的分解。同时，设置引导指标，是为了强化管理手段，其根本目的也是为主要指标护航。因此，公司建立的KPI绩效考评体系紧紧围绕公司战略目标，通过战略分解与管理强化进一步夯实公司绩效管理，在公司形成“项目有效益、个人有收益，效益货币化，收益货币化”的生产经营理念。

问题与答案

1. 选择KPI绩效考评体系的主要原因是什么？

（1）解决绩效管理考评指标太多、太乱，考评对象太泛的问题，优化考评流程，紧盯KPI，抓住创造KPI的关键人员，并将项目的价值创造活动与公司战略目标有机结合。

（2）KPI绩效考评体系能够解决考评指标死搬硬套的问题，增强公司业务部门的横向沟通。

（3）公司的每个项目都是独立的成本中心、利润中心。因此，对项目也可以按照KPI考评，这样能够强化部门及员工的成本意识，不断增强部门及员工的主动性和创新性。

2. 简述实施KPI绩效考评的部门和人员。

公司领导、职能部门全员参与，公司审计部为牵头部门，负责统筹协调考评事宜。具体职责为：负责绩效考评制度的建立、相关考评流程的优化；负责绩效考评指标值的设定，起草绩效合约；负责绩效考评过程中各职能部门之间的协调；负责收集与考评相关的数据；负责出具绩效考评分析报告。市场开发部、工程管理部为主要配合部门，主要负责项目施工任务与评估指标的年度分解。

3. 简述实施KPI绩效考评体系的资源、环境、信息化条件。

KPI绩效考评体系设定的指标，除安全质量属于项目自身无法隐藏的重大事故类指标外，剩余指标均来自财务报表与会计账套，所有指标均具备透明性、可量化、易考评的特征，现有的环境与信息化条件完全满足KPI绩效考评体系的数据需求。因此，公司领导层的大力支持与公司职能部门的密切配合是实施KPI绩效考评体系的基本条件，是绩效考评体系变革能否实施的关键。另外，指标设计紧贴公司战略与管理需求，是绩效考评体系变革能否落地的关键。同时，KPI绩效考评体系的刚性指标设计与量化考评特征也得到了公司分管领导与职能部门的一致认可。

4. 简述实施KPI绩效考评体系的关键因素。

首先，主要指标必须满足可量化考评与刚性考评两项要求；其次，引导指标必须符合管理需要，并能够演化为过程中的管理手段，为主要指标护航；最后，刚性考评、刚性兑现，坚决执行“项目有效益、个人有收益，效益货币化、收益货币化”的生产经营理念。

5. 简述 KPI 绩效考评体系在应用中的优缺点。

实施 KPI 绩效考评体系的优点是能够抓住公司的关键业务、关键指标以及把控关键业务与关键指标的关键人员，抓住业绩评价的重心，实现压力传导，促使公司与项目共同发力，实现战略目标；实施 KPI 绩效考评体系的缺点是更多关注主要指标，没有考虑其他未预见因素，也没有充分考虑人为因素和弹性因素，会产生一些考评上的争议，“以成败论英雄”的气息较为浓郁。

6. 简述 KPI 绩效考评体系的创新。

全面笼统的考评转变为主要指标的考评，标准鲜明、易于评估，符合“二八法则”。在考评对象上，公司主要考评项目领导层，领导层占项目总人数的 20%，但其创造了项目 80% 的价值；在考评指标上，主要考评指标数占总指标数的 20%，但其占据着项目 80% 的考评分值，设置的主要指标也是上级单位对公司绩效考评的核心指标，易于对下分解，便于传导压力。

第九节　合同控制

一、合同控制的定义

《企业内部控制应用指引第 16 号——合同管理》对合同作出了定义，合同是指企业与自然人、法人及其他组织等平等主体之间设立、变更、终止民事权利义务关系的协议，其中不包括企业与职工签订的劳动合同。

所谓合同控制，就是企业通过梳理合同管理的整个流程，分析关键风险点，并采取有效措施，将合同风险控制在企业可接受范围内。

二、合同控制的一般流程

合同控制的一般流程大致可分为两个阶段：合同订立和合同履行。合同订立阶段主要包括合同调查、订立前的谈判、合同文本拟订、合同审核、合同签署等环节；合同履行阶段主要包括合同履行、合同补充和变更、合同解除、合同结算、合同登记等环节（见图 5-5）。

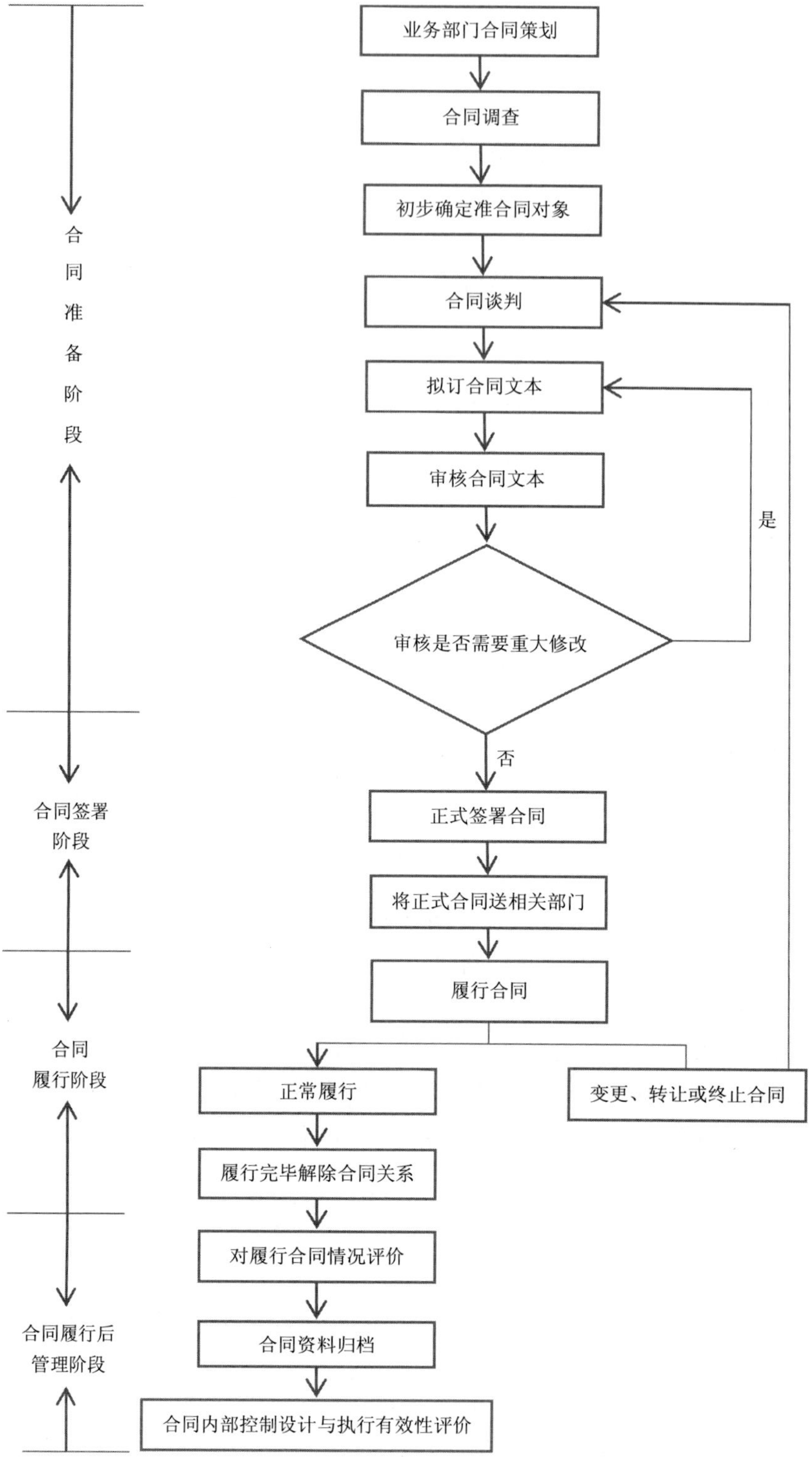

图 5-4 合同控制一般流程

三、合同控制的措施

企业需要建立一系列制度体系和机制保障,促进合同管理的作用得到有效发挥。

一要建立分级授权管理制度。企业应当根据经济业务性质、组织机构设置和管理层级安排建立合同分级管理制度。属于上级管理权限的合同,下级单位不得签署。对于重大投资类、融资类、担保类、知识产权类、不动产类合同上级部门应加强管理。下级单位认为确有需要签署涉及上级管理权限的合同,应当提出申请,并经上级合同管理机构批准后办理。上级单位应当加强对下级单位合同订立、履行情况的监督检查。

二要实行统一归口管理。企业可以根据实际情况指定法律部门等作为合同归口管理部门,对合同实施统一规范管理,具体负责制定合同管理制度,审核合同条款的权利义务对等性,管理合同标准文本,管理合同专用章,定期检查和评价合同管理中的薄弱环节,采取相应控制措施,促进合同的有效履行等。

三要明确职责分工。公司各业务部门作为合同的承办部门负责在职责范围内承办相关合同,并履行合同调查、谈判、订立、履行和终结责任。公司财会部门侧重于履行对合同的财务监督职责。

四要健全考核与责任追究制度。企业应当健全合同管理考核与责任追究制度,开展合同后评估,对合同订立、履行过程中出现的违法违规行为,应当追究有关机构或人员的责任。下面按照合同签订执行过程阐述合同控制的措施。

(一)合同调查

合同订立前,企业应当进行合同调查,充分了解合同对方的主体资格、信用状况等有关情况,确保对方当事人具备履约能力。主要措施如下:

(1)审查被调查对象的身份证件、法人登记证书资质证明、授权委托书等证明原件。必要时,可通过发证机关查询证书的真实性和合法性,关注授权代理人的行为是否在其被授权范围内,在充分收集相关证据的基础上评价主体资格是否恰当。

(2)获取调查对象经审计的财务报告、以往交易记录等财务和非财务信息,分析其获利能力、偿债能力和营运能力,评估其财务风险和信用状况,并在合同履行过程中持续关注其资信变化,建立和及时更新合同对方的商业信用档案。

(3)对被调查对象进行现场调查,实地了解和全面评估其生产能力、技术水平、产品类别和质量等生产经营情况,分析其合同履约能力。

(4)与被调查对象的主要供应商、客户、开户银行、主管税务机关和工商管理部门等沟通,了解其生产经营、商业信誉、履约能力等情况。

(二)合同谈判

初步确定合同对象后,企业内部的合同承办部门将在授权范围内与对方进行合同谈判,按照自愿、公平原则,磋商合同内容和条款,明确双方的权利义务和违约责任。主要措施如下:

(1)企业在谈判前应当收集谈判对手资料,充分熟悉谈判对手情况,做到知己知彼;研究国家相关法律法规、行业监管、产业政策、同类产品或服务价格等与谈判内容相关的信息,正确制定本企业谈判策略。

（2）关注合同核心内容、条款和关键细节，具体包括合同标的的数量、质量或技术标准，合同价格的确定方式与支付方式，履约期限和方式，违约责任和争议的解决方法、合同变更或解除条件等。

（3）对于影响重大、涉及较高专业技术或法律关系复杂的合同，组织法律、技术、财会等专业人员参与谈判，充分发挥团队智慧，及时总结谈判过程中的得失，研究确定下一步谈判策略。

（4）必要时可聘请外部专家参与相关工作，并充分了解外部专家的专业资质、胜任能力和职业道德情况。

（5）加强保密工作，严格责任追究制度。

（6）对谈判过程中的重要事项和参与谈判人员的主要意见，予以记录并妥善保存，作为避免合同舞弊的重要手段和责任追究的依据。

【案例 5-24】

中国的铁矿石进口量占世界铁矿石产量的 50%，作为最大的买家，中方理应在进口铁矿石价格谈判上拥有话语权。但是，在历年的谈判中，中方多处于被动地位，不得不一次次接受外国公司的涨价要求。后经查实，某外国公司 4 名工作人员采取不正当手段，拉拢收买中国钢铁生产企业个别内部人员，获取企业生产安排、炼钢配比、采购计划、毛利率、库存量等内部资料，以及记录了谈判对策和底线的中方谈判组内部会议纪要。外商据此推算出中方对铁矿石的需求量，即我们对铁矿石的依存度，以此掌控价格的降幅。而价格上多出一两个百分点，就会导致中国企业数十亿元乃至上百亿元的亏损。有专家估计，泄密事件给中国整个钢铁行业带来高达 7 000 多亿元的经济损失。

合同标的数量、合同价款、谈判策略等属于企业谈判的关键信息和核心机密，直接关系到合同谈判的成败，对企业的经济利益构成重大影响。本案例中，中国少数企业没有做好合同谈判中的保密工作，将谈判关键信息泄露，导致自身利益严重受损，甚至危害国家经济安全。

（三）合同文本拟订

企业在合同谈判后，需要根据协商谈判结果，拟订合同文本。主要措施如下。

（1）企业对外发生经济行为，除即时结清方式外，应当订立书面合同。

（2）严格审核合同需求与国家法律法规、产业政策、企业整体战略目标的关系，保证其协调一致；考察合同是否以生产经营计划、项目立项书等为依据，确保完成具体业务经营目标。

（3）合同文本一般由业务承办部门起草，法律部门审核；重大合同或法律关系复杂的特殊合同应当由法律部门参与起草。各部门应当各司其职，保证合同内容和条款的完整准确。

（4）通过统一归口管理和授权审批制度，严格合同管理，防止通过化整为零等方式故意规避招标等合同管理规定的做法，杜绝越权行为。

（5）由签约对方起草的合同，企业应当认真审查，确保合同内容准确反映企业诉求和谈判达成的一致意见，特别留意“其他约定事项”等需要补充填写的栏目，如不存在其他约定事项，应注明“此项空白”或“无其他约定事项”，防止合同后续被篡改。

（6）国家或行业有合同示范文本的，可以优先选用，但对涉及权利义务关系的条款应当进行认真审查，并根据实际情况进行适当修改。

（7）合同文本须报经国家有关主管部门审查或备案的，应当履行相应程序。

【案例 5-25】

2019 年 2 月，甲食品加工公司与乙盐业公司签订购销合同，从乙公司购买 10 吨食盐，合同价款共计 1 万元，合同中没有约定违约责任。2019 年 3 月，甲公司与丙连锁超市签订 15 万元的酱菜销售合同，合同约定甲公司应于 2019 年 6 月 30 日前交货，若不能如期交货，甲公司须向丙超市支付 3 万元违约金。2019 年 5 月，甲公司用从乙公司购得的食盐生产酱菜，发现酱菜出现大量褐色泡沫，经查为食盐质量不符合国家质量标准所致，价值 15 万元的酱菜全部报废。甲公司匆忙向丙超市支付了 3 万元违约金，同时向法院起诉乙公司，要求乙公司退回 1 万元购盐款，承担甲公司经济损失 15 万元，承担甲公司向丙超市支付的违约金 3 万元和相关诉讼费用。法院经审理后判决，乙公司向甲公司退回购盐款 1 万元、承担经济损失 15 万元及相关诉讼费用，但对甲公司提出的承担 3 万元违约金的请求未予支持。

违约责任条款是合同的核心内容，是在出现合同纠纷时，要求违约方承担违约责任的重要依据。本案例中，甲公司与乙公司签订的合同缺少违约责任条款，造成合同不严密、内容不完整，也是甲公司对合同风险分析不足而没有规定相应对策的体现，直接导致甲公司自行承担向丙超市支付的违约金损失。

（四）合同审核

合同文本拟订完成后，企业应对合同文本进行严格的审核。主要措施如下：

（1）审核人员应当对合同文本的合法性、经济性、可行性和严密性进行重点审核，关注合同的主体、内容和形式是否合法，合同内容是否符合企业的经济利益，对方当事人是否具有履约能力，合同权利和义务、违约责任和争议解决条款是否明确等。

（2）建立会审制度，对影响重大或法律关系复杂的合同文本，组织财会部门、内部审计部、法律部、其他业务相关部门进行审核，相关部门应当认真履行职责。

（3）慎重对待审核意见，认真分析研究，对审核意见准确无误地加以记录，必要时对合同条款作出修改并再次提交审核。

（五）合同签署

对于经审核同意签订的合同，企业应当与对方当事人正式签署，并加盖企业合同专用章。主要措施如下：

（1）按照规定的权限和程序与对方当事人签署合同。正式对外订立的合同应当由企业法定代表人或由其授权的代理人签名或加盖有关印章。授权签署合同的，应当签署授权委托书。

（2）严格合同专用章保管制度，合同经编号、审批及企业法定代表人或由其授权的代理人签署后，方可加盖合同专用章。对于一般性合同，应当由相关业务部门的合同经办人持签署后的合同到合同专用章管理部门办理用印手续，重大合同的用印，可由合同专用章保管人持印章到合同签署现场用印。用印后保管人应当立即将合同专用章收回，并按要求妥善保管，以防止他人滥用。保管人应当记录合同专用章使用情况以备查，如果发生合同专用章遗失或被盗现象，应当立即报告公司负责人并采取妥善措施，如向公安机关报案、登报声明作废等，以最大限度消除可能带来的负面影响。

（3）采取恰当措施，防止已签署的合同被篡改，如在合同各页码之间加盖骑缝章、使用防伪印记、使用不可编辑的电子文档格式等。

（4）按照国家有关法律、行政法规规定，需办理批准、登记等手续之后方可生效的合同，企业应当及时按规定办理相关手续。

【案例 5-26】

甲公司采购经理 A 一直负责公司的不锈钢卷板采购业务，经公司法定代表人授权委托，A 可以代表公司签署 1 000 万元以下的采购合同。2019 年 10 月，A 以甲公司名义与长期供货商乙公司签署了购买不锈钢卷板的合同，合同总价为 925 万元，约定甲公司在收货后 1 个月内支付全部货款。2019 年 11 月，乙公司将不锈钢卷板运至 A 指定的地点由 A 提走，并通知甲公司支付货款，但被告知，甲公司已于 2019 年 9 月将 A 开除，A 无权代理甲公司签订合同，合同无效，甲公司拒绝支付货款。乙公司为此向法院提起诉讼，要求甲公司偿还欠款并支付诉讼费用。法院经审理认为，甲公司虽已在合同签订前开除 A，但 A 仍然持有甲公司的授权委托书以及盖有甲公司公章的空白合同书，乙公司有理由相信 A 有代理权，A 的代理行为有效，并据此判决甲公司支付欠款及相关诉讼费用 932 万元。

甲公司对合同签订阶段的授权管理不当，一方面未在授权委托书上标明委托时限，另一方面未能在开除 A 后及时收回授权委托书，导致 A 利用这一漏洞骗取供货商的货品，给甲公司造成损失。甲公司没有有效执行合同专用章保管制度，合同未经审批、未经企业法定代表人或由其授权的代理人签署，直接在空白合同上加盖了合同专用章。

（六）合同履行

合同订立后，企业应当与合同对方当事人一起遵循诚实信用原则，根据合同的性质目的和交易习惯严格履行合同。主要措施如下：

（1）强化对合同履行情况及效果的检查、分析和验收，全面适当执行本企业规定，敦促对方积极执行合同，确保合同全面有效履行。

（2）对合同对方的合同履行情况实施有效监控，企业的业务部门和经办人员应对其承办的合同，从订立到履行进行全过程跟踪监控管理，一旦发现有违约可能或违约行为，应当及时提示风险，并立即采取相应措施，避免合同损失的发生或扩大，将违约损失降到最低。

（七）合同补充、变更和合同解除

合同生效后，企业有时需要补充、变更甚至解除合同。主要措施如下：

（1）对于合同没有约定或约定内容不明确的，通过双方协商一致对原有合同进行补充；无法达成补充协议的，按照国家相关法律法规、合同有关条款或者交易习惯确定。

（2）对于显失公平、条款有误或存在欺诈行为的合同，以及因政策调整市场变化等客观因素已经或可能导致企业利益受损的合同，按规定程序及时报告，并经双方协商一致，按照规定权限和程序办理合同变更或解除事宜。合同变更和解除应当采用书面形式，严禁在原合同文本上涂改添加，变更后的合同视同新合同，须履行相应的合同管理流程。

（3）对方当事人提出中止、转让、解除合同，造成企业经济损失的，应向对方当事人书面提出索赔。

（4）加强合同纠纷管理，在履行合同过程中发生纠纷的，应当依据国家相关法律法规，在规定时效内与对方当事人协商并按规定权限和程序及时报告。合同纠纷经协商一致的，双方应当签订书面协议；合同纠纷经协商无法解决的，根据合同约定选择仲裁或诉讼方式解决。企业内部授权处理合同纠纷的，应当签署授权委托书。纠纷处理过程中，未经授权批准，相关经办人员不得向对方当事人作出实质性答复或承诺。

【案例 5-27】

甲商场于 2021 年 9 月向乙服装厂订购一批童装，总价值 18 万元。甲商场预付了货款的 20%，约定年底交货，11 月甲商场负责人打电话给乙厂厂长，要求改变童装的花色，当时厂长不在，厂长秘书草草记下电话内容后就忘了此事，等到 12 月底乙厂将童装交给甲商场时才发现，童装的花色并未变更，仍和合同规定的一样，乙厂称并不知道甲商场要求变更花色，厂长秘书见闯了祸也矢口否认接过通知变更花色的电话。甲商场以乙厂违约为由拒付货款，乙厂见要不回货款即提起诉讼，要求甲商场承担违约责任，支付货款及违约金。法院在经审理后做出判决，甲商场败诉，应向乙厂支付全部货款及违约金。

合同当事人需要变更合同时，应及时通知对方，并经过双方协商一致达成变更协议。变更合同一般采用书面形式，口头变更合同在任何一方不承认或未有确切证据表明对方同意时，法院是不予采信的。本案例中，甲商场在需要变更合同重要条款时只打了个电话，未签订任何书面协议，缺乏必要的证据，法院判决只以原合同为基础，甲商场在收到货后拒不付款，显然是违约行为，而乙厂完全按合同内容履行了义务，无任何过错，自然胜诉。

（八）合同结算

合同结算是合同执行的重要环节，既是对合同签订的审查，也是对合同执行的监督，一般由财会部门负责办理。主要措施如下：

（1）财会部门应当在审核合同条款后办理结算业务，按照合同规定付款，及时催收到期欠款。

（2）未按合同条款履约或应签订书面合同而未签订的，财会部门有权拒绝付款，并及时向企业有关负责人报告。

（九）合同登记

合同登记管理制度体现了合同的全过程封闭管理，合同的签署、履行、结算补充或变更、解除等都需要进行合同登记。主要措施如下：

（1）合同管理部门应当加强合同登记管理，充分利用信息化手段，定期对合同进行统计、分类和归档，详细登记合同的订立、履行、变更和终结等情况，合同终结应及时办理销号和归档手续。

（2）建立合同文本统一分类和连续编号制度，以防止或及早发现合同文本的遗失。

（3）加强合同信息安全保密工作，未经批准，任何人不得以任何形式泄露合同订立与履行过程中涉及的国家或商业秘密。

（4）规范合同管理人员职责，明确合同流转、借阅和归还的职责权限和审批程序等有关要求，实施合同管理的责任追究制度，对合同保管情况实施定期和不定期的检查。

复习思考题

1. 什么是不相容分离控制？一般情况下需要分离的不相容职务有哪些？
2. 什么是授权审批控制？如何区分常规授权和特别授权？
3. 什么是会计系统控制？会计系统控制的内容有哪些？
4. 什么是财务保护控制？财务保护控制的具体措施有哪些？
5. 什么是预算控制？全面预算管理的内容有哪些？
6. 什么是运营分析控制？运营分析控制的流程是什么？
7. 什么是绩效考评控制？企业绩效考评控制的主要方法有哪些？

思政园地

受贿 49 万元全是“发票报销”，发票腐败何其多？

拥有博士学历的河南登封市原副市长朱耀辉因受贿约 49 万元，近日被判处有期徒刑 4 年，并处罚金 25 万元。值得关注的是，郑州市中级人民法院认定其 10 项受贿事实中，均为强行要求分管单位为其个人消费报销发票。

一、“协调工作”等名义报销费用

2011—2014 年，朱耀辉作为登封市副市长曾分管教育、体育、卫生、食品安全等方面的工作。其间，朱耀辉以“协调工作”等名义曾多次安排其秘书、司机，或亲自出面，将发票拿到其分管领域的单位进行报销。判决书显示，被要求报销发票的单位有：教育体育局、卫生局、新型农村合作医疗办公室、登封市武术管理中心等，此外还有一些学校、医院也在索贿之列，如登封市实验高中、登封市妇幼保健院、登封市少林武僧文武学校等。其中最多的一家单位先后为其报销 13.9 万多元发票。这些发票腐败案件的特点如下：一是基层多发，主要集中在县处级、科级甚至股级干部中；二是涉及人员广，既包括党政主要领导，也有一般办事科员；三是隐蔽性强，几乎每起案件的背后都有财务人员参与做假账，难于被发现。

二、假发票、过路费、洗脚票，发票腐败操作手段多样

“发票市长”朱耀辉报销发票主要集中在医疗卫生和教育两大领域。他报销的发票有

的来自日常消费，有的通过秘书等人收集而来。登封市卫生局财务人员在为其报销时发现，“票中有假发票、大货车过路费、洗脚票和外地发票”。朱耀辉拿到登封市少林武僧文武学校报销的7万元发票由于无法报销，最终由该校校长个人垫付。

三、充分发挥会计审核作用，压缩腐败空间

记者调查发现，一些人之所以敢打发票报销的“小算盘”，正是利用了财务报账的漏洞。一些单位的会计审核流于形式，财务人员往往是只要见到报销凭据、简单审核金额之后就可以报销，对于具体资金流向不加追问和核查。

“虽然看似经过诸多环节，但实际上制约作用有限。”河南省直机关一名财务人员告诉记者，一是基层公务的花费有些界限模糊、公私难分。二是基层财务人员缺乏甄别的环境条件，在大部分案例中，“发票腐败”往往是在领导授意安排下，参与虚报作假。三是基层单位“一把手”报账签字权力缺乏监督制约手段。

此外，事后监督审计不力。以审计部门为例，县一级审计部门普遍面临人手不足。对审计部门而言，重点是要承担政府投资、重大项目、专项资金等审计，对点多面广的基层单位一般性公务支出难以覆盖。受访纪检干部认为，真正压缩发票报销过程中的腐败空间，现阶段亟须围绕财务纪律执行，开展专项整治；同时系统研究如何堵塞漏洞，将其作为一项“不能腐”的制度进行系统性完善。管住入账腐败，这也是反腐走向深入的必然要求。

（资料来源：http://tzlzw.taizhou.gov.cn/art/2016/8/24/art_12515_632239.html[2021-01-07]）

第六章　信息与沟通

学习目标

◆ 理解信息与沟通的概念、要求与原则、类型
◆ 理解财务报告内部控制，掌握财务报告的主要风险及其控制措施
◆ 理解管理报告内部控制，掌握管理报告的主要风险和控制措施
◆ 理解信息系统内部控制，掌握信息系统的主要风险和控制措施

引导案例

企业成功源于沟通

美国沃尔玛公司总裁萨姆·沃尔顿曾说过："如果你必须将沃尔玛管理体制浓缩成一种思想，那可能就是沟通。因为它是我们成功的真正关键之一。"

沟通就是为了达成共识，而实现沟通的前提就是让所有员工一起面对现实。沃尔玛决心要做的，就是通过信息共享、责任分担实现良好的沟通交流。

沃尔玛公司总部设在美国阿肯色州本顿维尔市，公司的行政管理人员每周花费大部分时间飞往各地的商店，通报公司所有业务情况，让所有员工共同掌握沃尔玛公司的业务指标。在任何一个沃尔玛商店里，都定时公布该店的利润、进货、销售和减价的情况，并且不只是向经理及其助理们公布，也向每个员工、计时工和兼职雇员公布各种信息，鼓励他们争取更好的成绩。

沃尔玛公司的股东大会是全美最大的股东大会，每次大会公司都尽可能让更多的商店经理和员工参加，让他们看到公司全貌，做到心中有数。萨姆·沃尔顿在每次股东大会结束后，都和妻子邀请所有出席会议的员工约2500人到自己的家里举办野餐会，在野餐会上与众多员工聊天，大家畅所欲言，讨论公司的现在和未来。为保持整个组织信息渠道的通畅，他们还与各工作团队成员收集员工的想法和意见，还带领所有人参加"沃尔玛公司联欢会"等。

萨姆·沃尔顿认为让员工了解公司业务进展情况，与员工共享信息，是让员工最大限度地干好其本职工作的重要途径，是与员工沟通和联络感情的核心。而沃尔玛也正是借用共享信息和分担责任，满足了员工的沟通与交流需求，达到了自己的目的：使员工产生责任感和参与感，意识到自己的工作在公司的重要性，感觉自己得到了公司的尊重和信任，积极主动地争取更好的业绩。

资料来源：https://cj.zhue.com.cn/qiyeguanli/jingyanjiaoliu/201011/02-89940.html

作为一名企业管理者，要尽可能地与员工们进行交流，使员工能够及时了解管理者的所思所想，领会上级意图，明确责权赏罚；避免推卸责任，彻底放弃“混日子”的想法。而且，员工们知道得越多，理解就越深，对企业也就越关心。进而爆发出数倍于平时的热情和积极性，形成势不可挡的力量，任何困难也不能阻挡他们。这正是沟通的精髓所在。

第一节 信息与沟通概述

沟通是信息系统的一个重要组成部分，是组织中的信息交流。而组织信息交流是指组织成员之间或组织与组织之间的信息交流行为。信息交流是组织结构的核心，是组织存在的基础，没有信息交流就没有组织。因此，信息的沟通是组织稳定的基础，对一个组织的发展具有十分重要的作用。

一、信息与沟通的概念

内部环境、风险评估、控制活动、信息与沟通及内部监督构成了企业内部控制的五个基本要素，内部控制的信息与沟通是指及时、准确、完整地收集与企业经营管理相关的各种信息，并使这些信息以适当的方式在企业有关层级之间进行及时传递、有效沟通和正确应用的过程，其他要素能否顺利实施取决于信息与沟通是否有效，是实施内部控制的重要条件。

信息与沟通是指企业经营管理所需的信息被识别、获得并以一定形式及时地传递，其有利于员工履行职责。畅通的沟通渠道和健全的沟通机制使得企业员工能及时取得他们在执行、管理和控制企业经营过程中所需的信息，并交换这些信息。每个企业都必须获取相关财务信息及非财务信息，以及与外部事件及内部事件和行为相关的信息。信息必须经过管理层确认，且与企业经营相关。这些信息也必须以一种能使人们行使各自的控制和其他职能的形式，并在一定的时限内传递给需要的人。

二、信息与沟通的要求与原则

（一）COSO《内部控制——基本框架》中信息与沟通的要求和原则

COSO《内部控制——基本框架》中关于信息与沟通要素的要求是公允的信息必须被确认、捕获并以一定形式及时传递，以便员工履行职责。信息系统产出涵盖经营、财务和遵循性信息的报告，以利于经营和控制企业。信息系统不仅处理内部产生的信息，还包括与企业经营决策和对外报告相关的外部事件、行为和条件等。

有效的沟通从广义上说是信息的自上面下、横向以及自下而上的传递。所有员工必须从管理层得到清楚的信息，认真履行控制职责。员工必须理解自身在整个内控系统中的位置，理解个人行为与其他员工工作的相关性。员工必须有向上传递重要信息的途径。同时，与外部诸如客户、供应商和股东之间也需要有效的沟通。

根据 2013 年修订发布的 COSO《内部控制——基本框架》，信息与沟通要素应当坚持以下原则。

（1）企业获取或生成和使用相关的高质量信息，以支持内部控制其他要素发挥效用。

（2）企业用于内部沟通的内部控制信息，包括内部控制目标和职责范围，必须能够支持内部控制的其他要素发挥效用。

（3）企业就影响内部控制其他要素发挥效用的事项与外部相关方进行沟通。

（二）我国《企业内部控制基本规范》中信息与沟通的要求和原则

《企业内部控制基本规范》要求企业建立内部控制相关信息与沟通制度，明确相关信息的收集、处理和传递程序，加强信息的及时沟通，促进内部控制有效运行。

（1）企业应当建立信息与沟通制度，明确内部控制相关信息的收集、处理和传递程序，确保信息及时沟通，促进内部控制有效运行。

（2）企业应当对收集的各种内部信息和外部信息进行合理筛选、核对、整合，提高信息的有用性。企业可以通过财务会计资料、经营管理资料、调研报告、专项信息、内部刊物、办公网络等渠道，获取内部信息；可以通过行业协会组织、社会中介机构、业务往来单位、市场调查、来信来访、网络媒体以及有关监管部门等渠道获取外部信息。

（3）企业应当将内部控制相关信息在企业内部各管理级次、责任单位、业务环节之间，以及企业与外部投资者、债权人、客户、供应商、中介机构和监管部门等有关方面之间进行沟通和反馈。信息沟通过程中发现的问题，应当及时报告并加以解决。重要信息应当及时传递给董事会、监事会和经理层。

（4）企业应当利用信息技术促进信息的集成与共享，充分发挥信息技术在信息与沟通中的作用。企业应当加强对信息系统开发与维护、访问与变更、数据输入与输出、文件储存与保管、网络安全等方面的控制，保证信息系统安全稳定运行。

（5）企业应当建立反舞弊机制，坚持惩防并举、重在预防的原则，明确反舞弊工作的重点领域、关键环节和有关机构在反舞弊工作中的职责权限，规范舞弊案件的举报、调查、处理、报告和补救程序。

（6）企业应当建立举报投诉制度和举报人保护制度，设置举报专线，明确举报投诉处理程序、办理时限和办结要求，确保举报、投诉成为企业有效掌握信息的重要途径。

三、信息的识别

企业的内部信息有来自业务一线人员根据市场或业务工作整理的信息，也有来自管理人员根据相关内部信息对所负责部门形成的指示或情况通报，这就需要信息使用者对所获信息进行识别。信息识别的过程就是对所获得的内外部信息进行筛选、核对、整合，针对使用者需求形成内部报告的过程。

（一）信息识别的要求

为了提高信息的用途和价值，首先必须识别信息的质量。高质量的信息具有以下基本特征。

1. 真实可靠性

真实可靠性是高质量的信息的重要基础和关键所在，是信息使用者做出正确决策的重要依据和保障。如果信息不能真实反映企业的实际情况，信息传递不但没有价值，反而会误导信息使用者，使他们做出错误的决策，导致经济利益受损。

2. 相关性

信息是否有用，是否具有价值，关键在于其是否符合使用者的需求，是否有助于决策或者提高决策水平。例如，研究开发部在研究生产一种新产品之前，需要获得市场需求、发展前景、投资报酬等方面的信息；项目部在决定是否投资一项工程时，需要获得有关工程的投资报酬率方面的信息；而人力资源部在做人员调动之前，需要知道员工的胜任能力和工作业绩等方面的信息，等等。

3. 及时性

信息的及时性要求是指信息能够及时地传递给信息使用者。信息的价值在于帮助所有者或者其他方面做出经济决策，具有时效性，如果不及时提供，则可能导致企业决策延误，甚至做出错误决策，增加经营风险。在会计确认、计量和报告过程中贯彻及时性，一是要求及时收集会计信息，即在经济交易或者事项发生后及时收集整理各种原始单据或者凭证；二是要求及时处理会计信息，即按照会计准则的规定及时对经济交易或者事项进行确认或者计量，并编制财务报告；三是要求及时传递会计信息，即按照国家规定的有关时限及时地将编制的财务报告传递给财务报告使用者，便于其及时使用和决策。

4. 安全保密性

企业内部的运营情况、技术水平、财务状况以及有关重大事项等通常涉及商业秘密，内部信息知情者（包括董事会成员、监事会成员、高级管理人员及其他有关涉及信息披露部门的涉密人员）都有保密义务。这些信息一旦泄露，极有可能导致企业的商业秘密被竞争对手获知，使企业处于被动的境地，甚至造成重大损失。因此，对于只针对内部使用者使用的信息，必须采取必要的授权访问措施，保证信息安全。

四、信息与沟通的类型

信息沟通按沟通对象不同可以分为内部信息沟通和外部信息沟通。

（一）内部信息沟通

内部信息沟通是企业内部各部门及人员之间的沟通。沟通的类型有很多，按沟通的层次可以分为业务层面的沟通和管理层面的沟通；按沟通的方式可以分为正式沟通和非正式沟通；按沟通的动态流向可以分为下行沟通、上行沟通和平行沟通。

（二）外部信息沟通

外部信息沟通是企业与外部相关利益者的沟通，企业有责任建立良好的外部沟通渠道，对外部有关方面的建议、投诉和其他信息进行记录、处理、反馈。外部相关利益者包括投资者、债权人、客户、供应商、政府监管机构、法律顾问、财务分析师、外部审计机构、社会评级机构、新闻媒体等。

【案例 6-1】

“团队协作，沟通先行”海得邦集团的制胜秘诀

海得邦国际物流控股（集团）有限公司（以下简称“海得邦集团”）是一家致力于在全球物流领域拓展中国影响力的创新型企业。海得邦集团设“5+1”板块，即国际物流、国际贸易、金融投资、物流地产、信息科技五大板块和海外板块。并在上海设运营中心,集中管理上海、天津、青岛三大口岸分公司,于重庆、四川、贵州、宁夏、甘肃、新疆、陕西、黑龙江分别设有分公司,海外机构设立16家。

2021年,海得邦集团在北京大兴综保区设立第二个临空型分公司,同期,继香港分公司之后,集团将在新加坡设立另一投资管理中心,着力展开海外投资项目与全球布局。目前公司面临的内部信息沟通问题如下。

1. 传统音频终端老旧,远程会议音频效果差

由于传统音频设备使用时间久、性能不佳等原因,集团在进行远程会议时常常出现听不清、说不明的沟通难题。不好的音频效果使得参会人员反感、疲劳,甚至为了努力听清楚声音,需要额外增加注意力,分散并降低理解力。

2. 线上招聘、跨国合作频繁,远程协作需求再升级

海得邦集团全球化的战略布局使其对人才的需求非常巨大,集团每天都有上百场对候选人的线上面试,如何在该环节通过摄像头展示集团良好的精神面貌及工作环境,也是一项尚待解决的需求。

同时,在与海外同事和客户进行远程沟通时,由于演说习惯及语言交流的差异,单纯的音频沟通已无法满足需求,安装更清晰准确的会议摄像设备迫在眉睫。

3. 业务需求广泛,项目沟通及时响应困难

海得邦集团全球战略布局的迅速扩张,离不开各部前线工作人员与总部规划的高度配合。但项目情况复杂、业务需求广泛,前线工作人员大多时间在项目地方或出差路上,以往依托于传统的会议方式时效低,沟通响应难以及时、准确触达。

面对复杂多变的全球市场局势,信息交换变得更加迅速,海得邦集团需要以更快的速度响应客户,提高协作能力及决策能力,快速适应市场的发展。在此背景下,有效的信息与沟通就显得尤为重要。

第二节 财务报告内部控制

一、财务报告内部控制概述

(一)财务报告内部控制的含义

根据《企业内部控制应用指引第14号——财务报告》,财务报告指反映企业某一特定日期财务状况和某一会计期间经营成果、现金流量的文件。财务报告是企业财务信息对外报告的重要形式之一,既是投资者、债权人做出科学投资、信贷决策的重要依据,也是政府部门进行经济决策时关注的重要信息来源。

具体而言,财务报告内部控制主要包括以下政策和程序:

(1)保存充分、适当的记录,准确、公允地反映企业的交易和事项;

(2)合理保证按照适用的财务报告编制基础的规定编制财务报表;

(3)合理保证收入和支出的发生以及资产的取得、使用或处置经过适当授权;

（4）合理保证及时防止或发现并纠正未经授权的、对财务报表有重大影响的交易和事项。

（二）财务报告内部控制的价值

（1）加强财务报告内部控制有助于提高会计信息质量。有效的财务报告内部控制能够防范企业因不当编制与披露行为对财务报告产生的重大负面影响，确保财务报告真实可靠，提升会计信息质量。信息的确认和搜集保证了财务报告所提供信息的完整性；在信息的处理过程中，对信息记录的适当控制有助于计价认定的实现；对分类的适当控制有助于表达与披露、权利和义务认定的实现；信息的报告是企业编制财务报告的过程，影响财务报告质量的各个方面。

（2）有效的财务报告内部控制有助于防范和化解企业法律责任，确保财务报告合法合规。在我国，确保财务报告真实可靠已上升为法律要求，而确保这一目标的途径就是财务报告内部控制。也就是说，保证财务报告合法合规的过程也就是确保财务报告真实可靠的过程。

（3）有效的财务报告内部控制大大增加了财务报告认定的可靠性。财务报告有效的沟通还要求明确地将相关职责分配给执行控制程序的员工，使相关的员工清楚如何进行控制，以及自身在内部控制系统中的角色和责任，这同样会增加财务报告的可靠性。通过加强财务报告内部控制可以将财务报告错误表述和违反法律法规要求的风险降低到恰当的水平，有助于防范和化解企业及相关人员的法律责任。

【案例 6-2】

银行危机时刻，瑞信自曝：发现过去两年财务报告程序存在“重大缺陷”

瑞士信贷集团发布的年度报告称，在 2022、2021 财年的报告程序中发现“重大缺陷”。而就在上周，美国证交会提出了对其财务报表的担忧，并对瑞信进行了新的审查。瑞信在 14 日发布的年度报告中表示，在 2021 年和 2022 年，集团对财报的内部控制“并不有效”。管理层也据此得出结论，集团的披露控制和程序无效。这一缺陷涉及未能设计和维持有效的风险评估，以查明和分析财务报表中重大错报的风险。

这一重大缺陷还造成了另一个重大缺陷，即管理层没有设计和维护对现金流量表的分类和列报的有效控制。上周，美国证交会在瑞信发布年度报告前的最后一刻，对 2019 年和 2020 年的现金流量表提出了询问。这使得瑞信决定推迟公布 2022 年年度报告，有关讨论“现已结束”。但在对瑞信截至 2022 年 12 月 31 日财务报告程序中的内部控制有效性，审计机构普华永道发布了否定意见。瑞信方面称，尽管如此，2021 年和 2022 年的报表“大致反映了”集团的财务状况。瑞信方面表示，集团正采用一项新计划，以修复过去两年报告和控制程序中的“重大缺陷”，但可能需要花费“大量资源”。

（资料来源：https://www.guancha.cn/economy/2023_03_14_684038.shtml）

（三）财务报告内部控制的总体要求

1. 规范企业财务报告控制流程，明晰各岗位职责

企业应当制定明确的财务报告编制、报送及分析利用等相关流程，职责分工、权限范围和审批程序应当明确规范，机构设置和人员配备应当科学合理，并确保全过程中财务报告的编制、披露和审核等不相容岗位相互分离。总会计师或分管会计工作的负责人负责组织领导财务报告的编制、对外提供和分析利用等相关工作；企业负责人应对财务报告的真实性和完整性承担责任；企业财会部门负责财务报告编制和分析报告编写工作；企业内部参与财务报告编制的各部门应当及时向财会部门提供编制财务报告所需的信息，参与财务分析会议的部门应当积极提出意见和建议以促进财务报告的有效利用；企业法律事务部门或外聘律师应当对财务报告对外提供的合法合规性进行审核。

2. 健全财务报告各环节授权批准制度

企业应当健全财务报告编制、对外提供和分析利用各环节的授权批准制度，具体包括编制方案的审批、会计政策与会计估计的审批、重大交易和事项会计处理的审批、财务报告内容的审核审批等。为此，企业应做好以下几项工作：①根据经济业务性质、组织机构设置和管理层级安排，建立分级管理制度；②规范审核审批的手续和流程，切实履行检查审核义务等；③建立相关政策，限制对现有财务报告流程进行越权操作。

3. 建立日常信息核对制度

企业应当从会计记录的源头做起，建立日常信息定期核对制度。企业在日常会计处理中应及时对账，将会计账簿记录与实物资产、会计凭证、往来单位或者个人等进行核对，发现差异及时查明原因予以解决，并记录在适当的会计期间，以保证账证、账账、账实相符，确保会计记录的数字真实、内容完整、计算准确、依据充分、期间适当。

4. 充分利用会计信息技术

根据《企业内部控制应用指引第 14 号——财务报告》第十二条的规定，企业编制财务报告，应当充分利用信息技术，提高工作效率和工作质量，减少或避免编制差错和人为调整因素。同时，企业也应当注意防范信息技术带来的特有风险，做好以下几项工作：①定期更新和维护会计信息系统，确保取数、计算公式以及数据勾稽关系准确无误。②建立访问安全制度，对操作权限、信息使用、信息管理应当有明确规定，确保财务报告数据安全保密，防止对数据的非法修改和删除。③对正在使用的会计核算软件进行修改、对通用会计软件进行升级和对计算机硬件设备进行更换时，企业应有规范的审批流程，并采取替代性措施确保财务报告数据的连续性。④做好数据源的管理，保证原始数据录入环节的真实、准确、完整，满足财务分析的需要。⑤制定业务操作规范，保证系统各项技术和业务配置维护符合会计准则要求和内部管理规定，保证月结和年结流程规范、及时。⑥指定专人负责信息化会计档案的管理，定期备份，做好防消磁、防火、防潮和防尘等工作，对于以存储介质保存的会计档案，应当定期检查，防止由于介质损坏导致会计档案丢失。

二、财务报告流程的主要风险及其控制措施

（一）财务报告编制阶段的主要风险和控制措施

财务报告编制阶段包括制定财务报告编制方案、确定重大事项的会计处理、清查资产与核实债务、结账和编制财务报告等主要环节。

该环节的主要风险包括：会计政策未能有效更新，不符合有关法律法规；重要会计政策、会计估计变更未经审批，导致会计政策使用不当；会计政策未能有效贯彻、执行；各部门职责、分工不清，导致数据传递出现差错、遗漏、格式不一致等；各步骤时间安排不明确，导致整体编制进度延后，违反相关报送要求等。

【案例 6-3】

中核集团借助财务信息化助推集团财务转型

近年来，为深入推进"绩效财务"进程，强化管理效益，促进财务转型，在前期开展工作的基础上，中核集团加大了财务信息化建设的投入与工作力度。经过几年的实践，中核集团在财务信息化建设方面积累了较为丰富的经验，搭建了相对完整的管理体系，确立了财务信息化建设的流程和方法，集团财务管控力度和价值创造能力得到了提升，主要体现在以下四个方面。

一是统一核算系统上线运行，财务管控力度进一步加强。经过不断摸索与实践，中核集团"财务统一核算系统"于 2016 年全面上线运行，截至 2017 年 5 月 31 日，通过直接应用与系统集成两种方式，集成了 376 家单位的 463 个会计账套，超过 70 万张会计凭证实现了集中管理。这不仅避免了财务信息系统的重复建设，节省了财务资源，而且使集团板块对下属单位的财务管控力度进一步增强，有效控制了财务风险。

二是财务信息标准体系初步建立，会计基础工作规范性显著提升。标准化工作是财务信息化建设的关键，自 2009 年起，经过长期努力，集团财务信息化工作做到了核算软件、会计科目、内部客商档案的统一：以信息系统软件作为集团财务信息化建设的主要依托；结合集团实际情况分别建立了企业与事业单位会计科目体系，并首次发布了中核集团会计科目使用说明，对各单位基础会计核算业务进行了明确规范；根据管理关系建立了集团内部客商档案并进行了统一编码，规范了成员单位间内部关联交易的会计处理。

三是部分单位业财融合取得积极进展。与集团财务信息化建设同步，部分单位基于人、财、物相结合的业财融合系统建设取得了积极进展，业财融合的优势逐步显现：中国核电建成了涵盖各下属单位的 ERP 系统，使物资、采购、人力资源与预算、资金、核算成为一个整体，实现全链条管理；中核 404 有限公司克服了内部网络条件复杂的困难，根据自身生产型企业的特点，通过构建统一的业财一体化系统，将人、财、物信息相结合，实现了系统上线运行，取得了良好效果；中国同辐有限公司从 2012 年起在板块内进行 ERP 系统建设，目前已将主要下属单位全部纳入 ERP 平台，有效节约了财务资源，满足上市对财务信息的需求。

四是通过项目建设打造财务信息化专业团队。财务信息化是一项专业性较强的工作，不仅要求从业人员具有比较扎实的财务功底，还需要对本企业的经营管理、信息系统具有较

全面的了解，尤其是开展全集团范围内的财务信息化建设，更需要一支高素质、专业化的稳定团队。经过几年的持续努力，以各类财务信息化项目建设为平台，已初步形成了一支由集团统一组织、各板块骨干财务人员广泛参与、计算机所提供技术支持的专业团队，为集团财务信息化的进一步推进提供了有力保障。

（资料来源：汪华松. 中核集团借助财务信息化助推集团财务转型 [N]，中国会计报，2017-01-24）

企业在财务报告编制阶段应采取以下主要控制措施。

（1）制定财务报告编制方案。企业财会部门应在编制财务报告前制定财务报告编制方案，并由财会部门负责人审核。财务报告编制方案应明确财务报告编制方法（包括会计政策和会计估计、合并方法、范围与原则等）、财务报告编制程序、职责分工（包括牵头部门与相关配合部门的分工与责任等）、编报时间安排等相关内容。

（2）制定重大事项的会计核算办法。在编制财务报告前，企业应当确认对当期有重大影响的主要事项，并确定重大事项的会计处理。

（3）清查核实资产债务。企业应在编制财务报告前，组织财务和相关部门进行资产清查、减值测试和债权债务核实工作。

（4）结账。企业在编制年度财务报告前，应在日常定期核对信息的基础上完成对账、调账、差错更正等工作，然后实施关账操作。

（5）编制财务报告。企业应当按照国家统一的会计准则规定的财务报告格式和内容，根据登记完整、核对无误的会计账簿记录和其他有关资料分别编制个别财务报告和合并财务报告，做到内容完整、数字真实、计算准确，不得漏报或者任意进行取舍。

【案例 6-4】

“扇贝跑了”大戏迎来结局

2019 年 7 月 9 日，獐子岛收到了中国证监会下发的《中国证券监督管理委员会行政处罚及市场禁入事先告知书》，对獐子岛给予警告处分，并处 60 万元罚款，证监会拟对董事长吴某刚采取终身市场禁入措施，另有多名高管被罚。该告知书主要追究了獐子岛“三宗罪”。

第一，獐子岛涉嫌财务造假，内部控制存在重大缺陷。根据证监会公告，獐子岛披露的 2016 年度报告、2017 年度报告和《关于核销资产及计提存货跌价准备的公告》涉嫌虚假记载。证监会调查结果表明，根据獐子岛成本结转方法，獐子岛 2016 年真实采捕区域较账面多 13.3 万亩，致使账面虚减营业成本 6 022.99 万元。2016 年部分库存区域重新底播后，没有对既往库存成本作核销处理，致使账面虚减营业外支出 111.78 万元。受此影响，獐子岛 2016 年年度报告虚增资产 1.31 亿元，虚增利润 1.31 亿元，为当期披露利润总额的 158.15%。调整后，2016 年年度净利润为 −5 543.31 万元，业绩由盈转亏。2017 年，獐子岛故伎重施。受虚增营业成本、虚增营业外支出和虚增资产减值损失影响，该公司 2017 年年度报告虚减利润 2.79 亿元，占当期披露利润总额的 38.57%。

第二,獐子岛披露的《关于2017年秋季底播虾夷扇贝抽测结果的公告》涉嫌虚假记载。该公告称已完成全部计划120个调查点位的抽测工作,对135万亩海域的库存进行预估,公司底播虾夷扇贝尚不存在减值的风险。而经证监会调查,秋测用船"獐子岛科研19"实际航行的点位极少,未实际执行的66个点位占秋测全部披露点位的55%。

第三,信息披露不及时。证监会公告称,早在2018年1月初,獐子岛的财务总监勾荣已知悉公司2017年净利润不超过3 000万元,这与该公司在2017年三季报中全年盈利预测9 000万元至11 000万元的数据相差超20%。该信息在2018年1月初就应及时予以披露,但公司在2018年1月30日才实际披露,涉嫌未及时披露信息。

獐子岛始创于1958年,集团公司注册资本7.1亿元, 2006年在深圳证券交易所挂牌上市。但这家综合型海洋企业的"走红"要从多次上演"扇贝跑路"事件说起。2014年10月,獐子岛发布公告称,因北黄海遭到几十年一遇的异常冷水团,公司在2011年、2012年播撒的100多万亩即将进入收获期的虾夷扇贝绝收。受此影响,獐子岛2014年巨亏11.89亿元。2018年1月,獐子岛再次公告称,由于2017年降水减少导致扇贝的饵料生物数量下降,养殖扩张加剧饵料短缺,以及海水温度异常,诱发大量扇贝饿死。2017年业绩由预计赢利变为实际亏损7.23亿元。该公告发布后不久,獐子岛就因涉嫌信息披露违法违规,被证监会立案调查。2019年獐子岛一季度数据显示,公司净利润亏损4 314.13万元,同比下滑379.43%。獐子岛将其归因于受2018年海洋牧场灾害影响,称其2016年、2017年底播的虾夷扇贝可收获资源总量减少。多次发生"扇贝跑路"的黑天鹅事件使得獐子岛深陷业绩亏损泥潭。为改变这一困境, 2018年10月以来,獐子岛已经开启"瘦身"计划,多次出售子公司资产。而相关数据显示,截至2018年末,獐子岛的资产负债率为87.58%。2019年5月,深交所对獐子岛发出问询函,对其持续经营能力表示怀疑。

(资料来源:王敏杰,马云飞."扇贝跑了"大戏迎来结局:獐子岛治步嫌财务造假,董事长吴某刚被罚终身市场禁入[N].国际金融报,2019-07-10)

(二)财务报告对外提供阶段的关键风险点和主要控制措施

《企业内部控制应用指引第14号——财务报告》第三条指出,企业对外提供财务报告,至少应当关注下列风险:提供虚假财务报告,误导财务报告使用者,造成决策失误,干扰市场秩序。

《企业内部控制应用指引第14号——财务报告》第三章规定,企业应当依照法律法规和国家统一的会计准则的规定,及时对外提供财务报告。企业财务报告编制完成后,应当装订成册,加盖公章,由企业负责人、总会计师或分管会计工作的负责人、财会部门负责人签名并盖章。财务报告须经注册会计师审计的,注册会计师及其所在的事务所出具的审计报告,应当随同财务报告一并提供。企业对外提供的财务报告应当及时整理归档,并按有关规定妥善保存。

因此,企业在财务报告对外提供阶段应采取以下控制措施。

(1)财务报告对外提供前的审核。财务报告对外提供前需按规定程序进行审核,主要包括财会部门负责人审核财务报告的准确性,并签名盖章;总会计师或分管会计工作的负责人审核财务报告的真实性、完整性、合法合规性,并签名盖章;企业负责人审核财务报告整体合法合规性,并签名盖章。

(2)财务报告对外提供前的审计。《公司法》等法律法规规定了公司应编制的年度财务报告需依法经会计师事务所审计,审计报告应随同财务报告一并对外提供。《财政部证监会关于会计师事务所从事证券、期货相关业务有关问题的通知》等对为特定公司提供审计服务的会计师事务所的资格做出了规定。因此,相关企业需按规定选择具有相关业务资格的会计师事务所对其进行审计。

【案例 6-5】

***ST 围海财务报表编制与披露**

浙江省围海建设集团股份有限公司(以下简称"*ST 围海")是国内一家民营水利上市企业(证券代码:02580),专注于海洋与水生态工程建设,有 30 余家子公司, 2011 年 6 月在深圳证券交易所上市。

自 2019 年起, *ST 围海便乱象频发,经历了"抢"公章、报警、高管集体辞职等惨烈的"内斗",深陷大股东违规担保和资金占用泥潭,其内部控制缺陷不断暴露,财务报表披露存在严重问题。

一、董事、监事对年度报告不保证

2020 年 4 月 30 日公告的 2019 年年报显示:由于公司资金违规占用、内控失效等诸多问题, *ST 围海的监事王某强和董事张某旺表示,不能保证 2019 年年度报告内容真实、准确、完整。

"董事张某旺不能保证 2019 年年度报告内容真实、准确、完整。理由为:(1)对 2019 年年度报告中提到的对千年商誉计提 7 亿元减值本人表示反对;(2)公司聘请的立信会计师事务所出具的无法表示意见不能给本人提供有效依据。"

"监事王某强不能保证 2019 年年度报告内容真实、准确、完整。理由为:由于公司 2019 年年度报告被审计单位出具了无法表示意见的审计报告,资金违规占用公司还在自查,存在不确定性,故本人无法保证 2019 年年度报告内容真实、准确、完整。"

二、审计师解释发表无法表示意见的原因

2020 年 4 月 30 日,立信会计师事务所在向深圳证券交易所出具的专项说明中指出,公司在内控中的重大缺陷,造成了审计机构对部分年报内容无法表示意见。这些情况包括:第一,公司 2018 年、2019 年未履行审批决策程序,以定期存单质押方式为控股股东子公司和关联方融资进行担保。截至 2019 年 12 月 31 日,已质押的定期存单合计 6 亿元,银行回函显示已被划转至银行保证金专用账户。上市公司对此全额计提了减值准备。第二,截至 2019 年 12 月 31 日,上市公司为控股股东及其关联方提供的涉诉违规对外担保累计金额为 7.18 亿元。除上述 6 亿元定期存单质押担保外,公司对其中涉及诉讼或仲裁的担保事项按照担保金额的 50% 计提了预计担保损失 5 911.19 万元。第三,公司因涉嫌信息披露违法违规,于 2019 年 7 月 12 日收到证监会《调查通知书》(甬证调查字 2019051 号),目前该案件尚在调查中，未得出最终结论。第四，公司于2019年对其2017年收购上海千年城市规划工程设计股份有限公司89.459 75%股权形成的商誉7.01亿元全额计提了减值准备。第五，公司于2020年4月20日收到证监会宁波监管局《监管提示函》（甬证监函[2020] 27号），上市公司涉嫌存在资金通过上市公司项目部员工或劳务公司等中间方被控股股东及相关方占用的情况，累计发生金额初步统计达5.02亿元。

三、宁波证监会对*ST围海发的监管函

2020年5月，宁波证监会向*ST围海、公司控股股东及实控人等出具《行政监管措施决定书》（宁波证监局[2020] 30号、[2020] 31号、[2020] 32号、[2020] 33号、[2020] 35号），经检查发现存在以下违规行为：（1）2019年商誉减值测试的资产组发生变更，而公司管理层未就该资产组变更提供合理性依据。（2）在预计商誉相关资产组未来现金流量时，未以企业管理层批准的最新财务预算或预测数据等为基础，且预测的部分指标依据不充分。（3）2019年度商誉减值信息披露不准确、不完整。（4）公司披露的商誉减值计提事项未见管理层提请董事会审议的过程。（5）2019年业绩预告修正公告披露不及时。（6）公司与控股股东存在共用综合管理信息系统的情况。（7）董事会会议记录不完整。（8）内幕信息知情人登记管理不规范。

四、公司实际控制人被立案侦查

2020年9月11日，*ST围海公告，公司实际控制人之一冯某宏因涉嫌挪用资金，被宁波市公安局高新技术开发区分局认为符合刑事立案标准，已被立案侦查。主要涉嫌6亿元违规担保。一是2018年11月至2019年3月，公司实际控制人之一、时任董事长冯某宏曾以*ST围海名义，为“兄弟公司”围海贸易及控股股东围海控股的关联方朗佐贸易等主债务人在长安银行宝鸡支行的4.6亿元承兑汇票提供担保。二是2019年3月，冯某宏又将*ST围海子公司围海工程在长安银行宝鸡支行的1.4亿元存单作为对朗佐贸易开立承兑汇票的担保。两者合计金额达6亿元，此举被认为是违规担保行为。银行回函显示，这笔钱已被划转至银行保证金专用账户。围海股份全额计提了减值准备。

（资料来源：新浪财经、腾讯新闻相关信息）

（三）财务报告分析利用阶段的主要风险和控制措施

财务报告分析利用阶段包括制定财务分析制度、编写财务分析报告和整改落实等主要环节。《企业内部控制应用指引第14号——财务报告》第三条指出，企业分析利用财务报告，至少应当关注下列风险：不能有效利用财务报告，难以及时发现企业经营管理中存在的问题，可能导致企业财务和经营风险失控。

为此，企业在财务报告分析利用阶段应采取以下控制措施。

（1）制定财务分析制度。企业财会部门应在对企业基本情况进行分析研究的基础上，提出财务报告分析制度草案，并经财会部门负责人、总会计师或分管会计工作的负责人、企业负责人检查、修改、审批。

（2）编写财务分析报告。《企业内部控制应用指引第14号——财务报告》第四章规定，企业应当重视财务报告分析工作，定期召开财务分析会议，充分利用财务报告反映的综合信息,全面分析企业的经营管理状况和存在的问题,不断提高经营管理水平。企业定期的财务分析应当形成分析报告,构成内部报告的组成部分。财务分析报告结果应当及时传递给企业内部有关管理层级,充分发挥财务报告在企业生产经营管理中的重要作用。

(3)整改落实。财会部门应将经过企业负责人审批的报告及时报送各部门负责人,各部门负责人根据分析结果进行决策和整改落实。

第三节　管理报告内部控制

一、管理报告内部控制概述

(一)管理报告及其内部控制的目的和原则

1. 管理报告的定义和特征

管理报告是企业根据内部生产经营管理需要编制的、供内部管理者及员工使用的报告。管理报告通常包含财务信息和非财务信息,以企业内部传递的形式,为企业治理层、管理层和相关人员进行经营投资决策、维护内部控制有效运行和实现企业战略目标提供重要的信息。管理报告与一般对外披露的财务报告相比,具有以下四个特征。

(1)管理报告没有统一的格式和规范,根据企业(或组织)内部的管理需要来提供。相对于报告形式,更注重报告实质内容。

(2)管理报告遵循问题导向,根据企业(或组织)内部需要解决的具体管理问题来组织、编制、审批、报送和使用。

(3)管理报告提供的信息不仅包括财务信息,也包括非财务信息;不仅包括内部信息,也可以包括外部信息;不仅包括结果信息,也可以包括过程信息,更应包括剖析原因、提出改进意见和建议的信息。

(4)管理报告如果涉及会计业绩的报告,比如责任中心报告,其主要的报告格式应该是边际贡献格式,而不是财务会计准则中规范的对外披露的财务报告格式。

2. 管理报告内部控制的目的

《企业内部控制应用指引第17号——内部信息传递》突出强调了企业管理报告的形成、使用和评估,提出了内部信息传递应当关注的主要风险以及相应的管控措施。企业进行管理报告内部控制,目的在于促进管理报告的有效利用,充分发挥管理报告的作用。

3. 管理报告内部控制的原则

企业内部信息有一线业务人员根据市场或工作整理的信息,也有管理人员根据相关内部信息对所负责部门形成的指示或情况通报。信息的来源、内容、提供者、传递方式和渠道等各不相同,企业在形成和利用内部报告的过程中应遵循以下原则。

(1)真实准确性。虚假或不准确的信息将严重误导信息使用者,甚至导致决策失误,造成巨大的经济损失。内部报告的信息应当与所要表示的现象和状况保持一致,若不能真实反映所计量的经济事项,就不具有可靠性。

(2)及时有效性。如果信息未能及时提供,或者及时提供的信息不具有相关性,又或者提供的相关信息未被有效利用，都可能导致企业决策延误，经营风险增加，甚至可能使较高层次的管理陷入困境，不利于对实际情况进行及时有效的控制和矫正，同时大大降低内部报告的决策相关性。只有切合具体任务和实际工作并且符合信息使用单位需求的信息才是有价值的。

（3）遵守保密规定。企业内部的运营情况、技术水平、财务状况以及有关重大事项等通常涉及商业秘密，内幕信息知情者（包括董事会、监事会、高级管理人员及信息披露有关部门的涉密人员）负有保密义务。这些内部信息一旦泄露，极有可能导致企业的商业秘密被竞争对手获悉，使企业处于被动境地，甚至造成重大损失。

【案例 6-6】

德国国家发展银行"十分钟的悲剧"

2008 年 9 月 15 日上午 10: 00，美国第四大投资银行雷曼兄弟公司向法院申请破产保护，消息通过电视、广播和网络等渠道传递出去。然而，在铺天盖地的消息面前，德国国家发展银行于 10:10 依旧按照外汇掉期协议的交易，通过计算机自动付款系统，向雷曼兄弟公司即将冻结的银行账户转入 3 亿欧元。转账曝光后，德国社会各界大为震惊，销量最大的《图片报》在 2008 年 9 月 18 日头版的标题中，指责德国国家发展银行是迄今"德国最愚蠢的银行"。人们普遍认为，相关消息在雷曼兄弟公司申请破产保护前已被传得沸沸扬扬，内部控制完善的德国国家发展银行应洞悉交易存在的巨大风险，并事先做好防范措施。但德国国家发展银行从董事长到操作员，竟无一人积极收集相关信息并应对，这说明什么？

一、按时间序列追溯事件

2008 年 3 月，雷曼兄弟公司股价出现大落大起，并宣告将裁员 5 300 人。

2008 年 4 月，雷曼兄弟公司旗下三只基金进入清算程序。

2008 年 7 月 10 日，德国国家发展银行与雷曼兄弟公司签订外汇掉期协议，约定 9 月 15 日向雷曼兄弟公司支付 3 亿欧元，该交易双方约定在特定时期以约定价格交换货币，掉期交易的指令输入德国国家发展银行的计算机后，通常由电脑自动完成。

2008 年 7 月 12 日，雷曼兄弟公司股票收盘价已降到每股 3.65 美元（2007 年年初最高股价为每股 86.16 美元）。

2009 年 9 月 12 日，银行相关部门对雷曼兄弟公司财务状况恶化甚至破产有了警觉，召开会议商讨下周一（9 月 15 日）的付款是否继续进行，但未达成共识，同时决定 9 月 15 日（周一）上午 9:30 举行跟进会议。

2009 年 9 月 14 日 9: 12，国际互换和衍生产品协会（ISDA）宣布，允许投资者冲销与雷曼兄弟公司相关的信用衍生品以避免卷入未来雷曼兄弟公司破产引发的巨大旋涡。

2009 年 9 月 14 日，晚间新闻报道了华尔街已经在准备雷曼兄弟公司破产事宜。

2009 年 9 月 15 日 6:00，经过近 6 小时的讨论，雷曼兄弟公司董事会就美联储提出的公司倒闭条件达成一致。10:00，宣读了董事会决议：雷曼兄弟公司向联邦政府申请 11 号破产保护法案。消息瞬间通过电视、广播和网络传遍地球的各个角落。

2009年9月15日10：10分，德国国家发展银行通过计算机自动付款系统，向雷曼兄弟公司即将冻结的银行账户转入3亿欧元。

二、调查发现

银行转款引起风暴后，德国财政部部长表态，一定要查个水落石出，并严厉惩罚相关责任人。一家法律事务所受财政部委托，进驻银行进行全面调查。

法律事务所调查员了解到与该业务相关的人员在破产发生的十分钟内干了什么。

CEO乌尔里奇·施罗德："我知道今天要按照协议的约定转账，至于是否撤销这笔巨额交易，应该让董事会开会讨论决定。"

董事长保卢斯："我们还没有得到风险评估报告，无法及时做出正确的决策。"

董事会秘书史里芬："我打电话给国际业务部催要风险评估报告，可那里总是占线，我想还是隔一会儿再打吧。"

国际业务部经理克鲁克："星期五晚上准备带全家人去听音乐会，我得提前打电话预订门票。"

国际业务部副经理伊梅尔曼："忙于其他事情，没有时间去关心雷曼兄弟公司的消息。"

负责处理雷曼兄弟公司业务的高级经理希特霍芬："我让文员上网浏览新闻，一旦有雷曼兄弟公司的消息就立即报告，现在我要去休息室喝杯咖啡了。"

文员施特鲁克："10：03，我在网上看到了雷曼兄弟公司向法院申请破产保护的新闻，马上跑到希特霍芬的办公室，可是他不在，我就写了张便条放在办公桌上，他回来后会看到的。"

结算部经理德尔布吕克："今天是协议规定的交易日，我没有接到停止交易的指令，那就按照原计划转账吧。"

结算部自动付款系统操作员曼斯坦因："德尔布吕克让我执行转账操作，我什么也没问就做了。"

信贷部经理莫德尔："我在走廊上碰到了施特鲁克，他告诉我雷曼兄弟公司破产的消息，但是我相信希特霍芬和其他职员的专业素养，一定不会犯低级错误，因此没必要提醒他们。"

公关部经理贝克："雷曼兄弟公司破产是板上钉钉的事，我想跟乌尔里奇·施罗德谈谈这件事，但上午要会见几个克罗地亚客人，等下午再找他也不迟，反正不差这几个小时。"

法律事务所从内控流程层面进行评价，认为该业务有真实的业务背景，结算部经理没有接到停止交易的指令，按照原计划转账，自动付款系统操作员经结算部经理授权执行转账操作，完全符合业务真实、职责分工和授权批准明确的内控要求。

（资料来源：网络资料整理）

（二）管理报告信息传递流程与相关要求

企业内部各管理层级之间通过管理报告的形式传递生产经营管理的信息。企业应当加强管理报告管理，全面梳理管理报告信息传递过程中的薄弱环节，建立科学的管理报告信息传递机制，明确信息传递的内容、保密要求及密级分类、传递方式、传递范围以及各管理层级的职责权限等，促进管理报告的有效利用，充分发挥管理报告的作用。管理报告信息传递流程主要分为管理报告信息形成阶段与管理报告信息使用阶段。

1. 管理报告信息形成阶段

（1）企业应当根据发展战略、风险控制和业绩考核要求，科学规范不同级次管理报告的指标体系，采用经营快报等多种形式，全面反映与企业生产经营管理相关的各种内外部信息。

（2）管理报告指标体系的设计应当与全面预算管理相结合，并随着环境和业务的变化不断进行修订和完善。

（3）管理报告应当简洁明了、通俗易懂、传递及时，便于企业各管理层级和全体员工掌握相关信息，正确履行职责。

（4）企业应当制定严密的管理报告流程，充分利用信息技术，强化管理报告信息集成和共享，将管理报告纳入企业统一信息平台，构建科学的管理报告网络体系。

（5）企业内部各管理层级均应当指定专人负责管理报告工作，重要信息应及时上报。并可以直接报告高级管理人员。企业应当建立管理报告审核制度，确保管理报告信息质量。

（6）企业应当关注市场环境、政策变化等外部信息对企业生产经营管理的影响，广泛收集、分析、整理外部信息，并通过管理报告传递给企业内部相关管理层级，以便采取应对策略。

（7）企业应当拓宽管理报告渠道，通过落实奖励措施等多种有效方式，广泛收集合理化建议。

（8）企业应当重视和加强反舞弊机制建设，通过设立员工信箱、投诉热线等方式，鼓励员工及企业利益相关者举报和投诉企业内部的违法违规、舞弊和其他有损企业形象的行为。

2. 管理报告信息使用阶段

（1）企业各级管理人员应当充分利用管理报告管理和指导企业的生产经营活动，及时反映全面预算执行情况，协调企业内部相关部门和各单位的运营进度，严格绩效考核和责任追究，确保企业实现发展目标。

（2）企业应当有效利用管理报告进行风险评估，准确识别和系统分析企业生产经营活动中的内外部风险，确定风险应对策略，实现对风险的有效控制。

（3）企业应当及时解决管理报告反映出的问题，涉及突出问题和重大风险的，应当启动应急预案。

（4）企业应当制定严格的管理报告保密制度，明确保密内容、保密措施、密级程度和传递范围，防止泄露商业秘密。

（5）企业应当建立管理报告的评估制度，定期对管理报告的形成和使用进行全面评估，重点关注管理报告的及时性、安全性和有效性。

二、管理报告内部控制的主要风险和控制措施

（一）管理报告信息形成阶段的主要风险和控制措施

管理报告信息形成阶段包括建立管理报告指标体系、收集内外部信息和编制及审核管

理报告等主要环节。《企业内部控制应用指引第 17 号——内部信息传递》指出，企业在管理报告形成阶段至少应当关注下列风险：内部报告系统缺失、功能不健全、内容不完整，可能影响生产经营有序运行。

因此，企业在管理报告形成阶段应采取以下控制措施。

1. 建立管理报告指标体系

企业应认真研究企业的发展战略、风险控制要求和业绩考核标准，根据各管理层级对信息的需求和详略程度，建立一套级次分明的管理报告指标体系；管理报告指标确定后，应进行细化，层层分解，使企业各责任中心及各相关职能部门都有自己明确的目标，以利于控制风险并进行业绩考核；管理报告应依据全面预算的标准进行信息反馈，将预算控制的过程和结果向企业内部管理层报告。

2. 收集内外部信息

为了随时掌握有关市场状况、竞争情况、政策变化及环境变化，保证企业发展战略和经营目标的实现，企业应当完善内外部相关重要信息的收集机制和传递机制，使重要信息能够及时获得并向上级呈报。企业可以通过行业协会组织、社会中介机构、业务往来单位、市场调查、来信来访、网络媒体以及有关监管部门等渠道，获取外部信息；通过财务会计资料、经营管理资料、调研报告、专项信息、内部刊物、办公网络等渠道，获取内部信息。企业应当广泛收集、分析、整理外部信息，并通过内部报告传递到企业内部相关管理层级，以便及时采取应对策略。

在收集内外部信息的过程中，企业应对信息进行审核和鉴别，对已经筛选的资料做进一步的检查，确定其真实性和合理性；在收集信息的过程中考虑获取信息的便利性及获取成本高低，如果需要较大代价，则应当权衡成本与信息的使用价值，确保所获取信息符合成本效益原则。

【案例 6-7】

三星爆炸：失效的信息沟通，失败的危机公关

2016 年 8 月，三星 Galxy Note7 在万众期待中全球首发。当天就卖出 35 万部，然而，好景不长。8 月 24 日，一位韩国网民上传了 7 张 Note7 被严重烧毁的照片。不过这起事件并没有受到重视，三星表示，用户应该使用官方充电器，并且在充电时将手机远离人体。

但随后在韩国本土和世界各地相继发生百余起 Note7 电池爆炸起火事件，说明这并非偶然事故。自此，三星 Note7“爆炸门”逐渐发酵，引起广泛关注。10 月 10 日，三星电子宣布暂停 Galaxy Note7 生产，并启动了被《福布斯》杂志称为迄今智能手机历史上最大灾难的全球召回。但在中国大陆的召回却比其他国家和地区晚了 40 天，引发一片哗然。

自 Note7 爆炸以来，三星智能手机销量出现了有史以来最严重的滑坡，同比下降 14.2%。韩国三星电子股价于 10 月 11 日收盘时暴跌 8%，创下 2008 年以来最大单日跌幅，市值一天之内蒸发近 200 亿美元（约合 1 343.6 亿元人民币）。2016 第三财季报告显示，净利润下降 16.8%，整体营业利润下降 30%。长期来看，三星建立了多年的品牌形象受到的无形损失难以估量。

三星集团已经陷入一场危机。而三星中国的员工们，就如同旋转机器上的螺丝钉，展现这部机器的运转细节，又映射这场危机的现实一面。

陆薇（采访对象均为化名），财务部员工，对这次风波的最大感知来自呈量级增加的用户索赔邮件。退还量很大，所有人每天都在加班。在陆薇周围弥漫着的一种氛围就是"累"，她说，现在一心想的就是"事情快点结束"。"召回事件"发生后，不安的情绪在蔓延，上面没有正式通知，没有文件，员工们只能根据经验，推测这次事件给几大支社可能带来的震荡："西北并西南，是哪个支社要拆？""最负 20%，基本每个部门都有目标？"各种小道消息流传，大家开始关心裁员赔偿，有员工已经开始找新工作，更多人在迷茫和观望中。

王哲，北京总部风险管理部门员工，全国各城市维修站站长筛选后把比较严重的事故案例上报给他汇总。王哲形容他所做的工作是，"努力让社长不会注意到自己"。一些小型事故他不会往上报："他们要是在乎事故会追着你问的，不在乎的会回你一句'你自己看着办'，无非就是赔钱解决。"两年前，一个广东的三星电视用户，电视机着火索赔 80 万元人民币，韩国的团队让王哲和团队按照看着办的原则，尽量把对方的要求降低，不要曝光。但后来谈判无果。这名电视用户将三星告上了法庭。"我们把这个事往韩国总部一汇报，他们也没当回事，只能耗着。"

回志文，中国区已知最早的几名三星 Note 7 手机爆炸的用户之一，9 月 26 日手机出现爆炸，即与三星售后联络。售后专员告诉他可以办理退款，但手机需要拿回去检测。"要退手机也可以，得公开承认这起事故报告并且公开调查。"回志文要求说。三星售后专员向上级请示后，说"回去研究研究"，没有明确答复回志文。9 月 29 日，三星发布了一份公告强调，"我们可以确保产品的安全性与可靠性"。

赵丙，三星 CRM Group 的员工，在朋友圈自嘲"最近光发声明玩了"。他试图在网上维护三星的声誉，跟一些曝出三星手机"爆炸"的用户争辩，也在朋友圈转发了三星的几次声明。但他直言，三星的应对情况"已经要进商学院最失败公关案例了"。

4 个多月后，在 Note 7"爆炸门"消息略微平静之际，三星选择公开爆炸原因。有媒体分析称，三星需要给消费者、董事会以及媒体一个交代。因为只有这样，其接下来的发展之路才会顺畅。但三星想拿回原有市场份额，恢复企业形象，恐怕还有一段路要走。

（资料来源：袁璐. 三星爆炸门里的中国员工：不知这场仗何时结束，裁员消息流传. 澎湃新闻，2016-11-20）

3. 编制与审核管理报告

企业管理报告的编制单位应紧紧围绕内部报告使用者的信息需求，以管理报告指标体系为基础，编制内容全面、简洁明了、通俗易懂的管理报告，便于企业各管理层级和全体员工掌握相关信息，正确履行职责；合理设计管理报告编制程序，提高编制效率，保证管理报告能在第一时间提供给相关管理部门，对于重大突发事件应以速度优先，尽可能编制出管理报告，向董事会报告；建立管理报告审核制度，设定审核权限，确保管理报告信息质量。

（1）构建管理报告网络体系。企业应当充分利用信息技术，强化管理报告信息集成和共享，将管理报告纳入企业统一信息平台，构建科学的管理报告网络体系。

（2）拓宽管理报告渠道。企业应当拓宽管理报告渠道，通过落实奖励措施等多种方式，广泛收集合理化建议。

（3）重视和加强反舞弊机制建设。企业应当重视和加强反舞弊机制建设，通过设立员工信箱、投诉热线等方式，鼓励员工及企业利益相关方举报和投诉企业内部的违法违规、舞弊和其他有损企业形象的行为。

（二）管理报告信息使用阶段的主要风险和控制措施

管理报告信息使用阶段包括构建管理报告流转体系及渠道、管理报告有效使用及保密要求、保管管理报告和评估管理报告等主要环节。《企业内部控制应用指引第 17 号——内部信息传递》指出，企业在管理报告利用阶段至少应当关注下列风险：内部信息传递不通畅、不及时，可能导致决策失误、相关政策措施难以落实；内部信息传递中泄露商业秘密，可能导致企业核心竞争力削弱。

因此，企业在管理报告使用阶段应采取以下控制措施。

1. 管理报告的有效使用

企业各级管理人员应当充分利用内部报告管理和指导企业的生产经营活动，及时反映全面预算执行情况，协调企业内部相关部门和各单位的运营进度，严格绩效考核和责任追究，确保企业实现发展目标。

企业应当有效利用内部报告进行风险评估，准确识别和系统分析企业生产经营活动中的内外部风险，确定风险应对策略，实现对风险的有效控制。企业对于内部报告反映出的问题应当及时解决，涉及突出问题和重大风险的，应当启动应急预案。

2. 管理报告的保密

企业应当制定严格的管理报告保密制度，明确保密内容、保密措施、密级程度和传递范围，通过职责分离、授权接触、监督和检查等手段防止商业秘密泄露。

3. 管理报告的保管

企业应当建立管理报告保管制度，各部门应当指定专人按类别保管相应的内部报告；为了便于管理报告的查阅、对比分析，改善管理报告的格式，提高管理报告的有效性，企业应按类别保管管理报告，对影响较大的、金额较高的一般要严格保管；对不同类别的报告应按其影响程度规定其保管年限，只有超过保管年限的管理报告方可予以销毁；制定严格的管理报告保密制度，明确保密内容、保密措施、保密程度和传递范围，防止泄露商业秘密。

4. 管理报告的评估

企业应建立并完善对管理报告的评估制度，严格按照评估制度对管理报告进行合理评估，重点关注管理报告的真实性、相关性和及时性，评价管理报告在企业生产经营活动中所起的真实作用；为保证信息传递的及时准确，企业必须执行奖惩机制，对经常不能及时或准确传递信息的相关人员应当进行批评和教育，并与绩效考核体系挂钩。

【案例 6-8】

构建管理会计报告，为项目管理层提供有效信息

管理会计报告已经得到施工企业高层管理者的高度重视，中国交通建设股份有限公司(以下简称“中交集团”)也不例外。集团正在使用的管理会计报告，为中交集团制定专业化和差异化经营战略，培育各板块的核心业务提供决策性的资料。本文以中交集团下属中交第二航务工程局有限公司(以下简称“中交二航局”)为例，讲述如何构建施工企业项目管理层的管理会计报告，从而解决项目部的管理困境，为项目管理者提供项目管理有效信息。

按照中交集团的组织管理架构，管理会计报告分别从业务单元、行业的维度出发，以会计主体的资产负债表、利润表和现金流量表为基础，对各级单位报表中所涉及的财务指标进行分解和归集，形成反映各事业部、区域总部的财务状况、经营成果和现金流量和各行业经营成果的管理会计报告。

现阶段管理会计报告分为事业部管理会计报告、区域总部管理会计报告、行业管理会计报告三部分。通过分析以上三部分的管理会计报告数据，反映各事业部对中交集团财务状况、经营成果和现金流量的贡献情况，有助于中交集团制定专业化和差异化经营战略，培育各板块的核心业务，形成企业核心竞争力。中交二航局是中交集团二级单位，中交二航局的管理会计报告是在集团管理会计报告基础上再进行范围拓展和深化，管理会计报告由三部分分析内容构成：按照集团分析要求进行的管理会计整体分析、集中采购专项分析和依托财务共享中心进行的片区专项分析。

基于项目管理层面的报告。项目管理的重点在于成本管理，设计一套施工企业项目成本管理的报告，能够有效提高成本管理水平。本文依据管理会计报告编制的基本原则和平衡计分卡工具，将管理会计报告分为四大部分：收入成本费用分析报告、专项分析报告、资金分析报告和业绩评价报告。收入管理会计报告主要是根据项目的工程进度，将本月预算完成的工作量和实际完成的工作量进行对照，以便分析对项目盈亏的影响。中交二航局施工企业的项目成本主要分为六大类：人工费、材料费、船机使用费、协作施工费、其他直接费和间接费。各项目的预算应根据施工进度按月编制。将成本预算和实际执行进行对比分析，发现项目的盈亏点在哪里，为管理者提供高质量的报告。

专项分析管理会计报告主要是在预算执行的基础上，对于预算执行有大幅起落的成本费用进行专项分析，让项目管理者快速反应，提出相应对策，以便及时降低成本。专项分析报告应有其灵活性，根据预算报告的内容和管理需要，决定是否做专项分析，分析哪些方面的内容，实际是对成本预算的深挖和补充。如：职工薪酬、材料的采购和消耗、协作施工费用、间接费用、租赁设备等方面，以图表、数据、文字分析等模式，进行多维度的分析。

资金分析管理会计报告主要根据权责发生制的原则，依托现金流量表的主线，对资金计划和计划执行进行系统的分析。通过资金分析报告，了解项目的资金流向、资金余缺，合理使用资金，保障生产正常进行。业绩评价管理会计报告是依靠平衡计分卡工具来进行分析，将企业的战略目标从财务角度、内部运营角度、组织与成长角度和客户角度，通过设定目标来考核项目的业绩。财务维度是项目管理层最关心的指标，能全面、综合地反映经营活动的

最终价值。顾客维度要求企业遵循“顾客就是上帝”的原则,向顾客提供令其满意的产品和优质服务。内部营运维度要求企业必须生产顾客需要的产品。学习成长维度在衡量相关岗位追求营运效益的同时,为长远发展营造积极健康的人才梯队。这四个方面相辅相成,存在一定的因果关系。

(资料来源:乔东方,等. 构建管理会计报告为项目管理层提供有效信息 [N]. 中国会计报 2016(6))

第四节 信息系统内部控制

一、信息系统内部控制的内涵和控制目标

(一)信息系统内部控制的内涵

按照《企业内部控制应用指引第 18 号——信息系统》的定义,信息系统是指企业利用计算机和通信技术,对内部控制进行集成、转化和提升所形成的信息化管理平台。信息系统内部控制的主要对象是信息系统,由计算机硬件、软件、人员、信息流和运行规程等要素组成。

根据《企业内部控制应用指引第 18 号——信息系统》的要求,企业应当重视信息系统在内部控制中的作用,根据内部控制要求,结合组织架构、业务范围、地域分布、技术能力等因素,制定信息系统建设整体规划,加大投入力度,有序组织信息系统开发、运行与维护,优化管理流程,防范经营风险,全面提升企业现代化管理水平。为此,企业应当指定专门机构对信息系统建设实施归口管理,明确相关单位的职责权限,建立有效工作机制。当然,企业也可以委托专业机构从事信息系统的开发、运行和维护工作。另外,《企业内部控制应用指引第 18 号——信息系统》特别强调,企业负责人对信息系统建设工作负责。

(二)信息系统控制目标

《企业内部控制基本规范》第四十一条提出,企业应当利用信息技术促进信息的集成与共享,充分发挥信息技术在信息与沟通中的作用。企业应当加强对信息系统开发与维护、访问与变更、数据输入与输出、文件储存与保管、网络安全等方面的控制,保证信息系统安全稳定运行。由此,信息系统控制目标主要包括以下三个方面:①促进企业有效实施内部控制,提高企业现代化管理水平,减少人为操纵因素;②增强信息系统的安全性、可靠性和合理性;③增强相关信息的保密性、完整性和可用性,为建立有效的信息与沟通机制提供支持。

【案例 6-9】

i2:兵败耐克是最深的痛

“这就是你们花了 4 亿美元买的东西吗?”耐克董事长、总裁兼 CEO 恼火地质问公司技术主管。耐克公司在 2001 年第三季度销售额减少 8 000 万到 1 亿美元,耐克公司认为这是由于 i2 公司的软件存在订单管理漏洞所致。此事导致耐克股价下跌 20%。

4 亿美元升级耐克公司的供应链和 ERP 系统给这家世界著名的鞋业和运动装备制造

商带来了什么？首先，销售额损失 1 亿美元，股票下跌 20% 以及一连串的集体诉讼。

耐克全球运营与技术副总裁 Roland Wolfram 起初说，i2 公司产品的问题只是前进路上的一次颠簸而已。看来这次事故当时把耐克颠得不轻。耐克公司称，采用 i2 公司的系统之后，一些鞋的订单完成了两次，一次通过新的订单管理系统，一次通过旧的订单管理系统。耐克立身之本就是严格地控制运动鞋供应链，因此 i2 公司的系统似乎与其需求很吻合。但系统实施后运行情况一直不佳。i2 公司的需求预测软件和耐克供应链规划程序使用不同的业务规则和不同的数据格式，因此集成它们很困难。i2 公司软件必须实施大量的定制工作，才能与耐克的老软件一起使用，否则用该软件输入一个条目需要长达 1 分钟的时间，耐克几千万个产品号使用时带来的压力让该系统经常崩溃。

如果这些问题没有影响到订单，耐克还能忍耐。但该系统忽略了一些订单，重复了另一些订单，更要命的是系统在订单数据输入 6 到 8 周后会自动删除它们，让计划人员无法记起他们曾要求每家工厂生产什么。结果是过多的 Air Garnetts 运动鞋订单下达给了亚洲的生产工厂，而订购 Air Jordan 运动鞋的订单却被删掉，最后生产出比市场需求多出上万双的 Air Garnetts 运动鞋，而 Air Jordan 运动鞋却比需要的数量少数千双。耐克将此事曝光后，i2 公司面上无光，i2 公司辩解说，耐克没有按照 i2 公司的建议，最大限度地减少定制，耐克应该采用鞋类业务的最佳做法，并分阶段部署系统。耐克公司的软件定制涉及数以千计的供应商和分销商，让问题变得复杂。

软件本身的问题，集成性、兼容性差，还存在一些错误和不合理的地方，但这还不是项目失败的根源。i2 需求与供应规划系统原本是一个与核心业务流程紧密关联的系统，但是它却没有能够支持耐克的业务模型。而且新旧系统之间的关系也没有得到很好的处理，成为业务的绊脚石。没有进行充分的需求分析和合理的 IT 规划，为后来的实施埋下了隐患，使公司的信息化遭遇顿挫。培训不够也是一个因素，耐克的规划人员在该系统投入运行前没有接受足够的培训。

二、信息系统的主要业务流程

（一）信息系统的设计开发流程

1. 信息系统的规划与准备

根据企业的整体目标和发展战略，明确企业总体信息需求，确定信息系统的发展战略，制定信息系统建设总计划，其中包括确定拟建信息系统的总体目标、功能、大致规模和粗略估计所需资源，并根据需求的轻重缓急程度及资源和环境的约束，把系统建设内容分解成若干开发项目，分期分批地进行系统开发。信息系统规划与准备阶段的主要工作包括 IT 战略规划、IT 技术规划、投资管理、质量管理、项目管理、人力资源管理等。

2. 信息系统的设计与实施

这一阶段的主要工作是根据系统规划阶段确定的拟建系统总体方案和开发项目的安排，分期分批进行系统设计。信息系统开发是企业信息活动的重要基础，直接决定着企业的信息技术水平。首先进行需求分析，调查信息系统应具备的属性和功能，并将其用适当的形式表达出来；然后根据信息系统需求，对系统架构、内容、模块、界面和数据等进行定义和实施。系统设计与实施阶段的主要工作包括需求分析、应用系统设计、基础设施获取、运行准备、测试与发布等。

（二）信息系统的运行维护流程

1. 信息系统的运行管理

信息系统交付使用，开发工作即宣告结束，运行工作随即开始。信息系统的运行管理就是控制信息系统的运行，记录其运行状态，保证信息系统正常运行，并进行必要的修改与扩充，以便及时、准确地向企业提供必要的信息，以满足业务工作和管理决策的需要。信息系统运行管理的主要工作内容包括日常运行管理（如数据记录与加工、设备管理、安全管理等）、运行情况的记录及对信息系统的运行情况进行检查和评价。

2. 信息系统的维护管理

为保证信息系统正常而可靠地运行，并使信息系统不断得到改善和提高，需对应用系统、数据、代码和硬件进行维护管理，具体可以分为纠错性维护、适应性维护、完善性维护和预防性维护。纠错性维护是指对信息系统进行定期或不定期的检修，更新易损部件、排除故障、消除隐患等工作。适应性维护是指由于管理或技术环境发生变化，信息系统中某些部分已不能满足需求，对这些部分进行适当调整的维护工作。完善性维护是指用户对信息系统提出了某些新的信息需求，因而在原有信息系统的基础上进行适当的修改，完善信息系统的功能。预防性维护是针对预防信息系统可能发生的变化或受到的冲突所采取的维护措施。

一般来说，信息系统运行维护是系统生命周期中历时最久的阶段，也是信息系统实现功能及发挥效益的阶段，科学地组织与管理是信息系统正常运行、充分发挥效益的必要条件，而及时完善的系统维护是信息系统正常运行的基本保证。据统计，有些信息系统在运行和维护阶段的开支占整个系统成本的三分之二左右，而这一阶段系统需用的专业技术人员占信息系统专业技术人员的50%~70%。信息系统维护管理的主要工作包括运行管理、事件管理、问题管理、配置管理、连续性管理、可用性管理和能力管理等。

【案例 6-10】

智慧财务共享是财务管理的颠覆式创新

2021 年以来，国网吉林省电力有限公司与国税总局电子底账库和核心征管系统直联试点企业，搭建了税企直联电子发票信息通道，打造了税企融合互动新模式——以集团智慧资金共享平台为基础，以集团智慧数字财务共享平台为支撑，以集团智慧税务共享平台为驱动，开创国内首个集团智慧财务共享管理体系。该体系促进电网企业与政府、税务、银行、供应商、电力客户实现共生共赢共发展。

智慧财务共享是基于新时代的商业模式，采用智联网、大数据、云计算、区块链、人工智能、虚拟技术和人机自然交互等新技术，实现企业结构化或者半结构化会计工作的自主数据采集、计算、处理、报告和自主修正，提供非结构化会计工作的智能决策支持，管理控制财务机器人的算法和思维逻辑，监控数字资产的安全，实时为企业的预测、管理、决策和发展规划提供数字展现，为内外部利益相关者提供信息服务的共享系统。智慧财务共享管理体系有以下优势。

(1)管理海量数据。新时代下,集团公司及子(分)公司遍布全球各地,信息量大,通过大数据和云计算对集团公司及子公司非结构性或者半结构性的数据进行整合处理,同时通过对内外部数据实时采集、分析、处理和传递为财务的管理和决策提供海量数据支持,已是大势所趋。

(2)跨地域、多组织、多业务。结合集团公司及各子(分)公司跨区域、业务板块系统多、机构组织多的特点,打造提供预算控制、财务核算、资金管理、信息归档和决策分析等端到端的财务共享服务平台,全方位实现财务管理的全面信息化和共享服务化。

(3)提取数据快,准确率高。在智慧财务时代,大数据对海量数据实时采集、分析、归纳。云平台提供数据的存储和高速计算功能,使得财务人员能快速汇总、处理和分析财务数据,为集团管理层及非财务人员提供有效准确的管理决策报告,并能作出决策和反馈。

(4)人机交互特征明显。财务人员和财务机器人采用表情、自然语音和肢体动作等进行交互,让会计语音和机器人的交流更便捷、准确和有效,将信息呈现在三维立体界面中,使企业的对外报表和对内报表更加逼真、多维和形象,极大降低对财务报表使用者财务知识的要求,使其决策速度及准确性得到有效提升。财务人员与业务人员的沟通交流也能通过虚拟场景实现,通过可视化、触觉、听觉、味觉等虚拟手段体验各种可能的结果。

智慧财务基于人工智能、大数据、云计算等新技术和新工具,全面变革复式记账法,修改会计准则和会计制度,为会计信息的生成提供新的路径,为财务的管理和决策提供实时、动态和虚拟的场景,为企业战略提供海量数据的支撑,为财务工作的有效性提供有力保证。可以说,智慧财务共享管理已经颠覆了现有的财务模式。

(5)强化内部提高效率。在企业的运营过程中,主要包括经营活动和金融活动两个方面,而企业的财务管理工作,是实现上述活动价值的主要方式。在企业进行会计管理工作的过程中,越来越多的人为管理工作已被智能技术所取代。目前,大数据、云计算、人工智能等先进的科学技术逐步成为企业生产、管理的重要方式,提高了企业的管理水平。对企业的财务管理工作来说,通过运用物联网、智能化技术,提高了财务管理的整体效率。

集团公司及子(分)公司应完善内部控制管理制度,优化审批流程。在原有的基础上,完善内部控制管理制度,将其量化,形成流程,便于财务管理的智能化。将审批流程中存在的烦琐、重叠的工作流程进行优化,使其更适合日常工作,提高工作效率。而中小企业是推动经济良好发展、提供就业的主力军,做好中小企业的创新规范是国家的一项长期工作。中小企业应根据《中华人民共和国会计法》《中华人民共和国公司法》等法律法规,《企业内部控制基本规范》及2017年财政部印发的《小企业内部控制规范(试行)》的要求,建立内部控制管理系统以及审批流程。

三、信息系统内部控制的主要风险和控制措施

(一)信息系统开发阶段的主要风险和控制措施

信息系统开发阶段包括制定信息系统开发的战略规划和选择适当的信息系统开发方式等主要环节。《企业内部控制应用指引第18号——信息系统》指出,企业在信息系统规划

阶段至少应当关注下列风险：信息系统缺乏或规划不合理，可能造成信息孤岛或重复建设，导致企业经营管理效率低下。

为此，企业可以采取以下主要控制措施：企业必须制定信息系统开发的战略规划和中长期发展计划，并在每年制定经营计划的同时制定年度信息系统建设计划，促进经营管理活动与信息系统的协调统一；企业在制定信息化战略的过程中，要充分调动和发挥信息系统归口管理部门与业务部门的积极性，使各部门广泛参与，充分沟通，提高战略规划的科学性、前瞻性和适应性；信息系统战略规划要与企业的组织架构、业务范围、地域分布、技术能力等相匹配，避免相互脱节。

【案例 6-11】

光大证券乌龙指事件

2013 年 8 月 16 日上证指数以 2075 点低开，11：00 前一直在低位徘徊。11：05，多只权重股出现巨额买单，大批权重股被一两个大单瞬间拉升之后，又有大批巨额买单跟随涌现，带动股指和其他股票整体上涨，以致多达 59 只权重股瞬间涨停。11：15 起，上证指数开始第二波拉升，最高上探至 2 198 点，午间收盘时报 2 149 点。

下午 13:00，光大证券公告称因重要事项未公告，临时停牌。14:23 左右，光大证券发布公告，承认套利系统出现问题，称公司正在进行相关核查和处置工作。中国证监会在随后召开的通气会上表示，上证综指瞬间上涨 5.96%，主要原因是光大证券自营账户大额买入。

光大证券表示，经初步核查，事件发生的原因是光大证券自营的策略交易系统，包含订单生成系统和订单执行系统两个部分，存在程序调用错误、额度控制失效等设计缺陷，并被连锁触发，从而导致生成巨量市价委托订单。

彼时有评论指出，此番事件无论是操作失误，还是模块故障，抑或程序交易的连锁反应，其毫无征兆、骤然发生，首次将 A 股先进的金融交易环境与参与者落后风控制度间的矛盾暴露无遗。

光大证券此后公告称，按照 8 月 16 日的收盘价，上述交易的当日股市损失约为 1.94 亿元，其对公司造成的最终损失以及对公司财务状况的影响程度还可能随着市场情况发生变化。

这一事件也给不少投资者造成损失，多人提起上诉。当日 13:00 开市后，光大证券公司在未披露的情况下通过卖空股指期货、卖出 ETF 对冲风险，至 14：22 才公告称“公司策略投资部自营业务在使用其独立套利系统时出现问题”。2013 年 11 月，中国证监会对光大证券做出行政处罚决定，认定光大证券在内幕信息公开前将所持股票转换为 ETF 卖出和卖出股指期货空头合约的行为构成内幕交易行为，做出没收及罚款 5.2 亿元等处罚。

上海市第二中级人民法院认为，在光大证券公司内幕交易期间，如果原告投资者进行 50ETF、180ETF 及其成份股、IF1309、IF1312 交易且其主要交易方向与光大证券公司内幕交易方向相反的，推定存在因果关系。光大证券公司应对其过错造成的投资者损失予以赔偿。

至于损失计算，则应以原告投资者的实际交易情况，考虑交易价格与基准价格的差额，区分不同情况合理计算损失金额。对于原告投资者在非内幕交易时间段进行的交易，属于跟风买入受损，光大证券公司对投资者的损失并无过错，无法认定存在法律上的因果关系，由投资者自行负担投资风险。

截至目前，上海市第二中级人民法院已就108人起诉光大证券涉及"816事件"民事赔偿纠纷案进行了裁判，其中71起案件的一审判决共计判公司赔偿原告损失553.58万元。

（二）信息系统运行与维护阶段的主要风险和控制措施

信息系统运行与维护阶段包括日常运行维护、系统变更、安全管理和系统终结等主要环节。《企业内部控制应用指引第18号——信息系统》指出，企业在信息系统运行与维护阶段至少应当关注下列风险：系统运行维护和安全措施不到位，可能导致信息泄露或毁损，系统无法正常运行。

针对上述关键风险，企业可以根据《企业内部控制应用指引第18号——信息系统》的要求，结合企业的实际情况，在日常运行维护、系统变更和安全管理三个方面分别采取以下控制措施。

1. 日常运行维护的主要控制措施

日常运行维护的目标是保证系统正常运转，工作内容主要包括系统的日常操作、系统的日常巡检和维修、系统运行状态监控、异常事件的报告和处理等。

该环节的主要控制措施有：企业应制定信息系统使用操作程序、信息管理制度以及各模块子系统的具体操作规范，及时跟踪、发现和解决系统运行中存在的问题，确保信息系统按照规定的程序、制度和操作规范持续稳定运行；切实做好系统运行记录，尤其是对于系统运行不正常或无法运行的情况，应将异常现象、发生时间和可能的原因详细记录下来；重视系统运行的日常维护，在硬件方面，日常维护主要包括各种设备的保养与安全管理、故障的诊断与排除、易耗品的更换与安装等，这些工作应由专人负责；配备专业人员负责处理信息系统运行中的突发事件，必要时应和系统开发人员或软硬件供应商共同解决。

2. 系统变更的主要控制措施

系统变更主要包括硬件的升级扩容、软件的修改与升级等。系统变更是为了更好地满足企业需求，但同时应加强对变更申请、变更成本与进度的控制。

该环节的主要控制措施有：企业应当建立标准流程来实施和记录系统变更，保证变更过程得到适当的授权与管理层的批准，并对变更进行测试；系统变更程序（如软件升级）需要遵循与新系统开发项目同样的验证和测试程序，必要时还应当进行额外测试；加强紧急变更的控制管理；加强对将变更移植到生产环境中的控制管理，包括系统访问授权控制、数据转换控制、用户培训等。

3. 安全管理的主要控制措施

安全管理的目标是保障信息系统安全。信息系统安全是指信息系统包含的所有硬件、软件和数据受到保护，不因偶然和恶意的原因而遭到破坏、更改和泄露，信息系统能够连续正常运行。

该环节的主要控制措施有：企业应当建立信息系统相关资产的管理制度，保证电子设备的安全；成立专门的信息系统安全管理机构，由企业主要领导总负责，对企业的信息安全作出总体规划和全方位严格管理，具体实施工作可由企业的信息主管部门负责；按照国家相关法律法规以及信息安全技术标准，制定信息系统安全实施细则；有效利用IT技术手段，对硬件配置调整、软件参数修改严加控制；委托专业机构进行系统运行与维护管理的，应当严格审查其资质条件、市场声誉和信用状况等，并与其签订正式的服务合同和保密协议；采取安装安全软件等措施防范信息系统受到病毒等恶意软件的感染和破坏；建立信息系统开发、运行与维护等环节的岗位责任制度和不相容职务分离制度，防范利用计算机舞弊和犯罪等。

【案例 6-12】

"IT 达人"化身系统黑客，删除万条违章记录

2014 年 1 月 21 日，连云港市灌云县公安局交警大队民警在处理违章记录时吃惊地发现，一辆被扣轿车的数十条交通违章记录连同 1 万多元的罚款信息，不知何时从市级公安交管综合平台违章系统内消失了。民警调查发现，交警部门并没有这个车主的缴纳罚款的相关记录，进而到省级违章平台查询，却发现该车的违章记录赫然在列。这究竟发生什么了？

灌云县公安机关经调查发现以下信息。

2007 年李某研发的车管所驾校软件系统通过竞标，成为连云港、宿迁、南京等市车管所软件系统的供应商，并为相关系统的安装和维护提供技术支持。胡某和宋某经营着一家 4S 店，除了常规业务，宋某还承揽帮车主买保险、年检、过户等业务。2010 年 4 月，为方便购车人直接在 4S 店上牌，连云港车管部门在 4S 店安装了车辆信息录入系统，由李某负责提供安装服务。在此过程中，宋某得知连云港车管部门的检测系统、处理违章系统等均为李某研发、安装和维护，于是鼓动李某采取黑客手段，入侵体系封闭的公安内网，删除交通违章记录。

由于各地各级交警在使用公安交管综合平台时，只拥有对应的权限，且由专人负责，客户端软件设有繁复的用户名、密码等安全措施，即使进行系统升级、维护工作，也需要公安内部授权和配合。负责这些系统研发的李某清楚，没有授权，"作业"难度很大。于是，李某在车管所进行系统维护时，避开公安干警的监管，将事先编好的删除程序输入，非法删除一条张某请托的车辆违章记录。此后，李某又多次以系统维护的借口进入系统删除记录，同时，李某利用其发现的系统漏洞，通过在公安内网服务器上安装网络配置，使用互联网远程入侵公安网络系统，避开公安内网报警体系。

自此，李某开始全天在家无障碍删除违章记录。截至案发，公安机关查明李某共计非法删除 14 000 余条交通违章记录，涉案金额 1 800 余万元。在不到 3 年时间内，李某非法敛财高达 650 余万元。灌云县检察院认为，李某的行为涉嫌破坏计算机信息系统罪。2014 年 9 月，李某被依法批捕。

（资料来源：青年才俊化身系统黑客，IT 达人删除万条违章记录. 锐思咨询，2015-01-13）

【案例 6-13】

微博大量用户信息泄露,超 5 亿数据在暗网出售

2020 年 3 月 19 日,有用户发现 5.38 亿条微博用户信息在暗网出售,其中 1.72 亿条有账户基本信息,售价 0.177 比特币。涉及的账号信息包括用户 ID、账号发布的微博数、粉丝数、关注数、性别、地理位置等。

针对此次泄露事件,微博方面很快做出了回应,承认了微博数据泄露一事属实,目前已及时强化安全策略,并表示这起数据泄露不涉及身份证、密码,对微博服务没有影响。

对此,微博安全总监罗诗尧回应表示:"泄漏的手机号是 2019 年通过通讯录上传接口被暴力匹配的,其余公开信息都是网上抓来的,内部发现异常后马上堵住了口子。我们第一时间报了警,取证后把相关信息递给了警方,同时一直也在追查网上售卖信息的黑灰产。用户的隐私至关重要,尤其还是涉及手机号。"

复习思考题

1. 什么是信息与沟通,有哪些要求,类型有哪些?
2. 什么是财务报告内部控制?财务报告内部控制的总体要求有哪些?
3. 财务报告内部控制应至少关注哪些风险?有什么解决措施?
4. 管理报告内部控制应至少关注哪些风险?有什么解决措施?
5. 什么是信息系统内部控制?信息系统内部控制应至少关注哪些风险?有什么解决措施?

思政园地

建立信息沟通机制 强化日常交流监督

为跟进了解各监督单位全面从严治党和党风廉政建设工作情况,驻区委办纪检监察组在派驻初期制定《驻区委办纪检监察组信息工作管理办法》,要求各单位及时采编并报送相关工作信息至纪检监察组,纪检监察组根据各单位报送信息,结合本组监督工作情况,编辑《驻区委办纪检监察组工作信息》,推送各单位有关领导干部参阅。

自 2018 年 2 月《管理办法》施行至今,驻区委办纪检监察组共编辑《工作信息》48 期,收录各监督单位信息 197 篇、纪检监察组信息 36 篇,内容涵盖各单位常规工作开展情况、阶段性重点工作进展情况以及纪检监察组日常监督工作情况,在有效发挥监督作用的同时,增进了纪检监察组与各单位之间以及单位与单位之间的沟通交流。

驻区委办纪检监察组不断完善信息沟通机制,及时分析总结信息编报中发现的问题,督促各单位加强信息质量审核把关;聚焦主体责任的深化落实,拓宽思路丰富信息主题;注重概括提炼创新做法和重要经验,挖掘信息深度;借助提升信息价值反向督促各单位以务实举措深入推进全面从严治党和党风廉政建设工作。

第七章　内部监督

学习目标

- ◆ 理解内部监督的作用和定义
- ◆ 掌握内部监督的机构及其职责
- ◆ 掌握内部监督的基本要求
- ◆ 掌握内部监督的程序
- ◆ 掌握内部监督的方法

引导案例

包商银行发生风险事件的根源在于监督失效

2019 年 5 月 24 日，包商银行因出现严重信用风险，被人民银行、银保监会联合接管。这是中国金融发展史上的一个重大事件，其中反映出的公司治理失败的惨痛教训值得警醒。诸多中小银行风险的根源在于公司治理失灵，以及与之相关的金融腐败和违法犯罪。

一、包商银行的风险根源在于公司治理全面失灵

包商银行公司治理最突出的特点是“形似而神不至”。从表面上看，包商银行有较为完善的公司治理结构，股东大会、董事会、监事会、经营层的“三会一层”组织架构健全、职责明确，各项常规制度一应俱全。但实际上，包商银行有的只是形式上的公司治理框架。“大股东控制”和“内部人控制”两大公司治理顽症同时出现，加之“监管捕获”、贪用渎职，导致形式上的公司治理架构和机制基本失灵，给各类违法违规和舞弊行为提供了滋生土壤和宽松环境。

二、党的领导缺失，党委主要负责人附庸于大股东并演化为内部控制人，总行党委、纪委的作用被严重弱化，逐渐成了摆设

接管组发现，长期以来，包商银行党委形同虚设，“党的核心作用”早已被“董事长的核心作用”取代。比如，包商银行的重大事项决策、重要干部任免、重要事项安排和大额资金使用等均不需要经过党委会集体讨论决策，“董事长交办”成为常态。由于缺乏党内监督和引导，包商银行形成了扭曲的企业文化，一些领导干部以权谋私、违法乱纪已经到了肆无忌惮的地步。比如，该行近 3000 名党员中，有 468 名党员党组织关系未转入包商银行，他们长期不参加党组织生活，不按规定缴纳党费。包商银行纪委对大量的举报线索不立案、不查处、不追究；对一些严重违法违规放贷案件只做内部处理，不报案。党内监督问责机制完全

失效。

三、大股东操纵股东大会，干预银行正常经营，通过各种方式进行利益输送

股权结构是决定商业银行治理机制有效性的最重要因素，决定商业银行控制权的分布，决定所有者与经营者之间委托代理关系的性质。但在实际运作过程中，由于“明天系”的“一股独大”，包商银行股东大会没有发挥科学、民主决策的作用。包商银行机构股东有79户，持股比例为97.05%，其中，明确归属明天集团的机构股东有35户，持股比例达89.27%，远超50%的绝对控股比例。由于股权过于集中，大股东很容易根据“一股一票”和“资本多数表决”原则“合法地”操纵股东大会，使股东大会成为大股东主导的决策机构，股东大会“形式化”或“走过场”，成了大股东干预和掏空包商银行的合法外衣，股东监督机制名存实亡。2005年以来，明天集团通过大量的不正当关联交易、资金担保及资金占用等手段进行利益输送，包商银行被逐渐“掏空”，造成严重的财务与经营风险，直接侵害其他股东及存款人的利益。清产核资结果显示，2005—2019年，“明天系”通过注册209家空壳公司，以347笔借款的方式套取信贷资金，形成的占款高达1 560亿元，且全部成了不良贷款。

四、董事会形同虚设，缺乏全面有效的风险管理体系，风险管控职能失效，核心作用被董事长个人取代

长期以来，包商银行董事会形同虚设，董事长“一言堂”问题严重，董事会各项运作机制成了摆设，风险管控失效，不合规、不合法的企业文化盛行。尽管包商银行董事会下设9个专业委员会，但2011年以来，包商银行通过关联交易控制委员会、业务经营委员会等，对多项关联交易做出不当决策，董事会实际上对大股东明天集团进行利益输送起到了“助力”作用，根据接管组掌握的情况，在2015年12月二级资本债募集说明书披露的董事会13人名单里，有相当数量的董事并不参与决策，对重大违规决策也不提出反对意见；甘于被收买，只拿钱不尽责，甚至凭借特殊关系和名气，替人站岗放哨，站台背书。

至于董事会下设的风险管理委员会等，并未实质性地行使风险决策和把关职能，各种风险控制岗位形同虚设，从上至下不受内部控制约束，风险管理部门职能被完全弱化。比如，包商银行实行事业部制，总行风险管理部门既无在总行层面的决策权或“一票否决权”，也无权对全行风险管理工作实现垂直领导，风险管理部的制衡和专业判断作用完全丧失。还比如，总行管理部门常以业务信息保密为借口，阻碍审计项目开展，导致内部审计部门难以履职。“明天系”和董事长的所谓“特殊业务”对内部审计保密，不允许审计，审计监督完全失效；对审计检查发现的其他问题也不了了之，间接地为“内部人控制”和“大股东控制”提供了滋生土壤。

五、监事会监督职能弱化，监事专业性不足、独立性不强，监督履职失灵

监事会是对公司业务状况和财务状况进行监督检查的重要组织机关，是对执行董事和管理层进行监督的主要力量，其宗旨是维护股东、债权人、员工等利益相关者的合法权益，防范和减少会计信息失真。一直以来，包商银行监事会就是一个摆设，其检查监督功能没有真正发挥作用。包商银行的7名监事（1名股东监事、4名职工监事和2名外部监事）中，4名职工监事均为包商银行中高层管理者，双重身份导致职工监事很大程度上必须听命于董事

会或者管理层；部分监事缺乏必要的专业知识和能力，难以很好地履行职责；监事会没有配备具有财务专业背景的监事。结果导致监事会不是对公司负责，也不是对全体股东尤其是中小股东负责，而是俯首听命于大股东、董事会或者管理层。

六、管理层凌驾于制度之上，以领导指示或领导集体决策代替规章制度

由于包商银行“三会一层”治理体制失效，缺乏制衡机制和有效监督，管理层不仅违规为大股东“明天系”套取巨额资金提供帮助，而且通过本行工会注册企业、成立中微小集团公司和发展战略客户等关联交易的方式套取信贷资金，这些贷款基本形成不良贷款，大多数关联交易都未通过董事会决议审批。至接管前，通过“绿色通道”和“特事特办”审批的关联方贷款，不良贷款率高达98%；有些关联交易由高管层集体决议，凭行务会议纪要发放；甚至有些关联交易仅凭盖有领导印鉴的特别贷款审批单便可放款。有些领导干部在职务任免、绩效考核、薪酬调整、集中采购等重大事项中任性用权，干部任免不经组织考察，绩效考核、薪酬调整凭关系、凭领导个人喜好，大额采购不经过招标和集体研究，领导凌驾于制度之上。

（资料来源：周学东. 中小银行金融风险主要源于公司治理失灵——从接管包商银行看中小银行公司治理的关键 [J]. 中国金融，2020（15）：19-21）

包商银行发生风险事件，一方面说明其内部控制存在重大缺陷，未能保证企业持续健康发展，另一方面说明董事会、监事会等机构没有充分发挥监督作用，导致公司管理存在严重漏洞、经营出现重大损失。企业要规避上述风险，就需要按照《企业内部控制基本规范》及其配套指引的要求，制定内部控制监督制度，明确内部审计机构和其他内部机构在内部监督中的职责权限，规范内部监督程序、方法和要求；同时企业应当结合内部监督情况，定期对内部控制评价的有效性进行自我评价，出具内部控制自我评价报告。

第一节　内部监督概述

一、内部监督的定义

按照《企业内部控制基本规范》的界定，内部监督是企业对内部控制建立与实施情况进行监督检查，评价内部控制的有效性，发现内部控制缺陷，并及时加以改进的举措。内部监督作为内部控制的基本要素之一，对内部控制的有效运行，以及内部控制的不断完善起着重要的作用，是内部控制得以有效实施的机制保障。

由于认识的局限性，企业所设计的内部控制制度不可能完美无缺；实际情况发生变化或员工理解上的差异，也可能会使内部控制在实际运行时不能很好地发挥作用。而企业发展所带来的主体结构、发展方向、员工人数以及素质、生产技术或流程等方面的变化也会影响企业风险管理的有效性，从而使内部控制不再有效或不被执行。为此要提高内部控制的有效性，就需要对内部控制运行情况实施必要的监督检查，发现其不足和问题乃至缺陷并及时完善和修正。因此，内部监督是保证内部控制体系有效运行和逐步完善的重要措施，是一个完善的内部控制体系必不可少的环节。

【案例 7-1】

华为如何构建内部控制三道防线体系

公司发展得越快，管理覆盖就越不足，暂时的漏洞也会越多，因此，华为设置了内部控制的三层防线。

第一层防线，业务主管 / 流程 owner，他们是内控的第一责任人，在流程中建立内控意识和能力，不仅要做到流程的环节遵从，还要做到流程的实质遵从。流程的实质遵从，就是行权质量。落实流程责任制，业务主管 / 流程 owner 要真正承担内控和风险监管的责任，95%的风险要在流程化作业中解决。业务主管必须具备两个能力，一个是创造价值，另一个是做好内控。

第二层防线，内控及风险监管的行业部门，针对跨流程、跨领域的高风险事项进行拉通管理，既要负责方法论的建设及推广，又要做好各个层级的赋能。稽查体系聚焦事中，是业务主管的帮手，不要越俎代庖，业务主管仍是管理的责任人。稽查体系要帮助业务主管管理好自己的业务，发现问题、推动问题改进、有效闭环问题。稽查和内控的作用是在帮助业务完成流程化作业的过程中实现监管。内控的责任不在稽查部，也不在内控部，这点一定要明确。

第三层防线，内部审计部是司法部队，通过独立评估和事后调查建立冷威慑。审计发现一个疑点，不依不饶地深查到底，旁边碰到大问题也暂时不管，沿着这个小问题把风险查清、查透。一个是纵向的，一个是横向的，没有规律，不按大小来排队，抓住什么就查什么，这样建立冷威慑。冷威慑，就是让大家都不要做坏事，也不敢做坏事。

（资料来源：黄卫伟. 价值为纲：华为公司财经管理纲要 [M]. 北京：中信出版集团股份有限公司，2017）

二、内部监督与内部控制其他要素的联系

内部监督与内部控制其他要素相互联系、互为补充，具体表现为以下几点。

（1）内部监督以内部环境为基础。公司治理结构、董事会等决定内部监督的地位和独立性，从而决定着内部监督实施的力度和效果；反过来，内部监督也会优化内部环境，为实现控制目标提供保障。

（2）内部监督与风险评估、控制活动形成一个局部的闭环控制网络。

（3）内部监督离不开信息与沟通要素的支持。企业应当利用信息与沟通情况，提高监督检查工作的针对性和时效性；同时，通过实施监督检查，不断提高信息与沟通的质量和效率。

（4）内部监督对于内部控制的一个更为重要的作用在于，为我们提供了对内部控制认知的螺旋式上升的契机。

第二节　内部监督机构及职责

我国《企业内部控制基本规范》第四十四条规定，企业应当制定内部控制监督制度，明确内部审计机构(或经授权的其他监督机构)和其他内部机构在内部监督中的职责权限,规范内部监督的程序、方法和要求。

按照监督主体的职责和性质,内部监督机构可分为专职的内部监督机构和其他机构。

一方面,为保证内部监督的客观性,内部监督应由独立于控制执行的机构进行内部监督,如审计委员会、监事会、内部审计、内部控制机构等,并根据需要开展日常监督和专项监督。

另一方面,企业内部任何一个机构甚至个人,在内部控制建立与实施过程中都需承担相应的监督职责。比如,财会部门对销售部门的赊销行为负有财务方面的监督职能;财会部门负责人对本部门的资产、业务、财务和人事具有监督职责;财会部门内部的会计岗位和出纳岗位也具有相互监督的职责等。

一、审计委员会的监督职责

我国的《上市公司治理准则》《企业内部控制基本规范》《企业内部控制应用指引》《关于深化中央企业内部审计监督工作的实施意见》等文件确立了董事会中的审计委员会在企业内部监督体系中的重要地位。

2002 年 1 月 7 日,证监会与国家经贸委联合发布的《上市公司治理准则》第三十九条规定:"审计委员会的主要职责包括:(一)监督及评估外部审计工作,提议聘请或者更换外部审计机构;(二)监督及评估内部审计工作,负责内部审计与外部审计的协调;(三)审核公司的财务信息及其披露;(四)监督及评估公司的内部控制;(五)负责法律法规、公司章程和董事会授权的其他事项。"《关于深化中央企业内部审计监督工作的实施意见》规定:"落实董事会审计委员会作为董事会专门工作机构的职责,审计委员会要定期或不定期召开有关会议并形成会议记录、纪要,加强对审计计划、重点任务、整改落实等重要事项的管理和指导,督促年度审计计划及任务组织实施,研究重大审计结论和整改落实工作,评价内部审计机构工作成效,及时将有关情况报告董事会或提请董事会审议"。《企业内部控制基本规范》第十三条规定:"审计委员会负责审查企业内部控制,监督内部控制的有效实施和内部控制自我评价情况,协调内部控制审计及其他相关事宜等。"审计委员会在企业内部控制建立和实施中承担的职责一般包括:审核企业内部控制及其实施情况,并向董事会作出报告;指导企业内部审计机构的工作,监督检查企业的内部审计制度及其实施情况;处理有关投诉与举报,督促企业建立畅通的投诉与举报途径;审核企业的财务报告及有关信息披露内容;负责内部审计与外部审计之间的沟通协调。

2007 年 3 月 9 日,证监会发布了《关于开展加强上市公司治理专项活动有关事项的通知》。该通知要求上市公司应本着实事求是的原则,严格对照《中华人民共和国公司法》《中华人民共和国证券法》等有关法律法规,以及《公司章程》《董事会议事规则》等内部规章制度,对一些问题进行自查,其中就包括上市公司的董事会是否设立了审计委员会。从此审计委员会成为上市公司必须设立的一个专门委员会。

目前,我国公司中审计委员会的职责没有相对具体的操作细则,审计委员会与内部审计、外部审计及公司管理层等各相关主体的关系界定不是很明确,并出现与监事会职能重叠的现象，缺乏实际的可操作性。

审计委员会在公司治理过程中很大程度上起着一种在公司管理人员、董事会、内部审计人员和外部审计师之间架设桥梁的作用，对各个部分的责任履行情况享有一定的监督权，在很大程度上保证了其他各个部门责任的及时到位。对上市公司内部控制的效率、效果与财务报告的可靠性进行监督，是公司治理结构的一种过程监督。因此，完善的审计委员会无疑对规范资本市场和公司治理运作发挥着无比重要的作用。

二、监事会的监督职责

公司监事会的职能实质是监督权。概括来说有两类：公司财务监督、违法行为监督。

2018年《上市公司治理准则》根据上市公司的特殊性，对《公司法》中有关监事会的条款进行了细化和补充。《上市公司治理准则》第四十七条明确规定："监事会依法检查公司财务，监督董事、高级管理人员履职的合法合规性，行使公司章程规定的其他职权，维护上市公司及股东的合法权益。监事会可以独立聘请中介机构提供专业意见。"第五十条规定："监事会发现董事、高级管理人员违反法律法规或者公司章程的，应当履行监督职责，并向董事会通报或者向股东大会报告，也可以直接向中国证监会及其派出机构、证券交易所或者其他部门报告。"

《企业内部控制基本规范》从内部控制的角度，在第十二条中对《公司法》中有关监事会的职能做了补充规定："监事会对董事会建立与实施内部控制进行监督。"

为了使监事会充分有效地发挥作用，监管部门和企业应做到以下几点。

(1)加强对监事会成员的培训。监事会成员一般通过自身素质的提高，掌握监督中需要的经营管理经验，法律、财务等基本知识。

(2)建立并完善企业内部的信息制度。有效的信息制度的建立，可以使监事会得到足够的信息，以便充分行使其监督权，进而减少监事会和经营管理者的信息不对称性。

(3)加强监事会的独立性。监事会行使监督权时，要尽量与董事会、股东大会保持相对独立。通过行使纠正权、代表诉讼权，实现对董事、经理违法行为的监督。发现违法行为要严肃查处，实行责任追究制度。

三、内部审计机构的监督职责

2018年《审计署关于内部审计工作的规定》明确了内部审计的定义，指出内部审计是对本单位及所属单位财政财务收支、经济活动、内部控制、风险管理实施独立、客观的监督、评价和建议，以促进单位完善治理、实现目标的活动。同时指出，"国家机关、事业单位、社会团体等单位的内部审计机构或者履行内部审计职责的内设机构，应当在本单位党组织、主要负责人的直接领导下开展内部审计工作，向其负责并报告工作。国有企业内部审计机构或者履行内部审计职责的内设机构应当在企业党组织、董事会(或者主要负责人)直接领导下开展内部审计工作，向其负责并报告工作。国有企业应当按照有关规定建立总审计师制度。总审计师协助党组织、董事会(或者主要负责人)管理内部审计工作。""内部审计机构或者履行内部审计职责的内设机构应当按照国家有关规定和本单位的要求，履行下列职责：对本单位及所属单位内部控制及风险管理情况进行审计。"

2020 年 10 月 12 日，国务院国资委制定印发了《关于深化中央企业内部审计监督工作的实施意见》规定，中央企业应该“建立健全党委（党组）、董事会（或主要负责人）直接领导下的内部审计领导体制。党委（党组）要加强对内部审计工作的领导，不断健全和完善党委（党组）领导内部审计工作的制度和工作机制，强化对内部审计重大工作的顶层设计、统筹协调和督促落实。董事会负责审议内部审计基本制度、审计计划、重要审计报告，决定内部审计机构设置及其负责人，加强对内部审计重要事项的管理。董事长具体分管内部审计，是内部审计工作第一责任人。加快建立总审计师制度，协助党组织、董事会（或主要负责人）管理内部审计工作。经理层接受并积极配合内部审计监督，落实对内部审计发现问题的整改。内部审计机构向党委（党组）、董事会（或主要负责人）负责并报告工作”。

《关于深化中央企业内部审计监督工作的实施意见》指出，“强化集团总部对内部审计工作统一管控，统一制定审计计划、确定审计标准、调配审计资源，加快形成‘上审下’的内部审计管理体制。推动所属二级子企业及二级以下重要子企业设置内部审计机构，未设置内部审计机构的子企业内部审计工作由上一级审计机构负责。所属子企业户数多、分布广或人员力量薄弱的企业，需设立审计中心或区域审计中心，规范开展集中审计或区域集中审计。各级内部审计机构审计计划、审计报告、审计发现问题、整改落实情况以及违规违纪违法问题线索移送等事项，在向本级党委（党组）及董事会报告的同时，应向上一级内部审计机构报告，审计发现的重大损失、重要事件和重大风险应及时向集团总部报告”。

《关于深化中央企业内部审计监督工作的实施意见》强调，“积极推动内部审计监督无死角、全覆盖。坚持应审尽审、凡审必严，在贯彻执行党和国家重大方针政策、国资监管工作要求、完成国企改革重点任务、领导人员履行经济责任以及管理、使用和运营国有资本情况等方面全面规范开展各类审计监督，重点关注深化国有企业改革进程中的苗头性、倾向性、典型性问题”。

【案例 7-2】

以内审监督服务国家电网高质量发展

国家电网坚持以习近平新时代中国特色社会主义思想为指导，始终将审计监督作为落实党中央决策部署、完善公司治理、保障健康发展的重要力量，提出并坚持“一审、二帮、三促进”的审计要求，既发挥好审计监督常态化体检作用，也帮助基层提高依法合规经营管理意识和能力水平。近年来主要围绕以下方面充分发挥内部审计监督作用，有效保障公司高质量发展。

一是加强党对审计工作的领导。国家电网党组认真贯彻中央审计委员会会议精神，在中央企业率先成立公司董事长、党组书记担任主任的党组审计工作委员会，注重发挥董事会审计与风险管理委员会作用。建立审计部门向公司党组、董事会负责和定期报告工作机制。公司出台指导意见，建立总审计师制度，在总部和省级电力公司率先设立和配备总审计师。落实国务院国资委要求，在总部及所属二级单位均设立违规经营投资责任追究领导小组，健全重大审计事项顶层设计、统筹协调和督促落实机制，保障审计在公司监督体系中发挥重要作用。

二是拓展审计监督广度和深度。突出电网建设运营等核心业务,重点加大对中央重大决策落实、公司战略部署落地、经营发展关键点风险点的审计力度。聚焦“三大攻坚战”、电力扶贫、清洁能源消纳,以及民企账款清欠、提质增效等,开展重点审计。对各级企业领导人员经济责任实现3年任期内必审一次,常态开展公司核心业务和关键领域管理审计,创新开展重大工程投资项目后评审。全面落实中央加强境外投资和境外资产监管要求,遵循国际化经营管理规则,创新审计模式和审计方式,2018—2019年实现对境外投资的全面审计。同时,实现对所属子企业、重大投资项目、重点风险领域和境外资产的全覆盖。

三是健全完善审计问题整改长效机制。坚持问题导向、目标导向、结果导向,以正视问题的自觉和刀刃向内的勇气,强化问责问效。建立动态台账、通报预警、分类督导、通报约谈等工作机制,全面应用整改验收参考标准,聚焦主责主业专项整改营销、物资管理问题,开展后续审计查核整改质量,实现闭环管理。压实被审计单位主要负责人整改第一责任、审计部门督导责任、业务部门管理责任,对整改情况共同认定销号,纳入负责人年度业绩考核和审计工作考评。同时,健全事有人管、责有人担、全面覆盖、上下贯通的违规责任追究工作体系,严肃查处违规问题。2020年,公司整改审计问题7.47万项,完善制度流程1 399项,整改率95.77%。

四是构建开放、融合、动态、智能的数字化审计体系。落实科技强审要求,在总部、分部、各单位建立36家数字化审计工作室,组建专业化工作团队,畅通电子数据获取渠道,开通审计专用视频系统,建立完善工作机制。开发建设数字化审计平台,实现对公司核心业务信息全覆盖,并创新审计手段,强化事中审计监督,提升审计质量和效率。特别是2020年以来,深化应用数字化审计,远程在线开展审计进点、审前调查、数据分析等,试点开展数字化综合审计、营销管理审计,明保审计工作任务不减、目标不变、标准不降。

五是提升审计工作质量和水平。严格对标“立身立业立信”要求,狠抓政治历练、思想淬炼、实践锻炼、专业训练,打造一支高素质专业化的电网审计队伍。同时,主动对接国家政策要求,2019年修订、制定14项审计制度,基本形成涵盖通用制度、审计指引、操作指南的审计质量控制制度体系。建立健全全面覆盖项目质量、审计管理工作质量、整改质量、迎审迎检质量的管控体系和评价标准,深入开展多维审理。

六是加强审计监督与各类监督贯通融合。国家电网坚持以党内监督为主导,推动组织监督、法律监督、业务监督、审计监督有机贯通、相互协调,构建科学严密高效的大监督体系。强化审计监督信息协同共享,推动结果共用、协调配合,并统筹安排各类监督检查,交流通报审计工作情况,协调推动解决审计中出现的重大问题,建立业审联动工作机制,做到发现问题在先、防范风险在前,打造各司其职、各负其责、有机配合、相互支撑的监督网络,实现监督机制贯通、监督内容贯通、监督力量贯通,形成监督合力。

(资料来源:《中国审计报》记者杜蓓对国家电网有限公司党组书记、董事长辛保安的采访报道,2021-06-30)

四、会计机构的监督职责

会计监督是会计的基本职能之一，会计监督是企业内部监督体系的重要组成部分。1999 年修订的《会计法》确立了我国会计监督的基本框架。会计监督是会计机构和会计人员依照《会计法》、会计准则（会计制度）和组织有关管理规定，对组织的经济活动及其资金运动过程和结果进行日常监督、定期检查，以确保经济活动和会计活动合法合规，保障会计信息的相关性和可靠性等，以实现组织目标。会计人员应该具有相关专业胜任能力和职业道德水平，依法依规履行有关监督职责。而组织的中高级管理人员应该重视和支持会计监督工作，促进会计工作水平不断提高，为组织创造价值。

【案例 7-3】

中航油新加坡公司破产案

2003 年，中航油新加坡公司和三井住友银行等三家外国银行进行场外期权交易，卖出看涨期权，执行价为 36 美元，仓位是空头 200 万桶，于年底石油价为 20 多美元时卖出，获得 200 多万美元的期权费。可以看出，当价格低于 36 美元时，收益是有限的佣金收入。

到了 2004 年的第一季度，中航油新加坡公司继续看跌，然而石油价格却一路上涨，2004 年 3 月 28 日，已出现 580 万美元的账面亏损。按照公司风险管理规定，亏损 50 万美元即应止损，且向集团上报。但中航油新加坡公司不仅没有及时止损，也未向集团汇报，而是决定对合约进行展期，并放大交易仓位，以此期望油价能够回跌。此时中航油新加坡公司的账面亏损已扩大至 3 500 万美元，然而公司的管理层却觉得原油现货并未短缺，再多等一段时间便能等到油价下跌。于是，中航油新加坡公司不仅没有止损，反而将期权合约展期至 2005 年、2006 年，并在新价位上继续卖空，交易量再次增加。而此时纽约原油期货一举突破 43 美元，创 21 年历史最高。

2004 年 10 月，中航油新加坡公司先后两次将行权价格提高到 45 美元 / 桶和 48 美元 / 桶，同时将头寸 200 多万桶放大到最后的 5 200 万桶，翻了将近 25 倍，这时的原油期权交易不是套期保值，因为中航油新加坡公司每年实际进口的原油数量为 1 700 多万桶。此时，公司账面亏损已达 1.8 亿美元，公司现金已全部消耗殆尽。由于国际油价的猛涨，公司必须加大保证金，为此中航油新加坡公司不得不向母公司中航油集团请求援助。而中航油集团不仅没有责令新加坡公司迅速斩仓，反而决定对其实施救助。2004 年 10 月 20 日，中航油集团以私募方式卖出手中所持 15% 的股份，获资 1.08 亿美元，立即交给中航油新加坡公司补仓。然而油价还是令人绝望地一路上升，中航油集团并不能无穷无尽地为中航油新加坡公司提供庞大的资金。2004 年 10 月 26 日和 28 日，中航油新加坡公司因无法补加一些合约的保证金而强行平仓，从而蒙受 1.32 亿美元实际亏损。2004 年 11 月 8 日到 25 日，中航油新加坡公司的期权合约继续遭到逼仓，虽然中航油集团再向中航油新加坡公司提供 1 亿美元贷款，但此时已是螳臂当车。截至 2004 年 11 月 25 日中航油新加坡公司的实际亏损达 3.81 亿美元。2004 年 12 月 1 日，在亏损 5.5 亿美元后，中航油新加坡公司宣布向法庭申请破产保护令。

从监督角度看，首先，因中航油新加坡公司治理失效，致风险管理委员会、审计委员会和监事会监督失效。由于公司董事长和总裁由陈九霖一人兼任，加之作为中航油新加坡公司的创始人，使公司形成了一人说了算的“家”文化，致董事会相关监督机构的监督作用失效。其次，内部控制失效。中航油新加坡公司并未按规定向中航油集团报告和及时止损，致风险管理制度只是一纸空文。在这种内部环境下，内部常设的监督机构——内部审计无法也不可能发挥任何监督作用。最后，中航油集团未履行监督之责。在中航油新加坡公司求助时，中航油集团不仅没有制止该投机行为，反而加以救助，说明中航油集团未能履行必要的监督之责。

可见，一旦失去有效的制约和监督，企业很可能陷入险境，乃至破产倒闭。

（资料来源：张绿茵，郭真真. 中航油巨亏探析金融衍生品的风险 [J]. 福建师大福清分校学报，2014（S1）：21-25）

第三节　内部监督程序

一、建立健全内部监督制度

随着企业的不断壮大，其主体结构或发展方向、员工人数及素质、生产技术或流程等会相应地发生变化。企业风险管理的有效性受其影响，曾经有效的风险应对策略可能变得不相关，内部控制活动可能不再有效甚至内部控制制度可能得不到执行。面对这些变化，企业管理层需要实施必要的监督检查来确保内部控制持续和有效运行。为此，企业首先需要建立健全内部监督制度。内部监督制度的主要内容包括但不限于明确监督的组织架构、岗位设置、岗位职责、相关权限、工作方法、信息沟通的方式以及各种表格和报告样本等。

【案例 7-4】

前董事长占用挪用资金，新开源内部监督失效

博爱新开源医疗科技集团股份有限公司（以下简称“新开源”）是国内精准医疗的先行者，目前拥有多项专利及其他知识产权，其中呵尔医疗旗下的 SPICM-DNA 全自动细胞肿瘤筛查分析系统填补了国内空白，在过去 10 年里累积了超百万人次的数据库。新开源也是国内领先的研发和生产聚乙烯吡咯烷酮（PVP）系列产品的高新技术企业，主要生产基地占地 210 亩（建筑面积 5.6 万平方米），所有医药、化妆品、食品、口腔护理类产品已经全面符合 cGMP（动态药品生产管理规范），成为中国药用辅料行业产品安全的典范。公司自主研发的多项成果填补了国内空白，获得 16 项发明专利和 21 项实用新型专利授权；获得计算机软件著作权证书 20 件；自主研发了 16 项专有技术，其中多项技术达到国内或国际先进水平；获得 33 项商标注册。目前，公司的 PVP 销量稳居中国第一，世界前三。但是新开源无数光环和头衔的背后隐藏着重重问题，前董事长方某生挪用投资款事件愈演愈烈，引发监管部门的关注，对公司运营和发展产生了重大的影响。

2019 年 11 月 29 日，深交所对新开源下发关注函，直指关联方资金占用和内控失效等问题。新开源违规的核心事实并不复杂。一是资金占用。2018 年 1 月至 2 月,新开源旗下的 4 家子公司分别与北京中盛邦新材料研究院有限公司(以下简称"中盛邦")、晨旭达投资有限公司(以下简称"晨旭达")、北京国泽资本管理有限公司(以下简称"国泽资本")发生资金往来。据查询,截至目前,中盛邦、晨旭达、国泽资本 3 家公司对公司的欠款分别为 230 万元、4 746 万元、4 500 万元。新开源公开承认,这些资金往来构成财务资助。二是资金挪用,新开源的表述是变更用途。2018 年 1 月 25 日,新开源向子公司北京新开源转款 1.8 亿元,北京新开源当天将该笔款项以投资款名义转给深圳前海基金公司。此后公司一直未能获悉该笔投资的进展情况,直到今年 9 月初公司董事会换届时,方某生公开声明"资全往来系收购美国 BV 公司引起以及经营性活动所需"。在新开源收购美国 BV 公司过程中,资金安排曾出现明显异常,新开源投向深圳前海基金的 1.8 亿元已然曲线参与这起收购。

纵观新开源投资深圳前海基金事件的始末,公司在该投资项目上的内控显然是缺位的,未能及时发现并有效阻止对晨旭达、国泽资本、中盛邦提供相关的财务资助以及深圳前海基金投资款被变更用途。董事长在公司投资业务、运营管理等问题上频频违规操作,也说明新开源的内部监督是失效的。一方面,董事长擅自挪用投资款,在未经董事会批准的情况下将投资款汇入子公司继而汇入基金账户。另一方面,对合作企业的资质缺乏有效的评估和审核,发生高额财务资助的三家公司和前董事长均存在亲密关系。公司的资金管理控制存在缺陷,未对合作公司的财务状况进行有效审核。整个公司的内部监督部门没能在日常监督中及时发现上述内控的漏洞,也未定期对与新开源发生重大资金往来的公司的业务进行专项监督。

(资料来源:王乔琪,覃秘. 前董事长违规挪资 2 亿元,新开源易主事宜横添变数. 上海证券报, 2019-11-28; 1.8 亿元投资下落再追寻,新开源海外收购引资有蹊跷. 上海证券报, 2019-12-10)

二、制定内部控制缺陷的标准

监督的目的是确定内部控制运行的有效性,换言之,是要发现内部控制存在的缺陷,确保内部控制为实现相关目标提供合理保证。因此,明确内部控制缺陷的认定标准是内部监督工作的关键步骤,它直接影响内部监督工作的效率和效果。

内部控制缺陷,是指内部控制的设计存在漏洞,不能有效防范错误与舞弊;或者,内部控制的运行存在偏差,不能及时发现并纠正错误与舞弊的情况。按重要程度划分,内部控制缺陷可分为一般缺陷、重要缺陷和重大缺陷。按其来源划分,内部控制缺陷可分为设计缺陷和运行缺陷。按照缺陷的内容划分,内部控制缺陷可以分为财务报告内部控制缺陷和非财务报告内部控制缺陷。在监督过程中,监督部门要根据企业实际情况,根据制定的内部控制缺陷标准,对缺陷的种类、性质和重要程度进行认定。

三、实施监督

对内部控制建立情况与实施情况进行监督检查,最直接的动机是查找出企业内部控制存在的问题和薄弱环节。一方面,针对已经存在的内部控制缺陷,及时采取应对措施,减少控制缺陷可能给企业带来的损害。比如,在监督检查中发现销售人员直接收取货款的控制缺陷，应采取对客户进行核查和对应收账款进行分析等方法加以补救。另一方面，针对潜在的内部控制缺陷，采取相应的预防性控制措施，尽量阻止缺陷的产生，或者当缺陷产生时，尽可能降低风险和损失，比如，在监督检查中发现企业对汇率风险缺少控制，经理层应及时设立外汇交易止损系统，防止风险扩大。

对于为实现单个或整体控制目标而设计与运行的控制不存在重大缺陷的情形，企业应当认定针对这些整体控制目标的内部控制是有效的。内部控制的有效性，是指企业的内部控制政策和措施应符合国家法律、法规的相关规定，同时内部控制制度也要设计完整、合理，在企业生产过程中能够得到有效的贯彻执行，并实现内部控制的目标。内部控制的有效性以其完整性与合理性为基础，内部控制的完整性和合理性则以其有效性为目的。

对于为实现某一整体控制目标而设计与运行的控制存在一个或多个重大缺陷的情形，企业应当认定针对该项整体控制目标的内部控制是无效的。内部控制的无效性，是指企业的内部控制政策和措施可能有与法律、法规相抵触的地方，或者内部控制制度设计不够完整、合理，在企业生产过程中没有得到有效的贯彻执行，从而无法实现内部控制的目标。

四、记录和报告内部控制缺陷

《企业内部控制基本规范》第四十七条规定：企业应当以书面或者其他适当的形式，妥善保存内部控制建立与实施过程中的相关记录或者资料，确保内部控制建立与实施过程的可验证性，也就是说，内部控制建立与实施过程应当“留有痕迹”。按照内部控制要素分类，相关文档记录包括：①内部环境文档，一般包括组织结构图、权限体系表、岗位职责说明、员工守则等；②风险评估文档，一般包括风险评估流程、风险评估过程记录、风险评估报告等；③控制活动文档，一般包括系列应用指引中的各项流程控制文档；④信息与沟通文档，一般包括客户调查问卷、财务报告、经营分析报告，董事会、经理办公会等主要会议纪要；⑤内部监督文档，一般包括往来询证函、资产盘点报告、审计计划、审计项目计划、审计意见书、整改情况说明书、员工合理化建议记录、专项监督实施方案和过程记录、专项监督报告等。

企业应制定相关的管理规定，明确缺陷报告的职责、报告的内容，对缺陷报告程序及跟进措施等方面进行规范。例如，企业下属业务部门和其他控制人员在工作中发现内部控制的缺陷，及时以书面形式向其上级主管部门和内部控制主管部门报告；内部控制主管部门向管理层随时或定期汇报新出现的风险，或业务活动中存在的风险控制缺陷，涉及重要风险的控制方案及重大整改事项由内部控制委员会审查；内部控制主管部门在对企业内部控制体系进行评价的基础上，编制企业内部控制综合评价报告，经内部控制委员会审核确认后报董事会审议。

内部控制缺陷的报告对象至少应包括与该缺陷直接相关的责任单位、负责执行整改措施的人员、责任单位的上级单位。针对重大缺陷，内部监督机构有权直接上报董事会及其审计委员会和监事会。

五、对内部控制缺陷进行整改

通过内部监督，可以发现内部控制在建立与实施中存在的问题和缺陷，进而采取相应的整改计划和措施，切实落实整改，促进内部控制系统的改进。

【案例 7-5】

海亮集团的内部审计

海亮集团有限公司创建于 1989 年，主营有色金属加工、教育、健康三大产业，2018 年营业收入为 1 736 亿元，位列中国企业 500 强第 110 位，中国民营企业 500 强第 18 位；旗下有境内外 3 家上市公司。海亮集团的诚信文化打造了良好的内控审计环境，构建了以内控审计为核心的大监督体系。

集团审计部门隶属于海亮集团董事会，各产业集团的内控审计部门直接隶属于本产业集团董事会，并接受集团内控审计中心的业务指导。历任内控审计负责人都是董事局成员，进入集团核心管理层，参与公司重大决策，并对集团重大事项拥有一票否决权。集团审计部门建立了内部审计管理制度、工程审计管理制度等七项制度，形成了较为完整的制度体系。面对集团多元化的业务，内部审计与时俱进，从刚成立时以财务审计为主到现在覆盖公司主要业务领域，聚焦审计价值创造。

（1）倒“二八”模式促进审计整改。审计发现问题并出具报告，工作量完成了 80%，但对企业的价值可能仅为 20%；只有强化整改，才能真正实现剩余 80% 的价值，可以说审计整改是审计创造价值的核心。公司探索了多种方法来实践倒“二八”整改体系，取得了较好效果。

一是强化“两会三签”。“两会”指审计进场时的开工会、审计结束时的闭工会；“三签”指意见交换书、审计报告书、整改计划书由被审计单位签字确认。与被审计单位充分沟通、促成被审计单位的风险认同是整改的重要因素。相较于邮件、电话等远程沟通方式，面对面现场沟通的效果更好，审计组在审计开工、闭工会议期间，与被审计单位负责人、相关部门负责人沟通，充分听取被审计单位意见。意见交换书、审计报告书、整改计划书由被审计单位签字确认，责任部门 / 责任人落实审计发现及整改，加强审计质量控制。

二是进行风险等级量化，强化整改重点。在审计发现问题定性过程中引入风险等级量化标准，通过对风险等级的分类甄别，对被审计单位整改强制性提出要求：高风险必须整改，中风险原则上也需整改，低风险在评估整改成本后可申请不整改。

三是采取整改跟踪复核“4+1”模式，形成整改闭环。对于整改完成情况进行复核，采取“4+1”模式，即“被审计单位自检→审计经理复核→专项审计→后续常规审计 + 专人销号”，保障整改到位，形成闭环，确保“责任不落实不放过、问题不解决不放过、整改不到位不放过”。

四是量化审计人员考核。将审计整改率纳入审计人员绩效考核，督促审计人员在提出审计整改建议及追踪整改情况时，充分与被审计单位沟通，提高整改方案落地性。倒“二八”整改体系的实施，使得整改率逐年提升，2017 年整改率达到 92%（比 2016 年提高 21%），2018 年达到 96%。高风险及必须整改的风险整改率近 100%。同时也助推了企业内控体系的完善，其中 2018 年内控审计查处各类违规违纪案件 14 起，处理相关人员 24 人，其中 1 人被移送司法机关、14 人被解除劳动合同；提出审计建议 288 条，绝大部分得到整改，保障了集团的高速健康发展。

（2）审计信息化尝试。集团审计部门联合信息部门经过近一年的工作，成功开发出“云海审计”信息平台。平台能有效支持远程任务信息及时传递，打破审计时间和空间界限，实现标准化、系统化作业，大幅提高审计效率，为审计数据的应用奠定坚实的基础。

（3）IT与内控“充分”融合。从2013年开始，内控审计中心结合海亮集团总部—产业集团—单体公司管理架构，产业多元化、管理多层级等现状，牵头组织授权工作，逐步搭建起董事局主席、分管总裁、产业板块三级授权管理体系，以OA（办公自动化）为载体，将内控关键控制点、授权等融入OA流程中。经过五年的不断优化完善，2018年，优化全集团流程826个，流程数量减少36%，待办事项减少68%。集团对下属公司审批节点数由3 058个减少至1 770个，减少42%。完成对集团所有板块全覆盖，有力地促进了集团快速发展过程中的风险管理。

（4）在新领域创造新价值。2014年内控审计部门通过对私募股权投资项目投后管理活动中档案资料的标准化管理审计，促进创建并运行一整套经济指标分析体系和内部研讨机制，明晰了当时总额超过20亿元的股权投资资产的风险状况、对策，为管理层提供了决策、谈判的重要依据。2017年为配合下属板块股权转让工作，历时两个月开展30家子公司的尽职调查，完成外部会计师事务所未能实现的任务；较原预算调增收入7.17亿元，调增净利润6.98亿元。同时，为满足集团教育产业快速扩张的需求，集团审计牵头法务、业务部门开展尽职调查，2017—2018年主导项目58个，提出并购风险340余项、并购建议200余条，成为管理层并购决策的重要依据，成功推动11个并购项目落地。

（资料来源：傅怀全.海亮文化名片中的内审色彩[J].中国内部审计，2019（8）：38-41）

六、自我评价报告

自我评价是内部监督的一种实现形式，是建立在日常监督和专项监督基础上，定期对内部控制的有效性进行综合评价并出具自我评价报告的过程。《企业内部控制基本规范》第四十六条规定，企业应当结合内部监督情况，定期对内部控制的有效性进行自我评价，出具内部控制自我评价报告。除此之外，企业还可以根据经营业务调整、经营环境变化、业务发展状况、实际风险水平等，自行确定是否需要扩大内部控制自我评价的频率和范围。

第四节　内部监督方法

《企业内部控制基本规范》将内部监督分为日常监督和专项监督。

一、日常监督

（一）日常监督的定义

日常监督是指企业对建立与实施内部控制的情况进行常规、持续的监督检查。它是企业对建立和实施内部控制的整体情况所进行的连续、全面、系统、动态的监督。日常监督存在于单位管理活动之中，随环境的改变做出动态反应，能较快地辨别问题。日常监督的程度越大，其有效性就越高，企业所需的专项监督就越少。日常监督是内部控制实施的重要保证。

（二）日常监督的类型

在实务中，按照监督的主体，可分为管理层监督、单位（机构）监督、内部控制机构监督、内部审计监督等。

（1）管理层监督，指董事会和经理层充分利用内部信息与沟通机制来验证内部控制是否有效设计和运行，并对日常经营管理活动进行的持续监督。

（2）单位（机构）监督，指企业所属单位及内部各机构定期对职权范围内的经济活动实施自我监督，对经理层直接负责并报告。

（3）内部控制机构监督，指企业设置专门的内部控制机构，结合单位（机构）监督、内外部审计、政府监管部门的意见等情况，根据风险评估结果，对企业认定的重大风险的管控情况及成效开展持续性的监督。

（4）内部审计监督，指内部审计机构接受董事会或经理层委托，对日常生产经营活动实施的审计检查。

（三）日常监督的内容

1. 获得内部控制执行的证据

企业员工在实施日常生产经营活动时，取得必要的、相关的证据证明内部控制系统发挥功能的程度。

获得内部控制执行的证据包括企业管理层搜集汇总的各部门出现的问题，监督各方面的工作进展；相关职能部门进行自我检查、监督，对发现的问题进行的记录和提出的解决方案；内部控制部门对相关单位内部控制体系运行的监督和检查。

2. 内外信息印证

来自外部相关方的信息支持内部产生的结果或反映出内部的问题，主要包括企业接受监管部门的监督，根据其提供的信息制定整改措施，以及通过各种方式与客户沟通，搜集客户信息，制定整改措施并监督该措施的执行。

例如，与外部有关监管部门沟通，以验证企业遵循各项法律法规的情况；定期与客户沟通，以验证企业销售交易处理及采购业务处理是否正确，验证应收、应付账款记录是否完整、正确。

3. 将会计记录的数据与实物资产相比较

企业应定期将会计记录的数据与实物资产进行比较，做到账实相符。例如，对成品库存应定期进行盘点，将盘点的数据与会计数据进行对比，并记录存在的差额。

4. 内外部审计定期提供建议

审计人员评估内部控制的设计及测试其有效性，识别潜在的缺陷，并向管理层建议可以采取的替代方案，同时为做出成本效益决策提供有用的信息。企业应对这些建议做出积极的响应，并根据实际情况提出整改方案并监督该方案的执行。

5. 管理层对内部控制执行的监督

管理层主要通过以下渠道进行监督：审计委员会接收、保留及处理各种投诉及举报，并保证其保密性；管理层在培训、会议上了解内部控制的执行情况；管理层认真审核员工提出的各项合理建议,并不断完善建议机制;监督管理部门定期组织专项检查和调研,对出现的问题提出整改建议。

6. 定期考核员工

管理层应定期考核员工是否真正理解并遵守员工职业道德规范,监管部门协同人力资源部根据高层管理者的授权监督员工对职业道德规范的执行情况,并汇报内部控制活动的开展情况等。

7. 内部审计活动

企业应制定内部审计规范,明确审计的范围、责任和计划,并以此为基础配置审计人员。内部审计人员应持续地监控内部控制是否存在缺陷和漏洞,如成本授权审批制度是否得到有效执行、不相容岗位是否分离、是否存在没得到内部控制的业务和事项等,并针对违反国家法律法规的行为和内部控制管理漏洞,及时向管理层提出整改建议。

【案例 7-6】

联动销售模式下万孚生物固定资产内部监督问题

联动销售模式是医药公司通过经销商在特定区域的医院投放一定数量的检测设备,医药公司对此设备拥有所有权,终端客户依据合同拥有使用权,医药公司在大幅降低终端客户对仪器投资的同时,依靠试剂和耗材来获取利润,实现互惠互利的目的。新的利润增长点给企业带来了更大的风险。因此,加强联动销售模式下的固定资产内部控制成为医药公司的当务之急。广州万孚生物技术有限公司(以下简称"万孚生物")成立于 1992 年,于 2015 年 6 月在深交所创业板上市,拥有 33 000 平方米的快速诊断产品产业化基地,配备 5 000 平方米的洁净生产车间和具有国际先进水平的快速诊断试剂生产线,日产量达 150 万人份。公司致力于生物医药体外诊断行业中快速检测产品(包括试剂和仪器)的研发、生产和销售,为顾客提供专业的快速诊断与慢病管理的产品和服务。在美国成立了子公司和研发中心,在德国、肯尼亚、印度尼西亚成立了营销中心,并与欧洲零售巨头 BOOTS、亚洲零售巨头 WATSONS、南欧零售连锁著名品牌 SONAE,以及国内海王星辰、金象、老百姓大药房等建立了稳定的合作关系,为全球 140 多个国家和地区的客户提供产品解决方案和技术支持。其在联动销售模式下,对固定资产的日常管理和监督存在问题。

一是没有健全的审批程序。联动销售模式下,万孚生物所投放的仪器位于客户所在地,但是万孚生物难以得知客户是否合理使用仪器。为了减少公司不必要的损失,万孚生物在与客户进行合作时,应当深入了解客户的信誉以及客户资质。但事实上,公司将调查客户的权利下放给销售人员,销售人员为了扩大业绩,通常不会对客户进行细致的调查。此外,联动销售模式下,万孚生物以微利甚至零利润方式向客户提供仪器,但是需要客户配套使用公司的试剂或耗材,公司的利润主要来自试剂或耗材的进销差价。然而对万孚生物调查后发现,记录的投放仪器数量与试剂投放的数量存在较大差别。二是没有严格的日常管理控制。(1)日常保养与维修不及时:联动销售模式下,客户对部分资产的使用存在不规范的现象,例如不能按规定粘贴固定资产条形码或者条形码脱落后不能及时补贴等。万孚生物在投放仪器后，对仪器的使用明细没有进行详细记录，也没有登记相关使用人的信息，导致仪器毁损后公司无法找到直接负责人。万孚生物提供的仪器属于专业性较强的精密仪器，需要使用人具备一定的专业知识，但是公司没有对客户进行专门的培训，甚至有时维修不及时导致部分仪器被废弃。（2）缺乏定期盘点且盘点制度不健全：万孚生物虽然将联动销售模式下的仪器作为公司自有固定资产进行核算，却没有给予该部分资产足够的重视，使报表中的资产数量与实际数量存在较大差异。出现这种现象的原因主要有两个：一是公司对以微利或免费形式投放的仪器缺乏追踪，也没有定期进行盘点，只是在申报上市等情形下才进行盘点；二是没有制定具体的资产清查方案，使得很多仪器的信息存在记录偏差。

（资料来源. 林晓红，联动销售模式下医药公司固定资产内部控制分析. 财会通讯，2020（4）：129-133）

二、专项监督

（一）专项监督的定义

专项监督是指在企业发展战略、组织结构、经营活动、业务流程、关键岗位员工等发生较大调整或变化的情况下，对内部控制的某一或者某些方面进行有针对性的监督检查。为了及时发现内部控制缺陷，修正与完善内部控制系统，专项监督不可或缺。

1. 专项监督的功能作用

（1）及时发现内部控制缺陷，修正与完善内部控制系统。当内部控制各要素发生变化，可能对内部控制的有效性产生较大影响时，专项监督能够就该变化的影响程度进行分析研究，以确定内部控制能否适应这些新的变化。

（2）关注高风险且重要的项目。企业应根据日常监督的结果，对风险较高且重要的项目进行专项监督，将整体风险控制在企业可承受的范围内。

2. 专项监督的优缺点

专项监督能够从一个新的角度关注内部控制系统的有效性，是对日常监督的有效补充。但专项监督往往发生在事实出现之后，具有一定滞后性。

（二）专项监督的关注点

专项监督主要关注以下两个方面。

（1）高风险且重要的项目。审计部门依据日常监督的结果，对风险较高且重要的项目要进行专项监督。

（2）内控环境变化。当内控环境发生变化时，要进行专项监督，以确定内部控制是否还能适应新的内控环境。例如，业务流程的改变和关键员工发生变化时，就要进行专项监督，以确保内控体系能正常运行。

【案例 7-7】

三鹿集团的覆灭与产品质量控制的失效

三鹿集团曾经获得“中国食品工业百强”“中国企业 500 强”“农业产业化国家重点龙头企业”称号，奶粉产销量连续 14 年居全国第一、酸牛奶产销量居全国第二、液体奶产销量进入全国前四名,且拥有“国家免检产品”“中国名牌产品”等许多荣誉称号。经权威机构评估,三鹿集团的品牌价值将近150亿元。是什么原因使如此强大的三鹿集团倒下呢?是产品质量控制的失效与内部监督的缺位。奶站驻站员的监督检查是三鹿集团内部控制日常监督中把握产品质量的关键环节,对于从源头上保证产品质量意义重大。三鹿集团在养殖区建立奶站,并派出驻站员监督检查养殖区的饲养环境及挤奶设施的卫生情况、挤奶是否遵循工艺程序等。然而,该项作业的内部控制并未得到有效落实,也没有相关人员和机构对此项内部控制进行日常监督,导致不合格的奶源进入后续加工环节。此外,三鹿集团的加工生产环节监督不到位。为了适应企业高速扩张的需要,三鹿集团先后兼并了多个中小企业。这些企业设备落后、管理松弛,但是三鹿集团没有针对这种情况的专项监督措施,仅是简单地进行贴牌生产,导致先后发生了“早产奶”“大头奶”等事件。最终,不合格的“毒奶”将三鹿集团送上了破产倒闭的不归路。由此可见内部控制及对内部控制有效执行予以监督的重要性。

(资料来源:李珣. 三鹿集团企业内部控制制度评析 [J]. 新会计,2011(4):25,30)

三、日常监督和专项监督的联系

日常监督和专项监督应当有机结合,前者是后者的基础,后者是前者的有效补充。如果发现专项监督需要经常性地进行,那么企业有必要将其纳入日常监督中,进行日常持续的监控。通常,二者的某种组合会确保企业内部控制在一定时期内保持其有效性。

复习思考题

1. 什么是内部监督?内部监督与内部控制的联系与区别有哪些?
2. 内部监督的机构有哪些?其职责分别是什么?
3. 内部监督的程序是什么样的?
4. 内部监督的方法有哪几种?
5. 专项监督主要关注哪些方面?
6. 请选择你知道的案例,运用本章的知识,从内部监督的角度加以分析。

思政园地

强化内部监督 健全内控机制 保障纪检监察权力 依规依纪依法行使

纪检监察机关要接受最严格的约束和监督,加大严管严治、自我净化力度,针对自身权力运行机制和管理监督体系的薄弱环节,接受最严格的约束和监督的重要要求,认真履行监督管理职责,扎紧织密制度笼子,坚决防止“灯下黑”。

内部监督部门要把全面从严治党、党风廉政建设和反腐败斗争的要求,不折不扣地、创造性地贯彻落实到内部监督管理各项工作中,体现到规范监督执纪执法权力运行的各个环节,真正履行好“宪兵”职责,发挥好“卫士”作用。

内部监督部门应突出重点、统筹兼顾,严格按照案管工作规则要求履行好线索管理、组织协调、监督检查、督促办理、统计分析等职能。

内部监督部门要正确处理好监督管理与服务保障的关系，监督是为了让纪检监察审计权力行使依规依纪依法，是为了提升工作质量和效果，服务保障是为了提高效率，二者是效果与效率的关系，相辅相成。

第八章　内部控制评价

学习目标

- ◆ 理解内部控制评价的定义，明确内部控制评价的主体和对象
- ◆ 了解内部控制评价的原则和组织形式
- ◆ 理解内部控制缺陷的定义和分类
- ◆ 了解内部控制评价的内容、程序和方法
- ◆ 理解内部控制评价报告的编制和使用

引导案例

我国上市公司 2019 年内部控制评价报告披露情况

截至 2019 年 12 月 31 日，沪、深证券交易所共有上市公司 3 794 家。其中，沪市上市公司 1 591 家，深市上市公司 2 203 家。

2019 年，3 642 家上市公司单独披露了 2019 年度内部控制评价报告，总体披露比例为 95.99%。其中，深市主板和深市中小板上市公司内部控制评价报告的披露比例均为 100.00%，深市创业板上市公司的披露比例为 99.87%，沪市主板上市公司的披露比例为 92.80%，沪市科创板有 53.26% 的公司披露了内部控制评价报告。152 家上市公司未单独披露内部控制评价报告。其中，74 家因首年上市豁免披露，5 家因重大资产重组、破产重整豁免披露，73 家在年报中提示已披露内部控制评价报告，但 2020 年 6 月 30 日在中国证监会指定网站上无法查询到相关信息。进一步分析这 73 家上市公司，1 家沪市主板公司于 2020 年 6 月 30 日前在其公司网站上披露了内部控制评价报告而未在指定网站披露，3 家沪市主板公司于 2020 年 6 月 30 日后在指定网站上披露了内部控制评价报告，其余 69 家（沪市主板公司 68 家，深市创业板公司 1 家）截至 2020 年 7 月 31 日仍未单独披露内部控制评价报告。

1. 内部控制评价报告的结论

2019 年，在 3 642 家披露内部控制评价报告的上市公司中，3 513 家内部控制评价结论为整体有效，占比 96.45%；129 家内部控制评价结论为非整体有效，占比 3.55%。如表 8-1 所示，在内部控制评价结论为非整体有效的上市公司中，21 家为非财务报告内部控制无效、财务报告内部控制有效，72 家为财务报告内部控制无效、非财务报告内部控制有效，36 家为财务报告内部控制和非财务报告内部控制均无效。

表 8-1 内部控制有效性结论披露情况

内部控制有效性	整体有效	非财务报告内部控制无效、财务报告内部控制有效	财务报告内部控制无效、非财务报告内部控制有效	整体无效	总计
公司数量	3 513	21	72	36	3 642
占比	96.45%	0.58%	1.98%	0.99%	100%

2. 内部控制缺陷的认定标准

2019 年,在 3 642 家披露内部控制评价报告的上市公司中，3 619 家披露了内部控制缺陷认定标准,其中,3 613 家分别披露了财务报告和非财务报告内部控制缺陷认定标准,占比 99.20%;仅有 6 家未区分财务报告和非财务报告披露内部控制缺陷认定标准,占比 0.17%;23 家未披露内部控制缺陷认定标准,占比 0.63%,如表 8-2 所示。

表 8-2 内部控制缺陷认定标准披露情况

分类	区分财务报告和非财务报告内部控制缺陷认定标准	未区分财务报告和非财务报告内部控制缺陷认定标准	未披露内部控制缺陷认定标准	合计
公司数量	3 613	6	23	3 642
占比	99.20%	0.17%	0.63%	100%

3. 内部控制缺陷的数量及内容

在 3 642 家披露内部控制评价报告的上市公司中,510 家上市公司披露其存在内部控制缺陷,占比 14.00%。其中 139 家披露存在内部控制重大缺陷，38 家披露存在内部控制重要缺陷，333 家披露存在内部控制一般缺陷。510 家上市公司共披露了 4 291 项内部控制缺陷,其中重大缺陷 325 项,重要缺陷 57 项,一般缺陷 3 909 项。

(1)财务报告内部控制重大缺陷和重要缺陷。

15 家上市公司在 2019 年度内部控制评价报告中披露了共 225 项财务报告内部控制重大缺陷,12 家上市公司披露了共 16 项财务报告内部控制重要缺陷。

对财务报告内部控制重大缺陷、重要缺陷的内容进一步分析,发现 2019 年出现频次最高的前五个财务报告内部控制重大缺陷、重要缺陷依次为:资金活动、财务报告、对外担保、关联交易和资产管理。其中,资金活动相关的缺陷主要表现为大额应收款项未能回收,控股股东、实际控制人及其关联方存在非经营性资金占用等;财务报告相关的缺陷主要表现为会计准则应用或会计核算方法使用不恰当,未能及时识别前期重大会计差错,或业绩快报、业绩预告与实际业绩存在重大差异等;对外担保相关的缺陷主要表现为未履行审议程序违规对外担保;关联交易相关的缺陷主要表现为未能有效识别公司的全部关联方以及关联交易,关联交易金额超授权,未履行审议程序及信息披露义务等;资产管理相关的缺陷主要表现为未定期进行资产盘点或资产盘点不到位,未及时完整记录资产出入库信息,未及时编制交付使用财产清单,存货核算不准确等。近五年来,资金活动、财务报告和关联交易一直是上市公司财务报告内部控制缺陷的高发领域，对外担保、资产管理及销售业务领域的缺陷比较突出。

（2）非财务报告内部控制重大缺陷和重要缺陷。

62家上市公司在2019年度内部控制评价报告中披露了共100项非财务报告内部控制重大缺陷，30家上市公司披露了共41项非财务报告内部控制重要缺陷。

对非财务报告内部控制重大缺陷、重要缺陷内容进行进一步分析，发现2019年出现频次最高的前五个非财务报告内部控制重大缺陷、重要缺陷依次为：资金活动、信息披露、对外担保、组织架构和人力资源管理。其中，资金活动相关的缺陷主要表现为印章管理和使用不规范，存在未书面详细记录印章外借用印事项、未对用印事项严格履行审批程序、私自借出公司公章等情形；信息披露相关的缺陷主要表现为对公司诉讼事件、股权收购、资金占用等重大信息披露不及时、不规范；对外担保相关的缺陷主要表现为未建立严格的对外担保内部控制制度，未按规定履行审批及披露程序等。近五年来，资金活动、信息披露、组织架构等方面一直是上市公司非财务报告内部控制管控的薄弱环节。

（资料来源：上市公司执行企业内控规范专家工作组. 上市公司2019年执行企业内部控制规范体系情况蓝皮书）

第一节　内部控制评价概述

一、内部控制评价的概念

（一）内部控制评价的定义

内部控制评价是指由企业董事会和管理层实施的，对企业内部控制有效性进行评价、形成评价结论、出具评价报告的过程。企业应当根据国家有关法律法规和《企业内部控制基本规范》的要求，结合企业实际情况，对战略目标、经营管理的效率和效果目标、财务报告及相关信息真实完整目标、资产安全目标、合法合规目标等单个或整体控制目标的实现进行评价。

【案例8-1】

有控则强，无控则乱

企业舞弊是一个经久不衰的话题。2018年8月，京东发布内部反腐公告，列举了16个典型的集团内部贪腐案例；11月，58同城高管因贪腐被警方拘留；12月，阿里大文娱集团原总裁杨伟东因涉嫌重大经济案被警方调查；2019年1月，大疆公司对外承认公司内部出现重大舞弊情形，保守估计已经导致了至少10亿元人民币的损失……虽然舞弊形式各不相同，但都反映了这些企业的内部控制存在问题。

企业发生舞弊事件，不但会造成一定程度的经济损失，而且会给企业的外部声誉和内部文化带来负面影响。内部控制是企业防范舞弊的重要手段，内部控制评价是完善企业内部控制的重要环节。企业通过建立和完善内部控制，可以有效激活自身的“免疫系统”，将舞弊抑制在萌芽状态。

对企业而言，做好内部控制建设，才能未雨绸缪，防微杜渐，稳步发展。企业在内部控制的建立和完善过程中，应以人为本、以制度为纲、以道德为导向，引导员工树立正确的价值观和道德理念，自觉遵守各项规章制度，以降低舞弊发生的可能性。

（资料来源："内审之友"公众号. 有控则强，无控则乱——从大数据看企业内控和舞弊问题.2019-12-11）

（二）内部控制评价的主体

从内部控制评价的定义可以看出董事会或类似权力机构是内部控制评价的最终责任主体。董事会可指定审计委员会来承担对内部控制评价的组织、领导、监督职责，并通过授权内部审计部门或独立的内部控制评价机构执行内部控制评价的具体工作，但董事会仍对内部控制评价承担最终的责任，对内部控制评价报告的真实性负责。

经理层具体负责组织实施内部控制评价工作，实际操作中，可授权内部控制评价机构组织实施，并积极支持和配合内部控制评价。经理层应结合日常掌握的信息为内部控制评价方案提出应重点关注的业务或事项，审定评价方案和听取评价报告，对于评价中发现的问题或报告的缺陷，要按董事会或审计委员会的整改意见积极采取有效措施予以整改。

董事会和经理层可授权内部审计机构或专门机构（以下称"评价机构"）负责内部控制评价的具体工作。这是由于内部审计机构在企业内部处于相对独立的地位，该机构的工作内容、性质和人员业务专长符合内部控制评价的工作要求。评价机构根据授权承担内部控制评价的具体工作，为了保证评价的独立性，负责内部控制设计和评价的部门应适当分离。评价机构通过复核、汇总、分析内部监督资料，结合经理层要求，拟订评价工作方案并认真组织实施：对于评价中发现的重大问题，应及时与董事会、审计委员会或经理层沟通，并认定内部控制缺陷，拟订整改方案，编写内部控制评价报告，及时向董事会、审计委员会或经理层报告；沟通外部审计师，督促各业务单位和各职能部门对内控缺陷进行整改；根据评价和整改情况拟订内部控制考核方案。

各业务单位和职能部门应逐级落实内部控制评价责任，负责组织本单位（部门）的内部控制自查、测试和评价工作，对发现的设计和执行缺陷提出整改方案及具体整改计划，积极整改，并报送内部控制机构复核，配合内部控制评价机构或外部审计师开展评价工作。企业也可根据自身特点，成立内部控制评价的非常设机构，抽调内部审计、内部控制等相关机构的人员组成内部控制评价小组，具体组织实施内部控制评价工作。

企业还可委托会计师事务所等中介机构实施内部控制评价。此时，董事会（审计委员会）应加强对评价工作的监督和指导。从业务性质上讲，中介机构受托为企业实施内部控制评价是一种非保证服务，评价报告的责任仍由董事会承担。为保证审计独立性，为企业提供评价服务的会计师事务所不得同时为企业提供内部控制审计服务。

（三）内部控制评价的对象

内部控制评价的对象是内部控制的有效性。

内部控制的有效性是指企业建立与实施内部控制对实现控制目标提供合理保证的程

度，包括内部控制设计和内部控制运行的有效性。

内部控制设计的有效性，是指为实现控制目标所必需的内部控制程序都存在并且设计恰当，能够为控制目标的实现提供合理保证；内部控制运行的有效性，是指在内部控制设计有效的前提下，内部控制能够按照设计的内部控制程序被正确地执行，从而为控制目标的实现提供合理保证。内部控制运行的有效性离不开设计的有效性，如果内部控制在设计上存在漏洞，即使这些内部控制制度能够得到贯彻执行，也不能认为其运行是有效的。

评价内部控制设计的有效性时应考虑以下几个方面：①是否为防止、发现并纠正财务报告重大错报而设计了相应的控制；②是否为合理保障资产安全而设计了相应的控制；③相关控制的设计是否能够保证企业遵循适用的法律、法规；④相关控制的设计是否有助于企业提高经营效率和效果，实现发展战略。

评价内部控制运行的有效性时应考虑以下几个方面：①相关控制在评价期内是如何运行的；②相关控制是否得到了持续一致的运行；③实施控制的人员是否具备必要的权限和能力；④相关控制是以什么方式运行的，是人工控制还是自动控制。

二、内部控制评价的原则

按照《企业内部控制评价指引》的要求，企业实施内部控制评价至少应当遵循下列原则。

（1）全面性原则。全面性原则要求内部控制评价的涵盖范围应当全面，具体指内部控制评价工作应当包括内部控制的设计与运行，涵盖企业及其所属单位的各种业务和事项。

（2）客观性原则。客观性原则要求内部控制评价工作应当结合企业的行业环境、发展阶段、经营规模、业务特点等经营实际，准确地揭示经营管理的风险状况，如实反映内部控制设计与运行的有效性。只有在内部控制评价工作方案制定、实施的全过程中始终坚持客观性，才能保证评价结果的客观性。

（3）重要性原则。重要性原则要求内部控制评价应当在全面评价的基础之上，以风险为导向，着重关注那些影响内部控制目标实现的高风险领域和风险点，确定需要评价的重要业务单位、重大业务事项和关键控制环节。

【案例 8-2】

天银机电内部控制评价的探索与改进

常熟市天银机电股份有限公司（以下简称天银机电）成立于 2002 年，是一家专业研究、开发和生产电冰箱压缩机配套零部件的股份有限公司，自设立以来一直专注于节能节材型冰箱压缩机零部件的研发、生产和销售。2012 年天银机电在深交所创业板上市。该年度其起动器、消音器产品的市场占有率分别为 22.59% 和 21.60%。天银星际是天银机电旗下另外一个军工平台，也是国内首家商业化运营的空间光学敏感器供应商，已经发展成为军民融合技术转化的典范。该公司成立于 2015 年，专注于高精度姿态确定的光学敏感器，尤其是太空卫星敏感器。2016 年 12 月，清华大学以 12 项知识产权作价 1 365 万元向天银星际增资，并持有天银星际增资后 47.64% 的股权。天银星际占据国内低轨卫星主要市场份额，潜在市场价值16亿元。天银机电以风险为导向，不断探索内部控制工作方法，持续改进内部控制工作模式，从而实现公司健康、可持续发展。

公司按照风险导向原则确定纳入评价范围的主要单位、业务和事项以及高风险的领域。纳入评价范围的主要单位包括本公司、下属全资子公司、控股子公司。

纳入评价范围的主要业务和事项包括公司层面的公司治理、组织架构、发展战略、内部审计、人力资源、企业文化、信息披露；业务层面的资金管理、销售业务、采购业务、生产管理、资产管理、工程管理、研究与开发、关联方交易、担保业务、财务报告等。重点关注的高风险领域主要包括资金管理、销售及收款管理、采购及付款管理、资产管理、关联方交易、子公司管理等。

上述纳入评价范围的单位、业务和事项以及高风险领域涵盖了公司经营管理的主要方面，不存在重大遗漏。

公司重点关注的主要业务管理控制如下。

1. 资金营运管理制度

1）货币资金管理

公司财务部门设立专职人员管理货币资产，严禁未经授权的人员接触与办理货币资金业务。公司实行货币资金授权审批制度，审批人应当根据货币资金授权批准制度的规定，在授权范围内进行审批，不得超越审批权限。制度规定了货币资金从支付申请、审批、复核与办理支付等各个环节的权限与责任，并规定了款项用途不清、无必备附件或凭证的款项不予支付。

报告期内，公司严格按照相关制度使用和管理资金，规范资金的收支程序和审批权限，并定期监控各账户的资金变动情况。

2）筹集资金管理

公司制定了《资金筹集管理制度》，根据对外投资及生产经营的需要确定合理的资金需求，结合资金成本效益原则，确定合理的资本结构和筹资方式，规范了筹资的预算计划、筹资方案的决策程序和具体实施流程，以及与筹资活动相关的信息披露。公司严格按照《资金筹集管理制度》正常、有序开展与筹资相关的活动，合理有效地规避筹资决策不当、资金筹集不及时等一系列筹资风险。

2. 销售及收款业务

公司建立了销售计划制定、客户信用管理、销售收入核算、发货与收款等相关流程，合理设置销售业务相关岗位，明确职责权限，并形成了严格的管理制度和审核程序，保证了销售业务被真实完整地记录及销售款的及时回收。

公司制定了《财务管理制度》《销售管理制度》，建立了销售和收款业务岗位责任制度，在制定商品或劳务等的定价原则、信用标准和条件、收款方式等销售政策时，充分发挥财务部门和人员的作用，加强合同订立、商品发出和账款回收的会计控制，避免或减少坏账损失。

报告期内，销售人员定期监控应收账款回收情况，与财务部门相关人员积极进行应收款的管理，公司销售与收款的内部控制执行是有效的。

3. 采购及付款业务

公司已较合理地规划和设立了采购与付款业务的机构和岗位，确保了不相容岗位相分离。按物料采购规程执行物料的采购，使所采购的物料符合 GMP 要求，同时公司制定了《原材料采购管理制度》，对原材料物资的请购、审批、采购、验收及保管进行了明确的规定，并建立定期市场询价机制，实时掌握原材料价格的市场动态。采购成本按年度预算目标进行控制，确保相关记录真实、完整。

报告期内，公司采购部门严格参照各项制度执行，执行采购审批付款流程，提高采购业务的成本管理能力。

4. 资产管理

公司建立了存货出入库、仓储保管、盘点、跌价准备等管理控制流程；建立了固定资产取得、转让、折旧计提、后续支出、固定资产清查、处置、减值等相关控制流程；建立了无形资产取得、无形资产摊销、无形资产减值准备等相关控制流程。公司已建立财产日常管理制度和定期清查制度，采取财产记录、实物保管、定期盘点、账实核对、限制接触和处置等措施，确保财产安全。对相关岗位明确了各自责任及相互制约的措施，保证资产实物管理、会计处理不相容岗位进行分离，各控制环节建立了严格的管理制度和审核程序。报告期内，公司存货管理出入库记录真实完整，验收、盘点正确无误，仓库中各类物资摆放有序，仓库环境整洁、温湿度适宜，实物资产管理情况良好。

5. 关联方交易管理

为规范公司关联方交易，保证关联方交易的公允性，公司制定实施了《关联方交易管理办法》，对关联方交易的范围、决策程序、信息披露等方面做了严格规定，确保了关联方交易在"公平、公正、公开、等价有偿及不偏离市场独立第三方的价格或收费标准"的条件下进行，保证公司与各关联方所发生的关联方交易的合法性、公允性、合理性。公司与关联方之间不存在违法违规的关联方交易。

报告期内，公司未发生合并范围外的关联方交易。

6. 对子公司的管控

公司制定了《子公司管理办法》，按照规定公司向子公司委派各主要高级管理人员，公司各职能部门对子公司的对口部门进行指导及监督，要求子公司执行与公司统一的《财务管理制度》《信息披露管理办法》《重大信息内部报告制度》等制度。同时，公司建立了对各子公司的绩效综合考评体系，有效地对子公司进行管理。

报告期内，公司对子公司的内部控制不存在重大漏洞。

三、内部控制评价程序

《企业内部控制评价指引》第十二条规定，企业应当按照内部控制评价办法规定的程序，有序开展内部控制评价工作。内部控制评价程序一般包括制定评价工作方案、组成评价工作组、实施现场测试、认定控制缺陷、汇总评价结果、编报评价报告等环节。

1. 制定评价工作方案

内部控制评价机构应当以内部控制为依据，结合企业内部监督情况和管理要求，分析企业经营管理过程中影响内部控制目标实现的高风险领域和重要业务事项,确定检查评价方法。制定科学合理的评价工作方案,经董事会批准后实施。评价工作方案应当明确评价主体范围、工作任务、人员组织、进度安排和费用预算等相关内容。评价工作方案既可以以全面评价为主,又可以根据需要采用重点评价的方式。

2. 组成评价工作组

企业内部控制评价部门应当根据经批准的评价方案,组成内部控制评价工作组,具体实施内部控制评价工作。评价工作组应当吸收企业内部相关机构熟悉情况的业务骨干参加。评价工作组成员对本部门的内部控制评价工作应当实行回避制度。

3. 实施现场测试

内部控制评价工作组可以综合运用个别访谈法、调查问卷法、专题讨论法、穿行测试法、实地查验法、抽样法和比较分析法等各种方法,对被评价单位进行现场测试,充分收集被评价单位内部控制设计和运行是否有效的证据,对评价项目与有关数据如实确认和分析。

4. 汇总评价结果

评价工作组汇总评价工作人员的工作底稿,初步认定内部控制缺陷。评价工作底稿应进行交叉复核签字,并由评价工作组负责人审核后签字确认。评价工作组将评价结果及现场评价的结果向被评价单位进行通报,由被评价单位相关责任人签字确认后,提交企业内部控制评价机构。

5. 编制企业内控评价报告

内部控制评价机构汇总各评价工作组的评价结果,对工作组现场初步认定的内部控制缺陷进行全面复核、分类汇总,对缺陷的成因、表现形式及风险程度进行定量或定性的综合分析,按照对控制目标的影响程度判定缺陷等级;内部控制评价机构以汇总的评价结果和认定的内部控制缺陷为基础,综合内部控制工作整体情况,客观、公正、完整地编制内部控制评价报告,并报送企业经理层、董事会和监事会,由董事会最终审定后对外披露。

6. 报告反馈与追踪

对于认定的内部控制缺陷,内部控制评价机构应当结合董事会和审计委员会的要求,提出整改建议,要求责任单位及时整改,并跟踪其整改落实情况;已经造成损失或负面影响的,企业应当追究相关人员的责任。

第二节　内部控制缺陷认定

一、内部控制缺陷的定义和种类

内部控制缺陷是指企业内部控制设计和运行中存在漏洞,这些漏洞导致内部控制不能有效预防或及时发现并纠正企业经营活动中的错误或舞弊的情形。

内部控制缺陷是描述内部控制有效性的一个负向维度。企业开展内部控制评价,主要工作内容之一就是要找出内部控制缺陷并有针对性地进行整改。

（一）按照内部控制缺陷的成因分类

按照缺陷的成因不同，内部控制缺陷可分为设计缺陷和运行缺陷。

（1）设计缺陷，是指企业缺少为实现控制目标所必需的控制，或因现存控制设计不适当，即使正常运行也难以实现控制目标的情形。

（2）运行缺陷，是指现存设计合理且适当的内部控制由于未按设计的方式运行，或由不恰当的人员执行，或运行的时间、频率不当，或没有得到一贯有效运行等而形成的内部控制失效的情形。

（二）按照内部控制缺陷对企业影响的严重程度分类

按照缺陷对企业内部控制目标实现的影响的严重程度，内部控制缺陷可分为重大缺陷、重要缺陷和一般缺陷。

（1）重大缺陷，是指一个或多个控制缺陷的组合，可能导致企业严重偏离控制目标。当存在一个或多个内部控制重大缺陷时，在内部控制评价报告中应当作出内部控制无效的结论。

（2）重要缺陷，是指一个或多个控制缺陷的组合，其严重程度低于重大缺陷，但仍有可能导致企业偏离控制目标。重要缺陷不会严重危及内部控制的整体有效性，但也应当引起董事会、经理层的充分关注。

（3）一般缺陷，是指除重大缺陷、重要缺陷以外的其他控制缺陷。

（三）按照内部控制缺陷的形式分类

按照缺陷影响内部控制目标的具体表现形式，可以将内部控制缺陷分为财务报告内部控制缺陷和非财务报告内部控制缺陷。

（1）财务报告内部控制缺陷，是指在会计确认、计量、记录和报告过程中出现的，对财务报告的可靠性和资产的安全性产生直接影响的控制缺陷。

（2）非财务报告内部控制缺陷，是指虽不直接影响财务报告的真实性和完整性，但对企业经营管理的合法合规、运营的效率和效果、发展战略的实现等控制目标的达成存在不利影响的其他控制缺陷。

【案例 8-3】

甲公司为一家以饮品生产和销售为主业的上市公司。2011 年，甲公司根据财政部等五部委联合发布的《企业内部控制基本规范》及其配套指引，结合自身经营管理实际，制定了《企业内部控制手册》（以下简称《手册》），自 2012 年 1 月 1 日起实施。为了检验实施效果，甲公司于 2013 年 7 月成立内部控制评价工作组，对内部控制设计与执行情况进行检查评价。内部控制评价工作组接受审计委员会的直接领导，组长由董事会指定，组员为公司各职能部门业务骨干。2013 年 9 月，甲公司审计委员会召集公司内部相关部门对检查情况进行讨论，要点如下。

1. 关于内部环境

内部控制评价工作组在对内部环境要素进行测试时，发现缺乏足够的证据说明企业文化建设和实施取得较好实效。人事部门负责人表示，公司领导对企业文化建设的重视是无形的，难以量化，且人事部门已制定并计划宣传贯彻《员工行为守则》，可以说明企业文化建设和实施有效。

2. 关于风险评估

甲公司于2013年1月支付2 000万元，成为亚运会的赞助商；于2013年7月支付500万元，捐助西北某受灾地区。内部控制评价工作组在对公司风险评估机制进行评价时，发现上述事项均未履行相应的风险评估程序，建议予以整改。风险管理部门负责人表示，赞助亚运会对提升企业形象有利而无害，不存在风险：财务部门负责人认为，对外捐助属于履行社会责任，不需要评估风险。

3. 关于控制活动

内部控制评价工作组对公司业务层面的控制活动进行了全面测试，发现《手册》中有关资金投放、资金筹集、物资采购、资产管理和商品销售等环节的内部控制设计可能存在缺陷。有关资料如下。

（1）资金投放环节。为提高资金使用效率，《手册》规定，报经总会计师批准，投资部门可以从事一定额度的投资，但大额期权期货交易，必须报经总经理批准。

（2）资金筹集环节。为降低资金链断裂的风险，《手册》规定，总会计师在无法正常履行职权的情况下，应当授予其副职在紧急状况下进行直接筹资的一切权限。

（3）物资采购环节。《手册》规定，当库存水平较低时，授权采购部门直接购买。

（4）资产管理环节。为应对突发事件造成的财产损失风险，《手册》规定，公司采取投保方式对财产进行保全，财产保险业务全权委托外部专业机构开展，公司不再另行制定有关投保业务的控制规定。

（5）商品销售环节。为提高经营效率和缩短货款回收周期，《手册》规定，指定商品的销售人员可以直接收取货款，公司审计部门应当定期或不定期派出监督人员对该岗位的运行情况和有关文档记录进行核查。

4. 关于信息与沟通

内部控制评价工作组检查发现，所有风险信息均经由总经理向董事会报告。建议确认为控制缺陷并加以整改。风险管理部门负责人表示，风险管理部门对总经理负责，符合公司组织结构、岗位职责与授权分工的规定，不应认定为控制缺陷。

5. 关于内部监督

内部审计部门负责人表示，年度内部控制评价工作组是由公司各部门抽调人员组成的临时工作团队，缺乏独立性，建议由内部审计部门承担相应的职责。内部控制评价工作组负责人认为，工作组成员均接受过专业培训，接受审计委员会领导，有足够的专业胜任能力和权威性来承担内部控制评价工作，而审计部门人手少、力量弱，现阶段无法有效承担年度评价职责。

阅读以上材料，回答问题：

问题1：根据所给材料，针对内部环境、风险评估、信息与沟通、内部监督要素评价过程中的各种意见分歧,假如你是公司审计委员会主席,说明是否赞同内部控制评价工作组的意见,并逐项说明理由。

(1)关于内部环境,赞同内部控制评价工作组对没有足够的证据说明企业文化得以有效贯彻落实的判断。

理由:企业文化贯彻落实的有效性应当获取充分的证据支持。

或:企业应当保留相关的文档记录以证明企业文化得以有效贯彻落实,如领导在董事会议上所做的内部控制工作报告和对内部控制工作的批示、《员工行为守则》的宣传贯彻工作等。

(2)关于风险评估,赞同内部控制评价工作组对公司风险评估机制存在缺陷的认定。

理由:公司应当对赞助和捐赠事项履行风险评估程序。

或:公司没有对赞助和捐赠事项进行风险识别、风险分析和风险应对。

(3)关于信息与沟通,赞同内部控制评价工作组将所有风险信息均经由总经理向董事会报告认定为控制缺陷。

理由:重大信息应及时传递给董事会、监事会和管理层。

或:对于重大风险信息,风险管理部门应向总经理报告同时及时向董事会及其审计委员会报告。

(4)关于内部监督,赞同内部控制评价工作组对内控评价机构选择的判断。

理由:内部控制评价机构的选择不仅要考虑独立性,还要综合考虑其胜任能力和权威性,以及是否得到公司领导层的支持等。

问题2:根据《企业内部控制基本规范》及其配套指引的要求,判断控制活动中各项内部控制设计是否有效,并逐项说明理由。

(1)资金投放环节的内部控制设计无效。

理由:大额期权期货交易应当实行集体决策或联签制度。

或:大额期权期货交易应当经董事会或股东大会批准。

(2)资金筹集环节的内部控制设计无效。

理由:特别授权应当按照规定的权限和程序进行。

或:特别授权不当。

(3)物资采购环节的内部控制设计无效。

理由:公司应当建立采购申请制度,明确相关部门和人员的职责权限及相应的请购审批程序。

或:库存较低时由采购部门直接采购可能增加原材料过度采购或采购不足的风险。

(4)资产管理环节的内部控制设计无效。

理由:公司应当对财产保险业务外包实施相应的控制。

或:公司不再另行制定有关投保政策的控制规定不符合全面性原则的要求。

(5)商品销售环节的内部控制设计有效。

理由:虽然特定商品的销售和收款未完全分离,但公司采取了必要的补偿性控制措施,符合适应性原则和成本效益原则的要求。

二、内部控制缺陷的认定标准

对内部控制缺陷的认定是对内部控制缺陷的重要程度进行识别和确定的过程,即判定一项缺陷是属于重大缺陷、重要缺陷还是属于一般缺陷的过程。内部控制缺陷一经认定为重大缺陷,内部控制评价报告中应得出"内部控制无效"的结论。而被认定为存在重大缺陷的企业内部控制系统是不能被投资者等利益相关者所相信的。此外,内部控制缺陷,尤其是重大缺陷,代表着内部控制的薄弱环节,是未来内部控制修补和完善的重点。因此,对内部控制缺陷的重要程度进行认定十分重要,它直接关系到外界的利益相关者对企业的认可度,同时有助于明确企业今后内部控制工作的重点所在,而对内部控制缺陷进行正确认定的关键在于形成一套系统、可行的认定标准。

在确定内部控制缺陷的认定标准时,企业应充分考虑内部控制缺陷的重要性及其影响程度。重要性和影响程度是相对内部控制目标而言的。按缺陷对财务报告目标和其他内部控制目标实现的影响,可以区分为财务报告内部控制缺陷和非财务报告内部控制缺陷。

(一)财务报告内部控制缺陷的认定标准

与财务报告内部控制相关的内部控制缺陷所采用的认定标准直接取决于由于该内部控制缺陷的存在可能导致的财务报表错报的重要程度,这种重要程度主要取决于两方面因素:①该缺陷是否具备合理的可能性导致内部控制不能及时防止、发现并纠正财务报告错报;②该缺陷单独或连同其他缺陷可能导致的潜在错报金额的大小。财务报告内部控制缺陷可以通过定量或定性的方式予以确定。

如果一项内部控制缺陷单独或连同其他缺陷具备合理可能性导致不能及时防止或发现并纠正财务报告中的重大错报(管理层确定的财务报告重要性水平),就应将该缺陷认定为重大缺陷。一般可采用绝对金额法(例如,规定金额超过 10 000 元的错报就认定为重大错报)或相对比例法(例如,规定超过资产总额 1% 的错报就认定为重大错报)来确定重要性水平。

一项内部控制缺陷单独或连同其他缺陷具备合理可能性导致不能及时防止或发现并纠正财务报告中虽然未达到和超过重要性水平,但仍应引起董事会和管理层重视的错报,就应将该缺陷认定为重要缺陷。不构成重大缺陷和重要缺陷的内部控制缺陷,应认定为一般缺陷。

另外,从性质上说,出现下列情形之一的,通常表明财务报告内部控制可能存在重大缺陷:

(1)董事、监事和高级管理人员舞弊;

(2)企业更正已公布的财务报告;

(3)注册会计师审计发现当期财务报告存在重大错报,而内部控制在运行过程中未能发现该错报;

(4)审计委员会和内部审计机构对内部控制的监督无效。

如果财务报告内部控制存在一项或多项重大缺陷,就不能得出该企业财务报告内部控制有效的结论。

【案例 8-4】

重大缺陷和重要缺陷的区别

表 8-3 是 T 公司财务报告内部控制缺陷的认定标准。

表 8-3　T 公司财务报告内部控制缺陷的认定标准

缺陷种类	认定标准	
重大缺陷	定量标准	当一个或一组内部控制缺陷的存在,有合理的可能性导致无法及时地预防或发现财务报告中出现大于、等于公司合并财务报表资产总额的 1% 或收入总额的 4% 的错报时,被认定为重大缺陷
	定性标准	①企业财务报表已经或者很可能被注册会计师出具否定意见或者拒绝表示意见; ②企业董事、监事和高级管理人员涉嫌或者已经舞弊,或者企业员工存在串谋舞弊情形并给企业造成严重损失和不利影响; ③审计委员会和内审部门对公司未能有效发挥监督职能; ④当期财务报表存在重大错报,而内部控制在运行过程中未能发现该错报; ⑤对已经公告的财务报告出现的重大差错进行错报更正; ⑥因会计差错导致证券监管机构的行政处罚,造成严重不良影响
重要缺陷	定量标准	当一个或一组内部控制缺陷的存在,有合理的可能性导致无法及时地预防或发现财务报告中出现小于合并财务报表资产总额的 1% 或收入总额的 4%,但大于、等于公司合并财务报表资产总额的 0.5% 或收入总额的 2% 的错报时,被认定为重要缺陷
	定性标准	①未依照公认会计准则选择和应用会计政策; ②未建立反舞弊程序和控制措施; ③对于非常规或特殊交易的账务处理没有建立或没有实施相应的控制机制且没有相应的补偿性控制; ④对于期末财务报告过程的控制存在一项或多项缺陷且不能合理保证编制的财务报表达到真实、完整的目标
一般缺陷	定量标准	对不构成重大缺陷和重要缺陷之外的其他缺陷,可能导致的错报小于公司合并财务报表资产总额的 0.5% 或收入总额的 2% 的错报时,被认定为一般缺陷
	定性标准	除上述重大缺陷、重要缺陷之外的其他控制缺陷

(资料来源:根据 2016 年 4 月 20 日西安某股份有限公司第二届董事会第二十九次会议审议通过的《公司内部控制缺陷认定标准》整理而得)

(二)非财务报告内部控制缺陷的认定标准

非财务报告内部控制是针对除财务报告目标之外的其他目标设计和实施的内部控制。这些目标一般包括战略目标、资产安全、经营目标、合规目标等。非财务报告内部控制缺陷认定具有涉及面广、认定难度大的特点,尤其是战略内部控制缺陷和经营内部控制缺陷。这是因为战略目标和经营目标的实现往往受到企业不可控的诸多外部因素的影响,所设计的内部控制只能合理保证董事会和经理层了解这些目标的实现程度。因此,在认定与这些目标相关的内部控制缺陷时,不能只考虑最终的结果,而应主要考察企业制定战略、开展经营活动的机制和程序是否符合内部控制要求,以及不适当的机制和制度对战略目标和经营目标的实现可能造成的影响。

非财务报告内部控制缺陷的认定可以采用定性和定量的认定标准，企业可以根据风险评估的结果，结合自身的实际情况、管理现状和发展要求合理确定。定量标准（涉及金额的大小）既可以根据造成直接财产损失的绝对金额制定，也可以根据直接损失占本企业资产、销售收入及利润等的比率确定；定性标准（涉及业务性质的严重程度）可根据其直接或潜在负面影响的性质、影响的范围等因素确定。

存在下列情形之一的，通常表明非财务报告内部控制可能存在重大缺陷：

（1）国有企业缺乏民主决策程序，如缺乏“三重一大”决策程序；

（2）企业决策程序不科学，如决策失误，导致并购不成功；

（3）违反国家法律、法规，如环境污染；

（4）管理人员或技术人员流失；

（5）子公司缺乏内部控制建设，管理混乱；

（6）媒体负面新闻频现；

（7）内部控制评价的结果特别是重大或重要缺陷未得到整改。

【案例 8-5】

财务报告和非财务报告内部控制缺陷中关于重大缺陷的区别

表 8-4 是 T 公司非财务报告内部控制缺陷的认定标准，与案例 8-4 相比较，对比 T 公司财务报告内部控制缺陷和非财务报告内部控制缺陷中重大缺陷的区别。

表 8-4　T 公司非财务报告内部控制缺陷的认定标准

缺陷种类	认定标准	
重大缺陷	定量标准	当一个或一组内部控制缺陷的存在，有合理的可能性导致造成公司直接财产损失大于或等于 500 万元时，被认定为重大缺陷
	定性标准	具有以下特征的缺陷，被认定为重大缺陷： ①公司经营活动严重违规并被处以重罚或承担刑事责任及违规操作受到政府、税务、环保、证监会等部门的处罚，造成严重不良影响； ②重要业务缺乏制度控制或制度体系失效； ③缺乏民主决策程序或决策程序不科学，如重大决策失误，给公司造成重大财产损失； ④中高级管理人员和高级技术人员流失严重，超过 12%； ⑤在经营管理工作中违法行为特别严重，造成公司日常经营管理活动中断或停止； ⑥严重违反公司规章制度，造成重大失误或财产损失及严重影响公司生产经营活动； ⑦内部控制评价的重大缺陷未得到整改

续表

<table>
<tr><th>缺陷种类</th><th colspan="2">认定标准</th></tr>
<tr><td rowspan="2">重要缺陷</td><td>定量标准</td><td>当一个或一组内部控制缺陷的存在,有合理的可能性导致造成公司直接财产损失大于或等于100万元,但小于500万元时,被认定为重要缺陷</td></tr>
<tr><td>定性标准</td><td>具有以下特征的缺陷,被认定为重要缺陷:
①经营活动中存在违规操作并受到政府、税务、环保、证监会等部门处罚,造成不良影响;
②重要业务制度或系统存在缺陷;
③民主决策程序存在但不够完善或公司决策程序导致出现一般失误;
④关键岗位业务人员流失严重,超过12%;
⑤漠视公司经营管理各项制度和法律、法规的要求,工作中存在利用职权谋取非法利益的违法行为,严重影响日常经营管理活动的效率和效果;
⑥违反公司规章制度,形成较大损失;
⑦内部控制评价的重要缺陷未得到整改</td></tr>
<tr><td rowspan="2">一般缺陷</td><td>定量标准</td><td>对不构成重大缺陷和重要缺陷之外的其他缺陷,可能导致的直接财产损失小于100万元时,会被视为一般缺陷</td></tr>
<tr><td>定性标准</td><td>具有以下特征的缺陷,被认定为一般缺陷:
①经营活动中存在轻微违规并已整改;
②一般业务制度或系统存在缺陷;
③决策程序效率不高;
④一般岗位业务人员流失严重,超过12%;
⑤依法合规经营意识薄弱,在工作中存在怠于行使管理职责、消极不作为及制度执行不力等现象,影响到日常管理活动效率和效果,并对公司经营管理目标造成较小影响;
⑥违反公司内部规章,但未造成损失;
⑦负面消息在公司内部传播,公司的外部声誉受影响较小;
⑧内部控制评价的一般缺陷未得到整改</td></tr>
</table>

(资料来源:根据2016年4月20日西安某股份有限公司第二届董事会第二十九次会议审议通过的《公司内部控制缺陷认定标准》整理而得)

三、内部控制缺陷的认定步骤

(一)财务报告内部控制缺陷的认定步骤

结合财务报告内部控制缺陷的认定标准,财务报告内部控制缺陷的认定步骤如下。

第一步,结合财务报告内部控制缺陷的迹象,判断是否可能存在财务报告内部控制缺陷。

第二步,确定重要性水平和一般水平,以此作为判断缺陷类型的临界值。可采用绝对金额法或者相对比例法进行确定。

第三步,抽样。按照业务发生频率的高低和账户的重要性确定抽样数量。

第四步,计算潜在错报金额。根据控制点错报样本数量和样本量,在潜在错报率对照表中查找对应的潜在错报率,之后统计出相应账户的同向累计发生额,计算控制点潜在错报金额。其计算公式为:

潜在错报金额 = 潜在错报率 × 相应账户的同向累计发生额

第五步,如果重要性水平和一般水平是绝对金额,那么可直接将潜在错报金额合计数与其进行比较,判断缺陷类型;如果重要性水平和一般水平是相对数,需进一步计算错报指标再进行比较判断。错报指标的计算公式如下:

错报指标 = 潜在错报金额合计数 / 当期主营业务收入(或期末资产)

其中,分母所选用的指标应与确定重要性水平的指标保持一致。

(二)非财务报告内部控制缺陷的认定步骤

第一步,结合相关迹象,判断是否可能存在非财务报告内部控制缺陷。

第二步,采用定性或者定量的方法确定认定标准。

第三步,根据标准分别对每起事故进行认定。

四、内部控制缺陷报告与整改

《企业内部控制评价指引》第十九条规定,企业内部控制评价部门应当编制内部控制缺陷认定汇总表,结合日常监督和专项监督发现的内部控制缺陷及其持续改进情况,对内部控制缺陷及其成因、表现形式和影响程度进行综合分析和全面复核,提出认定意见,并以适当的形式向董事会、监事会和经理层报告。重大缺陷应当由董事会予以最终认定。企业对于认定的重大缺陷,应及时采取应对策略,切实将风险控制在可承受度之内,并追究有关部门或人员的责任。

(一)内部控制缺陷报告

企业应根据内部控制缺陷的影响程度合理确定内部控制缺陷报告的时限,一般缺陷、重要缺陷应定期报告,重大缺陷即时报告。

内部控制缺陷报告应当采取书面形式。对于一般缺陷和重要缺陷,通常向企业经理层报告,并视情况考虑是否需要向董事会及其审计委员会、监事会报告;对于重大缺陷,应当及时向董事会及其审计委员会、监事会和经理层报告。如果出现不适合向经理层报告的情形,如存在与经理层舞弊相关的内部控制缺陷,或存在经理层凌驾于内部控制之上的情形等,应当直接向董事会及其审计委员会、监事会报告。

(二)内部控制缺陷整改

企业对于认定的内部控制缺陷,应及时采取整改措施,切实将风险控制在可承受度之内,并追究有关机构或相关人员的责任。评价机构就发现的内部控制缺陷应提出整改建议,并报经理层、董事会(审计委员会)、监事会批准。获批后,应制定切实可行的整改方案,包括整改目标、内容、步骤、措施、方法和期限。整改期限超过一年的,整改目标应明确近期和远期目标以及相应的整改工作内容。对于设计缺陷,应从管理制度入手查找原因,需要更新、调整、废止的制度要及时处理,并同时改进内部控制体系的设计,弥补设计缺陷的漏洞。对于执行缺陷,则应分析其出现的原因,查清责任人,并有针对性地进行整改。

第三节 内部控制评价方法

《企业内部控制评价指引》第十五条规定,内部控制评价工作组应当对被评价单位进行现场测试,综合运用个别访谈、调查问卷、穿行测试、实地查验、抽样、比较分析和专题讨论等方法,充分收集被评价单位内部控制设计和运行是否有效的证据。

一、个别访谈法

企业根据检查评价需要，对被检查单位员工进行单独访谈，以获取有关信息。个别访谈法主要用于了解企业内部控制的现状，在企业层面评价及业务层面评价阶段经常被使用。评价人员在访谈前应根据内部控制评价的需要形成访谈提纲；访谈中应撰写访谈纪要，记录访谈内容。评价人员针对同一问题应注意不同访谈对象给予的回答是否一致。例如，评价人员可以分别访谈人力资源经理和相关核心岗位员工，以了解是否存在薪酬结构不合理的情况。

二、调查问卷法

调查问卷法是评价人员分别针对不同岗位、不同层次的员工事先设置问卷调查表进行问卷调查，并根据调查结果对内部控制项目做出评价的方法。调查问卷法主要用于企业层面的评价，是评价工作中运用最广泛、最基础的一种内部控制评价方法。评价人员在设计调查问卷时，题目应尽量简单易答，通常以客观题为主，同时应注意保密；在发放调查问卷时，应尽量扩大调查对象范围，覆盖企业各层级员工。

三、穿行测试法

穿行测试法是指评价人员在内部控制流程中任意选取一笔交易作为样本，追踪该交易从最初起源直到最终在财务报表或其他经营管理报告中的反映，即该流程从起点到终点的全过程，以此来评价该业务内部控制设计和执行的有效性，并识别出关键控制点的方法。穿行测试法主要应用于对业务流程和具体业务的测试与评价，是一种直观有效的评价方法。

四、抽样法

抽样法是指评价人员针对具体的内部控制业务流程，按照业务发生频率及固有风险的高低，从确定的范围中抽取一定比例的业务样本，对业务样本的符合性进行判断，进而对内部控制执行的有效性做出评价。抽样法分为随机抽样和非随机抽样。随机抽样是指按机会均等原则从样本库中选取一定数量的样本，其特点是总体中每个个体被抽中的概率是相同的。非随机抽样是指抽样时不遵循随机原则，而是人工选取或按某一特定标准选取。评价人员使用抽样法时需要注意以下事项：①样本库要包含符合测试要求的所有样本，测试人员应首先对样本库的完整性进行确认；②要确定选取的样本应充分和适当，充分要求测试的样本的数量能合理保证相关控制的有效性；③适当要求获取的样本应当与相关控制的设计与运行有关，并能真实反映控制的实际运行状况。

五、实地查验法

实地查验法主要针对业务层面的控制，它通过使用统一的测试工作表，与实际的业务、财务单证进行核对来实施控制测试。实地查验法主要针对业务层面的控制展开证据的收集工作，如现场查验存货出、入库环节，实地盘点某种存货等，并与实际的业务及财务单证进行核对。

六、比较分析法

比较分析法是指通过分析企业经营中的各类数据，比较数据间的关系、趋势或比率来取得评价证据的方法。在比较分析中，选择合适的对比标准是十分关键的步骤。若对比标准选择不合适，评价可能得出错误的结论。评价人员运用比较分析法时可以与历史数据、行业标准数据或最优数据等进行比较。

七、专题讨论法

专题讨论法是指评价人员通过召集与业务流程相关的管理人员或专业人员就内部控制存在的控制缺陷或执行情况进行分析讨论的方法。专题讨论既是内部控制评价的手段，也是制定缺陷整改方案的有效途径。对于同时涉及财务、业务、信息技术等方面的控制缺陷，需由内部控制管理部门组织召开专题讨论会议，综合各部门、各方面的意见，研究确定缺陷整改方案。

八、其他方法

包括观察、抽查、审阅、重新执行、标杆、实际工作经验等方法。

需要指出的是，以上列举的内部控制评价方法在企业内部控制评价工作中通常不会单独使用。评价人员在开展内部控制评价工作时，应结合企业的具体情况，综合运用多种方法收集内部控制有效性的证据，以得到更为可靠的评价结果。

第四节　内部控制评价报告

内部控制评价报告是内部控制评价的最终体现，按照编制主体、报送对象和时间，分为对外报告和对内报告。对外报告的内容、格式等应符合披露要求，时间具有强制性；对内报告则以符合企业董事会（审计委员会）、经理层需要为主，编制主体层级更多，内容更加详尽，格式更加多样，时间上可以为定期或不定期。

一、内部控制评价报告的内容

根据《企业内部控制评价指引》第二十一条和二十二条规定，企业在内部控制评价报告中至少应当披露下列内容。

（1）董事会声明。声明董事会及全体董事对报告内容的真实性、准确性、完整性承担个别及连带责任，保证报告内容不存在任何虚假记载、误导性陈述或重大遗漏。

（2）内部控制评价工作的总体情况。明确企业内部控制评价工作的组织、领导体制、评价范围、进度安排，以及是否聘请会计师事务所对内部控制有效性进行独立审计。

（3）内部控制评价的依据。说明企业开展内部控制评价工作所依据的法律、法规和规章制度，通常指《企业内部控制基本规范》《企业内部控制评价指引》及企业在此基础上制定的内部控制评价办法。

（4）内部控制评价的范围。描述内部控制评价所涵盖的被评价单位、纳入评价范围的业务事项及重点关注的高风险领域等。内部控制评价的范围有所遗漏的，应说明原因及其对内部控制评价报告真实完整性产生的重大影响等。

（5）内部控制评价的程序和方法。描述内部控制评价工作遵循的基本流程，以及评价过程中采用的主要方法。

（6）内部控制缺陷及其认定情况。主要描述适用于本企业的内部控制缺陷具体认定标准,并声明与之前年度保持一致,认定标准若有调整还应说明具体调整及调整原因;根据内部控制缺陷认定标准,确定评价期末存在的重大缺陷、重要缺陷和一般缺陷。

(7)内部控制缺陷的整改情况及重大缺陷拟采取的整改措施。对于评价期间发现并于评价期末已完成整改的重大缺陷,列示与该重大缺陷相关的内部控制设计且运行有效的充分的测试证据;针对评价期末存在的内部控制重大缺陷,公司拟采取的整改措施及预期效果。

(8)内部控制有效性的结论。对不存在重大缺陷的情形,出具评价期末内部控制有效的结论;对存在重大缺陷的情形,不得作出内部控制有效的结论,并需描述该重大缺陷的性质及其对实现相关控制目标的影响程度,以及可能给公司未来生产经营带来的相关风险。自内部控制评价报告基准日至内部控制评价报告发出日,发生重大缺陷的,企业须责成内部控制评价机构予以核实,并根据核查结果对评价结论进行相应的调整,说明董事会拟采取的措施。

二、内部控制评价报告的编制要求

企业应当根据内部控制评价结果和整改情况,编制内部控制评价报告。内部控制评价报告分为定期内部控制评价报告和非定期内部控制评价报告。

企业应该定期进行内部控制评价并发布内部控制评价报告。企业至少应该每年进行一次内部控制评价并由董事会对外发布内部控制评价报告。年度内部控制评价报告应当以12月31日作为基准日。特别注意的是,根据2014年证监会会同财政部联合制定颁布的《公开发行证券的公司信息披露编报规则第21号——年度内部控制评价报告的一般规定》,公司内部控制评价结论认定公司于内部控制评价报告基准日存在内部控制重大缺陷,或者公司内部控制被会计师事务所出具了非标准内部控制审计报告,以及标准内部控制审计报告披露了非财务报告内部控制重大缺陷的,公司应当在年度报告“重要提示”中对以上情况作出声明,并提示投资者注意阅读年度报告内部控制相关章节中内部控制评价和审计的相关信息。

非定期内部控制评价报告可以是因特殊事项或原因(如企业因目标变化或提升)而对外发布的内部控制评价报告,也可以是企业针对发现的重大缺陷等向董事会(审计委员会)或经理层报送的内部报告(即内部控制缺陷报告)。

根据《企业内部控制基本规范》《企业内部控制评价指引》的要求,财政部同证监会联合制定了《公开发行证券的公司信息披露编报规则第21号——年度内部控制评价报告的一般规定》,对公开发行证券的公司内部控制信息披露的原则、方法、内容与格式作出了具体规定,对于指导与规范上市公司的内部控制信息披露行为,提高内部控制信息质量,保护投资者的利益,具有重大意义。根据《关于2012年主板上市公司分类分批实施企业内部控制规范体系的通知》(财办会[2012]30号)的规定,到2014年,所有主板上市公司都应在披露2014年公司年报的同时,披露公司内部控制自我评价报告以及注册会计师出具的财务报告内部控制审计报告,对于中小板和创业板上市公司,则没有强制要求。对于需要披露内部控制评价报告的上市公司,在发布年度报告时应遵照执行。鼓励自愿披露内部控制评价报告的其他上市公司参照执行。需要说明的是，该通知是对年度内部控制评价报告披露的最低要求，不论通知是否有明确要求，凡对投资者投资决策有重大影响的内部控制信息，公司均应充分披露。该通知还对内部控制评价报告的格式作出了具体的要求。

【案例 8-6】

万科的五要素内部控制评价

万科企业股份有限公司（以下简称“万科”）成立于 1984 年 5 月，总部设在深圳，是目前中国优秀的专业住宅开发企业，其股票也是具有代表性的地产蓝筹股。2012 年，万科累计实现销售额 1 412.3 亿元，销售面积 1 295.6 万平方米，成为全国第一个年销售额超千亿的房地产公司。2015 年，万科完成销售金额 2 615 亿元，将绿地、恒大刚过 2 000 亿元的销售业绩远远甩在身后。凭这两项数字，万科地产“一哥”的地位更加稳固。

在董事会、管理层及全体员工的持续努力下，万科已经建立起一套比较完整且行之有效的内部控制体系，从公司层面到各业务流程层面均建立了系统的内部控制及必要的内部监督机制，为公司经营管理的合法合规、资产安全、财务报告，以及相关信息的真实性、完整性提供了合理保障。

公司坚持以风险导向为原则，进一步加强覆盖总部、各子公司及各业务部门的三级自我评估体系，并全部纳入评价范围，持续组织总部各专业部门及各子公司对内控设计及执行情况进行系统的自我评价。

公司纳入评价范围的事项包括内部环境、风险评估、控制活动、信息与沟通、内部监督；纳入评价范围的主要业务包括销售、成本、资金、采购、投资、对子公司管理、关联交易、对外担保、募集资金、信息披露。同时通过风险检查、内部审计、监事巡查等方式对公司内部控制的设计及运行的效率、效果进行独立评价。2015 年的具体评价结果阐述如下。

一、内部环境

1. 治理结构

用公司按照《中华人民共和国公司法》《中华人民共和国证券法》《深圳证券交易所上市公司规范运作指引》以及《香港联合交易所有限公司证券上市规则》《企业管治常规守则》等法律、行政法规、部门规章的要求，建立了规范的公司治理结构和科学的议事规则，制定了符合公司发展要求的各项规则和制度，明确决策、执行、监督等方面的职责权限，形成了科学、有效的职责分工和制衡机制。股东大会、董事会、监事会分别按其职责行使决策权、执行权和监督权。股东大会享有法律法规和公司章程规定的合法权利，依法行使对公司经营方针、筹资、投资、利润分配等重大事项的决定权。董事会对股东大会负责，依法行使企业的经营决策权。董事会下设审计委员会、薪酬与提名委员会、投资与决策委员会三个专业委员会，提高运作效率。董事会 11 名董事中，有 4 名独立董事。独立董事担任各个专业委员会的召集人，涉及专业领域的事务须经过专业委员会审议后提交董事会，以利于独立董事更好地发挥作用。监事会对股东大会负责，除了通常的对公司财务和高管履职情况进行检查监督外，还通过组织对子公司的巡视，加强对各子公司业务监督。管理层根据董事会的授权，负责组织实施股东大会、董事会决议事项，主持企业日常经营管理工作。公司坚持与主要股东及其关联企业在业务、人员、资产、机构及财务等方面完全分开，保证了公司具有独立完整的业务及自主经营能力。

2. 机构设置及权责分配

公司结合自身业务特点和内部控制要求设置内部机构，明确职责权限，将权利与责任落实到各责任单位。董事会负责内部控制的建立健全和有效实施。董事会下设立审计委员会，审计委员会负责审查企业内部控制，监督内部控制的有效实施和内部控制自我评价情况，指导及协调内部审计及其他相关事宜等。监事会对董事会建立与实施内部控制进行监督。管理层负责组织领导企业内部控制的日常运行。公司在内控责任方面明确了各子公司第一负责人为内控第一负责人，落实各一线公司各部门的内控责任，在总部统一的管理框架下，自我能动地制定内控工作计划并监督落实。总部及一线公司持续进行内控宣传培训工作，提升各级员工的内控意识、知识和技能。公司总部设立财务与内控中心具体负责组织协调内部控制的建立、实施及完善等日常工作，通过梳理业务流程、编制内部控制评估表、内控调查表、调查问卷、专项研讨会等，组织总部、各子公司、各业务部门进行自我评估及定期检查，推进内控体系的建立健全。总部各专业部门及各子公司均设有内控专员等相关内控管理岗位，负责本单位内部控制的日常管理工作。总部财务与内控中心下设二级部门财务共享中心，负责总部及各一线公司款项支付审核与核算。财务共享中心通过统一的系统平台、规范的业务流程、标准的作业程序，促进集团财务核算规范化水平的提升，为集团经营及管控提供有力支撑。

3. 内部审计

公司监察审计部负责内部监察及内部审计工作，通过开展综合审计、专项审计或专项调查等业务，评价内部控制设计和执行的效率与效果，对公司内部控制设计及运行的有效性进行监督检查，促进集团内控工作质量的持续改善与提高。对在审计或调查中发现的内部控制缺陷，依据问题严重程度向监事会、审计委员会或管理层报告，并督促相关部门采取积极措施予以整改。

4. 人力资源政策

公司制定和实施有利于企业可持续发展的人力资源政策，将职业道德和专业能力作为选拔和聘用员工的重要标准，切实加强员工培训和继续教育，不断提升员工素质。人力资源部每年制定相关培训计划，组织具体培训活动，培养专业人员全面的知识和技能。为进一步完善万科职业道德风险防范体系，公司设立了“万科阳光网”作为举报职务舞弊的专门网站，用于宣传万科的反舞弊政策，收集各类举报信息，预防和发现职务舞弊。公司建立并完善了员工奖惩信息管理系统，严重违法违纪行为可通过集团外部网站进行查询。公司还建立了全体员工的潜在利益冲突申报平台，发布了《职员职务行为准则》《员工内部购房制度》等，并对员工购置万科物业的情况进行了公示。

5. 企业文化

公司秉承“创造健康丰盛的人生”的核心价值观，倡导“客户是我们永远的伙伴”“人才是万科的资本”“阳光照亮的体制”“持续的增长和领跑”等价值理念，专注于为客户提供优质的生活空间和服务，充分尊重人才，追求开放、透明的体制和公平的回报，积极促进公司业绩的持续增长和市场地位的提升，推动公司向绿色企业转型，在投资者、客户、员工等各方面，实现产品和服务的均衡发展。公司高度重视企业文化的宣传和推广，每年组织全公司范围内的“目标与行动”专题活动，由公司管理层进行公司目标和价值观的宣讲。在任用和选拔优秀人才时，把持续培养专业化、富有激情和创造力的职业经理队伍作为公司发展的一项重要使命。

二、风险评估

为促进公司持续、健康、稳定发展，实现经营目标，公司根据既定的发展策略，结合不同发展阶段和业务拓展情况，全面、系统、持续地收集相关信息，及时进行风险评估，动态地进行风险识别和风险分析，并相应调整风险应对策略。公司由相关部门负责对经济形势、产业政策、市场竞争、资源供给等外部风险因素以及财务状况、资金状况、资产管理、运营管理等内部风险因素进行收集研究，并采用定量及定性相结合的方法进行风险分析及评估，为管理层制定风险应对策略提供依据。2014 年开始，为了进一步激发管理团队的主动性和创造性，强化管理团队与股东之间的利益纽带，提升组织绩效，改善公司治理，公司推出事业合伙人机制。在项目层面，建立跟投机制，员工在一定比例内可以投资公司的新项目，项目的管理人员必须投资。新的机制将员工利益和项目发展结合在一起，员工在销售推进、成本节约、运营效率提升等方面体现更强的主人翁意识；在公司层面，推出事业合伙人持股计划，公司合伙人通过券商集合计划购入股票，从而将公司管理层的利益和股东利益更紧密地结合在一起。事业合伙人制度把公司员工和公司的未来联系起来，为公司的发展和转型提供有力的组织机制支持。

三、控制活动

万科公司的主要控制措施包括以下几个方面。

1. 职责分离控制

公司对岗位设置按照职责分离的控制要求，形成各司其职、各负其责、相互制约的工作机制。

2. 授权审批控制

公司各项需审批业务有明确的审批权限及流程，明确各岗位办理业务和事项的权限范围、审批程序和相应责任。公司及各子公司的日常审批业务通过在信息化平台上进行自动控制以保证授权审批控制的效率和效果。

3. 会计系统控制

公司严格遵照国家统一的会计准则和会计制度，建立了规范的会计工作秩序，制定了《万科集团会计管理及核算规范》及各项具体业务核算制度，加强集团会计管理，提高会计工作的质量和水平。与此同时，公司通过不断完善财务信息系统的建设，财务核算工作全面实现信息化，有效保证了会计信息及资料的真实、完整。

4. 财产保护控制

公司建立了财产日常管理制度和定期清查制度，通过设立台账对各项实物资产进行记录、管理，坚持采取定期盘点以及账实核对等措施，保障公司财产安全。

5. 经营监控

公司通过编制营运计划及成本费用预算等实施预算管理控制，明确各责任单位在预算管理中的职责权限，规范预算的编制、审定、下达和执行程序，并通过对营运计划的动态管理强化预算约束，评估预算的执行效果。

6. 绩效考评控制

公司制定了《万科集团绩效考核管理办法》以明确规范绩效考核工作，坚持客观公正、规范透明、绩效导向原则，按期组织季度考核、年度考核，使绩效考核结果能为薪酬分配、人才甄选与培养、团队优化、薪金福利调整等提供决策依据。

四、信息与沟通

公司制定了包括《万科集团信息管理办法》《万科集团信息保密制度》等在内的各项制度，规范公司经营管理信息传递活动。日常经营过程中，公司建立了定期与不定期的业务与管理快报、专项报告等信息沟通制度，便于全面、及时地了解公司经营管理信息。公司致力于信息安全管理体系建设，制定了一系列信息安全方针、策略和制度，以保护公司信息资产的安全。通过持续运用信息化手段、优化信息流程、整合信息系统，不断提高管理决策及运营效力。流程与信息管理部作为信息化工作的执行及管理机构，负责公司财务系统、业务运营系统和办公管理系统的规划、开发与管理，组织公司各类信息系统的开发与维护，在全公司范围内提供信息系统共享服务。

在处理与客户、合作伙伴、投资者和员工的关系方面，公司已建立起较完整透明的沟通渠道，在完善沟通的同时发挥了对公司管理的监督作用。对客户，公司本着“与客户一起成长，让万科在投诉中完美”的客户理念，设立了覆盖总部、地产、物业及网络方式的多种沟通渠道，与客户进行良性互动。对合作伙伴，倡导合作，共生共赢，保持良好的合作关系。公司统一要求签订阳光合作协议，表明万科的价值观和对员工的廉洁要求，明确举报渠道。各子公司重大节日主动向合作伙伴发出廉洁提示，维护与合作伙伴的健康商业合作关系。对投资者，公司除了通过法定信息披露渠道发布公司信息外，投资者还可以通过电话、电子邮件、访问公司网站、直接到访公司、参与公司组织的网络路演和见面会等方式了解公司信息，公司建立网络辅助系统及时响应投资者的各类需求，保证投资者及时了解公司的经营动态，通过互动加强对公司的理解和信任。对员工，设立多条内部沟通渠道，保证沟通顺畅有效。

五、内部监督

公司已经建立起涵盖总部、区域、一线多层级的监督检查体系，通过常规审计、专项调查及聘请第三方检查等多种形式对各业务领域的控制执行情况进行评估和督查，有利于提高内部控制工作的质量。公司设立专门负责受理违反职业道德行为的专业反舞弊网站，并对外公示，提供多种举报渠道，鼓励实名举报，实行查实有奖政策。监察审计部履行内部反舞弊职能，开展专项调查，发挥监督作用。监事会建立了对各子公司的巡查机制，通过现场走访、员工约谈等方式，共同促进内部控制管理水平的提高。上述纳入评价范围的单位、业务和事项涵盖了公司经营管理的主要方面，不存在重大遗漏。

三、内部控制评价报告的披露、报送和使用

（一）内部控制评价报告的对外披露与报送

根据《企业内部控制评价指引》第二十四条至二十六条的要求，内部控制评价报告应当报经董事会或类似权力机构批准后对外披露或报送相关部门。上市公司的年度内部控制评价报告必须在基准日后4个月内向社会公众公开披露；非上市公司的内部控制评价报告须按规定在基准日后4个月内报送有关监管部门，如国有控股企业应按要求报送国有资产监督管理部门和财政部门、金融企业应按规定报送银行和保险监督管理部门、公开发行证券的企业应报送证券监督管理部门。

（二）内部控制评价报告的使用

企业内部控制评价报告的使用者对外包括政府有关监管部门、投资者以及其他利益相关者、中介机构和研究机构等；对内包括企业董事会、各层级管理者以及内部监督机构。

内部控制评价是企业董事会对本企业内部控制有效性的自我评价，具有一定的主观性，在此基础上形成的内部控制评价报告只能作为了解企业内部控制设计与运行情况的途径之一。

复习思考题

1. 试述内部控制评价的主体和对象。
2. 企业内部控制评价的原则有哪些？
3. 什么是内部控制缺陷？内部控制缺陷有哪些类型？
4. 试述企业内部控制评价的程序。
5. 内部控制评价报告的编制、报送和使用环节有哪些注意事项？

思政园地

联通内控，评价有方

中国联通作为在中国上海、中国香港和美国纽约上市的公司，自2005年年末就把内控评审作为保证内控建设有效性的一项重大项目来抓，经过两年多的摸索、实践，逐步建立健全了内控评审体系，积累了一些经验。

1. 制定评审工作计划

中国联通根据公司的业务特点，制定了内控评审工作计划，包括明确职责、确定评审范围、明确具体测试时间、确定被评审单位等各方面。在明确各个层面以及各个部门的职责方面，总部各部门、各省分公司的主要负责人是内控建设工作的第一责任人，从总部到各省级分公司、各地市级分公司均要设立内控办公室，负责具体的组织协调工作。在确定评审范围时，重点关注重要会计科目、重要经营场所、重要业务流程、流程风险评估、关键控制及相互之间的匹配关系，还制定了统一的记录、测试和报告标准及对应的测试方法。为保证评审工作的有效执行，在确定测试执行人员、职责分工后，明确分段测试的具体时间，如应当在年末之前对其年末流程和程序进行复核，以确保年末流程和程序设计的有效性等。在确定被评审单位方面，按照自上而下的评价方法，省分公司为必审单位；按照重要性原则，省会城市分公司以及资产或收入规模占集团公司总规模的0.4%以上的地市分公司为必审单位；按照风险的重要程度，以前年度发生过财务报告错报、舞弊行为，或者公司内、外各项检查、审计中发现重大问题的地市分公司为必审单位。

2. 组织评审人员培训

中国联通公司在进行内控评审前，组织评审人员进行了集中培训，对参与培训的人员明确内控建设评审工作的整体要求，要求参与培训的人员重点掌握内控建设评审的方法和对关键控制点的分析评价，统一评价标准，应遵循以下五项原则：①独立性、客观性、规范性、全面性的原则；②自上而下的原则；③关注重点的原则；④注重效果的原则；⑤注重文档记录的原则。

3. 评审实施

各评审小组成员要根据《中国联通省级分公司内部控制规范》所确定的控制措施编制《内控评审工作底稿》，依据该底稿的具体要求对内控制度规范设计的健全性与执行的有效性进行现场测试。

(1)中国联通公司内控评审的主要内容包括控制环境评审、控制活动评审和IT信息系统控制评审。控制环境评审主要包括检查《员工职业道德守则》《不相容职务相互分离暂行规定》《风险评估管理办法》以及《反舞弊暂行规定》等制度的培训和执行情况，检查经营信息定期分析、财务数据出现重大波动的分析报告，主要经济活动授权审批，经营发展目标实施以及人力资源政策等控制要求的落实执行情况。控制活动评审主要围绕资本性支出、收入、成本费用、资金及资产、财务及信息披露及其他共性六个影响财务信息真实性的业务流程，检查各分公司内控制度的健全性及执行的有效性，依据控制活动发生的频率，抽取一定数量的样本，测试各项控制措施的执行情况和效果。IT信息系统控制评审基本围绕信息系统总体控制和应用控制的要求，对系统开发及变更管理、数据备份管理、日常维护管理、安全管理、系统自动控制、系统用户权限和电子表格管控等情况进行检查，同时针对各省分公司IT管控指标达标率进行评审。

(2)为保证公司资金安全，中国联通在进行内控各环节的评审的同时，也对资金安全状况进行了调查。内容包括非正常开立银行账户或存款、3个月以上(含3个月)银行未达账项、12个月以上应收款项等。

(3)中国联通在完成上述工作的基础上，统一了现场评审需提交的主要工作文档，要求各评审小组按照文档内容的要求填写完整，并经评审人员，评审小组负责人，被测评单位签字盖章确认，以利于评审各环节的责任认定。

(4)在现场评审工作中，中国联通从强调时点、文档记录的重要性、评审工作底稿三个方面入手，确保评审的有效性。

4. 提交评审报告

中国联通要求各评审小组在现场评审结束后一周内提交评审报告和现场评审工作文档，并对评审报告的编制提出了具体的要求，即评审小组出具的评审报告要说明分公司内部控制建设的总体概况、整改目标完成进度，并详细描述未整改的问题，与业务流程相关的关键控制点设计和执行的缺陷，以及有关问题对财务报告的影响，分析问题形成的原因、存在的风险以及对分公司整改的具体要求。

5. 评估测试结果

为了确认内控是否有效运行，中国联通还要求各评审小组在测试后编制一个有关所有内控缺陷、重要缺陷和实质性漏洞的清单，记录每个缺陷的原因并且评估必要的纠正行动，还要对每个纠正后的内控缺陷进行重新测试，以证明它运行的有效性，从而为财务报表认定提供支持。由此可见，中国联通在内控评价过程中在各个步骤设定的明确的标准使得评审组在实施与评审时有法可依、有据可查，而统一的工作底稿也便于评审人员和被测评人员的沟通，同时评审人、责任人、整改时限等细化要求也便于认定和考核。

第九章　内部控制审计

学习目标

◆ 理解内部控制审计的定义和性质
◆ 理解内部控制审计的主体、目标和对象
◆ 理解内部控制审计与会计报表审计的关系
◆ 掌握内部控制审计的基本程序
◆ 掌握内部控制审计的报告类型

引导案例

风险防控是新时代治国理政的基本要义

腐败是社会毒瘤，是影响经济社会发展、国家长治久安的致命风险。新时代对风险防控提出了新要求，习近平总书记对此展开了系列论述，核心要义是对一切违反党纪国法的行为严惩不贷，对企业（或单位）潜在的各类风险进行预判，对风险进行有效管控。

内部控制是防范风险、遏制贪污腐败的有效手段。内部控制审计是对企业（或单位）内部控制设计和运行有效性的外部评价，是促进企业（或单位）内部控制进一步完善的利器。

中国注册会计师协会发布的上市公司 2019 年年报审计情况快报（第十期）数据显示，截至 2020 年 7 月 1 日，共有 40 家事务所为 1 989 家上市公司出具了内部控制审计报告。其中，沪市主板 1 429 家，深市主板 462 家，中小板 85 家，创业板 9 家，科创板 4 家。在披露的内部控制审计报告中，从审计报告意见类型看， 1 921 家上市公司被出具了无保留意见审计报告，占比 96.58%（其中，43 家被出具带强调事项段的无保留意见，占比 2.24%）；66 家被出具否定意见，占比 3.32%；2 家被出具无法表示意见，占比 0.10%。

在 2011—2019 年纳入实施范围上市公司内部控制审计意见中，否定意见的内部控制审计报告 2011 年只有 1 家，2012 年有 3 家，2013 年有 9 家，2014 年增加到 20 家，2015 年有 16 家，2017 年有 37 家，到 2018 年和 2019 年分别飙升到 52 家和 66 家。从以上数据可以看出，我国上市公司内部控制建设的质量还有很大的提升空间。

思考：导致我国上市公司否定意见的内部控制审计报告数量逐年上升的因素有哪些？

（资料来源：http://www.cicpa.org.cn/news/202007/t20200722_52841.htmlhttp://www.gov.cn/ldhd/2012-11/19/content_2269332.htm）

21 世纪初发生的“安然事件”“世通事件”等一系列公司财务报表舞弊事件，使人们认识到健全而有效的内部控制对预防类似事件的发生至关重要，企业的利益相关者逐渐从重视财务报告本身的可靠性转向注重对保证财务报告可靠性机制的审核,希望通过过程的有效保证结果的有效。投资者要求企业披露其内部控制相关信息,并要求注册会计师审计这些相关信息,以增强信息的可靠性。如美国和日本以法案形式对企业财务报告内部控制审计进行了强制要求,欧盟以及加拿大、英国等虽未对内部控制审计提出强制要求,但其上市规则要求审计师对企业管理层所做的内部控制声明进行形式上的审阅,在一定程度上预防了公司内部控制重大缺陷的发生;我国的《企业内部控制基本规范》要求会计师事务所对企业内部控制的有效性进行审计、出具审计报告,财政部于2010年4月15日颁布了《企业内部控制审计指引》(以下简称《审计指引》),明确注册会计师对企业实施内部控制审计。

第一节 内部控制审计概述

一、内部控制审计的定义

内部控制审计,是指会计师事务所接受委托,对特定基准日内部控制设计与运行的有效性进行审计。依据《企业内部控制基本规范》和《审计指引》,我国的内部控制审计,是注册会计师针对被审计单位的内部控制实施合理保证(高水平保证)的鉴证业务。

理解内部控制审计的定义时应注意以下几点。

(1)内部控制审计的目标。《审计指引》指出内部控制审计的目标是对企业财务报告内部控制设计与运行的有效性发表审计意见。

(2)内部控制审计的责任。建立健全和有效实施内部控制是企业董事会的责任;按照《审计指引》的要求,在实施审计工作的基础上对企业内部控制的有效性发表审计意见是注册会计师的责任。换言之,内部控制本身是否有效是企业董事会的管理责任;注册会计师是否遵循内部控制审计指引开展审计并发表恰当的审计意见是注册会计师的责任。

(3)内部控制审计的范围。注册会计师审计的范围应当覆盖企业内部控制整体,但是考虑到注册会计师在内部控制审计过程中的风险责任承担能力限制,《审计指引》要求注册会计师应当对企业财务报告内部控制的有效性发表审计意见,并对内部控制审计过程中注意到的非财务报告内部控制的重大缺陷,在内部控制审计报告中增加“非财务报告内部控制重大缺陷描述段”予以披露。

(4)内部控制审计的方法。《审计指引》要求注册会计师按照自上而下的方法实施审计工作,并将方法作为识别风险、选择拟测试控制的基本思路。同时强调注册会计师在实施审计工作时,可以将企业层面控制和业务层面控制的测试结合进行。

(5)内部控制审计的基准日。《审计指引》要求注册会计师基于特定基准日(如12月31日)内部控制的有效性发表意见,而不是对财务报表涵盖的整个期间(如一年)的内部控制的有效性发表意见。

二、企业内部控制评价与注册会计师内部控制审计

现代审计的主流是以财务报表审计为代表的对信息的检验。但是,随着企业经济活动和经济全球化的不断发展,社会民主意识对政府和社会团体等机构信息披露要求的不断提

高，审计范围越来越广泛，审计的类型越来越多，人们对审计也越来越关心。审计是为了确认有关行为是否妥当，或者行为人所给的信息（陈述、认可）是否可靠，由独立第三方进行的一种检验。审计对于注册会计师而言，主要是财务报表审计。《萨班斯—奥克斯利法案》（简称 SOX 法案）之后，美国开始实施财务报告内部控制审计，日本、加拿大等国家也相继制定相关的审计准则并适时推出制度安排。这说明除了传统的财务报表审计外，还有一套新的审计制度安排，即内部控制审计。也就是说，需要对内部控制预期目标的实现进行检查和评价，即建立一套内部控制评价和报告体系来提高内部控制的有效性，加强内部控制信息的透明度。这套内部控制评价与报告体系既要求管理层对内部控制的有效性进行评价，也要求中介机构对其进行审计。

《审计指引》第三条规定，建立健全和有效实施内部控制、评价内部控制的有效性，是被审计单位董事会（或类似决策机构，下同）的责任。按照《审计指引》的要求，在实施审计工作的基础上对内部控制的有效性发表审计意见，是注册会计师的责任。被审计单位对以下行为负有直接责任：按照规定编制财务报告；构建内部控制体系，并不断改进和维护，以使其发挥应有的作用；在期末出具内部控制自评报告。而注册会计师的责任只是对内部控制的有效性发表意见，对被审计单位的内部控制有效性本身不负有任何责任。

三、整合审计

《审计指引》第五条规定，注册会计师可以单独进行内部控制审计，也可以将内部控制审计与财务报表审计整合进行（以下称整合审计）。理解这一规定，有两点需要明确：

（一）内部控制审计与财务报表审计是两种不同的审计业务

1. 审计目标不同

内部控制审计的目标是对被审计单位内部控制设计与运行的有效性进行审计，并重点就财务报告内部控制的有效性发表审计意见。财务报表审计的目标是对财务报表是否按照国家统一的会计准则制度的规定编制、是否在所有重大方面公允反映被审计单位的财务状况、经营成果和现金流量发表审计意见。

2. 审计程序不同

内部控制审计中，注册会计师了解和测试内部控制的目的是收集充分、适当的审计证据对内部控制设计和运行的有效性发表审计意见。因此，注册会计师对所有重要账户、各类交易和列报的相关认定，都要了解和测试相关的内部控制。财务报表审计中，注册会计师了解内部控制是为了评估重大错报风险，测试内部控制是为了进一步证明了解内部控制时得出的初步结论是否恰当，了解和测试内部控制的最终目的是服务于注册会计师对财务报表发表审计意见。因此，注册会计师只在拟信赖内部控制运行有效性并作出实质性程序的性质、时间和范围等安排时，或者仅实施实质性程序，不能提供认定层次充分、适当的审计证据的情况下，才开展内部控制测试工作。

3. 审计结果不同

内部控制审计结束时，注册会计师必须对财务报告内部控制的有效性发表审计意见。财务报表审计结束时，注册会计师通常不对外披露企业的内部控制情况，而是以管理建议书的方式向管理层或治理层报告财务报表审计中发现的内部控制重大缺陷。

（二）内部控制审计与财务报表审计可以整合起来进行

注册会计师在内部控制审计与财务报表审计中都要关注财务报告质量和审计风险，审计过程中形成的很多审计证据可以相互支持、相互利用。因此，注册会计师在计划和执行内部控制审计工作时，可以根据实际情况将内部控制审计与财务报表审计进行整合，以降低审计成本、提高审计质量。

在整合审计中，注册会计师可以利用在一种审计中获得的结果为另一种审计中的判断和拟实施的程序提供信息。实施财务报表审计时，注册会计师可以利用内部控制审计识别出的控制缺陷来修改实质性程序的性质、时间安排和范围，并且可以利用该结果来支持分析程序中所使用的信息的完整性和准确性；实施内部控制审计时，注册会计师需要重点考虑财务报表审计中发现的财务报表错报，考虑这些错报对评价内控有效性的影响。

【案例 9-1】

财务报表审计与内部控制审计的整合探索

财务报表审计与内部控制审计整合，可以提升审计效率，提高审计质量，降低审计成本。

1. 被审计单位简介

A 公司是生产汽车安全玻璃和浮法玻璃并提供一体化服务的企业。政府大力推广新能源汽车的背景，为汽车玻璃行业发展带来了良好的政策环境，这使得环保型汽车玻璃拥有较大的发展空间。2015— 2017 年，A 公司总资产分别为 168.75 亿元、248.26 亿元、298.65 元，营业收入分别为 129.28 亿元、135.73 亿元、166.21 亿元，净利润分别为 22.19 亿元、26.05 亿元和 31.44 亿元。由此可以看出，A 公司总资产、营业收入和净利润均呈逐年上升趋势。

2. 制定审计计划

整合审计目标，即获取充分证据为 A 公司财务报表不存在重大错报，以及内部控制不存在重大缺陷提供合理保证。在确定审计目标的基础上制定整合审计计划，采用总体审计与具体审计相结合的审计方式。在总体审计计划中，明确审计方向、审计时间、审计范围，掌握被审计单位情况以及所处的环境，对被审计单位的控制风险进行识别；在具体审计计划中，制定风险评估程序、控制测试程序和实质性程序。如果在审计工作中发现重大缺陷，则要对审计计划进行修改，扩大审计范围。

3. 识别与评估风险

（1）公司层面的风险识别与评估。运用询问、观察、检查、穿行测试等审计方法，掌握公司层面内部控制状况，具体包括：①了解行业情况以及其他外部因素；②了解被审计单位性质；③掌握被审计单位的会计政策；④了解被审计单位的目标、战略和经营风险；⑤掌握被审计单位的财务业绩核算情况。

（2）认定层次的风险识别与评估。根据被审计单位财务报表中的相关信息，判断业务流程被哪些重大认定所影响，识别出重大账户及其包含的业务循环流程。具体包括现金、银行存款、应收账款、存货、固定资产、应付账款、应付职工薪酬、主营业务收入、主营业务成本、管理费用、销售费用等重大账户。

（3）择拟测试的内部控制，选择重要的控制进行测试，从重大账户的金额和性质识别出内部控制的高风险领域，确定拟测试的内部控制。在对A公司开展整合审计的过程中，确定销售与收款为控制测试项，查找错报风险。

4. 控制测试

（1）了解销售与收款循环流程。A公司主要采用直销或经销的方式销售汽车安全玻璃，在该循环流程中，主要涉及客户信息收集整理、提供销售方案、签订销售合同、确定销售收入、收回货款等环节。

（2）测试控制设计的有效性。A公司采用ERP系统，集采购、生产、销售与核算于一体进行业务管理与流程监控。整合审计时，需要审计ERP系统的一般控制、应用控制和公司层面信息技术控制等。在销售与收款循环内部控制有效性的审计中，识别出关键控制活动，确定控制是否得到有效执行。以“订单处理”子流程为例，该子流程主要包括四项控制：按顺序对销售订单进行连续编号、核对销售订单与原始凭据、审批销售订单和订单处理。在审计中，发现上述四项控制能够达到订单记录完整性和准确性、销售条款和价格审批严格、由不兼容岗位配合完成订单处理的控制目标，因此，注册会计师判定“订单处理”子流程控制得到了有效执行。通过穿行测试表明，A公司实际执行内部控制情况与注册会计师了解的情况基本一致。据此，注册会计师作出“控制得到执行”的评定，并认定控制执行对应的风险较低，判定测试控制设计有效。

（3）测试控制运行的有效性。注册会计师确定以下控制测试关键点：①销售订单是否执行相应审批流程；②提货单是否有部门负责人签字；③提货单与销售发票上的信息是否一致。在审计过程中，注册会计师将全年的销售收入明细账作为测试对象，发现销售旺季时订单一天多次，销售淡季时订单平均三天一次，全年销售订单数量超过1 000份，所以认定该控制运行频率较高，并继续测试控制运行的有效性：①销售订单编号是否连续，是否有领导签字审批；②货运单据是否有客户、相关部门或物流公司签字；③销售订单、销售发票与货运单据在关键信息上是否有差异。

5. 评价内部控制缺陷

在完成内部控制测试之后，注册会计师对内控有效性进行评价，并根据内部控制缺陷分析其对财务报表的影响，编制内部控制缺陷汇总表。在审计中，发现两处内部控制缺陷：①销售合同审批不严格，采用格式化合同条款，只填列相关要素，合同双方盖章即生效。此项内部控制缺陷直接影响主营业务收入和应收账款重大账户，认定为一般缺陷，在财务报表中拟重点关注收入的真实性。②部分发货单、验收单编号不连续、无责任人签字、无具体日期，存在随意确认收入时点的情况。此项内部控制缺陷直接影响主营业务收入和应收账款，认定为一般缺陷，在财务报表中拟重点关注收入的真实性。

6. 实质性程序

注册会计师根据控制测试结果，审计各类账户、列报及其相关认定，进入实质性程序。对比分析实质性程序的审计结果与控制测试的审计结果，若实质性程序中发现财务报表错报问题，则表明被审计单位的内部控制设计与运行中可能存在未发现的缺陷，注册会计师应增加控制测试内容。整理审计工作底稿，检查工作底稿中是否详细记录实质性程序和控制测试中发现的问题。

7. 出具审计报告

注册会计师根据审计过程中所获取的充分证据，结合已经发现的内部控制缺陷和财务报表重大错报，与被审计单位进行讨论，出具标准无保留的财务报表审计意见和内部控制审计意见。在财务报表审计报告中，重点评价审计时的重大发现。编制财务报表，更正错报汇总表，核实未更正的错报，形成审计意见；在内部控制审计报告中，对审计工作中得出的相关结论进行实质性程序检验，获取审计证据，汇总内部控制缺陷，最终确定审计意见类型。

四、内部控制审计的原则

注册会计师应当坚持风险导向审计的基本原则，利用自上而下的审计方法进行审计。风险导向原则下的内部控制审计具体程序应包括以下内容。

（1）在承接审计业务和制定审计计划之前，注册会计师要实施一些必要的审计程序，充分了解企业的内部控制体系的构建与运行，在此基础上决定是否承接该项业务。这样做是为了在源头上降低审计风险。如果内部控制缺陷比较严重、风险较大，则可以直接拒绝承接该项业务。这样就把风险控制在了一个较低的水平。

（2）确定承接审计业务后，注册会计师需要对内控风险进行评估。这是为了评价内控体系的可信赖度。在进行这项工作时，注册会计师需要在对企业所有风险进行综合了解、分析、评价之后，根据风险大小的相对顺序来确定审计范围，然后有目标、有重点地展开评估。

（3）完成了风险评估之后，还需要实施进一步的审计程序。注册会计师应当将主要审计资源分配到风险较高的部分，使得这些部分能够被重点“照顾”。这样做的目的也是为了降低审计风险。

（4）在完成以上工作之后，注册会计师需要做一项相当于中期检查的工作，也就是评价之前实施的审计测试程序是否恰当，评价收集的审计证据是否适宜，即重新评价内控风险。做完这些工作之后，再对审计风险是否在可接受的范围之内作出判断。

（5）完成了所有的前期工作之后，注册会计师需要综合分析收集到的审计证据，在坚持独立、谨慎等职业道德的前提下，出具符合规定的内控审计报告。注册会计师可以利用之前年度的审计工作结果，以尽量减少重复审计，降低审计成本。当然，注册会计师在利用之前年度的审计工作结果时，要考虑被审计单位的内部控制环境是否发生变化，以确定利用程度。

第二节　内部控制审计程序

内部控制审计的程序主要包括计划内部控制审计工作、实施内部控制审计工作和完成内部控制审计工作等环节。

一、计划内部控制审计工作

《审计指引》第六条指出，注册会计师应当恰当地计划内部控制审计工作，配备具有专业胜任能力的项目组，并对助理人员进行适当的督导。

（一）审计业务约定书

只有当内部控制审计的前提条件得到满足，并且会计师事务所符合独立性要求，具备专业胜任能力时，会计师事务所才能接受或保持内部控制审计业务。

1. 内部控制审计的前提条件

在确定内部控制审计的前提条件是否得到满足时，注册会计师应当：

（1）确定被审计单位采用的内部控制标准是否适当；

（2）就被审计单位认可并理解其责任与治理层和管理层达成一致意见。

被审计单位的责任包括：

（1）按照适用的内部控制标准，建立健全和有效实施内部控制，以使财务报表不存在由于舞弊或错误导致的重大错报；

（2）对内部控制的有效性进行评价并编制内部控制评价报告；

（3）向注册会计师提供必要的工作条件，包括允许注册会计师接触与内部控制审计相关的所有信息（如记录、文件和其他事项），允许注册会计师在获取审计证据时不受限制地接触其认为必要的内部人员和其他相关人员等。

2. 签订单独的内部控制审计业务约定书

如果决定接受或保持内部控制审计业务，会计师事务所应当与被审计单位签订单独的内部控制审计业务约定书。业务约定书应当至少包括以下内容：

（1）内部控制审计的目标和范围；

（2）注册会计师的责任；

（3）被审计单位的责任；

（4）指出被审计单位采用的内部控制标准；

（5）提及注册会计师拟出具的内部控制审计报告的形式和内容，以及对在特定情况下出具的内部控制审计报告可能不同于预期形式和内容的说明；

（6）审计收费。

（二）编制内部控制审计计划

1. 总体要求

注册会计师必须就内部控制审计业务进行充分的计划以便获取足够的证据来形成审计结论。审计计划的编制应当在充分了解被审计单位内部控制情况的基础上进行，包括选派合适的人员、拟订实施的程序、安排程序的实施时间、确定评价的标准、实施过程的监督等。

对内部控制的评价必须依据一定的标准、审计准则建立。机构、有关的监管部门和其他由专家组成的组织按照规定的程序发布的标准都可以成为内部控制的评价标准。财政部等五部委制定的《企业内部控制基本规范》《企业内部控制应用指引》是注册会计师评价企业内部控制是否有效运行的基础标准。

在计划审计工作时，注册会计师应当评价以下事项对财务报表、内部控制以及审计工作的影响：

（1）与企业相关的风险；

（2）相关法律法规和行业概况；

（3）企业组织结构、经营特点和资本结构等相关重要事项；

（4）企业内部控制最近发生变化的程度；

（5）与企业沟通过的内部控制缺陷；

（6）重要性、风险等与确定内部控制重大缺陷相关的因素；

（7）对内部控制有效性的初步判断；

（8）可获取的、与内部控制有效性相关的证据的类型和范围。

除了考虑以上因素外，注册会计师还要了解财务报告内部控制审计与财务报表审计的关系，对企业进行风险评估，评价企业的规模和结构复杂程度，考虑是否使用其他人员（如内部审计人员）的测试工作，这些都有助于注册会计师制定适当的审计计划，节约审计时间和资源，提高审计效率。

2. 人员安排

在计划审计工作时，项目合伙人需要统筹考虑审计工作，挑选相关领域的人员组成项目组，同时对项目组成员进行培训和督导，以合理安排审计工作。

审计项目小组成员应当符合以下要求：

（1）具有性质和复杂程度类似的内部控制审计经验；

（2）熟悉企业内部控制相关规范和指引要求；

（3）掌握《企业内部控制审计指引》，并符合中国注册会计师执业准则的相关要求；

（4）拥有被审计单位所处行业的相关知识；

（5）具有职业判断能力。

3. 贯彻风险评估原则

根据《审计指引》第八条的规定，在内部控制审计中，注册会计师应当以风险评估为基础，确定重要账户、列报及其相关认定，选择拟测试的控制，并确定针对所选定控制所需收集的证据。

实施风险评估时，可以考虑固有风险及控制风险。在计划审计工作阶段，对内部控制的固有风险进行评估，作为编制审计计划的依据之一。根据对控制风险评估的结果，调整计划阶段对固有风险的判断，这是个持续的过程。

通常，对企业整体风险的评估和把握由富有经验的项目管理人员完成。风险评估结果的变化将体现在具体审计步骤及关注点的变化中。

内部控制的特定领域存在重大缺陷的风险越高，给予该领域的审计关注就越多。该领域内部控制不能防止或发现并纠正由于舞弊导致的错报风险，通常高于其他领域不能防止或发现并纠正错误导致的错报风险。注册会计师应当更多地关注高风险领域，而没有必要测试那些即使有缺陷也不可能导致财务报表重大错报的控制。

在进行风险评估以及确定审计程序时，企业的组织结构、业务流程或业务单元的复杂程度可能产生的重要影响均是注册会计师应当考虑的因素。

4. 总体审计策略

注册会计师应当在总体审计策略中体现以下内容。

（1）确定内部控制审计业务特征，以界定审计范围。例如，被审计单位采用的内部控制标准、注册会计师预期内部控制审计工作涵盖的范围、对组成部分注册会计师工作的参与程度、注册会计师对被审计单位内部控制评价工作的了解，以及拟利用被审计单位内部相关人员工作的程度等。

（2）明确内部控制审计业务的报告目标，以及计划审计的时间安排和所需沟通的性质。例如，被审计单位对外公布或报送内部控制审计报告的时间、注册会计师与管理层和治理层讨论内部控制审计工作的性质、时间安排和范围，注册会计师与管理层和治理层讨论拟出具内部控制审计报告的类型和时间安排及沟通的其他事项等。

（3）根据职业判断，考虑用以指导项目组工作方向的重要因素。例如，财务报表整体的重要性和实际执行的重要性、初步识别的可能存在重大错报的风险领域、内部控制最近发生变化的程度、与被审计单位沟通过的内部控制缺陷、对内部控制有效性的初步判断、信息技术和业务流程的变化等。

（4）考虑初步业务活动的结果，并考虑对被审计单位执行其他业务时获得的经验是否与内部控制审计业务相关（如适用）。

（5）确定执行内部控制审计业务所需资源的性质、时间安排和范围。例如，项目组成员的选择及对项目组成员审计工作的分派、项目时间预算等。

5. 具体审计计划

注册会计师应当在具体审计计划中体现下列内容：

（1）了解和识别内部控制的程序的性质、时间安排和范围；

（2）测试控制设计有效性的程序的性质、时间安排和范围；

（3）测试控制运行有效性的程序的性质、时间安排和范围。

6. 对舞弊风险的考虑

在计划和实施内部控制审计工作时，注册会计师应当考虑财务报表审计中对舞弊风险的评估结果。在识别和测试企业整体层面控制及选择其他控制进行测试时，注册会计师应当评价被审计单位的内部控制是否足以应对识别出的、由于舞弊导致的重大错报风险，并评价为应对管理层和治理层凌驾于控制之上的风险而设计的控制。

被审计单位为应对这些风险可能设计的控制包括：

（1）针对重大的非常规交易的控制，尤其是针对导致会计处理延迟或异常的交易的控制；

（2）针对期末财务报告流程中编制的分录和做出的调整的控制；

（3）针对关联方交易的控制；

（4）与管理层的重大估计相关的控制；

（5）能够减弱管理层和治理层伪造或不恰当操纵财务结果的动机和压力的控制。

7. 利用相关人员的工作

在计划审计工作时，注册会计师需要评估是否利用他人（包括企业的内部审计人员、内部控制评价人员、其他人员以及在董事会和其审计委员会指导下的第三方）的工作及利用的程度，以减少可能本应由注册会计师执行审计的工作。

（1）利用内部审计人员的工作

如果决定利用内部审计人员的工作，注册会计师应当按照《中国注册会计师审计准则第 1411 号——利用内部审计人员的工作》的规定办理。

（2）利用他人的工作

如果拟利用他人的工作，注册会计师则需要评价该人员的专业胜任能力和客观性。专业胜任能力即具备某种专业技能、知识或经验，有能力完成分派的任务；客观性则是公正、诚实地执行任务的能力。专业胜任能力和客观性越高，可利用程度就越高，注册会计师就可以越多地利用其工作。当然，无论人员的专业胜任能力如何，注册会计师都不应利用那些客观程度较低的人员的工作。同样，无论人员的客观程度如何，注册会计师都不应利用那些专业胜任能力较低的人员的工作。通常认为，企业的内部控制审计人员拥有更多的专业胜任能力和客观性，注册会计师可以考虑更多地利用这些人员的相关工作。

在内部控制审计中，注册会计师利用他人工作的程度还受到与被测试控制相关的风险的影响。与某项控制相关的风险越高，可利用他人工作的程度就越低，注册会计师就需要更多地对该项控制亲自进行测试。

如果其他注册会计师负责审计企业的一个或多个分部、分支机构、子公司等组成部分的财务报表和内部控制，注册会计师应当按照《中国注册会计师审计准则第 1401 号——对集团财务报表审计的特殊考虑》的规定，确定是否利用其他注册会计师的工作。

需要强调的是，注册会计师应当对自己发表的审计意见独立承担责任，其责任不因为利用企业相关人员的工作而减轻。

8. 编制审计工作底稿

内部控制审计工作底稿，是注册会计师对制定的审计计划、实施的审计程序、获取的相关审计证据，以及得出的审计结论等的记录。注册会计师编制审计工作底稿可以为审计工作提供充分、适当的记录，可以作为出具审计报告的基础；同时，也为注册会计师证明其按照指引的规定执行了审计工作提供证据。

由于内部控制审计更多的是建立在整合审计的基础上的，如何形成内部控制审计工作底稿成为实施指引的关键。目前有两种观点：一种观点是将内部控制审计工作底稿并入财务报表审计工作底稿，形成一套工作底稿；另一种观点是无论是否实施整合审计，内部控制审计工作底稿单独归档，形成独立的工作底稿。

《审计指引》采纳了后一种观点，即如果企业聘请两家会计师事务所分别对其内部控制和财务报表进行审计，毫无疑问，两家会计师事务所应当分别形成内部控制审计工作底稿和财务报表审计工作底稿。如果由一家会计师事务所同时对其内部控制和财务报表进行审计,那么注册会计师还是应当分别形成内部控制审计工作底稿和财务报表审计工作底稿,只不过整合审计部分形成的工作底稿既可以归档到内部控制审计工作底稿中,又可以归档到财务报表审计工作底稿中,两套工作底稿之间建立交叉索引,以减轻注册会计师编制工作底稿的负担。

注册会计师应当按照我国相关审计准则及《企业内部控制审计指引》的规定,编制内部控制审计工作底稿,完整地记录审计工作情况。

《中国注册会计师审计准则第 1131 号——审计工作底稿》规定,注册会计师应当在审计工作底稿中记录以下内容:

(1)内部控制审计计划及重大修改情况;

(2)相关风险评估和选择拟测试的内部控制的主要过程及结果;

(3)测试内部控制设计与运行有效性的程序及结果;

(4)对识别的控制缺陷的评价;

(5)形成的审计结论和意见;

(6)其他重要事项。

二、实施内部控制审计工作

在计划审计工作的基础上,实施内部控制审计工作阶段按照自上而下的方法,注册会计师的工作主要包括识别整体层面控制,识别重要账户、列报及其相关认定,了解错报的可能来源,选择拟测试的控制,测试控制设计的有效性,测试控制运行的有效性。

(一)自上而下的内部控制审计方法

《审计指引》第十条规定,注册会计师应当按照自上而下的方法实施审计工作。自上而下的方法是注册会计师识别风险、选择拟测试控制的基本思路。

在内部控制审计中,审计人员应当运用自上而下的方式对内部控制进行了解,以便选择拟测试控制,然后对业务流程层面的内部控制进行测试与评价。也就是说,自上而下的方式要求审计人员从公司层次控制开始,然后将工作逐渐下移至重要账户、重要过程,最后展开到存在于过程、交易或应用层次的具体控制活动。这种方法引导审计人员将注意力放在导致财务报表及相关列报的重大错报可能存在的账户、列报和认定上。之后,审计人员将验证其对于公司业务流程中风险的了解,并选择拟测试控制,那些控制足以应对已评估的每一个相关认定的错报风险。自上而下的方法按照以下思路展开:①从财务报表初步了解内部控制的整体风险;②识别企业层面控制;③识别重要账户、列报和相关认定;④了解错报的可能来源;⑤选择拟测试的控制。

在财务报告内部控制审计中,自上而下的方法始于财务报表层次,从注册会计师对财务报告内部控制整体风险的了解开始,然后,注册会计师将关注重点放在企业层面的控制上,并将工作逐渐下移至重大账户、列报和相关认定。这种方法引导注册会计师将注意力放在显示有可能导致财务报表及相关列报发生重大错报的账户、列报和认定上。之后,注册会计师验证其了解到的业务流程中存在的风险,并就已评估的每个相关认定的错报风险选择足以应对这些风险的业务层面控制进行测试。在非财务报告内控审计中,自上而下的方法始于企业层面控制,并将审计测试工作逐步下移到业务层面控制。需要说明的是,自上而下的方式描述了审计人员在识别风险及测试的控制时的连续思维过程,但并不一定是审计人员将要执行审计程序的顺序。

(二)了解内部控制并设计控制测试

在了解内部控制阶段,审计人员需要了解被审计单位的内部控制五要素、识别企业层面的控制、估计审计委员会监督的有效性、识别重要的财务报表项目和披露、识别相关的财务报表认定、识别重要的交易过程和类别、了解期末财务报告的过程、识别拟测试的控制活动。

了解内部控制的主要目的是确定要测试的内部控制。尽管内部控制审计的对象是作为整体与财务报告相关的内部控制,但是审计人员没有必要测试所有的控制活动,只有与保证财务报表可靠性的重要认定所对应的控制活动才是必须测试的。

注册会计师应当针对每一相关认定获取控制有效性的审计证据,以便对内部控制整体的有效性发表意见,但没有责任对单项控制的有效性发表意见。

注册会计师应当对被审计单位的控制是否足以应对评估的每个相关认定的错报风险形成结论。因此,注册会计师应当选择对形成这一评价结论具有重要影响的控制进行测试。

对特定的相关认定而言,可能有多项控制用以应对评估的错报风险。反之,一项控制也可能应对评估的多项相关认定的错报风险。注册会计师没有必要测试与某项相关认定有关的所有控制。

在确定是否测试某项控制时,注册会计师应当考虑该项控制单独或连同其他控制,是否足以应对评估的某项相关认定的错报风险,而不论该项控制的分类和名称如何。

(三)识别企业整体层面内部控制

注册会计师应当识别、了解和测试对内部控制有效性有重要影响的企业整体层面控制。注册会计师对整体层面控制的评价,可能增加或减少本应对其他控制进行的测试。

1. 企业整体层面控制对其他控制及其测试的影响

不同的企业整体层面控制在性质和精确度上存在差异,注册会计师应当从下列方面考虑这些差异对其他控制及其测试的影响。

(1)某些整体层面控制,如与控制环境相关的控制,对及时防止或发现并纠正相关认定的错报的可能性有重要影响。虽然这种影响是间接的,但这些控制仍然可能影响注册会计师拟测试的其他控制,以及测试程序的性质、时间安排和范围。

(2)某些整体层面控制旨在识别其他控制可能出现的失效情况,能够监督其他控制的有效性,但还不足以精确到及时防止或发现并纠正相关认定的错报。当这些控制运行有效时,注册会计师可以减少对其他控制的测试。

(3)某些整体层面控制本身能够精确到足以及时防止或发现并纠正相关认定的错报。如果一项整体层面控制足以应对已评估的错报风险,注册会计师就不必测试与该风险相关的其他控制。

2. 企业整体层面控制的内容

企业整体层面控制包括以下内容:①与内部环境相关的控制;②针对管理层和治理层凌

驾于控制之上的风险而设计的控制；③被审计单位的风险评估过程；④对内部信息传递和期末财务报告流程的控制；⑤对控制有效性的内部监督和自我评价。此外，集中化的处理和控制（包括共享的服务环境）、监控经营成果的控制，以及针对重大经营控制及风险管理实务的政策也属于整体层面控制。

3. 对期末财务报告流程的评价

期末财务报告流程对内部控制审计和财务报表审计有重要影响，注册会计师应当对期末财务报告流程进行评价。期末财务报告流程包括：①将交易总额登入总分类账的程序；②与会计政策的选择和运用相关的程序；③总分类账中会计分录的编制、批准等处理程序；④对财务报表进行调整的程序；⑤编制财务报表的程序。

（四）识别重要账户、列报及其相关认定

注册会计师应当基于财务报表层次识别重要账户、列报及其相关认定。

如果某账户或列报可能存在一个错报，该错报单独或连同其他错报将导致财务报表发生重大错报，则该账户或列报为重要账户或列报。判断某账户或列报是否重要，应当依据其固有风险，而不应考虑相关控制的影响。

如果某财务报表认定可能存在一个或多个错报，这些错报将导致财务报表发生重大错报，则该认定为相关认定。判断某认定是否为相关认定，应当依据其固有风险，而不应考虑相关控制的影响。

在识别重要账户、列报及其相关认定时，注册会计师还应当确定重大错报的可能来源。注册会计师可以通过考虑在特定的重要账户或列报中错报可能发生的领域和原因，确定重大错报的可能来源。

在内部控制审计中，注册会计师在识别重要账户、列报及其相关认定时应当评价的风险因素，与财务报表审计中考虑的因素相同。因此，在这两种审计中识别的重要账户、列报及其相关认定应当相同。

如果某账户或列报的各组成部分存在的风险差异较大，被审计单位可能需要采用不同的控制以应对这些风险，注册会计师应当分别予以考虑。

（五）了解潜在错报的来源并识别相应的控制

注册会计师应当实现下列目标，以进一步了解潜在错报的来源，并为选择拟测试的控制奠定基础：①了解与相关认定有关的交易的处理流程，包括这些交易如何生成、批准、处理及记录；②验证注册会计师识别出的业务流程中可能发生重大错报（包括由于舞弊导致的错报）的环节；③识别被审计单位用于应对这些错报或潜在错报的控制；④识别被审计单位用于及时防止或发现并纠正未经授权的、导致重大错报的资产取得、实用或处置的控制。

注册会计师应当亲自执行能够实现上述目标的程序，或对提供直接帮助的人员的工作进行督导。

穿行测试通常是实现上述目标的最有效方式。穿行测试是指追踪某笔交易从发生到最终被反映在财务报表中的整个处理过程。注册会计师在执行穿行测试时，通常需要综合运用询问、观察、检查相关文件及重新执行等程序。

在执行穿行测试时,针对重要处理程序发生的环节,注册会计师可以询问被审计单位员工对规定程序及控制的了解程度。实施询问程序连同穿行测试中的其他程序,可以帮助注册会计师充分了解业务流程,识别必要控制设计无效或出现缺失的重要环节。为了了解业务流程处理的不同类型的重大交易,在实施询问程序时,注册会计师不应局限于关注穿行测试所选定的单笔交易。

(六)测试内部控制的有效性

1. 测试控制设计的有效性

注册会计师应当测试控制设计的有效性。如果某项控制由拥有有效执行控制所需的授权和专业胜任能力的人员按规定的程序和要求执行,能够实现控制目标,从而有效地防止或发现并纠正可能导致财务报表发生重大错报的错误或舞弊,则表明该项控制的设计是有效的。

2. 测试控制运行的有效性

注册会计师应当测试控制运行的有效性。如果某项控制正在按照设计运行,其执行人员拥有有效执行控制所需的授权和专业胜任能力,能够实现控制目标,则表明该项控制的运行是有效的。

如果被审计单位利用第三方的帮助完成一些财务报告工作,注册会计师在评价负责财务报告及相关控制的人员的专业胜任能力时,可以一并考虑第三方的专业胜任能力。

注册会计师获取的有关控制运行有效性的审计证据包括:①控制在所审计期间的相关时点是如何运行的;②控制是否得到一贯执行;③控制由谁或以何种方式执行。

3. 测试控制有效性的程序

注册会计师通过测试控制有效性获取的审计证据,取决于其实施程序的性质、时间安排和范围的组合。此外,就单项控制而言,注册会计师应当根据与控制相关的风险对测试程序的性质、时间安排和范围进行适当的组合,以获取充分、适当的审计证据。

注册会计师测试控制有效性的程序,按其提供审计证据的效力,由弱到强排序通常为询问、观察、检查和重新执行。询问本身并不能为得出控制是否有效的结论提供充分、适当的审计证据。

测试控制有效性的程序,其性质在很大程度上取决于拟测试控制的性质。某些控制可能存在反映控制有效性的文件记录;而另外一些控制,如管理理念和经营风格,可能没有书面的运行证据。

对缺乏正式的控制运行证据的被审计单位或业务单元,注册会计师可以通过询问并结合运用其他程序,如观察活动、检查非正式的书面记录和重新执行某些控制,获取有关控制是否有效的充分、适当的审计证据。

4. 控制测试的涵盖期间

对控制有效性的测试涵盖的期间越长,提供的控制有效性的审计证据越多。

单就内部控制审计业务而言,注册会计师应当获取内部控制在基准日之前一段足够长的期间内有效运行的审计证据。在整合审计中,控制测试所涵盖的期间应当尽量与财务报表审计中拟信赖内部控制的期间保持一致。

注册会计师执行内部控制审计业务旨在对基准日内部控制有效性出具报告。如果已获取有关控制在期中运行有效性的审计证据，注册会计师应当确定还需获取哪些补充审计证据，以证实剩余期间控制的运行情况。

5. 控制测试的时间安排

对控制有效性测试的实施时间越接近基准日，提供的控制有效性的审计证据越有力。为了获取充分、适当的审计证据，注册会计师应当在以下两个因素之间做出平衡，以确定测试的时间：①尽量在接近基准日实施测试；②实施的测试需要涵盖足够长的时间。

整改后的内部控制需要在基准日之前运行足够长的时间，注册会计师才能得出整改后的内部控制是否有效的结论。因此，在接受或保持内部控制审计业务时，注册会计师应当尽早与被审计单位沟通这一情况，并合理安排控制测试的时间。

6. 评估控制风险并获取相关证据

在测试所选定控制的有效性时，注册会计师需要根据与控制相关的风险，确定所需获取的证据。与控制相关的风险包括控制可能无效的风险和因控制无效而导致重大缺陷的风险。与控制相关的风险越高，注册会计师需要获取的证据就越多。

与某项控制相关的风险受以下因素的影响：

(1)该项控制拟防止或发现并纠正的错报的性质和重要程度；

(2)相关账户、列报及其认定的固有风险；

(3)相关账户或列报是否曾经出现错报；

(4)交易的数量和性质是否发生变化，进而可能对该项控制设计或运行的有效性产生不利影响；

(5)整体层面控制(特别是对控制有效性的内部监督和自我评价的有效性)；

(6)该项控制的性质及其执行频率；

(7)该项控制对其他控制(如内部环境或信息技术一般控制)有效性的依赖程度；

(8)该项控制的执行或监督人员的专业胜任能力，以及其中的关键人员是否发生变化；

(9)该项控制是人工控制还是自动化控制；

(10)该项控制的复杂程度，以及在运行过程中依赖主观判断的程度。

针对每一项相关认定，注册会计师都需要获取控制有效性的证据，以便对内部控制整体的有效性单独发表意见，但注册会计师没有责任对单项控制的有效性发表意见。

对于控制运行偏离设计的情况(即控制偏差)，注册会计师需要考虑该偏差对相关风险评估、需要获取的证据及控制运行有效性结论的影响。

例如，注册会计师在测试某项关于现金支付的控制有效性时，在抽取的25个样本中发现某样本没有按照该项控制的设计要求由适当层级的人员签字。此时，注册会计师通常会要求企业的相关人员予以解释，并判断解释的合理性，同时相应地扩大样本量，如果没有再发现控制偏差，则认为该控制偏差并不构成控制缺陷。

【案例 9-2】

北京辖区会计师事务所 2019 年度内部控制审计执业情况

一、北京辖区会计师事务所内部控制非标审计意见分析

（一）非标审计意见集中于风险上市公司辖区会计师事务所审计的主板上市公司

被出具非标审计意见的 *ST 和 ST 公司共计 36 家，占非标审计意见的 65.45%。

（二）出具非标审计意见的会计师事务所较为集中

辖区对主板上市公司出具非标审计意见的事务所较为集中，前 4 家合计出具 26 份，占比 47.27%。

（三）非标审计意见的行业分布

从行业分布来看，非标审计意见相对分散，涉及 23 个行业，其中前 5 大行业为轻工制造、传媒、食品饮料、商业贸易、医药生物，合计 21 份，占非标审计意见的 38.18%。值得一提的是，银行、非银金融、机械设备、建筑材料、钢铁等 5 个行业未出现非标审计意见的情形。

（四）部分换所项目审计意见类型发生明显变化

2019 年执行内部控制审计的全国主板上市公司，有 68 家换入辖区会计师事务所，相比 2018 年审计意见类型发生变化的有 16 家。其中，7 个换所项目审计意见类型明显转优，且个别内部控制评价报告未说明上年导致否定意见的缺陷事项的整改情况；9 个换所项目审计意见类型由标准转为非标。

（五）内部控制审计意见类型与财务报表审计意见类型基本一致

辖区事务所出具非标意见内部控制审计报告的 55 家主板公司，财务报表审计意见类型也多为非标审计意见，数量达 48 家，占比 87.27%。反之，辖区事务所出具的非无保留意见财务报表审计报告的 42 家主板公司，内部控制报告审计意见类型也多为非标审计意见，数量达 38 家，占比 90.48%。

二、北京辖区会计师事务所内部控制审计报告存在的问题

（一）内部控制审计报告概念理解有误，披露不规范、不严谨

1. 以内部控制鉴证报告代替审计报告。根据财政部办公厅证监会办公厅《关于 2012 年主板上市公司分类分批实施企业内部控制规范体系的通知》（财办会 [2012] 30 号），除符合相关豁免条件外，自 2014 年度开始，所有主板上市公司均应在披露公司年报的同时披露董事会对公司内部控制的自我评价报告以及注册会计师出具的内部控制审计报告。

2. 未披露不适用内部控制审计报告的原因及披露前后不一致。

3. 未按照规定格式规范表述或表述错误。一是部分审计报告对企业内控自我评价报告要素列报不完整或不恰当，未予以充分关注和说明；二是标准无保留意见的内部控制审计报告中专设未注意到非财务报告重大缺陷的段落，容易让报告使用者产生审计师对非财务报告内部控制已执行专门程序或发表意见的误解；三是强调事项段中未按照格式表述“本段内容不影响已对财务报告内部控制发表的审计意见”等内容；四是无法表示意见的审计报告中，引言段、审计意见段描述不准确，未按照格式规范表述；五是将内部控制审计报告中强调事项段的描述索引至财务报表附注，或采用“我们提醒财务报表使用者关注”的表述等。

（二）标准无保留意见内部控制审计报告存在的问题

1. 标准无保留意见的适当性存疑。注册会计师发现当期财务报表存在重大错报，而被审计单位内部控制在运行过程中未能发现该错报。

2. 未考虑报告要素列报不完整或不恰当对审计意见的影响。如果企业内部控制评价报告对要素的列报不完整或不恰当，注册会计师应当在内部控制审计报告中增加强调事项段，说明这一情况并解释得出该结论的理由。

（三）带强调事项段无保留意见的内部控制审计报告存在的问题

1. 内部控制缺陷程度认定恰当性存疑。例如，个别公司认定本年度存在内部审计部门尚未全面履行部门职责，该内部监督失效的事项表明公司可能存在财务报告内部控制重大缺陷。但是审计师仅出具了带强调事项段的无保留意见，来说明该事项对基准日内部控制有效性结论的影响，未进一步分析和考虑该企业层面控制问题导致其存在财务报告内部控制缺陷的可能性，并判断其严重程度，审计意见的恰当性存疑。

2. 强调事项段内容表述不充分。例如，部分审计报告强调事项段仅披露上市公司被立案调查，未明确说明导致被立案调查的事项是否与财务报告内部控制或非财务报告内部控制相关，以及对内部控制审计意见的可能影响。

3. 内部控制审计范围可能不足以支持整体内部控制审计意见。个别审计报告强调事项段说明当年被收购企业按照规定未纳入内控评价和审计范围，由于该被收购企业对上市公司资产和收入影响重大（比例为 60%~ 90%），未将该公司纳入审计范围，可能导致审计师不能就上市公司内部控制有效性整体发表审计意见。

4. 财务报告与非财务报告内部控制界定不恰当，将非财务报告内部控制缺陷放在强调事项段中披露。例如，个别上市公司存在业绩承诺补偿款未及时收回，以及对借款方经营情况判断审慎不足导致公司应收款项需计提信用减值准备，认定公司存在非财务报告内部控制重大缺陷。审计报告仅将前述缺陷作为提请报告使用者注意的重大事项进行强调，来单设段落披露，未表明公司可能存在财务报告内控缺陷等。

（四）无法表示意见内部控制审计报告存在的问题

在出具无法表示意见的内部控制审计报告时，注册会计师应当在内部控制审计报告中指明审计范围受到限制，无法对内部控制的有效性发表意见，并单设段落说明无法表示意见的实质性理由。如果在已执行的有限程序中发现内部控制存在重大缺陷，注册会计师应当在内部控制审计报告中对重大缺陷做出详细说明。

（五）否定意见内部控制审计报告存在的问题

1. 对缺陷是否为财务报告内部控制缺陷的判断与公司不一致。个别上市公司对于子公司不配合审计，未能将其纳入 2019 年度合并范围的缺陷，在评价报告中将其认定为非财务报告内部控制重大缺陷，在审计报告中则认为其财务报告内部控制存在重大缺陷。

2. 未恰当描述重大缺陷在企业内控评价报告中不一致的情况。例如，部分审计报告未说明重大缺陷是否包含在企业内部控制评价报告中、是否在所有重大方面得到公允反映。

3. 对导致否定意见的内部控制缺陷性质描述不恰当。部分审计报告对否定意见仅描述发生的事项本身，如商业合同纠纷诉讼败诉、违规担保和非经营性资企占用、对企业内部控制重大缺陷的性质描述不够。

4. 未恰当描述否定意见事项对财务报表审计意见的影响。在公司2019年财务报表审计中，部分审计报告“导致否定意见的事项”段落披露，已经考虑了上述重大缺陷对审计程序的性质、时间安排和范围的影响，该内部控制审计报告并未对出具的财务报表审计报告产生影响。但公司财务报表审计报告中导致非标意见的事项性质，与该内控重大缺陷的性质及影响程度相同或相关。

三、相关建议

（一）加强行业自律，规范内部控制审计执行行为

一方面，引导会计师事务所强化规范执业意识，重新认识自身的专业定位。强化内生动力，开展内部控制审计业务的研讨和培训，注重内部控制审计人才培养，提高对疑难复杂问题的判断和处理能力。另一方面，督促会计师事务所健全内部控制审计执业规范体系，深入贯彻风险和审计质量导向，完善内部控制审计质量复核要求，全面规范注册会计师执业行为，尤其是在执行高度依赖信息系统或信息科技外包服务的上市公司项目时，应调整与之匹配的内部控制审计策略与程序以及人员，持续优化审计创新实践。

（二）提高公司治理规范性，优化执业环境

一方面，加强上市公司治理情况的信息披露监管，关注公司内控评价工作和报告的披露质量，有效发挥其内部监督作用。切实贯彻落实《上市公司治理准则》等监管文件，持续传导监管压力，引导公司建立规范运作的长效机制，优化内部控制审计执业环境。另一方面，择机全面实施上市公司内部控制规范体系。中小企业内部控制基础较为薄弱，业务相对单一，抗风险能力较弱，面临的经营风险较大，更需要内部控制的有效执行。

（三）以监管为抓手，提高审计执业质量水平

以问题和风险为导向，结合内部控制审计执业问题，强化内部控制审计监管，适时开展内部控制审计专题检查，通报突出问题。同时严格执法，增强监管威慑力，强化会计师事务所对内部控制审计的重视程度，提升其执业质量水平，促进上市公司提高规范运作与公司治理水平。

（资料来源：方红星，池国华. 内部控制 [M]. 大连：东北财经大学出版社.2022）

三、内部控制审计评价

如果某项控制的设计、实施或运行不能使管理层或员工在正常履行职责的过程中及时防止或发现并纠正财务报表错报，则表明内部控制存在缺陷。如果企业缺少用以及时防止或发现并纠正财务报表错报的必要控制，同样表明它存在内部控制缺陷。

（一）内部控制缺陷的认定

《企业内部控制审计指引》第二十条指出，内部控制缺陷按其成因分为设计缺陷和运行缺陷，按其影响程度分为重大缺陷、重要缺陷和一般缺陷。注册会计师应当评价其识别的各项内部控制缺陷的严重程度，以确定这些缺陷单独或组合起来，是否构成重大缺陷。但是，在计划和实施审计工作时，不要求注册会计师寻找单独或组合起来不构成重大缺陷的控制

缺陷。

注册会计师不只要评价财务内部控制的有效性并发表意见，还要关注在内部控制审计过程中发现的非财务报告内部控制重大缺陷，在内部控制审计报告中增加“非财务报告内部控制重大缺陷描述段”予以披露。

财务报告内部控制缺陷的严重程度取决于：①控制缺陷导致账户余额或列报错报的可能性；②因一个或多个控制缺陷的组合导致潜在错报的金额大小。控制缺陷的严重程度与账户余额或列报是否发生错报无必然对应关系，而取决于控制缺陷是否可能导致错报。评价控制缺陷时，注册会计师需要根据财务报表审计中确定的重要性水平，支持对财务报告控制缺陷重要性的评价。注册会计师需要运用职业判断，考虑并衡量定量和定性因素，同时要对整个思考判断过程进行记录，尤其是详细记录关键判断和得出结论的理由。而且，对于“可能性”和“重大错报”的判断，在评价控制缺陷严重性的记录中，注册会计师需要给予明确考量和陈述。

在确定一项内部控制缺陷或多项内部控制缺陷的组合是否构成重大缺陷时，注册会计师应当评价补偿性控制（替代性控制）的影响。

（二）内部控制缺陷的处理

1. 财务报告内部控制缺陷的处理

注册会计师在已执行的有限程序中发现财务报告内部控制存在重大缺陷的，应当在内部控制审计报告中对重大缺陷做出详细说明。

2. 非财务报告内部控制缺陷的处理

注册会计师对在审计过程中注意到的非财务报告内部控制缺陷，应当视具体情况予以不同处理。

（1）注册会计师认为非财务报告内部控制缺陷为一般缺陷的，应当与企业进行沟通，提醒企业加以改进，但无须在内部控制审计报告中说明。

（2）注册会计师认为非财务报告内部控制缺陷为重要缺陷的，应当以书面形式与企业董事会和经理层沟通，提醒企业加以改进，但无须在内部控制审计报告中说明。

（3）注册会计师认为非财务报告内部控制缺陷为重大缺陷的，应当以书面形式与企业董事会和经理层沟通，提醒企业加以改进。同时，应当在内部控制审计报告中增加“非财务报告内部控制重大缺陷描述段”，对重大缺陷的性质及其对实现相关控制目标的影响程度进行披露，提示内部控制审计报告使用者注意相关风险。

【案例 9-3】

关于内部控制重大缺陷的分析与启示

通过比较审计师认定的重大缺陷和上市公司开展内部控制自评认定的重大缺陷，发现多数公司内部控制自评报告中的重大缺陷与审计师认定的重大缺陷保持了高度一致，但也有部分上市公司在其内部控制自评报告中对相同缺陷提出了不同的认定结论。

以泰达股份为例，2013 年针对“违规担保”这个双方共同确认的事实，审计师和上市公司对其影响进行了分析，给出了不同的认定结论（审计师认为是重大缺陷，公司则认为是一般缺陷，具体情况见表 9-1）。

表 9-1　泰达股份 2013 年内部控制审计报告与内部控制自我评价报告缺陷描述对比

内部审计报告内容节选	内部控制自我评价报告内容节选
上述担保均未按照泰达股份内部控制制度履行授权审批、信息披露等程序，与之相关的财务报告内部控制执行失效，该重大缺陷可能导致泰达股份因履行担保责任而承担损失	根据上述认定标准，前述七笔担保事项未导致公司管理严重偏离控制目标，未造成经济损失，因此认定为一般缺陷（此处略去对制度设计情况的列述）由于基层管理人员对制度理解有偏差，在执行中存在疏忽，没有履行相关程序与义务，但未给公司造成经济损失，担保风险可控，不存在对公司财务报告的可靠性有重大不利影响的情况

从泰达股份的情况来看，公司与审计师对于内部控制缺陷的判断以及采用的缺陷认定标准均存在不同的理解。从动机上看，公司会从维护自身声誉的角度，尽可能地规避重大缺陷的认定结论，而审计师则会从执业谨慎性的角度做出重大缺陷的认定结论。而从认定过程来看，双方对于缺陷的性质并没有争议，争议集中在缺陷的影响方面。仅从此例分析，对于公司来说，并不能仅以“未造成经济损失”为理由，就将重大缺陷认定为一般缺陷。根据内部控制规范，缺陷的严重程度并不仅指实际损失，也要考虑潜在的损失，并从影响程度和可能性两个方面进行综合考虑。而对于审计师来说，在重大缺陷的影响方面应明确说明缺陷的影响程度，以便报告的阅读者能够充分获得信息。

【例题 9-1】

评价单个控制缺陷举例。

下面以未按时进行公司间对账为例，说明如何评价财务报告内部控制的控制缺陷。某公司每月处理大量的公司间常规交易。公司间的单项交易并不重大，主要是涉及资产负债表的活动。公司制度要求逐月进行公司间对账，并在业务单元间函证银行存款余额。注册会计师了解到，目前公司没有按时开展对账工作，但公司管理层每月执行相应的程序对挑选出的大额公司间账目进行调查，并编制详细的营业费用差异分析表来评估其合理性。基于上述情况，注册会计师可以确定此控制缺陷为重要缺陷。理由是：该控制缺陷引起的财务报表错报可以被合理地预计为介于重要和重大之间，公司间单项交易并不重大，这些交易限于资产负债表项目，而且每月执行的补偿性控制应该能够发现重大错报。

仍使用上例，但公司每月处理的大量公司间交易涉及广泛的业务活动，包括公司间的存货转移、研究开发成本向业务单元的分摊，公司间单项交易常常是重大交易。公司制度要求逐月进行公司间对账，并在业务单元间函证银行存款余额。注册会计师了解到，目前公司没有按时开展对账工作，这些账目经常出现巨大差异。而且，公司管理层没有执行任何补偿性控制来调查巨大的公司间账目差异。基于上述情况，注册会计师可以确定此控制缺陷为重大缺陷。理由是：该控制缺陷引起的财务报表错报可以被合理地预计为重大，公司间单项交易常常是重大交易，而且涉及大范围活动，在公司间账目上尚未对账的差异是重要的，这种错报常常发生，财务报表错报可能出现，而且补偿性控制无效。

【例题 9-2】

评价多个控制缺陷举例。

注册会计师识别出以下控制缺陷：

（1）对特定信息系统访问控制的权限分配不当；

（2）存在若干明细账不合理交易记录（交易无论是单项的还是汇总的都不重要）；

（3）缺乏对受不合理交易记录影响的账户余额的及时对账。

上述每个缺陷均单独代表一个重要缺陷。基于这一情况，注册会计师可以确定这些重要缺陷合并构成重大缺陷。因为，就个别重要缺陷而言，这些缺陷有一定可能性各自导致金额未达到重要性水平的财务报表错报，但这些重要缺陷影响同类会计账户，有一定可能性导致内部控制不能防止或发现并纠正重大错报的发生。因此，这些重要缺陷组合在一起符合重大缺陷的定义。

四、完成内部控制审计工作

完成内部控制审计工作应包括形成内部控制审计意见、获取管理层书面声明、内部控制相关事项沟通等。

（一）形成内部控制审计意见

注册会计师需要评价从各种渠道获取的证据，包括对控制的测试结果、财务报表审计中发现的错报及已识别的所有控制缺陷，以形成对内部控制有效性的意见。在评价证据时，注册会计师需要查阅本年度与内部控制相关的内部审计报告或类似报告，并评价这些报告中提到的控制缺陷。

只有在审计范围没有受到限制时，注册会计师才能对内部控制的有效性形成意见。如果审计范围受到限制，注册会计师可解除业务约定或出具无法表示意见的内部控制审计报告。

（二）获取管理层书面声明

注册会计师完成审计工作后，应当取得经企业签署的书面声明。《审计指引》指出，书面声明应当包括以下内容：

（1）被审计单位董事会认可其对建立健全和有效实施内部控制负责；

（2）被审计单位已对内部控制的有效性做出自我评价，并编制了内部控制评价报告；

（3）被审计单位没有利用注册会计师在内部控制审计和财务报表审计中执行的程序及其结果作为评价的基础；

（4）被审计单位根据内部控制标准评价内部控制有效性得出的结论；

（5）被审计单位已向注册会计师披露识别出的所有内部控制缺陷，并单独披露其中的重大缺陷和重要缺陷；

（6）被审计单位已向注册会计师披露导致财务报表发生重大错报的所有舞弊，以及其他不会导致财务报表发生重大错报，但涉及管理层、治理层和其他在内部控制中具有重要作用的员工的所有舞弊；

（7）注册会计师在之前的年度审计中识别出的且已与被审计单位沟通的重大缺陷和重要缺陷是否已经得到解决，以及哪些缺陷尚未得到解决；

（8）在基准日后，内部控制是否发生变化，或者是否存在对内部控制产生重要影响的其他因素，包括被审计单位针对重大缺陷和重要缺陷采取的所有纠正措施。

但是，如果企业拒绝提供或以其他不当理由回避书面声明，注册会计师应当将其视为审计范围受到限制，即可解除业务约定或出具无法表示意见的内部控制审计报告。

注册会计师需要按照《中国注册会计师审计准则第 1341 号——书面声明》的规定，确定声明书的签署者、声明书涵盖的期间及何时获取更新的声明书等。

（三）内部控制相关事项沟通

注册会计师需要与企业沟通审计过程中识别的所有控制缺陷。对于其中的重大缺陷和重要缺陷，需要以书面形式与董事会和经理层沟通。《中国注册会计师审计准则第 1152 号——向治理层和管理层通报内部控制缺陷》要求注册会计师以书面形式及时向治理层通报审计过程中识别出的值得关注的内部控制缺陷。其中，值得关注的内部控制缺陷包括重大缺陷和重要缺陷。

注册会计师需要以书面形式与董事会沟通其在审计过程中识别的内部控制存在的所有缺陷，并在沟通完成后告知审计委员会。在进行沟通时，注册会计师无须重复自身、内部审计人员或企业其他人员以前书面沟通过的控制缺陷。

虽然并不要求注册会计师执行足以识别所有控制缺陷的程序，但是注册会计师需要沟通其注意到的内部控制的所有缺陷。如果发现企业存在或可能存在舞弊、违法等行为，注册会计师需要按照《中国注册会计师审计准则第 1141 号——财务报表审计中对舞弊的考虑》《中国注册会计师审计准则第 1142 号——财务报表审计中对法律法规的考虑》的规定，确定并履行自身责任。

第三节　内部控制审计报告

注册会计师通过必要的审计程序审计企业内部控制有效性后，根据审计情况发表独立审计意见，出具独立审计报告。注册会计师应当在审计报告中清楚地表达对内部控制有效性的意见，并对出具的审计报告负责。注册会计师可以选择出具关于企业财务报表和财务报告内部控制的合并报告（既包括对财务报表的审计意见，也包括对财务报告内部控制的审计意见）或单独报告。

《企业内部控制审计指引》指出，内部控制审计报告分为四种类型：①标准内部控制审计报告，②带强调事项段的无保留意见的内部控制审计报告，③否定意见的内部控制审计报告，④无法表示意见的内部控制审计报告。

一、标准内部控制审计报告

当注册会计师出具的无保留意见内部控制审计报告不附加说明段、强调事项段或任何修饰性用语时，该报告称为标准内部控制审计报告。标准内部控制审计报告包括下列因素。

（1）标题。内部控制审计报告的标题统一规范为“内部控制审计报告”。

（2）收件人。内部控制审计报告的收件人是指注册会计师按照业务约定书的要求致送内部控制审计报告的对象，一般是指审计业务的委托人。内部控制审计报告需要载明收件人的全称。

（3）引言段。内部控制审计报告的引言段说明企业名称和内部控制已经经过审计。

（4）企业对内部控制的责任段。企业对内部控制的责任段说明，按照《企业内部控制基本规范》《企业内部控制应用指引》《企业内部控制评价指引》的规定，建立健全和有效实施内部控制，并评价其有效性是企业对社会的责任。

（5）注册会计师的责任段。注册会计师的责任段说明，在实施审计工作基础上，对财务报告内部控制的有效性发表审计意见，并对注意到的非财务报告内部控制的重大缺陷进行披露是注册会计师的责任。

（6）内部控制固有局限性的说明段。内部控制无论如何有效，都只能为企业实现控制目标提供合理保证。内部控制实现目标的可能性受其固有限制的影响，包括以下内容。

①在决策时人为判断可能出现错误和因人为失误而导致内部控制失效，如控制的设计和修改可能存在失误。

②控制的运行也可能无效。例如，由于负责复核信息的人员不了解复核的目的或没有采取适当的措施，使内部控制生成的信息没有得到有效使用。

③控制可能由于两个或更多人员进行串通舞弊或管理层不当地凌驾于内部控制之上而被规避。例如，管理层可能与客户签订背后协议，修改标准的销售合同条款和条件，从而导致不适当的收入确认等。再如，软件中的编辑控制旨在识别报告超过赊销信用额度的交易，但这一控制可能被凌驾。

④在设计和执行控制时，如果存在选择执行的控制及选择承担的风险，管理层在确定控制的性质和范围时需要做出主观判断。

因此，注册会计师需要在内部控制固有局限性的说明段说明：内部控制具有固有局限性，存在不能防止和发现错报的可能性。此外，由于情况的变化可能导致内部控制变得不恰当，或对控制政策和程序遵循的程度降低，根据内部控制审计结果推测未来内部控制的有效性具有一定风险。

（7）财务报告内部控制审计意见段。如果符合以下所有条件，注册会计师应当对财务报告内部控制出具无保留意见的内部控制审计报告。

①企业按照《企业内部控制基本规范》《企业内部控制应用指引》《企业内部控制评价指引》及企业自身内部控制制度的要求，在所有重大方面保持了有效的内部控制。

②注册会计师已经按照《企业内部控制审计指引》的要求计划和实施审计工作，在审计过程中未受到限制。

（8）非财务报告内部控制重大缺陷描述段。对于审计过程中注意到的非财务报告内部控制缺陷，如果发现某项或某些控制对企业发展战略、法律遵循、经营的效率效果等控制目标的实现有重大不利影响，确定该项非财务报告内部控制缺陷为重大缺陷的，应当以书面形式与企业董事会和经理层沟通，提醒企业加以改进。同时，在内部控制审计报告中增加非财务报告内部控制重大缺陷描述段，对重大缺陷的性质及其对实现相关控制目标的影响程度进行披露，提示内部控制审计报告使用者注意相关风险，但无须对其发表审计意见。

（9）注册会计师的签名和盖章。

（10）会计师事务所的名称、地址及盖章。

(11)报告日期。

如果内部控制审计和财务报表审计整合进行,注册会计师对内部控制审计报告和财务报表审计报告需要签署相同的日期。

标准内部控制审计报告的参考格式如下(方括号中为内容填报说明)。

<table><tr><td>

内部控制审计报告

××股份有限公司全体股东:

按照《企业内部控制审计指引》及中国注册会计师执业准则的相关要求,我们审计了 ×× 股份有限公司(以下简称 ×× 公司)×× 年 × 月 × 日的财务报告内部控制的有效性。

一、企业对内部控制的责任

按照《企业内部控制基本规范》《企业内部控制应用指引》《企业内部控制评价指引》的规定,建立健全和有效实施内部控制,并评价其有效性是企业董事会的责任。

二、注册会计师的责任

我们的责任是在实施审计工作的基础上,对财务报告内部控制的有效性发表审计意见,并对注意到的非财务报告内部控制的重大缺陷进行披露。

三、内部控制的固有局限性

内部控制具有固有局限性,存在不能防止和发现错报的可能性。此外,由于情况的变化可能导致内部控制变得不恰当,或对控制政策和程序遵循的程度降低,根据内部控制审计结果推测未来内部控制的有效性具有一定风险。

四、财务报告内部控制审计意见

我们认为,×× 公司按照《企业内部控制基本规范》和相关规定在所有重大方面保持了有效的财务报告内部控制。

五、非财务报告内部控制的重大缺陷

在内部控制审计过程中,我们注意到 ×× 公司的非财务报告内部控制存在重大缺陷[描述该缺陷的性质及其对实现相关控制目标的影响程度]。由于存在上述重大缺陷,我们提醒本报告使用者注意相关风险。需要指出的是,我们并不对 ×× 公司的非财务报告内部控制发表意见或提供保证。本段内容不影响对财务报告内部控制有效性发表的审计意见。

×× 会计师事务所(盖章) 中国注册会计师:×××

(签名并盖章)

中国注册会计师:×××

(签名并盖章)

中国 ×× 市 报告日期:×××× 年 ×× 月 ×× 日

</td></tr></table>

二、非标准内部控制审计报告

(一)带强调事项段的无保留意见内部控制审计报告

注册会计师认为财务报告内部控制虽不存在重大缺陷,但仍有一项或者多项重大事项需要提醒内部控制审计报告使用者注意的,需要在内部控制审计报告中增加强调事项段予以说明。注册会计师需要在强调事项段中指明,该段内容仅用于提醒内部控制审计报告使用者关注,并不影响对财务报告内部控制发表的审计意见。

带强调事项段的无保留意见内部控制审计报告参考格式如下(方括号中为内容填报说明)。

内部控制审计报告

××股份有限公司全体股东：

按照《企业内部控制审计指引》及中国注册会计师执业准则的相关要求，我们审计了××股份有限公司（以下简称××公司）××××年×月×日的财务报告内部控制的有效性。

[“一、企业对内部控制的责任”至“五、非财务报告内部控制的重大缺陷”参见标准内部控制审计报告相关段落表述。]

……

六、强调事项

我们提醒内部控制审计报告使用者关注，（描述强调事项的性质及其对内部控制的重大影响）。本段内容不影响已对财务报告内部控制发表的审计意见。

××会计师事务所　　　　中国注册会计师：×××
（盖章）　　　　（签名并盖章）
中国注册会计师：×××
（签名并盖章）
中国××市　　　　××××年×月×日

（二）否定意见的内部控制审计报告

注册会计师认为财务报告内部控制存在一项或多项重大缺陷的，除非审计范围受到限制，否则需要对财务报告内部控制发表否定意见。注册会计师出具否定意见的内部控制审计报告，还需要包括重大缺陷的定义、重大缺陷的性质及其对财务报告内部控制的影响程度。

否定意见的内部控制审计报告参考格式如下（方括号中为内容填报说明）。

内部控制审计报告

××股份有限公司全体股东：

按照《企业内部控制审计指引》及中国注册会计师执业准则的相关要求，我们审计了××股份有限公司（以下简称××公司）××××年×月×日的财务报告内部控制的有效性。

[“一、企业对内部控制的责任”至“三、内部控制的固有局限性”参见标准内部控制审计报告相关段落表述。]

……

四、导致否定意见的事项

重大缺陷，是指一个或多个控制缺陷的组合，可能导致企业严重偏离控制目标。

[指出注册会计师已识别出的重大缺陷，并说明重大缺陷的性质及其对财务报告内部控制的影响程度。]

有效的内部控制能够为财务报告及相关信息的真实完整提供合理保证，而上述重大缺陷使××公司内部控制失去这一功能。

五、财务报告内部控制审计意见

我们认为，由于存在上述重大缺陷及其对实现控制目标的影响，××公司未能按照《企业内部控制基本规范》和相关规定在所有重大方面保持有效的财务报告内部控制。

六、非财务报告内部控制的重大缺陷

[参见标准内部控制审计报告相关段落表述。]

××会计师事务所　　　　中国注册会计师：×××
（盖章）　　　　（签名并盖章）
中国注册会计师：×××
（签名并盖章）
中国××市　　　　××××年×月×日

（三）无法表示意见的内部控制审计报告

注册会计师只有实施了必要的审计程序，才能对内部控制的有效性发表意见。注册会计师审计范围受到限制的，需要解除业务约定或出具无法表示意见的内部控制审计报告，并就审计范围受到限制的情况以书面形式与董事会进行沟通。

注册会计师在出具无法表示意见的内部控制审计报告时，需要在内部控制审计报告中指明审计范围受到限制，无法对内部控制的有效性发表意见，并单设段落说明无法表示意见的实质性理由。注册会计师不应在内部控制审计报告中指明所执行的程序，也不应描述内部控制审计的特征，以避免对无法表示意见的误解。注册会计师在已执行的有限程序中发现财务报告内部控制存在重大缺陷的，需要在内部控制审计报告中对重大缺陷做出详细说明。

无法表示意见的内部控制审计报告参考格式如下（方括号中为内容填报说明）。

内部控制审计报告

××股份有限公司全体股东：

我们接受委托，对××股份有限公司（以下简称××公司）××××年×月×日的财务报告内部控制进行审计。

[删除注册会计师的责任段，“一、企业对内部控制的责任”和“二、内部控制的固有局限性”参见标准内部控制审计报告相关段落表述。]

……

三、导致无法表示意见的事项

[描述审计范围受到限制的具体情况。]

四、财务报告内部控制审计意见

由于审计范围受到上述限制，我们未能实施必要的审计程序以获取发表意见所需的充分、适当的证据，因此，我们无法对××公司财务报告内部控制的有效性发表意见。

五、识别的财务报告内部控制重大缺陷（如在审计范围受到限制前，执行有限程序未能识别出重大缺陷，则应删除本段）

重大缺陷，是指一个或多个控制缺陷的组合，可能导致企业严重偏离控制目标。

尽管我们无法对××公司财务报告内部控制的有效性发表意见，但在我们实施的有限程序的过程中，发现了以下重大缺陷：

[指出注册会计师已识别出的重大缺陷，并说明重大缺陷的性质及其对财务报告内部控制的影响程度。]

有效的内部控制能够为财务报告及相关信息的真实完整提供合理保证，而上述重大缺陷使××公司内部控制失去这一功能。

六、非财务报告内部控制的重大缺陷

[参见标准内部控制审计报告相关段落表述。]

××会计师事务所 （盖章）	中国注册会计师：××× （签名并盖章） 中国注册会计师：××× （签名并盖章）
中国××市	××××年×月×日

（四）期后事项与非标准内部控制审计报告

在企业内部控制自我评价基准日并不存在，但在该基准日之后至审计报告日之前（以下称期后期间），内部控制可能发生变化，或出现其他可能对于内部控制产生重要影响的因素。注册会计师需要询问是否存在这类变化或影响因素，并获取企业关于这些情况的书面声明。注册会计师需要针对期后期间，询问并检查以下信息：在期后期间出具的内部审计报告或类似报告；其他注册会计师出具的审计企业内部控制缺陷的报告；监管机构发布的涉及企业内部控制的报告；注册会计师在执行其他业务中获取的有关企业内部控制有效性的信息。

注册会计师还需要考虑获取期后期间的其他文件，并按照《中国注册会计师审计准则第 1332 号——期后事项》的规定，对企业进行检查。

注册会计师知悉对企业内部控制自我评价基准日内部控制有效性有重大负面影响的期后事项的，需要对财务报告的内部控制发表否定意见。注册会计师不能确定期后事项对内部控制的有效性的影响程度的，需要出具无法表示意见的内部控制审计报告。

在出具内部控制审计报告之后，如果知悉在审计报告日已存在的、可能对审计意见产生影响的情况，注册会计师需要按照《中国注册会计师审计准则第 1332 号——期后事项》的规定办理。

复习思考题

1. 什么是内部控制审计？
2. 如何界定内部控制审计的业务范围？
3. 内部控制审计的目标是什么？
4. 如何界定内部控制审计中注册会计师的责任？
5. 如何实施内部控制审计？
6. 如何理解内部控制审计与财务报告审计的关系？
7. 内部控制审计与财务报告审计的区别有哪些？
8. 在内部控制审计的计划审计工作阶段，注册会计师需要评价哪些重要事项？
9. 如何理解风险评估与内部控制审计的关系？
10. 内部控制审计报告的类型有哪些？

思政园地

提升审计质量、促进行业健康发展

2020 年 11 月 19 日，财政部召开持续提升会计师事务所审计质量座谈会。会议对持续提升会计师事务所审计质量、促进注册会计师行业健康发展作出部署。财政部党组成员、副部长程丽华出席会议并讲话。

会议指出，十多年来，财政部会同有关部门不断丰富工作措施，出台政策组合拳，加强资本市场审计监管，严厉打击财务造假等违法违规行为，推动企业会计准则高质量实施，会计师事务所风险意识有所增强，审计质量得到提升，注册会计师行业稳步发展。会议分析了当前会计、审计监管工作面临的形势和任务，研究谋划“十四五”时期工作思路，着力构建新发展格局，着力提升行业价值，着力推动行业高质量发展。

会议围绕影响审计质量的重大问题进行了集中研讨，要求以资本市场审计监管为重点，切实增强优质审计服务供给；持续提升一体化管理水平，提高会计师事务所整体执业质量；切实优化执业环境，促进注册会计师行业健康发展，调整优化监管处罚方式，加强会计师事务所监管；加快制度建设，压实会计师事务所审计数据安全责任；支持会计师事务所开展专业服务、拓展发展空间。坚持党建与业务相结合，持续深化行业党建工作。

（资料来源：程丽华出席持续提升会计师事务所审计质址座谈会 [EB/OL]. [2020-11-26].http://www.mof.gov.cn/zhengwuxinxi/caizhengxinwen/201908/t20190819_3367315.htm.）

参考文献

[1] 中华人民共和国财政部等. 企业内部控制基本规范 [M]. 北京：中国财政经济出版社，2008.

[2] 池国华. 内部控制学 [M]. 北京：高等教育出版社，2021.

[3] 池国华. 内部控制与风险管理 [M]. 北京：中国人民大学出版社，2022.

[4] 宋建波. 内部控制与风险管理 [M]. 北京：中国人民大学出版社，2021.

[5] 李晓慧，何玉润. 内部控制与风险管理：理论、实务与案例 [M]. 北京：中国人民大学出版社，2012.

[6] 李晓慧，郝梦姝. 内部控制学 [M]. 北京：中国人民大学出版社，2022.

[7] 王清刚，冉明东，吕敏康，等. 内部控制与风险管理 [M]. 北京：中国财政经济出版社，2020.

[8] 李荣梅，权红，张瀚文，等. 企业内部控制（第四版）[M]. 大连：东北财经大学出版社，2022.

[9] 方红星，池国华. 内部控制（第五版）[M]. 大连：东北财经大学出版社，2022.

[10] 李正，刘杰. 内部控制 [M]. 北京：北京大学出版社，2021.

[11] 刘玉廷. 企业内部控制规范论 [M]. 上海：立信会计出版社，2012.

[12] 吕文栋. 公司战略与风险管理（第 2 版）[M]. 北京：中国人民大学出版社，2022.

[13] 杨有红. 企业内部控制系统——构建·运行·评价 [M]. 北京：北京大学出版社，2013.

[14] 陈维青. 企业内部控制学（第三版）[M]. 大连：东北财经大学出版社，2023.